北京大學國際漢學家研修基地

國際漢學研究通訊

Newsletter for
International China Studies

第二十五期
2022.6

圖書在版編目（CIP）數據

國際漢學研究通訊. 第二十五期 / 北京大學國際漢學家研修基地 編. —北京：北京大學出版社，2022.12
ISBN 978-7-301-33730-1

Ⅰ.①國… Ⅱ.①北… Ⅲ.①漢學–研究–世界–文集 Ⅳ.① K207.8-53

中國國家版本館 CIP 數據核字 (2023) 第 026303 號

書　　　名	國際漢學研究通訊（第二十五期） GUOJI HANXUE YANJIU TONGXUN (DI-ERSHIWU QI)
著作責任者	北京大學國際漢學家研修基地　編
責任編輯	武　芳
標準書號	ISBN 978-7-301-33730-1
出版發行	北京大學出版社
地　　　址	北京市海淀區成府路 205 號　100871
網　　　址	http://www.pup.cn　　新浪微博：@ 北京大學出版社
電子信箱	zpup@pup.cn
電　　　話	郵購部 010-62752015　發行部 010-62750672　編輯部 010-62756694
印　刷　者	天津中印聯印務有限公司
經　銷　者	新華書店
	720 毫米 ×1020 毫米　16 開本　25 印張　426 千字 2022 年 12 月第 1 版　2022 年 12 月第 1 次印刷
定　　　價	98.00 元

未經許可，不得以任何方式複製或抄襲本書之部分或全部內容。
版權所有，侵權必究

舉報電話：010-62752024　電子信箱：fd@pup.pku.edu.cn
圖書如有印裝質量問題，請與出版部聯繫，電話：010-62756370

《國際漢學研究通訊》
Newsletter for International China Studies

編輯委員會

主　任　榮新江

委　員（按漢語拼音音序排名）：

　　　　白謙慎（浙江大學）

　　　　程郁綴（北京大學）

　　　　程章燦（南京大學）

　　　　傅　剛（北京大學）

　　　　韓　琦（中國科學院大學）

　　　　李　零（北京大學）

　　　　李　慶（日本金澤大學）

　　　　劉玉才（北京大學）

　　　　馬辛民（北京大學出版社）

　　　　潘建國（北京大學）

　　　　齊東方（北京大學）

　　　　橋本秀美（日本青山學院）

　　　　榮新江（北京大學）

　　　　商　偉（美國哥倫比亞大學）

　　　　王　博（北京大學）

　　　　徐　俊（中華書局）

　　　　楊繼東（美國斯坦福大學）

　　　　袁行霈（北京大學）

　　　　張志清（中國國家圖書館）

　　　　趙　超（中國社會科學院）

　　　　鄭吉雄（香港教育大學）

主　編　劉玉才

目録

文明傳播

歐洲文明裏的中國特性
　　——文明傳播研究　　克雷西（Paul F. Cressey）撰　芮傳明 譯 /3
日本漢詩的去中心化趨勢及異質邊界　　嚴明　梁晨 /22
江户古文辭學者太宰春臺對明代"李王"詩文的批判
　　　　　　　　　　　　　　　　　　　　朴彦　吕笑康 /44

文獻天地

東京國立博物館藏《神歌抄》卷背書《毛詩正義》殘卷獻疑
　　——從長澤規矩也《佚存書目解題》剔除該卷記録談起　陳翀 /63
新見韓譯《莽男兒》抄本考論　　金瑛　朴在淵 撰　何智慧 譯 /78

漢學人物

新見王森史料六種　　　　　　　　　　　　　　　　高山杉 /99

馬可·波羅研究

馬可·波羅所記中國的摩尼教、佛教和基督教
　　　　奥爾施基（Leonardo Olschki）撰　芮傳明 譯 /137

藝術史苑

韓朋溯源（下）
　　——關于吴氏藏韓朋畫像石　　　　黑田彰 撰　孫彬 譯 /166
吴大澂甲午戰争期間致汪啓信札簡釋　　　　　　　白謙慎 /200

《墨緣堂藏真》拓本及其收藏史脉絡研究　　　　　　　　　　雷軍 /226
晚清幕僚收藏家研究
　　　——以沈梧爲中心　　　　　　　　　　　　　　　　呂商依 /252
中日合璧文人畫論
　　　——陳師曾《中國文人畫之研究》出版始末　　　　　張明傑 /317

研究綜覽

《絲綢之路上的中華文明》後記　　　　　　　　　　　　　榮新江 /335
法文版《天之子李世民》序　　Michel Jan 撰　李點 譯　童嶺 校 /337
古代詩歌研究中的問題本位意識
　　　——葛曉音先生《唐詩流變論要》中的方法與啓示　　蔡丹君 /345
杜甫接受史的重審與再構
　　　——評郝穉《杜甫與杜詩在中國古代的接受史》　方世勇　周睿 /358
后妃肖像的歷史刻繪與文學描摹
　　　——評馬克夢《天女臨凡》　　　　　　　　　　　　朱鋭泉 /366

基地紀事

"中華文明日本傳播史"工作坊會議紀要　　　　　　　　　謝文君 /383

徵稿啓事

文明傳播

歐洲文明裏的中國特性*
——文明傳播研究

克雷西（Paul F. Cressey） 撰
芮傳明 譯

在兩千多年的時間裏，中國的文化特性緩緩地滲入歐洲。其中有一些文化，諸如火藥、指南針、紙張等，始終保持着極度的重要性，而有些文化則不過成爲短期的時尚罷了。對於在這漫長階段內傳入歐洲的所有中國文明的影響，我們不可能都做出確切的判定。即使在清楚辨認出中國特性的情況下，也往往由於資料不足而難以得知其西傳的許多細節。儘管我的相關知識尚欠充分，但是在本文中，我仍將藉助現有的信息，盡可能爲歐洲文明史的某些方面以及文明傳播途徑的某些問題提供若干綫索。

中國和西方之間，有四個主要的接觸交流期。首先是與羅馬帝國和古地中海世界的絲綢貿易時期，約自公元前1世紀至公元6世紀中葉。其次，公元7世紀阿拉伯帝國的興起，開創了中國與近東地區接觸交流的漫長時期；在此期間，穆斯林世界在一定程度上扮演了中國與歐洲之間障礙的角色，但也是中介的角色。再次，13和14世紀的蒙古帝國使得歐洲與中國之間有可能進行短暫的直接交流。最後，16世紀的地理大發現開創了中國與西方

作者單位：美國馬薩諸塞州韋頓學院
譯者單位：上海社會科學院歷史研究所

* Chinese Traits in European Civilization: A Study in Diffusion，原載 American Sociological Review, Vol. 10, No. 5 (1945. 10), pp. 595–604。

之間的現代關係時代。

在這四個不同的時期內，中國與歐洲的交流是通過貫穿中亞的漫長陸上商道進行的，或者藉助渡越印度洋和馬六甲海峽的海上通道進行。這些海、陸通道都各有自己的重要性，直到 16 世紀，海上通道才最終成爲主要的交通道。

我們在研究中國文明的傳播時，有三個主要方面需要考慮：一是其母文化的發展和聲譽；二是不同的傳播中介及其發揮的選擇性影響；三是接受方文明的特點，以及它（歐洲）對於外來新生事物之態度的變化。

一、中國與羅馬世界的貿易時期

絲綢的製造可以上溯至中國最古老的時代，它的使用則隨着中國文明的擴張而傳播開來。公元前 2 世紀末以前，中國的軍隊曾經向西深入亞洲，越過帕米爾高原，與帕提亞王國和中亞的其他國家建立了交流關係。前往這些國家的外交使團帶去了絲綢，既作爲漢王朝的禮物，也作爲進行貿易的商品。於是，在公元前 1 世紀初，中國絲綢便從帕提亞境內流入了地中海地區。中國絲綢正是在羅馬政權統治地中海地區的時期傳入歐洲的。西方世界富裕的上層階級則具備享用各色奢侈品的條件。

羅馬人之所以接受中國絲綢，還得益於這樣一個事實：他們此前已經對來自科斯島（Island of Cos）的極薄織物十分鍾愛了[1]。隨後，"絲綢"變成了一個常用詞，到公元 1 世紀時，它已基本上取代了科斯島的土產織物。

---

[1] 參看 G. F. Hudson, *Europe and China: A Survey of Their Relations from the Earliest Times to 1800,* London, 1931, p.92。譯者注：這一 Cos 島，現代希臘語稱 Kos，意大利語稱 Coo，土耳其語稱 İstanköy。位於土耳其海岸西南方的愛琴海中；屬希臘，是多德卡尼斯群島（Dodecanese Islands）中的第三大島。其主要土產，除了葡萄、無花果、橄欖等豐富的水果外，古代尚出產一種非常輕薄和半透明的衣料，被稱爲 Coae Vestes（意即"科伊絲綢"）。羅馬帝國時代的作家經常談到它，視之爲高貴的奢侈品，通常只有上流社會的婦女才有條件穿着，它有時也製成貴族男子的夏衣。雅典的一座公元前 5 世紀的古墓中發現了現存最早的這類織物；它所展示的紡織特色顯然是西方而非東方的。普林尼曾引徵亞里士多德的説法，聲稱這種織物是用來自亞述的野蠶絲織成的。就現有的證據看，當時，"科伊絲綢"似乎不太可能是使用從中國傳入地中海地區的家養蠶絲紡織的，因爲要到公元前 2 世紀，中國漢王朝的勢力才大規模地擴展西進。

羅馬人並不直接使用來自中國的絲綢，而是將該織物拆散，重新紡織和染色，製成適合於自己品味的絲織品。於是，作爲與外界隔離的一種產品，中國的絲綢就這樣流傳至域外了，只是失去了具有中國特性的色彩、圖案或者紡織風格。

絲綢貿易持續了約七個世紀，大部分絲綢都是經過穿越中亞的陸道運輸的，雖然也有部分貨物通過海上水道運載，商船停泊于波斯灣或紅海的各港口。對於這種貿易的數額，並無統計數字留存下來，但是，顯然有爲數甚巨的絲綢運抵地中海地區；中國則從西方運回貴金屬、珠寶以及其他貨物，以平衡貿易[1]。公元380年，一位羅馬作者評論道："絲綢一度只限於貴族使用，如今則毫無區別地擴散到所有階層，即使最低層的民衆也不例外。"[2] 408年，阿拉里克（Alaric）對一座羅馬城市的贖金要求是4000件絲綢短袍，以及大量金、銀和其他物品[3]。隨着羅馬帝國的衰落，君士坦丁堡成了絲綢貿易的西方終點。564年左右，蠶繭被偷偷地帶到君士坦丁堡，此後，歐洲便有了絲綢產品，古代的中西絲綢貿易遂告終結。

嗣後的長時期內，中國和羅馬之間未見直接的絲綢貿易[4]。由於旅行極爲艱難，故中亞的商人反對建立直接的貿易關係。然而，中國與羅馬之間的商道是如此的重要，以至對這些商道的任何干擾都會產生嚴重的經濟

---

[1] 參見 F. Hirth, *China and the Roman Orient*, Shanghai, 1885, pp.225—228。譯者注：夏德（Hirth）在該書第225頁說道："我們可以推測，中國出口到大秦的主要商品是絲綢；據說，一磅絲綢的價值相當於同樣重量的黃金。"並引用漢文古籍《釋名》對"錦"字的解釋予以佐證："其價如金，故其制字，從帛與金也。"

[2] G. F. Hudson, *Europe and China*, p.77. 譯者注：此語出自 Ammianus Marcellinus（約330—約391至400）。他是羅馬帝國的軍人和歷史學家。撰有羅馬史 *Res Gestae*（《偉績》），始自 Nerva 皇帝繼位的96年，結束於 Valens 皇帝戰死的378年。

[3] G. F. Hudson, *Europe and China*, p.116. 譯者注：阿拉里克（Alaric，約370—410）是西哥特王國的締造者和第一任君主。在阿拉里克的年輕時代，西哥特人受到大規模西侵的匈人（Huns）的逼迫，只得託庇於羅馬帝國，他便成爲羅馬邊境戍軍的首領。395年，西哥特人脱離羅馬而獨立，阿拉里克率軍劫掠了希臘好幾個重要城市；後又侵入意大利，並在408年包圍羅馬城，索要贖金5000磅黃金、30000磅白銀、4000件絲袍、4000張染紅的毛皮，以及3000磅胡椒；最終，於410年8月24日攻陷羅馬，大肆劫掠。

[4] 在公元2、3世紀，有少數人從東地中海前赴中國，但是他們並未與中國建立長久的聯繫。此外，在公元6世紀以前，也未見中國人抵達地中海地區。

和政治後果。蒂加特（Frederick J. Teggart）在認真研究公元前58年至公元107年間的羅馬與中國的歷史後得出結論道，蠻人每次入侵歐洲之前，沿着中亞的商道都會爆發一次戰爭①。

在此期間，還有其他幾種特産從中國向西傳布，諸如桃、杏等，但是羅馬人顯然不知道這些樹木源自何處，從而只是稱呼它們爲"亞美尼亞樹""波斯樹"等。

限制中國特産傳入羅馬世界的主要原因是溝通交流的極度困難。在此之前，中國已經達到了高度發達的文明，而羅馬對於外來的新事物通常也是願意接受的。因此，我們似乎可以合理地推測，假若這兩個文明之間有着更爲有效的交流接觸，那麽將會有多得多的中國文明特色被羅馬人所採納。

二、阿拉伯帝國時期

7世紀興起的阿拉伯帝國創造了一個全新和强大的文明，它將中國與地中海世界隔離開來。歐洲陷入了"黑暗時代"，它再也不能爲中國貨物提供廣闊的市場了。如今，財富和文化的主要中心位於阿拉伯世界，正是這些中心吸引了中國的貿易。至少早在公元8世紀，阿拉伯的水手們便循着海道前赴東方，在廣州和其他的中國口岸建立了永久性的移居地。由於穆斯林政權征服了波斯和中亞的大部分地區，連接中國的陸上商道得以重新開通。嗣後，在十字軍戰爭和文藝復興時代，原先已抵達阿拉伯世界的中國文明特色也因這些接觸而被傳播到了歐洲。

阿拉伯帝國的發展與中國勢力的大擴張同步發生。在7—10世紀的唐代，中國經歷了最具創造性和政治權勢的時代之一。亞洲各地的旅行家和商人紛紛前來唐王朝。不僅域外人在中國受到歡迎，中國人在域外也受到歡迎。嗣後，宋王朝（10—13世紀）的實力雖然弱了許多，但是中國仍然保持着巨額的財富和顯赫的聲望。在唐、宋兩朝期間，中國和阿拉伯世界的接觸交往遠比羅馬時代更爲廣泛和密切。

中國發明的造紙術傳入了阿拉伯世界。751年，中亞的一支穆斯林軍隊

---

① 參見 Frederick J. Teggart, *Rome and China: A Study of Correlations in Historical Events*, Berkeley, 1939, p.236。

俘虜了一些中國士兵，俘虜中包括若干位造紙工匠。他們被帶到撒馬爾罕，在那裏建立了一座造紙廠。793年或794年，另一些中國工匠則在巴格達建立了又一座造紙廠。於是，紙張的使用在穆斯林世界迅速傳布開來。11世紀的一位阿拉伯作者這樣描寫紙張道："它取代了以前用以書寫的埃及紙草和羊皮紙，因爲它更爲美觀，更爲舒適，更爲便捷。"①

造紙術是由摩爾人傳入歐洲的，他們於1150年左右在西班牙建立了一座造紙廠，但是紙張在歐洲的流傳却相當緩慢。這是因爲歐洲的羊皮紙雖然昂貴，却顯然是一種很不錯的書寫材質；此外，歐洲有文化的人數不多；所以，當地對於便宜的書寫材質的需求量顯然不大。只是在印刷術發明之後，紙張才在歐洲獲得廣泛應用。

中國與近東間的大部分貿易都經由海道進行，其主要貨物是瓷器和其他各種類型的陶器，出口數量非常大。近年的考古發掘發現，在印度和埃及的許多9世紀的城市遺址中都見到了中國瓷器②。12世紀，薩拉丁（Saladin）曾向大馬士革的蘇丹贈送40件中國瓷器作爲禮物③。歐洲人最早談及中國瓷器是在1470年，當時，威尼斯的瓷器被説成是來自阿拉伯人。阿拉伯的海員們知道中國的指南針，他們將其傳入了歐洲④。11世紀，中國出產的橘子被帶到了歐洲。同樣是源出中國的檸檬，首先流傳至印度，再從那裏西傳，

---

① 參看 Thomas Francis Carter, *The Invention of Printing in China and Its Spread Westward*, New York, 1931, pp.97—98。

② 見 L. Carrington Goodrich, *A Short History of Chinese People*, New York, 1943, p.133。譯者注：古德里奇（Goodrich）具體地描述道："中國的陶瓷名聞於廣大地區。近年，在各地9世紀的遺址中發現了極爲優質的陶瓷碎片；從印度的婆羅蜜納巴德（Brahminabad）到泰西封（Ctesiphon）、塔爾蘇斯（Tarsus）、耶路撒冷（Jerusalem）和開羅（Cairo）。顯然，塗有優質長石釉的真正瓷器從中國出口到了整個穆斯林世界。這種貿易發展出了新的品種，因爲唐代陶瓷摹仿了波斯、印度和希臘的風格。"

③ 參見 T. F. Carter, *The Invention of Printing in China*, p.93。譯者注：薩拉丁（Al-Nasir Salah al-Din Yusuf ibn Ayyub, 1137—1193）創建了阿尤布王朝（Ayyubid Dynasty），成爲統治埃及和敘利亞兩地的第一位蘇丹。他曾率領穆斯林大軍對抗地中海東部地區的十字軍；在政權的鼎盛時期，其勢力廣及埃及、敘利亞、美索不達米亞北部、阿拉伯半島西部、也門、西北非洲的一部分，以及努比亞（Nubia，在非洲東北部）。

④ 有關中國人對指南針的使用，可參看 L. C. Goodrich, *A Short History of Chinese People*, p.147；亦見 F. Hirth & W. W. Rockhill, *Chau Ju-Kua*, St. Petersburg, 1911, p. 29。

於14世紀抵達歐洲。

然而，阿拉伯人並未借鑑中國文明的另外一些方面。例如，阿拉伯旅行家在9世紀時就談到了中國的茶葉，不過近東地區一直沒有採用這種飲料，直到13世紀才由蒙古人傳入那裏①。阿拉伯人並未採納的另一項中國發明是印刷術。中國人早在868年就開始用木版法印書；1295年，波斯出版的一本書中詳細地描述了木版印刷術，此書曾廣泛地流傳於阿拉伯世界。按理說，對於阿拉伯學者而言，這種便宜而快速的印書方法應該具有很大的吸引力，但是實際情況却非如此：他們繼續用手工方式複製書籍。有人推測，阿拉伯人之所以拒絕採用印刷術，是出於宗教上的成見。作爲其文獻核心的《可蘭經》是以書寫形式流傳下來的，因此他們認爲它必須始終保持書寫的形式。穆斯林反對印刷的成見是如此的強烈，以至直到1825年，伊斯蘭世界才確立最早的永久性印刷版書籍。鑑於穆斯林拒絕採用印刷術，所以古騰堡（Johannes Gutenberg）的活版印刷發明顯然並未直接得益於中國印刷術的知識。

從7世紀到13世紀這段時期內，阿拉伯世界似乎扮演了中國與歐洲之間有選擇性的屏風的角色：阿拉伯人所接受的中國文明隨後都被傳播到了歐洲，而他們拒絕接受的那些事物則遭到阻擋，無法到達西方。

三、蒙古帝國時期

13世紀初，蒙古人開始了一系列征服，從而使其帝國大爲擴張，西起俄羅斯，東至太平洋。帝國的交通大道穿越亞洲，運載着大量人員與貨物。歐洲人首次抵達了中國，旅行家中最爲著名的是馬可·波羅（Marco Polo），他於1275—1295年間在中國逗留。當然，也有西遊的中國人和蒙古人。中國工程人員受到阿拉伯政權的雇傭，以改善底格里斯河與幼發拉底河流域的灌溉系統；莫斯科、諾夫哥羅德、大不里士等城市裏都有中國

---

① 參看 Berthold Laufer, *Sino-Iranica: Chinese Contributions to the History of Civilization in Ancient Iran, with Special Reference to the History of Cultivated Plants and Products*, Chicago, 1919, p. 553。

人的居住區①。

　　隨着歐洲人進口了中國的飾花絲綢（諸如織錦緞、花緞等），古代的絲綢貿易又復活了。然而，歐洲人不再像從前的羅馬人那樣重新紡織中國絲綢，而是直接使用中國的原物了。火藥於 13 世紀出現在歐洲。阿拉伯人在這個世紀中知道了火藥，他們稱硝石爲"中國雪"，稱焰火爲"中國箭"。培根（Roger Bacon）②是談及火藥的第一位歐洲人，他可能是從阿拉伯人或者其方濟各會會友魯不魯乞（William of Rubruck）③那裏瞭解到火藥的。1254 年，魯不魯乞曾在蒙古；而他返回歐洲後，培根則與他相識了。撲克牌和骨牌也是中國的發明，顯然是蒙古人把它們傳播到西方的。歐洲在 1377 年首次談到撲克牌，其使用則迅速地流傳開來；它們像在中國一樣，也用於賭博。然而，骨牌的流傳要慢得多；並且，這種遊戲傳到歐洲後，已經完全失去了中國人賦予它的哲學或象徵含義④。

　　相比於這些傳播事例，我們注意到很有意思的另一例：有一種中國技術已經在歐洲有所報道，却始終未被歐人採用。馬可·波羅曾描述了中國航海巨舶的結構，其内部設有不透水的密封間隔倉；但是中世紀的歐洲船舶建造師却從未採用過這種實用而安全的設置⑤。又，至少有八位作者報道了中國人使用紙幣，描述了它的發行、國庫金銀儲備的維持，以及舊鈔贖

---

　　① L. C. Goodrich, *A Short History of Chinese People*, p.174；亦見 Henry Yule and Henri Cordier, *Cathay and the Way Thither*, London, 1915, Vol.I, p.167。

　　② 譯者注：培根（Roger Bacon，約 1220—約 1290）是中世紀的英國哲學家，方濟各會修士，十分強調用實證論研究自然。在中世紀早期，他曾被人們視爲巫師；但是他非常瞭解阿拉伯世界的科學進展。其最重要的著作爲 *Opus Majus*（《大著作》），論及自然科學的各個方面，語法、邏輯、數學、物理、哲學，莫不涵蓋。

　　③ 譯者注：魯不魯乞（William of Rubruck，約 1220—約 1293）是法國的方濟各會修士。1253 年 5 月，奉法國國王路易九世之遣，前赴蒙古帝國，旨在傳播基督教。他曾抵達蒙古帝國的首都哈拉和林（Karakorum），並得以觀見了大汗。後來則撰寫了他的《東遊錄》。

　　④ 參看 Steward Culin, "Chinese Games with Dice and Dominoes", *Report of the United States Museum*, 1893, pp. 491—537。

　　⑤ 見 Henry H. Hart, *Venetian Adventurer, being an Account of the Life & Times and of the Book of Messer Marco Polo*, Palo Alto, 1942, p. 144。

回等問題①。儘管這一時期的意大利人已有廣泛的金融交易，但是他們却從未利用中國人發明的這種紙幣的優點。馬可·波羅還談到過中國人使用煤的事情。在羅馬時代，歐洲使用煤的地區主要是不列顛，但是在中世紀，歐洲對煤却一無所知；馬可·波羅的記載並未導致歐洲煤的再發現。源自中國的這三項新事物雖然曾經引起歐洲人的注意，却並未被他們所借鑑和採用；其部分原因可能是歐洲人並未深感有此需求，或者這些新發明的優點尚未充分顯露。

　　歐洲與中國的直接接觸只持續了五十餘年，因此歐洲人獲得的有關中國的資訊十分有限。歐洲前赴遠東的旅程，無論是通過陸路還是水道，都是十分艱辛的，往往需要花費好幾年的時間。抵達中國的少數歐洲人所見到的中國正處在相對說來最爲糟糕的歷史時期：其本土政權被摧毀，國土遭到征服者蒙古人的蹂躪。在歐洲與中國接觸最多的時期內，中國的政權却在 1295—1333 年間相繼有至少七位皇帝更替，多人死於宮廷權爭的暴力中②。歐洲旅行者帶回來的只是他們對中國文明的膚淺理解。許多報告只是用神奇的冒險和粗糙的誇飾加以點綴。14 世紀的歐洲人開始感覺到文藝復興的第一波衝擊，但是輕信和地方主義仍然主宰着他們的大部分思維。歐洲人無法想象，東方有一個文明，其富庶和強大程度真的如這些歐洲旅行者所言；歐洲人只是用娛樂和懷疑的態度看待這些旅行者的記載。中世紀的歐洲並無心情認真思考來自遥遠而神奇的國度"中國"的思想觀念。這個時代的主要成果，是爲歐洲人勾畫了一幅有關遠東的圖畫：那是一個極度輝煌和富裕的地區。這是混合了想象和現實的一幅圖畫，不過它也構成了一股衝擊力，導致 15、16 世紀的歐洲人去努力尋找通往這奇妙東方的新道路。

　　在這段時期內，雖然開通了歐洲與中國的直接交往，但是中國文化的西傳依然受到限制，一是因爲中國文明處於相對較低的狀態，二是因爲歐洲旅行者的膚淺和往往是歪曲的報告，但主要原因是歐洲人對於外來新事物的地方主義偏見和漠不關心。

---

① 見 G. F. Hudson, *Europe and China*, p. 156; H. Hart, *Venetian Adventurer*, p. 121; 以及 T. F. Carter, *The Invention of Printing in China*, pp. 70—81。

② 見 C. P. Fitzgerald, *China*, London, 1938, p. 433。

四、地理大發現時代

1453年，奧斯曼突厥人奪取了君士坦丁堡，從而打斷了東方香料和奢侈品的正常貿易。這一情況，再加上西班牙和葡萄牙勢力的崛起，導致歐洲人努力探尋通往遠東的直接海上航道。當哥倫布揚帆西航時，葡萄牙人則繞過非洲，取道向東，他們隨身帶着馬可·波羅的《遊記》，以及致"契丹大汗"的信函。最早來到中國的是1514年抵達的葡萄牙人[1]。

中國在此之前已經擺脫了蒙古人的統治，改由本地漢人建立的明王朝治理。在15世紀早期，明朝諸帝曾派遣龐大的外交和商貿使團，前赴馬來半島、錫蘭、印度和阿拉伯半島等地。來自世界各地的域外使團在北京受到了歡迎；他們的故鄉遠在阿拉伯半島的亞丁（Aden），以及非洲東海岸的摩加迪沙（Mogadiscio）。但是在15世紀中期，中國的政治、經濟擴張政策改變了，他們撤回到了陸地邊界之內[2]。於是，海上貿易不再得到鼓勵，外國人也越來越受到懷疑。16世紀到達中國的歐洲人遭遇到很大的敵意，其商貿活動嚴重受限。對外國人的這種敵視（它持續保留到20世紀）妨礙了歐洲人對中國文明獲得睿智的瞭解，從而阻撓了中國文明在西方的傳播。在這數百年間，中國的貨物與觀念傳播的主動性主要來自歐洲接受者的文化，而非它們的母文明。

在16、17世紀，歐洲與中國的貿易並不廣泛，商貿只限於華南的幾個口岸。中國出口的主要商品是絲綢、瓷器和茶葉。葡萄牙人在1588年將茶葉運至西歐[3]。在歐洲流行的茶葉迥異於中國習慣使用的方式。歐洲人在茶中加入了糖、牛奶，後來更加入檸檬和冰，這種做法完全不見於中國。茶的使用產生了對陶瓷茶具的大量需求，但是中國傳統的無柄茶杯類型在

---

[1] 譯者注：在此所言最早抵達中國的葡萄牙人，當是指葡萄牙的航海家歐維治（Jorge Alvares）。1513年5月，他奉葡屬馬六甲總督 Rui de Brito Patalim 之命，率領六艘帆船，從緬甸的勃固出發，前赴中國；稍後抵達廣東珠江口的屯門澳，與當地居民進行貿易。

[2] 見 L. C. Goodrich, *A Short History of Chinese People*, pp. 188—191；亦見 G. F. Hudson, *Europe and China*, p. 197.

[3] T. F. Carter, *The Invention of Printing in China*, p. 227, Note 8.

歐洲並不受歡迎，所以中國人製造了有柄的茶杯，以迎合歐洲人的品味。俄羅斯人是在稍早時期通過與蒙古人的交往而瞭解茶葉的。他們習慣於用玻璃杯而非茶盅飲茶，從而反映了茶葉的不同傳播史。西班牙與荷蘭商人在 1550 年進口了中國的壁紙，但是歐洲最初使用壁紙顯然要早於這些中國壁紙的進口①。在 16 和 17 世紀傳入歐洲的其他中國發明物還有漆器、風箏、轎子，以及可能包括折叠傘②。

五、公元 18 世紀

在 18 世紀，中國的聲望臻于鼎盛，以至在歐洲也享有盛譽。在此期間的中國實力強大，財物富饒。能幹的君主治理其國，控制權遠及中亞。1762 年，中國的人口統計為 2 億多，而當時法國的人口則不到 1800 萬。這並不是中國文明具有創造天賦的年代，但不管怎樣，這些文明代表了三千多年發展的成熟和豐富積累。

此時，有關中國的大量資訊（它們都出自基督教傳教士或商人的報告）應用於歐洲。歐洲商人的經驗受到中國南方少數幾個海港的商務活動的局限，他們在此只能接觸到有限數量的中國商人和官員。中國社會中的商人階層從未受到過高度的尊重，所以歐洲商人也經常遭到中國官員粗暴和肆意的對待。這種令人不愉快的待遇部分地源於早期歐洲人冒險事業中的一些暴力行為。歐洲的商人們難得有機會接觸中國文明較好的方面。他們當中只有少數人能夠閱讀和書寫中文，在他們與中國人交往的大多數情況下，都得依賴于翻譯。由於他們和中國人的接觸交流程度有限，並且環繞着其貿易還有嚴格的限制，所以他們有關中國的報道通常是很膚淺的和批評性的。

中國的天主教傳教活動始於 16 世紀末，由不同的社團經營管理③。耶

---

① Dard Hunter, *Papermaking: the History and Techniques of an Ancient Craft*, New York, 1943, p. 324; *Encyclopedia Britannica*, 14th Edition, Vol.12, p.490.
② 折扇是日本的發明，它傳入中國後再傳播至西方世界。
③ 在蒙元時期，中國也曾有過天主教傳教團，但是其傳教活動只開展了很短的時間。

穌會是最重要的傳教組織，其中許多傳教士具備很好的數學、天文及其他科學知識。他們的科學技能贏得了中國學者的尊敬，從而受雇於北京的皇廷。然而，他們關於中國的報道則難免帶有宗教和道德偏見的色彩。他們只讚成中國哲學中強調倫理和道德責任的那些部分。儒家經典——它構成了中國學者和官員的正統哲學——備受耶穌會士的讚賞，因此他們早在1662年就開始翻譯這些古籍。這些耶穌會士與歐洲的頂級科學家和哲學家也有着廣泛的通信聯繫，不過，他們對於中國文明較具批判性的研究言論却從未被耶穌會士發表過，以免引起其羅馬教會上司的不滿，或者危及耶穌會士在中國的地位①。結果是，歐洲人只接受了他們所喜歡的有關中國傳統儒學思想的解釋。至於中國的詩詞、戲劇和小説等則未被翻譯；此外，道教、中國佛教，以及其他哲學流派實際上完全未被歐洲人所知②。於是，正是這些選擇性的因素影響了18世紀歐洲所使用的有關中國的信息類型。

在此期間，影響中國文化在歐洲傳播的一個最重要原因，乃是歐洲文明的狀態。歐洲正在經歷社會動盪和變革，舊的風俗正被打破，人們正在接受新的觀念。法國尤其如此，在那裏，已有的社會和政治體制遭到廣泛的批判。之所以許多人對中國產生了興趣，是因爲他們想從中國獲得新的思想觀念，以重建歐洲的社會，但主要是因爲他們想尋求支援自己理論的根據。

自然神論者將中國描述爲没有宗教干涉的、富有道德和管理良好的民族典型。伏爾泰（Voltaire）寫道，中國人具有"完美的道德科學，而這是諸科學之首……人們不必過分注重中國人的諸多優點，就至少能認識到，其帝國的組織確實是世上所見到的最佳者"③。關於孔子，他説道："我曾經很認真地讀過他的書……我發現，它們只談論純粹的道德……他只對美德感

---

① 見 Mary Gertrude Mason, *Western Concepts of China and the Chinese: 1840—1876*, New York, 1939, p. 10。

② 參看 George H. Danton, *The Chinese People,* Boston, 1938, p. 186; Adolf Reichwein, *China and Europe: Intellectual and Artistic Contacts in the Eighteenth Century*, London, 1925, pp. 126, 138。

③ A. Reichwein, *China and Europe*, p.89. 譯者注：伏爾泰（Voltaire，1694—1778）是其筆名，他的本名則是 François-Marie Arouet，爲法國啓蒙時代的思想家、哲學家、文學家；啓蒙運動的著名領袖和導師，被譽爲"法蘭西思想之父"。

興趣，他不宣揚奇迹，書中絶無荒謬的寓言。"① 狄德羅（Denis Diderot）的《百科全書》（*Encyclopedia*）稱讚中國是"世界上人口最多，農耕最佳的國家"②。《百科全書》花了 6 頁多的篇幅描述中國的哲學，依據的全是傳教士的報告，並且只限於傳統的儒家觀點。

法國的天主教會領袖們也以同樣的熱情支持中國的這些方面，他們認爲這是值得讚頌的，諸如皇權神授，以及用道德規範治理民衆等。作爲天主教神學之大本營的巴黎大學成爲了研究中國的一個中心③。1750 年，耶穌會士將一位中國學者帶到巴黎，後者則在法國逗留了 13 年④。

盧梭（Jean Jacques Rousseau）⑤ 和孟德斯鳩（Charles-Louis de Secondat, baron de La Brede et de Montesquieu）⑥ 則指責伏爾泰以及持相同觀點者創造了一個虛構的中國，僅僅是爲了推進自己的哲學。這一指責固然有相當的道理，但是指控者却没有關於中國的更好的資料，他們的資料基本上出自少數商人和旅行者的相反説法的報告。

英國也存在類似的分歧。艾迪生（Joseph Addison）和教皇是屬於讚揚中國的那一派，而笛福（Daniel Defoe）則撰寫了諷刺挖苦中國的著述⑦。

---

① A. Reichwein, *China and Europe*, p.89.

② *Encyclopedia ou Dictionaire Raisonne des Sciences, des Arts et des Metiers,* Paris, 1753, Vol. III, p. 339. 譯者注：狄德羅（Denis Diderot，1713—1784）是法國的哲學家、藝術批評家和作家。他最著名的業績是主編了《百科全書》，此書成爲啓蒙運動的最高成就之一。

③ A. Reichwein, *China and Europe*, p. 85.

④ 還有其他的中國學者早在 1685 年就訪問過歐洲。見 Ch'en Shou-yi, "Daniel Dafoe, China's Severe Critic", *Nankai Social and Economic Quarterly*, Vol. 8, 1935, p. 529.

⑤ 譯者注：盧梭（1712—1778），啓蒙時代的法國哲學家、政治理論家、文學家和音樂家。其名著《社會契約論》（*The Social Contract*）所論述的政治和社會思想產生了深遠的影響。

⑥ 譯者注：孟德斯鳩（1689—1755），法國啓蒙時代的思想家、律師，也是國家學説和法學理論的奠基人。他宣導"三權分立"之説，是將中國列入"專制政體"的第一位西方思想家。

⑦ Ch'en Shou-yi, "Daniel Dafoe, China's Severe Critic", *Nankai Social and Economic Quarterly*, Vol. 8, pp. 512—550. 譯者注：艾迪生（1672—1719），英國的散文家、詩人、劇作家和政治家。他在文學方面的重要貢獻是與 Richard Steele 合作創辦了兩份著名的雜誌《閒談者》（*Tatler*）和《旁觀者》（*The Spectator*）。笛福（約 1660—1731）則是英國的作家、商人、旅行家、小册子作者和間諜。他的最著名作品便是《魯濱遜漂流記》（*Robinson Crusoe*）初版於 1719 年，據説其譯本的數量僅次於《聖經》。

在藝術領域，中國則影響了歐洲的洛可可（Rococo）風格的發展。18世紀見證了對魁偉的巴洛克（Baroque）風格的反抗，此前，巴洛克藝術風格曾經主宰了歐洲。懷疑論和啓蒙的時代需要自由、歡快和幻想。所以人們便轉向中國藝術母題，去尋找新穎事物的靈感。於是，洛可可風格的設計師們利用了他們曾經接觸過的，湊巧符合其意願的中國藝術。它們的圖案模仿自中國的絲織品、瓷器、漆器、屏風和扇子等。它們最初都是中國商品的裝飾，被歐洲商人作爲玩物和紀念品帶回家鄉的。歐洲人很少有機會接觸到真正的中國藝術天才，或者中國繪畫大師的作品。所以，對洛可可風格產生最大影響的，正是品質低劣的中國裝飾：房間裏貼滿了中國壁紙，擺滿了塗漆的中國家俱以及陶瓷飾品。在英國，有些齊本德爾式家俱（Chippendale furniture）①便反映了這種中國–洛可可風格。

錢伯斯（William Chambers）②先生是位英國建築師，他曾去過廣州，在那裏學習了當地的花園與其他建築物，十分錯誤地認爲那都是典型的中國風格。他把中國風景建築的原則傳入了英國；而在歐洲大陸上，他最著名的作品便是"丘園"（Kew Garden），建於1750—1759年間。這類"中–英式"花園建有小型的寶塔和茶室，但是相當繁縟，反映了對於中國花園建築之真正美術原則的極不完美的模仿③。金魚、銀杏樹、臭椿樹、杜鵑花、菊花、牡丹、山茶、玫瑰以及翠菊等都從中國運來，裝飾這些花園。

勞頓（Isaac Lawton）博士學習了中國的製鋅法，因此，歐洲的第一家

---

① 譯者注：齊本德爾式家俱（Chippendale furniture）是18世紀下半葉出現的一種英國家俱風格，它是以其創制者——英國細木工湯姆斯·齊本德爾（Thomas Chippendale）的名字命名的。它分成三類主要風格：哥特式、洛可可式（也稱"現代式"）、中國式。齊本德爾式將這些完全不同的風格要素結合成渾然一體的設計圖案。這個術語尤其指稱18世紀50—60年代用改善的洛可可風格製作的英國家俱。

② 譯者注：錢伯斯（1723—1796）是生活在倫敦的瑞典–蘇格蘭建築師。他最著名的作品是坐落在倫敦中心泰晤士河南岸的薩默塞特宮（Somerset House）和位於倫敦西南的植物園"丘園"（Kew Garden）；前者是新古典主義風格的龐大的綜合建築群，後者建有中國風格的寶塔式建築，並搜集了來自世界各地的多種植物和菌類。

③ 見 Eleanor von Erdberg, *Chinese Influence on European Garden Structure*, Cambridge, 1936。錢伯斯撰寫了兩本普及性讀物，一是1753年出版的 *Designs of Chinese Buildings*，一是1772年出版的 *Dissertation on Oriental Gardening*。

製鋅工廠便是基於勞頓的資料而在 1740 年建於布里斯托爾（Bristol）的。鎳黃銅（Nickel Silver）或"日爾曼銀"（German Silver）是一種合金，從公元 3 世紀開始，中國人就使用它了。歐洲人最早談到它是在 1597 年，但是它在歐洲的生産則始於 1750 年。18 世紀初，混凝紙漿從中國傳入歐洲，並旋即應用于諸多方面，從盒子和鉛版製作到車廂的製造。人們所知的"印度紙"實際上是中國産品，它於 1750 年抵達歐洲①。千百年來，歐洲一直從中國進口藥材"大黄"，但是它在歐洲的栽培則始於 1777 年，當時在英格蘭種植了第一批大黄。

到 18 世紀末，中國的聲望大爲衰落。洛可可藝術變得過時了；法國大革命取代了伏爾泰與盧梭的哲學論戰；中國的天主教傳教團遭到鎮壓，耶穌會被解散；此前傳教學者們的討人喜歡的解釋被商人們更爲悲觀的記載所替代。

六、公元 19 世紀

19 世紀，中國陷入衰敗時期。無能的皇帝統治着國家，在 1850—1865 年間，一場殘酷的内戰橫掃全國，從而使貧窮和混亂廣泛散布。在 1842 年和 1860 年，中國兩次恥辱性地敗給了英國，1895 年則敗給了日本。歐洲人持續地進入中國，使中國人産生了越來越大的敵意和焦慮，以至在 19 世紀末，狂熱的義和拳意欲將所有"外夷"都趕入海中。

與此同時，歐洲却在物質力量和軍事實力方面都取得了長足的進步。工業革命使得西方獲得了以前從未有過的優勢。歐美人的主流看法是，中國流傳下來的偉大傳統文化似乎已成爲該被鄙視的落後和過時的文明②。他們驕傲和自負的民族主義感情無助于歐美吸收中國的優秀文化。

19 世紀，中國緩慢地打開了與西方交流的大門。在 1840—1876 年間，

---

① 見 D. Hunter, *Papermaking*, p. 334。所謂的"印度墨"也是源出中國，但是我無法追溯它的傳播史。

② 見 Kenneth Scott Latourette, *The History of Early Relations between the United States and China: 1784—1844*, New Haven, 1917; H. Danton, *The Chinese People*, p. 166。

有4000多部關於中國的書籍和文章出現在歐洲和美國①。然而，這些資料基本上都是大衆讀物，只傾向於强調中國的稀奇古怪的方面。在此期間，從未出版過哪怕一本有關中國之藝術、建築或音樂的學術書②。歐美人對於中國哲學的瞭解，依舊限於正統的儒家經典。

該世紀中葉，法國有些人對中國的一些作品——其作者相似於法國的戈蒂埃（Pierre Jules Theophile Gautier）、雨果（Victor Hugo）和波德萊爾（Charles Baudelaire）等——頗感興趣③，但是中國並未對法國的文學産生廣泛的影響。在美國，艾默生（Ralph Waldo Emerson）很尊敬地閲讀了儒家經典，但是並不特別熱情④。雖然老子及其信徒們的自然神秘主義有可能引起他或者索羅（Henry David Thoreau），甚或惠特曼（Walt Whitman）的興趣，但是他們却不知道這些著述⑤。吸引19世紀西方哲學家的，是印度和近東，而非中國。

19世紀内，歐美政府普遍採用了對公職人員的統一考試，而中國人則在千百年前就採取了這一措施⑥；其考試制度獲得了18世紀的歐洲作家們

---

① 見 M. G. Mason, *Western Concepts of China and the Chinese*, p. ix。

② M. G. Mason, *Western Concepts of China and the Chinese*, pp. 230, 234。

③ 參看 William Leonard Schwartz, *The Imaginative Interpretation of the Far East in Modern French Literature: 1800—1925*, Paris, 1927。譯者注：戈蒂埃（1811—1872），法國的詩人、劇作家、小説家、記者和文藝批評家。雨果（1802—1885），法國的詩人、小説家、批評家、劇作家，被認爲是最偉大和著名的法國作家之一，也是法國浪漫主義文學的代表人物。其文學生涯長達六十年，著作極豐。波德萊爾（1821—1867），法國文學的主要創新者之一，被認爲是象徵派詩歌的先驅、現代派的奠基者、散文詩的鼻祖。他最著名的作品是抒情詩集《惡之花》（*Les Fleurs du mal*）。

④ 見 Frederick Ives Carpenter, *Emerson and Asia*, Cambridge, 1930, pp. 232—239。譯者注：艾默生（1803—1882），美國的散文家、哲學家、詩人和廢奴主義者；曾經領導了19世紀中葉的超驗主義運動。他發表了數十篇文章，做了1500多場演講，以在美國傳播其思想。

⑤ 《老子》最早的英譯本出版於1868年，《莊子》的英譯本出版於1881年。譯者注：索羅（1817—1862），美國的博物學家、哲學家、詩人、散文家。他最著名的作品爲散文集《瓦爾登湖》（*Walden*），描寫自然環境中的簡樸生活；以及《公民不服從》（*Civil Disobedience*），辯説對不合法政府的抵制。惠特曼（1819—1892），美國的詩人、散文家和記者。其文風兼具超驗主義和現實主義思想；獲"自由詩（free verse）之父"的稱譽。

⑥ 見 Paul F. Cressey, "The Influence of the Literary Examination System on the Development of Chinese Civilization", *The American Journal of Sociology*, Vol. XXXV, pp. 250—262。

的高度讚揚。法國是實施公務員考試制度的第一個歐洲國家,這一做法至少是部分地源於對中國相應措施的理解①。英國和美國對中國的考試制度都有相當的瞭解,這項改革的支持者提供了不少參考資料②。然而,倒是那些反對者經常喚起人們注意到這一制度的中國背景,以作爲嘲諷和蔑視的根據③。不過,英美對於該制度的實際採用,似乎主要是國内因素造成的結果,而幾乎没有受到中國的影響。

歐美國家對於來自中國的新觀念有着强烈的抵制,但是和中國的商貿活動並未減弱,儘管中國似乎並無新的品種出口到西方。茶葉和絲綢構成了貿易物的主體,此外,還包括少量奢侈品和小型珍玩。相當數量的爆竹運抵了美國,在此,它們也像在中國一樣,用於慶典,只是規模要小得多。

人們想把某些樹木和植物引入美國,諸如茶樹、樟樹、玉桂以及桐樹等,却未成功④。18 世紀,中國的葡萄柚樹傳入了西印度群島;經過相當階段的發展後,它在 19 世紀末從那裏傳入了美國。它是直接跨越太平洋,未經歐洲中轉而傳入美國的少數幾種中國物產之一,因此也就解釋了爲何歐洲至今不太知道這種水果⑤。

19 世紀與 18 世紀相比,歐美人接受的中國文化極少,而上個世紀所採納的中國文化則可列出一張長長的清單。這一巨大差别的主要原因是西方世界改變了對中國的態度。

---

① 見 F. Bruenetiere, "L'Orient dans le Littérature Française", *Revue des Deux Mondes*, 1906.10, pp. 698f。

② *Report of the Joint Select Committee on Retrenchment, House of Representatives*, 40th Congress, 2nd Session, Report No. 47.

③ 見 Carl Russel Fish, *The Civil Service and the Patronage*, Cambridge, 1920, p. 220;Dorman B. Eaton, *Civil Service in Great British: A History of Abuses & Reforms & their Bearing upon American Politics*, New York, 1879, p. 196。

④ 桐樹園在美國成功地發展起來,估計 1944 年的產油量達到一千萬磅;不過,這是 20 世紀的成就了。

⑤ 見 Derk Bodde, *China's Gifts to the West*, Washington, 1942, p. 28。

七、公元 20 世紀

在這個世紀中，我們看到了歐美人緩慢地復活了對中國文明的興趣。歐美的植物學專家們勘察了這個國家，帶回來新品種的橘子、蒙古高原上的耐旱青草、中國榆樹、金櫻子以及中國甘藍等。大豆在 1740 年傳入法國；本杰明·富蘭克林（Benjamin Franklin）則將第一批大豆種子從巴黎帶到了美國。然而，直到二十年前，美國農業部植物引進處的一位經理才搜集到了八百多種東方大豆，它們都經過了中國各地認真的實地試驗。如今，大豆已經成為美國的六種或八種主要農作物之一[1]。至於中國在未來可能對美國做出的貢獻，農業部的一位專家表達了這樣的觀點："中國在將來可能繼續是美國之新作物、新食品和新蔬菜的貢獻者……中國擁有最大面積的莊稼栽種地以及全世界最大的温帶植物種植區。"[2] 同一位作者還估計，中國的柑橘約有五百到一千個不同品種，而西方專家業已測試過的品種還不到其中的百分之十[3]。

一些有價值的藥材，諸如麻黃素和大風子等，中國人對它們的瞭解已有數百年，但是它們被列入西藥中，却僅僅是最近數十年的事情。上海的雷斯特學院（Lester Institute）進行中藥研究已有多年；至少，有一家美國製藥公司曾雇傭一位中國科學家研究中藥，這證明中藥對於現代藥學是有價值的[4]。

中國的藝術越來越獲得人們的欣賞，許多歐美博物館都擁有了豪華的中國藏品。中國的詩詞被廣泛地譯成西文。對於中國文明的學術研究正在穩步發展。在美國，有不少學院和大學開設了漢語課程和中國文明課程。在中國或日本以外，最大的漢籍收藏處是美國的國會圖書館，它在 1940 年收藏的漢籍就達到了 199310 册。

---

[1] 見 Walter T. Swingle, "Trees and Plants We Owe to China", *Asia and the Americas*, Vol. 43, p. 297。

[2] Swingle, "Trees and Plants We Owe to China", *Asia and the Americas*, Vol. 43, p. 296.

[3] Swingle, "Trees and Plants We Owe to China", *Asia and the Americas*, Vol. 43, p. 345.

[4] Derk Bodde, *China's Gifts to the West*, p. 32.

八、結語

回顧中國與西方世界的交流史，顯然，在有限的數百年的間接交往中，中國只有物質性的貨品抵達了歐洲。它們只是孤立的產品，脫離了任何複雜的中國的用法或習俗。至於非物質的文化，諸如藝術母題或哲學觀念，只是在長時期的直接交往後，才從中國傳播至西方。許多中國特色在被吸納進西方文化時，發生了相當大的改變。少數物品，諸如火藥、紙張，成為了歐洲文明中的重要因素，但是被借鑑的大部分事物則僅具次等的重要性。西方世界的基本民族精神並未因採用了中國的新事物而有所改變。

在不同的時期，源文化的相對重要性、文化傳播的中介者，以及接納方文明的性質也各相異。中國之經濟實力和國際聲望的波動，以及中國對外國人之態度的友善或敵對的變化，都影響了中國文明的傳播。在羅馬時代，最重要的因素是交流接觸的物質環境的艱難。接著一個時期內，其主要因素則是阿拉伯人扮演的中介角色，他們對於中國文明的不同項目或者採納，或者拒絕。在蒙元時代和近現代這兩個時期內，主宰的因素則是西方文明對於中國文明不同程度的接受性①。

Chinese Traits in European Civilization: A Study in Diffusion

Abstract: The issue on civilization exchanges between ancient China and Europe is discussed in this paper, some convincing views are put forward. This history is talked about in seven stages, i.e. that of the Roman Trade, the Arab Empire, the Mongol Empire, the Age of Discoveries, as well as the 18th, 19th and the first half of the 20th centuries respectively; the last three stages are analyzed especially detailed. The author points out that when the Chinese regime was at its peak in the eighteenth century, Chinese civilization had a great impact on Europe; correspondingly, the Chinese influence weakened greatly while the Qing Dynasty

---

① 對於這些普遍性問題的稍微不同的分析，可參看 Hu Shih, "The Exchange of Ideas between the Occident and the Orient: A Case Study in Cultural Diffusion", *Contemporary China*, Vol. I, p. 12。

was declining in the nineteenth century. In the eighteenth century many Chinese civilizations, such as artistic styles, architectural techniques, methods of zinc production and *Papier māché*, etc., had been introduced westward into Europe, demonstrating the contribution of modern China to world civilization.

Key Words: China, Europe, Arab, Silk, Civilization Exchange

日本漢詩的去中心化趨勢及異質邊界

嚴　明

梁　晨

　　近年來學界對東亞漢詩研究的側重面，是將東亞各國漢詩視爲中國古典詩歌的異域反響。顯然這是一種以中國文學爲中心參照系的研究範式，其中東亞漢詩的生成語境往往被簡化成各國漢詩人接受中國詩歌傳統的背景，而未及認知這是東亞各國漢詩本體與本土因素滲入融合的合成過程，對東亞各國漢詩的評價因而也呈現出一廂情願的標準固化狀態。例如王朝時代的日本漢詩，受六朝、初唐宮廷詩風影響直接，以公宴詩爲主，多歌功頌德，少個人情感，因此站在中國文學言志緣情的傳統立場，對其評價就較低。顯然，這種先入爲主的研究範式，很可能混淆掩没日本漢詩的真實生成語境，因而很難對日本漢詩本體乃至日本漢詩史的演進邏輯作出客觀而全面的評述。

　　有感於此，本文從日本漢詩史的視角切入，重新省思日本漢詩的生成語境、詩體本質及其演進邏輯，以期從深層次揭示東亞漢詩史的重大意義和獨特價值。具體而言，本文認爲日本漢詩的生成以混雜語言的漢文訓讀作爲中介，因此其本質是雙語寫作現象的産物。而這種雙語混雜性質，也使得日本漢詩成爲異質文化邊界而得到具體呈現。日本漢詩的本體演進，如同東亞各國漢詩的發展趨勢，是伴隨着對漢文學的受容而展開的，而這

作者單位：上海師範大學人文學院

種展開的演進邏輯最終則演變成一種去中心化趨勢，這也是東亞各國漢詩發展史的共同宿命。

一、東亞漢詩研究範式理念之思考

東亞漢詩，是指古代東亞各國用漢字書寫並遵從中國古詩格律的詩作。東亞漢詩作爲中國文學與東亞各國本土文化融合一體的詩歌體裁，其本體蘊含着比較文學研究視域中的重要意義，即在跨語言、跨民族、跨文化的語境中建立起複合因素文學創作的可比性。通過東亞漢詩創作返視東亞歷史社會文化，會發現雖然東亞漢詩的基本構成爲漢字，但東亞各國的歷史譜系及其在東亞文化中的角色與地位都是不同的，因此東亞各國漢詩也呈現出多彩的本土化特色。屬於漢文化範疇的東亞漢詩，並非簡單的漢詩模仿寫作，而是凝聚了不同語言、詩體及文化特質的藝術結構，因此從比較文學的視角加以觀照是必不可少的。

東亞各國漢詩史呈現出了極爲複雜和混搭的現象，從比較文學視角考察，則顯然具備着不言自明的可比性：漢籍的長期流轉與東亞漢文化圈的多維度交流，爲東亞漢詩的比較文學研究提供了豐富的文獻資源。而這種可比性體現在各國漢詩的具體研究中，則往往表現爲兩種認知視閾：一種是將漢詩視爲東亞漢文學的一部分；另一種是將漢詩看成域外漢籍的一部分。

東亞漢文學視閾下的漢詩研究，往往側重漢詩的體裁特徵，同時將東亞各國漢詩作爲源自中國古典詩的"變異體（variants）文學"[①]。因此，這種研究範式自然就從以下兩方面具體展開：其一，以文學發生學的視角爲中心，考察東亞漢詩形成過程中異文化因素的形態、接受與媒介；其二，以受容（じゅよう）研究[②]爲中心，考察東亞各國漢詩對中國古典詩人、詩作、詩論的接受，或在比較同一主題、形象中國詩歌的基礎上，突出東亞漢詩

[①] 對變異體文學的研究，詳見：嚴紹璗，《比較文學與文化"變異體"研究》，上海：復旦大學出版社，2011。

[②] 受容（じゅよう）是一個日語詞，其基本含義是：從他者處取得某物，並吸收。這裏可以看到兩點：第一，受容是一種主動行爲；第二，受容的對象是他者，也就是異質文化。

創作實踐和詩學的本土特色。

域外漢籍視閾下的漢詩研究，則是側重從東亞共同體的立場觀照作爲"詩人所在國的本民族文學"①的漢詩。在這一研究範式中，跨國别和地區的漢籍作爲"中國文化的對話者、比較者和批判者的'異域之眼'"而存在②。這樣的研究視閾，與東亞漢文學視閾下漢詩研究的關注點有所不同。漢詩作爲重建東亞古典學基本材料的重要部分，對其進行研究的意義，還在於由此體現出與西方對話的東方方式，以及體現出跨區域、跨學科的立場。基於此，這一研究範式在當下便成爲對東亞漢詩史進行比較文學研究的重要組成部分。值得關注的是，有學者認爲保存至今的域外漢籍可以作爲"方法"來進行研究，其最終目的是爲了"返回中國"。提出這一觀點的是日本學者溝口雄三（1932—2010），見其論著《作爲方法的中國》（東京大學出版會，1989），而中國學者張伯偉也予以呼應推展。

可以看到，上述兩種研究範式都强調中國文學、文化中心參照系的主導地位。但這並不意味着東亞各國漢詩中本土文化自覺的成分可以缺席，或是不重要的存在。按照近代日本漢學家內藤湖南的説法，雖然日本古代文化如同一塊豆腐，有賴於中國文化作爲鹽鹵才得以塑體成形，但在此之前，"豆漿中已經有了變爲豆腐的素質"，這些日本元素在其文化（文學）的形成中是不可或缺的③。考察東亞各國漢詩與中國文化中心參照系之間的結構關係，可以發現上述兩種認知視閾下產生的研究範式，對於東亞各國漢詩研究的可比性精華，最終還是在於比較東亞各國文化的不同言説方式。作爲"（日本/朝鮮/越南）民族文學"的漢詩，從表面看千百年來成爲中國古典詩作的異域迴響，但其本質却含有一種基於對外部中心聲源刺激的持續回應（受容），或隱或現其本土特質，而對這一點，學界尚未給予充分的重視。

在現有的研究範式中，東亞漢詩的內在演進邏輯經常因被忽略而模糊不清。比如學界已經明確地將東亞各國漢詩作爲研究對象，但對東亞漢詩

---

① 嚴明，《東亞漢詩研究》，北京：中國書籍出版社，2013，2頁。
② 張伯偉，《作爲方法的漢文化圈》，北京：中華書局，2011，7頁。
③ 內藤湖南著，劉克申譯，《日本歷史與日本文化》，北京：商務印書館，2012，6頁。

的本體却關注甚少——往往缺乏興趣去深究辨明東亞各國漢詩本體的特質。歷史上長期存在的東亞漢文化圈，形成對東亞漢詩進行比較文學研究有着天然可比性的基礎，其中有大量尚待發掘整理的文獻資源。這種文獻資源的未完成性，誘惑着研究者繼續恪守現有研究範式，甚或形成一種不自覺的自我拘束的意識藩籬。比如古代日本漢詩文集，僅據日籍《漢詩文圖書目録》，從奈良時代至明治時代，存世的漢詩總集與别集就達 769 種，計 2339 册，但迄今得到重刊的（多數只是照相版）也不過 400 餘種册（王焱《日本漢文學百家集》）。大量的東亞漢詩文獻有待發掘整理，這對東亞漢詩目録版本學研究自然有重大意義，然而新刊整理的文獻與已有文獻的互勘參證，並不需要外部話語及新概念的刺激，便能形成一種内在自足的研究動力，並成爲一種似乎可以自洽封閉的研究系統。這樣的研究範式長期持續，對日本漢詩乃至東亞漢詩的研究而言，並不能產生新質創新的推動力。所以，自洽封閉的文獻整理研究，固然有其不可或缺的重要價值，但止步於此也難以揭示東亞漢詩史的本體特徵及演進規律。

對東亞漢詩本體及演進規律進行深入闡釋，樹立東亞漢詩史研究的整體觀是必要的前提。以日本漢詩史爲例，儘管自王朝時期以來已經出現了諸多漢詩總集和選集，但迄今日本漢詩史完整論述的專著極少，僅見菅毅軍次郎《日本漢詩史》（大東出版社，1947）、肖瑞峰《日本漢詩發展史（第一卷）》（吉林大學出版社，1992）兩種。對日本漢詩的論述，絶大多數散見於日本漢文學史的書寫中，其中最值得注重的是猪口篤志的《日本漢文學史》（角川書店，1984）。該著作以"最厚重、最完備"聞名於日中學界[1]，並有着以漢詩作爲本國民族文學的重要組成部分的文化自覺。但還是有學者指出："已有專家學者對猪口的漢文學史提出了異議，比如該書的篇幅雖然很大，但對漢文學作家作品的論述仍有重要遺漏。"這種判斷受限於漢籍整理未完成性的認知藩籬，將"大而全"作爲評價文學史書寫的唯一尺規，忽視了漢文學史書寫中本體建構及演進邏輯等核心問題。

如果受限於這樣的文學史研究理念，那麽對於研究者來説，東亞漢詩

---

[1] 陳福康，《關於日本漢詩的歷史》，《中華詩詞研究》第 2 輯，上海：東方出版中心，2016，310 頁。

史的建構很難完成——因爲讓中國、日本、韓國、越南學者在漢詩文獻收集、持有方面同時達到"竭澤而漁"的完備程度，在很長一段時間內都是不切實際的高要求。如果繼續追問"漢詩本體的演進邏輯"這一關於"書寫（乃至重寫）漢詩史"的核心問題，也容易轉變爲異國學者研究他國漢詩是否有意義這樣的困惑。

爲了擺脫東亞漢詩史編撰方面文獻未完成性的問題糾纏，須反思形成對文獻完備迷思的源頭是什麼。東亞漢詩史編撰原則和文學史書寫直接相關，對完整圖景的追求在日本近代以來的文學史書寫中就有着強烈體現。日本近世文學研究者森修在其《文學史的方法》（塙書房，1990）中反思了明治時期以來日本文學史寫法的一個重要傾向：大都強調對文獻的收集，而不注重對文獻的闡釋。收集更詳盡文獻的目的，只是爲了擺脫對歷史細節認知的未完成性，努力達成預想中的資料完備。催生這一研究範式的動因，固然與東亞各國史家看重資料證據的傳統相關，更直接的則是以實證性爲指歸的近代科學觀念的引入。而大正十二年（1923）的關東大地震造成大量歷史文獻的損毀，也間接促進了直接將書志學和文本批評[1]作爲文學史書寫的中心方法。文學史作爲一種民族精神的回溯式的塑造[2]，其"重收集"的書寫傾向，也可以説是對民族認同構建中可能出現的危機的一種補償。

爲了達到歷史證據的詳盡完備，盡力收集文獻只是第一步，接下來便是將文獻與時間序列進行精確的匹配，這是基本研究範式所強調的科學性與實證性的要求。然而，東亞漢詩研究採用類似做法的結果很容易出現如托馬斯·庫恩（Thomas Samuel Kuhn）重寫科學史時所面臨的類似困難：

> 近年來，有些科學史家已經發現，越來越難完成科學累積發展觀所指派給他們的任務。累積過程的編年史家們發現，附加的研究使他們很難回答這樣的問題：氧是何時被發現的？能量守恒是誰首先想到的？逐

---

[1] 德語 Textkritik，英語 textual criticism，就是從某個現存的文本出發，通過理論的操作儘可能恢復該文本的原來的形態（archetype）。簡言之，就是對文本的勘誤。

[2] 戴燕，《文學史的權力》（增訂版），北京：北京大學出版社，2018，2頁。

漸地，其中有些人懷疑提這類問題簡直就是錯誤。①

文獻的"積累過程"固然是基礎性的研究，其重要性自不待言。但固守並自足於文獻積累，並不能導出對核心及本質問題的拓展性思考，因爲這是"附加的研究"，執迷於材料的堆積最終會遮掩對東亞漢詩史的整體想象及文心探取。那麽如何闡釋歷史上真實的東亞漢詩史及其演進邏輯？切入和解析東亞各國漢詩的本體結構，應該是一條必由途徑。

二、雙語寫作的東亞漢詩

東亞各國用漢語進行詩歌創作，並保持長期興盛的狀態達千年以上，這在世界文學史上是絕無僅有的現象②。

回顧東亞漢詩史，首先須明確形成東亞各國漢詩本體的基本結構：即完全使用漢字並遵循漢詩格律，形成各國漢詩同中有異的漢字、漢語與漢詩的構架。東亞各國漢詩人用漢語進行漢詩創作，不僅意味着對漢字及中國古典詩韻律的純熟運用，還説明他們基本掌握了古漢語的語義體系，並在漢詩創作過程中進行了移用、模仿，甚至戲擬。之所以強調這一點，是因爲在古代東亞各國的文字發展史上，漢字的功能並不完全等同於漢詩中漢字"形—音—義"的結合，漢詩本體形式特徵也不僅在於使用了漢字。例如，日本的萬葉假名看上去是漢字，但只體現了漢字的表音功能；越南的喃字則分别取不同漢字部位作表音、表意功能，合成一個形似漢字的新字形。而隨着東亞各國本土語言文字的成熟，漢字要麽被棄用，要麽發展成爲該民族語言的表記之一，其語義體系已經有别於中國漢語。

因此準確地説，東亞漢詩是一種雙語寫作現象，而不僅僅是漢語詩的寫作。

如今，"雙語寫作"（或"非母語寫作"）這一概念通常被用於分析少數民族文學、離散（流散）文學（diasporic writing）等主題。然而，東亞

---

① ［美］托馬斯·庫恩著，金吾倫、胡新和譯，《科學革命的結構》，北京：北京大學出版社，2004，2頁。

② 嚴明，《東亞漢詩史論》，臺北：聖環圖書股份有限公司，2011，1頁。

漢詩却不屬於其理論觀照的範圍。本文嘗試從辨析作爲文化現象和話語範式的"流散"出發，以解釋東亞漢詩作爲一種雙語寫作現象，却不被納入現代學術界雙語寫作之話語的原因。首先要說明的是現象與話語的定義。現象是理論研究的對象，而此處的話語等同於托馬斯·庫恩所言的"範式"，是界定基本問題的邏輯和展開論證的一系列方法。因此，在本文的研究中，"雙語寫作"既是一種現象，是有待被話語觀照的對象，同時又是自有其溯源和邊界的話語。

　　從霍米·巴巴（Homi K. Bhabha）的論述中可以看到現象不被話語觀照的例子。他曾經批評用文化多樣性去解釋文化差異的方式。他認爲，這種方式討論的是一個認識論的問題，並不能解釋暫時性的、意義混亂的、在多種經驗邊緣的不可識別的文化客體。而所謂認識論的問題，就是探討本質和知識源頭的問題。因爲"殖民的客體在具有文化多樣性的主題之前就已經出現"[①]，所以這種解釋方法實際顛倒了現象和話語的產生順序。這就意味着，如果不首先對現象和話語作區分，那麼現象不再是現象本身，而是被話語範式限制而轉換後的結果。庫恩最初在定義範式的功能時，也認爲"範式爲除了反常之外的所有現象提供一個在科學家視野內的確定的理論位置"[②]。因此，是範式所規定的基本問題賦予了其內部現象以意義，而非現象的某些特徵決定了範式是否有效（比如數據精確與否，並不能作爲判斷科學革命中新範式是否合法之依據）。

　　全球化現象中人口流動帶來的"邊緣—中心"關係的重組，使得流散現象及對流散現象的理論分析成爲文化研究的重要方面。而"流散"作爲一種文化現象，在人類歷史上由來已久。但作爲後殖民批評話語的"流散"的成立，則是基於全球化的特殊語境。這種語境與東亞漢詩的生成不同，所以同樣以雙語寫作爲基本話語的研究，流散文學受到了諸多的關注，但東亞漢詩的研究中則幾乎不見此類視角。

　　那麼，本文又緣何認爲，東亞漢詩應該受到"雙語寫作"這一話語的觀照呢？

---

① Homi K. Bhabha, *The Location of Culture*, London: Routledge, 1997, p. 130.
② 托馬斯·庫恩，《科學革命的結構》，89頁。

一方面，雙語寫作現象關乎"母語/非母語"秩序下的"中心/邊緣"思考以及文化身份認同問題。而對這些重大問題的關切，以内部可通約的東亞漢文化圈爲方法，以中國文學爲中心坐標，很容易將東亞漢詩寫作視爲中國文化向心力的表現。這種以東亞相似性爲基礎，從整體的、連續性的視角考察東亞漢詩的形成與變異的視角，意在强化"中國/域外"單一的秩序結構，最終難以説清東亞各國漢詩興衰消長的複雜因素。有學者指出："日本漢詩是日本人用漢字寫成的中國古代詩歌式的詩。日本漢詩不僅是日本傳統文化的重要組成部分，而且是以唐詩爲代表的中國古代詩歌影響並繁衍到海外的最大一脈分支。"① 其中雖然説明"日本傳統文化"和"中國古代詩歌分支"是漢詩中兩種共存的屬性，但其强調的重點還是在於後者。在以往的東亞漢詩研究範式中，基本問題的核心，始終是對中國古代詩歌的傳播與接受，而不是對東亞某國某種雙語寫作漢詩的深入分析，這種研究在很大程度上是偏頗失焦的。

　　另一方面，雙語寫作也關乎民族的本源語言和異文化語言並置現象中的民族和文化認同問題。以日本爲例，和文學與漢文學的長期共存，漢詩創作的延續至今，皆説明中日文化互相認同的現象與心理早已定型。《隋書》卷八十一《東夷傳·倭國》"大業三年，其王多利思比孤遣使朝貢。使者曰：'聞海西菩薩天子重興佛法，故遣朝拜，兼沙門數十人來學佛法。'其國書曰'日出處天子致書日没處天子無恙'云云。"② 可見東瀛本土的自傲意識，早於"日本"確立爲國號前就已出現③。然而，包括大和民族在内的東亞各國的

---

　　① 馬歌東，《日本漢詩溯源比較研究》，北京：商務印書館，2011，13頁。

　　② 隋大業三年（607），遣隋使小野妹子遞交的國書開首有這句很有名的話，引起隋煬帝不悦。至於倭王多利思比孤，日本學界有人認爲是用明天皇，也有人認爲是推古天皇或廏户皇子，亦即聖德太子。此外，據唐人杜佑《通典》卷一八五《倭國傳》載："隋文帝開皇二十年，倭王姓阿每，名多利思比孤，其國號阿輩雞彌，華言天兒也，遣使詣闕。其書曰'日出處天子致書日没處天子無恙'云云。帝覽之不悦，謂鴻臚卿曰：'蠻夷書有無禮者，勿復以聞。'"又言此事發生於隋文帝開皇二十年（600），二説待考。

　　③ 《舊唐書·東夷傳·日本》："日本國者，倭國之别種也。以其國在日邊，故以日本爲名。或曰：倭國自惡其名不雅，改爲日本。"《新唐書》的記載更爲詳細："咸亨元年，遣使賀平高麗。後稍習夏音，惡倭名，更號日本。使者自言，國近日所出，以爲名。"總之定日本國名事發生在唐朝之時，有武則天裁定之説。

文字體系都成形較晚，如果運用傳統範式分析容易忽略東亞漢詩"雙語寫作"現象存在，進而忽視日本、朝鮮、越南這些特殊漢詩本體的存在價值和實際意義。

因此，有必要回歸東亞漢詩本體進行思考。對日本漢詩而言，首先要關注的是日本人爲何學習漢字，進而效法中國古典詩歌創作？在漢字傳入以前，日本沒有自己的本土文字體系。日本語學者沖森卓也區分了漢字在日本的"存在"與"傳入"。他認爲，中國的移民或者外交使者等一系列母語爲漢語的人，只是爲日本帶來了漢字的"存在"。當時的日本人僅把漢字作爲具有神秘力量、象徵權威的符號，但並沒有將漢字作爲語言記號的自覺，也就是説早期進入日本的漢字並沒有和本土語言發生關聯，也沒有影響到日本文字的產生。直到公元 5 世紀初，《論語》《千字文》等漢文文獻經由朝鮮半島傳入日本，日本朝廷才有了記録和撰寫漢字文書的需要，漢字才真正傳入日本[①]。

對"存在"與"傳入"的區分，顯然是以成體系的漢文文獻與日本本土的思想、語言產生關聯爲依據的。也就是説，兩種獨立語義體系的接觸交匯，成爲了漢字"傳入"的起點，真正進入了日本人的社會思想語言之中。隨之而來的，是考察日本人理解漢文的具體方式。按照一般理解，當具備某種特定價值的外國文獻進入時，翻譯活動會隨之展開。在東亞歷史上，這種翻譯活動是雙向展開的，並集中體現在佛教、基督教等經典的翻譯上。然而應該指出的是，這些翻譯活動都是在兩種定型和成熟的語言系統之間進行的，而漢文典籍進入日本之初，中日兩種語言文字的發展是明顯不平衡的：彼時的日語並沒有足夠的符號資源去準確指稱漢文詞彙概念，對漢文的直接翻譯在當時還難以實現，於是訓讀法便應運而生。

學界對日本訓讀（くんどく）的性質有着長期的爭論：它到底算一種翻譯，還是僅是一種"閲讀漢文的方法"[②]？所謂"訓讀"，指的是爲了理解成句、成章的漢文（包括漢詩），日本人在原始的漢文旁邊用符號進行

---

① 沖森卓也，《日本の漢字 1600 年の歴史》，東京：ベレ出版，2011，16 頁。
② 辛文，《日本漢詩訓讀研究的價值與方法論前瞻》，《河南師範大學學報（哲學社會科學版）》2011 年 38 卷 4 號，177—180 頁。

各種標記，説明漢文中詞語的發音、詞性和閲讀順序的方式。用此閲讀法，加上漢字與本土語音的對應較穩定，歷代日本人得以藉助訓讀直接理解漢文意思，而且不違背日語語法規則而將漢詩文朗讀出來。由此可見其特殊之處。漢詩文訓讀保留了漢語中的文字和語法，而不是用一套相異的語言文字符號進行替代指稱；然而由於訓讀符號的加入，日本人在理解漢詩文時，其語音和語法規則已經發生了某些改變，呈現形式也不再是單純的漢字組合，而是兩種獨立符號系統的並置。

因此可以認爲訓讀是一種混雜的語言形態：書面表記混雜了和漢雙語的符號，語義表達更接近漢文，朗讀則遵循和語規則。

以上對漢文訓讀的特性作了初步的認定。作爲一種混合語，東亞漢文訓讀與西方學者所熟知的非洲、南美洲的皮欽語（Pidgin）以及克里奧爾語（Creole）有什麽不同？皮欽語和克里奧爾語都是外來者與當地人在交際過程中彼此在語言上妥協並能使雙方溝通交際的一種混雜語言，其語法規則簡化，並帶有本地語言的語法痕迹。外來語和當地語都對自身語言系統作了簡化處置，以便讓對方容易理解和掌握[①]。而東亞漢文訓讀的産生，主要的推動者是渡來人的後裔[②]，是該國單方面通過這種語言標識來接受漢文化輸入的結果。另外，不同於皮欽語、克里奧爾語都是"兩端各自相減後的混合"[③]，訓讀法所針對的東亞漢語則是與本土語"兩端相加"的産物。因此，儘管都是一種混合語，但訓讀法與皮欽語、克里奧爾語顯然有着本質的不同。

漢文化的跨界傳播以及東亞混雜語的形成，推進了東亞貿易空間（trading zone）的持續繁榮，這也揭示出作爲東亞漢詩内在一環的漢文訓讀法的特殊作用。一般認爲，文化交流空間往往出現在跨文化主體的邊緣，但東亞漢文訓讀産生的空間，却經常處於國家權力結構的中心部位。日本現存最古老的漢詩集《懷風藻》，被認爲是日本早期國家意識形態的體現[④]。但即使

---

① Peter Louis Galison, *Image and Logic: a Material Culture of Microphysics,* Chicago: University of Chicago Press, 2005, p. 829.

② 就日本而言指的是4—7世紀從中國和朝鮮半島來到日本的中國人和高麗人。

③ Peter Louis Galison, *Image and Logic: a Material Culture of Microphysics*, p. 1.

④ Haruo Shirane, Tomi Suzuki and David Lurie, *The Cambridge History of Japanese Literature*, Cambridge: Cambridge University Press, 2016, p. 86.

是"最古"的漢詩集，也不能解釋清楚這種流行於皇室、朝臣、僧侶之間的漢文素養是如何養成的。如果忽視了文化交流之中介語言——漢文訓讀在其中發揮的作用，那麽很容易將中日兩國的跨文化活動視爲一種簡單模仿和複製，而忽略日本漢詩中的本體意義。

飛鳥池遺址近年出土刻有一首漢詩的木簡（圖1）：

> 白馬鳴向山，欲其上草食。女人向男咲，相遊其下也。①

圖1

據專家考證，這塊木簡的年代比《懷風藻》早大約一個世紀，而其中這首五言漢詩，並没有按照唐詩格律用韻。但學者發現，按照此詩的訓讀再去掉日語助詞，會産生獨特的漢詩書寫方式，符合日語的表達。因此可以推測，早期日本漢詩的書寫表達，很可能是直接以訓讀法作爲基礎而進行的，這就不同於後世日本漢詩人主要以訓讀法學習唐宋詩作，而後模仿其格式進行漢詩創作。

---

① 奈良文化財研究所木簡データベース。ウエブサイト http://www.nabunken.jp/Open/mokkan/mokkan1.html。木簡番號248。

总之，訓讀作爲一種混雜的語言形態，標記了日中兩種文化的根本差異。漢文化圈在東亞長期存在，在使用混雜語表述和解讀漢詩的時候，是否隱藏着這樣的預設，即這兩種東亞國別文化（比如中國和日本）在本質上是可通約的[①]？今天的比較文學研究者努力在難以通約的文化間（比如中西文化）建立對話，如將對話視閾轉到東亞，思考這兩種獨立發展的文化趨向可通約，是否就是在指向一種可以良性發展的共同體之基礎？這裏可以回顧一下美國學者庫恩對"不可通約"概念的闡述，這是從數學借用來的術語，其含義是没有公度(no common measure)。也就是説，兩種文化的不可通約，意味着没有一種明確的標準或方法，可以使得一種文化的語言能够精確地翻譯成另一種文化的語言。不同文化語言在翻譯過程中必然會造成不同程度的語意減損，或是增添其原來没有的含義。而東亞漢詩本體的雙語寫作得以長期存在，使得本可通約的東亞漢文化在持續交流和融會過程中發生作用，這是鐵石般的千年歷史存在，值得今人尊重和珍惜。

三、東亞漢詩的異質邊界

江户時代（1603—1867）被公認爲日本漢詩發展的鼎盛期。日本學者對江户漢詩的"本土化"特色較爲重視，甚至將漢詩視爲日本民族文化自覺的標誌。對中國古典詩歌傳播而言，這一時期的日本漢詩創作也確實是最具他者色彩的。

在日本思想史上，江户是一個"外來文化"和"本土文化"並行不悖的時代[②]。荷蘭作爲當時唯一和日本建立外交和商貿關係的西方國家，其商船爲日本人帶來了大量來自歐洲的新視閾和新事物。開放長崎爲港口的九州地區，成爲江户時期值得關注的日歐貿易空間。賴山陽在九州的經歷使其漢詩中出現了外國人形象和異國建築物。和賴山陽相識的梁川星巖與妻

[①] 比如日本奈良時代長屋王（684—729）的經典表白"山川異域，風月同天。寄諸佛子，共結來緣"。繡在袈裟衣緣上的這四句詩，令身居揚州大明寺的唐代鑑真和尚深受感動，決定東渡此"有緣之國"傳法。真人元開（一説即淡海三船）《唐大和上東征傳》載此事，詳見汪向榮校注本，北京：中華書局，《中外交通史籍叢刊》，2000，40頁。

[②] 馮瑋，《日本通史》，上海：上海社會科學院出版社，2008，387頁。

子紅蘭在長崎時，也曾描寫酒肆、妓院、外國船隻和樓房等等。可以說，不可通約的東西方文化衝撞，在江户漢詩中得到了激烈的呈現。

限定日歐貿易往來的港口，是江户幕府推進商教分離的基本國策。由於擔憂西方宗教威脅日本社會倫理的平穩安定，16世紀的日本統治者就已制定了壓制西教的措施。江户時代長崎開埠的重要意義在於，不同於之前安土桃山時代短暫三十年間放開輸入的"南蠻之風"，歐洲洋物西學至此獲得了在日本長期穩定的輸入傳播空間。與東亞文明極難通約的西方文明中有着許多尖銳的異質成分，它與日本社會秩序、傳統文化極易形成對立。江户幕府規定了其在日本有限的共存空間，實際上卻促成了兩者"並行不悖"現象的產生。對這種"並行不悖"現象的觀察，在現代學者的想象中，往往變成了這樣一番充滿詩意的景觀描述：

> 一方面是迫近大海的山和水邊的松林，隱現在松林背後的漁村的白牆，那個水墨山水畫常常描繪的古老而美麗的日本，是與歐洲完全不同的世界；另一方面，船從玄海灘一進入關門海峽，船的右側便呈現北九州的工廠區。林立的煙囱冒出的煙柱和高爐的火光以及活躍而勤奮的國民所創造出來的所謂"現代的"日本。①

加藤周一在此描寫了一種二元對立的視覺經驗，兩種異質結構在九州並置共存。而這種二分的視角從何而來？18世紀初，當秘密進入日本的傳教士西多提被押送到江户進行審問時，負責審訊的幕府重臣新井白石對他帶來的西方文明信息作出這樣的評判：

> （西洋）學問只是像精巧的器具。我在其中只能看到形而下的部分，形而上的則未可見。②

這一頗爲自傲的論斷，被學界視爲"和魂洋才"這一近代振聾發聵口號的萌芽。

近代日本對"和魂洋才"的呼喚，表現出二分合一的認知視野，其本

---

① 加藤周一著，楊鐵嬰譯，《日本文化的雜種性》，長春：吉林人民出版社，1991，4頁。
② 新井白石，《西洋紀聞》上卷，東京：平凡社，1968，17—19頁。

質是被時局危機激發出的一種保存純粹日本文化的強烈意願。從 16 世紀耶穌會傳教士路易斯·弗洛伊斯（Luis Frois）的《日歐比較文化》（*Kulturgegensatze Europa-Japan*）對日本之於歐洲的異托邦（heterotopia）式的描述中，能夠更清晰地看到此類二分認知視野：

> 我們歐洲人橫着從左往右書寫，他們日本人豎着從右往左書寫。
> 我們歐洲書籍的最後一頁結束處恰恰是日本人書籍的開頭。
> 歐洲的墨水瓶有蓋子和筆拭。日本沒有。
> 歐洲人寫的字很小。日本人寫的字比大寫字母還大。①

從這些日歐接觸之初的直觀描述中，可以發現日本事物往往是歐洲事物或對立或倒置的存在。而這種看法到了幕末明治時代依然流行，甚至不少到訪過日本的歐美人將日本描繪爲"topsy-turvy"②。

對這樣的二分對立的認知觀應該怎樣理解？

第一，如何理解兩種異質文化的邊界？根據福柯的論述，異托邦總是預設了一個同時開放和封閉的系統，這一系統將它們與其他空間隔離，並且使得有條件的進入成爲可能③。這意味着，異托邦和其他空間之間並不存在一處可以作爲邊界的真空區域。比如 16 世紀時長崎是日本最重要的天主教發展地，也是二十六聖人的殉難之所④。1634 年，在幕府的主持下長崎港內修建了專供葡萄牙人居住的人工島，將對外貿易限制在此。實施商教分離是一種試圖保持兩種異文化之間真空地帶的努力，但這種努力最終看來

---

① ［葡］路易斯·弗洛伊斯著，［日］岡田章雄譯注，范勇、張思齊譯，《日歐比較文化》，北京：商務印書館，1992，83 頁。

② topsy-turvy 意爲顛倒混亂，令人迷糊發狂的。出自《日歐比較文化》，1 頁。

③ Michel Foucault and Jay Miskowiec, "Of Other Spaces", *Diacritics*, vol. 16, no. 1, 1986, pp. 22–27.

④ 二十六聖人：1597 年 2 月 5 日，26 名日本天主教徒由於豐臣秀吉的命令在長崎殉難。有關此次事件的一手資料，可見葡萄牙籍傳教士路易斯·弗洛伊斯的著作，結城了悟將之翻譯爲《日本二十六聖人殉教記》（1997 年，聖母文庫）。

是失敗的。緊接着出現的島原之亂①，其歷史作用不僅在於它和天主教直接聯繫而使得幕府實施了鎖國政策，更在於自 1649 年起日本市井社會湧現出名爲"天草軍記物"的文本群。這些軍記讀物雜糅了天主教景觀、儒家倫理綱常，促進了近代武士道精神的産生，成爲日本近代國文物語的傳統主脈。安土桃山時代插入的西方宗教因素不僅未能被幕府肅清，經過這場起義抗爭反而在江户時代的假名草子、市井劇場中，爲日本民衆呈現了一片異時異地景觀——它具有開放潛能，並且足以激發江户文人的藝術想象力。

第二，二分視角會産生什麽樣的後果？不論"和魂洋才"還是"日歐比較文化"，二分法拒絶了合一的可能性。唐納德·基恩（Donald Keene）曾提出日本文學史中的一個悖論："在 19 世紀，當日本人最終如同使用自己的語言一樣熟練地用漢文書寫，他們却拒絶承認自己與日本文化形成之初的傳統中國文化的聯繫。"②這一判斷跳出了中國學人評價日本漢詩時的傳統視野以及一廂情願的自豪感。如果將這一"拒絶"視作一種文化選擇，那麽這一選擇並非如基恩所説在 19 世紀才出現，而是在江户初期的漢詩中就已經有所體現。試看這首江户漢詩：

> 除夕
> 今宵春冬分目軍，掛取攻來恰如雲。
> 或謂留守或隙入，樣樣請和曾不聞。③

其中，已有日語詞"掛取""留守""隙入"作爲詩語表意的主要部分。

---

① 島原之亂（1637—1638，寬永十四至十五年），指日本九州島原半島及天草群島爆發的一揆（起義），參加者多爲天主教徒。這次民衆起義是對幕府諸藩横征暴斂及殘酷迫害天主教徒的激烈反抗，起義首領是 16 歲少年天草四郎時貞。幕府軍鎮壓起義造成四萬餘民衆死亡，促成了幕府鎖國體制的最終形成。

② Donald Keene, *World within Walls: Japanese Literature of the Pre-Modern Era,* Tokyo: Charles E. Tuttle, 1976, p. 557: It is a paradox of literary history that in the nineteenth century, when the Japanese at last became capable of writing Chinese as if the language were their own, they decided to reject the ties to the traditional Chinese culture formed at the beginning of their history.

③ 嚴明，《日本狂詩創作的三次高潮——從東亞漢文學史的發展角度着眼》，《學習與探索》2009 年 2 期，192—196 頁。

可見至少在江户初期，日本漢詩中體現的本土文化選擇意識，要遠早於以本居宣長爲代表的國學家對儒學的批判。基恩注意到了日本國學家們對中國文化的拒絕並將之視爲一種文化接受悖論。但這種"拒絕"同日本人在原始的漢文上"添加"符號將其"改造"成訓讀體，又以訓讀體爲基礎"删減"助詞形成了最初的漢詩文文本是一樣的，都屬於以本民族文化爲基底的閱讀和創作選擇，其中呈現出大和民族自覺意識成長的邏輯演進。

由上可知，對二分對立認知觀的探究可以引發對東亞漢詩本體的新認識。當加藤周一反思現代化日本的民族主義思想時，他發現兩種文化的交融已經"不可挽回"——"知識分子對雜種性的純化努力是徒勞的"。通過觀察"國學"一詞在日語中表記方式的變化（"国学—こくがく—kokugaku"/漢字—假名—羅馬字），或許能感知到早期的日本國學家試圖拒絶古典中國文化的種種努力。但説到底，東亞漢詩的本體實質到底是什麽？在江户時代，中國詩歌與日本漢詩的文本差異如此之小，研究者可用"如同"（as if）來提示兩者之間幾乎看不出範式差別。這意味着東亞漢詩既是作爲跨文化交流活動的結果，也成爲了跨文化交流活動的橋樑及邊界。在東亞漢詩創作過程中，各國本土的語言要素滲入漢詩的語義之中，逐漸形成各國漢詩的獨特文本範式。源自中國的漢詩保留了傳統的文本格式，而其内在的結構與聲音則已逐漸被東亞各國本土因素所滲入和充實。東亞漢詩的本體在雙重表記民族語言的複合作用下，或隱或現地展示出文化交流邊界的草蛇灰綫，而其本身也成爲東亞文化共同體的活化石。

跨文化交流的各領域之間並不存在真空地帶，東亞漢詩創作也不是在單一純質的文化場景中進行的，而是在一個異文化交匯後的"中間"地帶（in-between cultrue）中言説着差異[①]。在本體差異中構建可比性，而不是流連在相似性中探究文本，這或許是學界在探討東亞漢詩史過程中應該注意的重要原則。

---

① Homi K. Bhabha, *The Location of Culture,* London: Routledge, 1997, p. 220.

四、東亞漢詩的演進邏輯：漢文化受容的去中心化趨勢

日本漢詩演進的一個客觀趨勢，在於創作主體身份範圍的轉移與擴大：從皇室公卿，到五山禪僧，再到江户時期的大衆化。而各個時期的漢詩作者，其創作的基礎又在於對漢文化的廣泛受容，並培養出較高的漢詩文素養。因此，東亞漢詩創作主體身份範圍的轉移與擴大，標誌着東亞漢詩對漢文化的受容過程中呈現出逐漸去中心化的趨勢。

如上所述，日本漢詩的初期，漢文化交流是在王朝時代權力中心區域進行的。而推動和漢文化交流的首要因素，則是奈良平安朝自上而下所確立的制度設計。從聖德太子的《十七條憲法》到公元 702 年日本模仿隋唐建立以天皇爲中心的律令制國家，漢文化的深入展開是其中的基本要素。《懷風藻》以及敕撰三集（《凌雲集》《文華秀麗集》《經國集》），作爲重要的日本早期漢詩選集，是王朝審美意識形態的集中體現。

《古事記》和《日本書紀》這兩部現存最古的漢文書籍，確立了以天皇爲中心的國家敘事方式和理念。因此，儘管當時許多渡來人在朝廷擔任要職，《懷風藻》以及敕撰三集的作者中也有許多人有着移民血統，但是日本王朝審美意識形態並不能被漢文化意識所指代，而必須是圍繞着天皇而展開、基於早期大和民族意識而定型。

平安中期的《和漢朗詠集》作爲"和漢"兩種文化實體符號的首次並列，進一步確定了日本的國家意識①。然而彼時，和漢文化交流空間已經從天皇爲中心的早期形態，朝着去中心化的方向轉移，即在以天皇爲中心的權力結構之外，逐漸形成其他如朝廷重臣、僧侣等的文化權力空間，直接影響到日本漢詩的發展方向。

具體來説，早期日本漢詩的去中心化朝着兩個方向進行。第一，隨着政治權力的轉移方向進行。《和漢朗詠集》的編撰者藤原公任（996—1041）出身於攝關政治下天皇的代理人藤原北家一脈，這部詩選與平安貴族的審

---

① Haruo Shirane, Tomi Suzuki and David Lurie, *The Cambridge History of Japanese Literature*, p. 185.

美意識直接相關,整體風格是"耽美的"和"法悦的"①。日本近代美學家大西克禮對平安朝審美風氣的總結,指出了文化交流空間轉移後的漢詩風格和早期漢詩的差異所在:

> 平安時代的生活方式具有唯美主義傾向,導致人們的唯美行爲和社會習慣、道德觀念造成深刻的矛盾衝突……發達的審美和無力的知性造成的一種無聊的生活,使人感到無力和厭倦。②

這與《懷風藻·序》中所言"騰茂實於前朝,飛英聲於後代"的文治氣象,已有了較大的不同。

早期日本漢詩去中心化的第二個方向,是和漢文化交流的中心區域轉移到了佛教寺院。朝廷政治權力結構從單一的公家中心,逐步到"公家——武家"並存的轉變,這就形成了五山時期漢詩創作風氣轉變的重要背景。作爲官寺的五山十刹壟斷了漢籍的傳播和解釋,其功能遠超宗教領域,甚至到達了參與内治外交的最高層面③。

到江户時代,幕府成爲日本的權力中心,日本漢詩這種去中心化趨勢儘管時隱時現,但一直在繼續演進。江户幕府的鎖國而治,一定程度上限制了外來文化尤其是歐洲物品的輸入。但遍布日本各地的寺子屋、藩校、私塾、書肆(本屋)④,還是擴大着與明清及李氏朝鮮的漢籍交流及文化貿易的空間。歷代積累的漢文典籍、漢詩文集,加之新輸入的明清典籍,推進了日本漢文基礎教育的普及,以及與市井社會的日漸融合、本土意識的覺醒,改造了武士市民多元的審美觀,使得江户漢詩創作產生出強大的創新活力。幕末及明治時期的漢詩是江户漢詩創作高潮的延續,在西方物質文明的衝擊下,漢詩創作逐漸擺脱了傳統古典意象,成爲與歐美新文體融合的新載體。

在日本漢詩產生初期,"以天皇爲中心"確定了國家權力結構的中心點,也使得圍繞天皇中心的詩人群體具有較大的可變性。之後每當朝廷權

---

① 川口久雄編,《和漢朗詠集》,《日本古典文學大系》73卷,東京:岩波書店,29—30頁。
② 能勢朝次、大西克禮著,王向遠編譯,《日本幽玄》,長春:吉林出版集團,2011,104頁。
③ 陳永華,《五山十刹制度與中日文化交流》,《浙江學刊》2003年4期,198—201頁。
④ 印刷機構。

臣當道，或者各地武士爭霸的時期，日本詩壇往往出現多個中心點共存的狀況，於是日本就有了漢學家師門傳承群體，以及各地漢詩人群體等不同場域。這些漢詩創作場域之間形成複雜交錯的力學關係，除了朝代、區域和教育因素，還有其他的力學關係值得探討。日本漢詩研究中常見如"平安漢詩與白居易""平安漢詩與中晚唐詩歌""五山漢詩與禪詩"等組合關係研究。這些關係組合重在探討互爲異時性存在的日本漢詩和中國古典詩歌，並力圖通過經典文本流行和傳播的兩百年時間差①，證明中國詩在東亞各國的不同接受。比如在《和漢朗詠集》收句最多的是白居易，並非李白和杜甫，其中固然有中唐時期白氏詩集即已傳播東瀛的原因，但平安時代最受歡迎的白詩是其艷情詩和帶有佛教理念的詩作，這一選擇是值得重視的。《和漢朗詠集》中的漢詩人吟誦作出了日本式的審美選擇，而東亞共同體的交流溝通則決定了各國漢詩創作發展的合力方向。

　　庫恩的學生、日本科學史學者中山茂在其《範式和科學革命的歷史》中，討論過範式在不同文化中的移植問題。以江户時代的蘭學爲例，他認爲，蘭學在日本最初的接受過程是：有通商需求的幕府／長崎通事（翻譯）／作爲自由業者的醫生集團②。這裏可以看到，在受容異質文化時，社會市場的需求有時與文化共同體的需求並不一致。因此，在東亞漢文學交流傳播的基礎上，東亞共同體的發展前景也會影響到各國漢詩本體範式的形成。

　　日本學者加藤周一注意到了"夥伴圈外的文學"現象③。他將詩僧一休宗純對五山漢詩潮流的叛逆，視作佛界共同體内部爭鬥的結果。這意味着東亞共同體的内在結構並不是死板緊實的，而是有彈性而鬆散的。東亞共同體各領域的向心力強度並不一致，一些邊緣元素更可能與其他場域發生作用，這會影響到場域力學關係發生變化，進而促使東亞漢詩創作出現新潮流變化。

---

①　江户中期江村北海受到明代胡應麟《詩藪》的影響，在其《日本詩史》中最早提出這一觀點，之後在日本漢學界呼應者絡繹不絶。
②　中山茂，《パラダイムと科学革命の歴史》，東京：講談社，2013年，43頁。
③　加藤周一著，葉渭渠、唐月梅譯，《日本文學史序説》上，北京：外語教學與研究出版社，2011，292頁。

明尼蘇達大學亞洲語言和文學系教授保羅・魯澤（Paul Rouzer）在其論文《早期佛教漢詩：朝廷、鄉村和空海》中，提到了被學界忽視的一種現象：一個文化共同體中最具代表性的人物，經常也處於另一個文化共同體結構中，但其發揮作用的痕迹往往會被經典化的過程所遮掩。王朝詩僧空海便是這樣一位複雜人物。他反對奈良的宗教等級制度，在詩作中表現出隱士的態度，因此不能算作宫廷詩人。但同時，他和朝臣大伴家持家族關係密切，也可能是嵯峨天皇的私人朋友，朝廷君臣與佛僧通過漢詩唱酬保持着密切而深入的關係，這在東亞漢詩史上並不少見。此外，空海作爲遣唐學者，漢文素養極高，他返日後編撰的《文境秘府》，成爲日本漢詩史上重要的詩學典籍，也代表着奈良朝詩壇的詩學高度[①]。

　　總之，東亞漢詩史的演進邏輯是漢詩經典化的過程與去中心化過程的交匯與博弈。東亞漢詩史的發展是經典化的過程，這一過程所形成的中心化是排他性的；但同時，東亞漢詩的演進邏輯也是一種不斷去中心化的過程，東亞各國漢詩密切交流以及本土因素的強勢滲入，都促進了各國漢詩多中心化即去唯一中心化的發展趨向。無論是漢詩交流空間還是東亞共同體基礎，它們的本質都是混雜的而非均質的。因此，東亞漢詩研究中雖然需要保持歷時性的要素，但要探討東亞漢詩内在的演進邏輯，必然要超越漢詩史研究範疇。

五、結論

　　本文通過審視東亞漢詩的研究範式，提出東亞漢詩的本體核心是語言與文體結合的獨特闡釋。辨析東亞各國漢詩的雙語寫作，不難發現包括日本在內的東亞各國漢詩史有一個共同處：漢文學和國文學都是其中交匯互融不可或缺的重要組成部分。對兩種語言因素及能量交匯消長的考察，能够成爲觀照包括日本在內的東亞各國漢詩演進邏輯的求實途徑。

　　這也意味着，東亞漢詩中漢字、語音的功能分析，不能僅僅通過單純

---

① Paul Rouzer, "Early Buddhist Kanshi: Court, Country, and Kūkai", *Monumenta Nipponica* 59, no. 4 (2004), pp. 431—461. http://www.jstor.org/stable/25066327.

的"漢詩史"來體現,而是要以雙語爲基本結構的東亞漢文學創作爲基礎來闡述。其中,有兩個現象值得注意。

第一,早期敕撰和歌集序言中的自我翻譯(self-translation)現象。以《古今和歌集》爲例,其序言包含真名序和假名序,儘管同樣敘述了和歌的審美特徵、和歌的分類、對歌人的評價以及撰寫的過程,但假名序中的"歌の心"作爲和歌的重要審美理念被沿承下來。這説明漢文書寫承擔了"敕撰"的功能,而真正表現民族審美意識的是日語書寫。儘管無法確定當時編者在撰寫序文時的具體情況,但自我翻譯顯示出當時日本人已經在功能上區分了漢語和民族語言。

第二,與漢文訓讀有關的文體出現。日本政府公文、法律條文中的漢文訓讀體直到第二次世界大戰時仍在普遍使用。從訓讀體中可以看到漢字與日本民族、國家意識的血脈關聯;而從宣命體與日本最古老的神道結合看,確實也有着《懷風藻·序》所言"不忘先哲遺風"的痕跡①。

最後,歸納對東亞漢詩本體範式及演進邏輯的思考。曾有學者站在日本文學史敘述傳統的立場討論加藤周一的《日本文學史序説》,其中特別對"序説"一詞作了辨析②。日語詞"序説"的意思是:爲了幫助理解正文而在其前寫的論説,又稱"序論"。也就是説,序説是用來總括正文、展現其論述邏輯的概論性文章。然而《日本文學史序説》却詳盡論述了日本文學史的各個方面,不像是序説,而更像是正論了。對於這個矛盾,該學者從笛卡兒《方法論》的日譯本定名史出發,認爲非權威性的 Discours 才符合序説的本義。而本文認爲,以序説之名行正論之事,正體現出一種嚴謹的研究態度:在進入東亞漢詩史研究之前,應向東亞漢文學史周邊開放視野;同時也不囿於被傳統所規定的文學經典和文體範式,這樣才能無礙地進入對東亞漢詩史的整體研究,進而探明東亞漢詩之本體範式及演進邏輯。

---

① 宣命體是日本古代書寫文體的一種,用於記録天皇宣命、神道教祝詞等莊嚴場合。其底本爲萬葉假名和漢字詞構成的文本,多用對句,富有莊重感,其中也摻混佛教用語。宣命體是奈良時代以前的書寫產物,其產生過程與古代日本書寫文體對中國文化的吸收密切相關。

② 莊焰,《讀加藤周一〈日本文學史序説〉——兼談日本文學史敘述傳統》,《外國文學》2015年4期,40—47、157頁。

Decentralization trend and heterogeneous boundary of Japanese Chinese poetry

Abstract: The current study of East Asian *kanshi* 漢詩 is based on the cultural similarity between the two countries. However, this study of comparability can not explain the ontological characteristic and evolution logic of East Asian *kanshi*. By distinguishing phenomenon and discourse paradigm, this paper determines that East Asian *kanshi* is a bilingual writing phenomenon. On this basis, this paper focuses on the history of Japanese *kanshi*, starting from the kanbun kundoku 漢文訓讀 as a mixed language, reflects on the presupposition of the expression of "Chinese cultural circle", and emphasizes the differences between Japanese and Chinese cultures. Thus, East Asian Chinese poetry can be regarded as a mark of the boundary of cross-cultural activities. Finally, starting from the heterogeneous space of cultural exchange, this paper preliminarily discusses the evolution logic of Japanese *kanshi*, that is, the trend of decentralization of the acceptance of Chinese culture.

Key Words: kanshi, bilingual writing, kanbun kundoku, comparative literature

江户古文辭學者太宰春臺對明代"李王"詩文的批判

朴　彥
呂笑康

引　言

　　太宰春臺（1680—1747）是江户時代著名儒學家荻生徂徠所創古文辭學派即蘐園學派的重要弟子，被目爲"蘐園八子"中徂徠之首徒，是古文辭學派中經學派的代表人物。歷來對春臺關注的焦點首先是經學，其次是論者多以現代資本主義探源的視點出發，關注其經濟思想。偶有學者提及春臺關於古文辭學的詩文理論，却因其在江户時代經學影響就已經橫貫中日兩國，在後世其經濟學説又被放大，不被認爲是其主業的春臺的文學認識常被忽略。直至近年，《光明日報》刊載陳維釗先生的《太宰春臺的文論觀》一文①，方可認爲是國内開始對此問題重視。本文所要做的，是從其《詩論》《文論》《倭讀要領》三部討論詩文創作的著作出發，考察春臺對其師荻生徂徠所推崇的明代復古派"李王"古文辭學的否定和批判。師之所倡，徒之所貶，那春臺是否對其師徂徠也同樣否定呢？本文將從這些明顯有違

作者單位：江西師範大學外國語學院
① 《光明日報》2020年07月13日13版。

江户時代古文辭派内部認識和師徒關係的角度出發，探討太宰春臺對李、王詩文的否定態度及對古文辭學的認識變化等問題。

一、古文辭學派對"李王"等明七子詩文理論的繼承和發展

在明清中國，程朱理學是正統思想，可以在一定限度内闡發，但基本不容有本質性的懷疑。而江户日本雖以朱子學爲官學，其統治地位却並不絕對。加之没有科舉對學問的束縛，江户時代初期開始，就對不符合日本社會情況的一些儒學思想進行了批判和修正。如林羅山對"湯武放伐"論的認識變化明顯就是爲德川幕府獲得權力的正統性及根基穩固之後順利執政提供理論基礎；山鹿素行提出的"中國論"則將日本與中國並列爲中華，更是日本中心主義的體現。至伊藤仁齋以布衣開館授徒，訓詁日本所存古文獻，攻擊朱子學，直追孔子的"儒學原教主義"則純粹是在江户儒學氛圍下從學術角度出發的探討。日本儒學的特點是其對宋明以後的程朱理學敢於提出異見，進而推動日本的朱子學逐漸向考證學的方向發展。

在日本此種儒學環境中，荻生徂徠在思想上接受了伊藤仁齋的反朱子學立場，在方法上則從中國明代大力主張的"文必西漢，詩必盛唐"的李攀龍、王世貞等復古派獲取靈感，如澀井太室所謂"茂卿以摘發立家"[1]，指摘朱熹所注四書中的錯誤，對朱子學進行了以文辭錯誤爲原點的批判。荻生徂徠的學術歷程就是受到李、王二人的"古文辭學"的啓發而開始的。如其自述：

中年得李于鱗、王元美集以讀之，不可得而讀之。於是發奮以讀古書。其誓目不涉東漢以下。亦如于鱗氏之教者。[2]

就如其學派被稱作"古文辭學派"，在日語語境裏，明朝李、王爲代表的後七子"復古派"之學，同樣被稱作古文辭學。事實上，日本的"古文辭學派"就是明代"復古派"的域外别傳。荻生徂徠推崇"李王"，高

---

[1] 澀井太室，《讀書會意》卷中，江户：萬屋太右衛門刊，寬政六年（1794）。
[2] 荻生徂徠，《復安淡泊》，《徂徠集》卷二八。

舉復古旗幟，努力學習古言，終成日東一代大儒。荻生徂徠因精通漢語口語而被重用，在翻譯領域嶄露頭角，作爲幕府的重要幕僚，其儒學認識後來雖然也在"赤穗事件"等政治問題上起到法制思想上的一些作用，但本質上徂徠本人仍然是以使用"古文辭"的創作爲中心，認爲詩文於日本學者尤爲緊要，即以文藝爲主業並將之泛化到學術和政治層面。古文辭學派弟子多才具，其中著名者，皆爲一時之秀。其弟子中，服部南郭、高野蘭亭等皆以詩文創作名重一時，並完全執行了徂徠的古文辭路綫。徂徠一門學習"唐音"，排斥"倭訓"，用直讀法學習漢語，以東漢以前的經典爲學習漢文的材料，崇尚盛唐以前的詩歌，對唐以後的宋元詩歌大加排斥，唯對明朝前後七子的詩文推崇有加，並以之爲學習古言的方法論典範。不過，其弟子中影響力巨大的太宰春臺和山井鼎却是例外，二人以經學著名，且因古文辭之關係，注重所研究對象的版本，以考據爲是，其學術方法竟與清朝乾嘉考證學類似。

中國自古流傳的"好古""復古"思想，在明代復古思潮中成就了前後七子，而後七子，尤其是後七子中的李攀龍、王世貞，在荻生徂徠的推重下，跨越了時代和地域，在日本變身成爲古文辭學派，引領了一代之潮流。而古文辭學派的諸多漢文著作回流中國，甚至被收入《四庫全書》，實也是對其最大的肯定。早期的朝鮮通信使初去日本之時曾有强烈的文化優越感，在徂徠學派興起之後，頗驚於此邦文風之盛。在看過荻生徂徠的著作之後，認爲其"詆毀前賢"，却也不得不讚他爲"豪傑之士"。餘風所及，傳李攀龍所編《唐詩選》成爲江戸時代的蒙學讀物和至今日本最爲流行的唐詩選本。《唐詩選》之外，據學者劉芳亮統計，日本在正德至明和之間出版的以李、王爲主的明人詩集尺牘及詩論等書竟達五十餘種[①]。完全可以認爲，因荻生徂徠推重"古文辭"，李、王之學雖在明末以後的中國漸趨式微，在江戸日本却徹底動搖了朱子學的權威地位。江村北海認爲："蓋徂徠没後，物門之學，分而爲二，經義推春臺，詩文推南郭。"[②] 不過，就如澀井

---

① 劉芳亮，《日本江戸漢詩對明代詩歌的接受研究》，濟南：山東大學出版社，2013，101—106頁。
② 江村北海，《日本詩史》卷四，京都：載文堂、文錦堂、風虎堂、玉樹堂共刊本，明和八年（1771）。

太室所説："關東之學，治經者寡，修辭者衆。大抵文章則《軌範》《文範》、明諸家，詩則于鱗所選唐詩、明七才子絶句。"①古文辭學之文學一派，因無契合的社會環境，無法體現日本之"人情"，不出模擬剽竊之域。江户中期，特別是寬政改革以後，古文辭學派及其主張在日本也日漸衰微，其學術與朱子學等融合趨向明顯，漸成折中、考證之學。而模擬李、王之復古文學，勢頭也爲清新性靈派所壓制。這中間的變化，與徂徠學派中的重要弟子太宰春臺開始在徂徠學派内部對明代復古詩文進行否定不無關係。

二、太宰春臺的"先王之道"及其詩文

太宰春臺是荻生徂徠的重要弟子。他1704年即聽過伊藤仁齋的講義，接觸了古學派思想。1711年被友人安藤東野介紹入荻生徂徠門下之後不久即嶄露頭角，被稱爲古文辭學派裏的經學第一人。太宰春臺並不像很多研究者所認爲的那樣，是荻生徂徠的忠實後繼者，常有自己的獨立見解，有不同意見時會直接提出。因性情耿直，所以被稱爲是荻生門下之"子路"。太宰春臺兩度爲大名幕僚，又兩度致仕。後來還因同門中的大名本多忠統態度倨傲而拒絶其經濟支援，僅以教書爲業，隱居紫芝園。同門服部南郭評價春臺："進退必以禮，安貧樂道，終不復仕，然其志則同儒者之學，折中孔子。"②服部南郭從文辭之士的角度評價太宰春臺，得出的仍是經術和人品之結論，可見春臺對儒術的專精。

同樣，太宰春臺對荻生徂徠的評價極高，謂：

> 先生既明古文辭，因以考經術。其説度越千古，則又明儒所不及也。夫先王之道，謂之文章。文章得徂徠而極其至，蔑以加焉。③

又説：

---

① 澀井太室，《讀書會意》卷中。《軌範》蓋指《文章軌範》，傳宋謝枋得編，多收唐宋八大家等文章。日本内閣文庫藏有嘉永六年（1853）和刻本七卷。《文範》蓋指焦竑編《明四先生文範》，收李夢龍、王世貞、李攀龍、汪道昆之文。日本國立國會圖書館藏有寬保元年（1741）和刻本四卷。

② 服部南郭，《太宰先生墓碑》，《春臺先生文集·後稿》，二編，卷十五。江户：嵩山房，寶曆二年（1752）刊本。

③ 太宰春臺，《對客論文》，《春臺先生文集》卷十五。

徂徠先生以命世之才，絕倫之識，發明古道。使先王之道，仲尼之教，彰明於千載之下，功莫大焉。①

在太宰春臺看來，荻生徂徠不是簡單的文人，而是超越明儒、可以弘揚先王之道的大儒。但不揚其文辭技巧，僅推其文能弘道，所謂文章，指的是"先王之道"，事實上表現了太宰春臺對"道"即儒學原理的重視。

作爲徂徠門下，太宰春臺即以推重"先王之道"聞名，且並非僅僅是一個通過訓詁追尋"先王之道"的經學家。其詩歌文章，諸體兼備，除了其比較反對的唱酬之外，甚至還有他自己極爲排斥的模擬之作。此外春臺學問駁雜，對經濟、倭訓、醫學等領域亦有涉獵。其文論與詩論篇幅不大，却最集中地體現了其思想的批判性，反徂徠主張的内容頗多，值得注意。

享保十三年（1728），荻生徂徠去世，翌年，太宰春臺的《經濟錄》刊行。此書與他的《經濟錄拾遺》共同成爲日本近世經濟學的開山之作，以至後來的日本經濟史領域有了"春臺學"之專屬稱呼。太宰春臺最著名的著述當屬其於享保十七年（1732）校刻音訓之《古文孝經孔氏傳》。該書最早由清人汪鵬從長崎船載回國。被收入《知不足齋叢書》，又被收入《四庫全書》。此書流傳中國，尤爲清朝考證學者所重，令太宰春臺名滿中日。

本文中所提到的太宰春臺著作，《倭讀要領》成書於享保十三年，《文論》作於元文四年（1739）。其《詩論》初刊行於其歿後的寬延元年（1748）。也就是說，太宰春臺有關詩文的著述多出於其師荻生徂徠歿後，且前後相隔幾二十年。梳理其關於詩文之言論，可見前後變化極大。其中，自然會有其師在世與否導致的言論受限問題，存在個人認識的轉變，學派内部學風的改變，同時也會有"元祿時代"之後時風變化的影響。

三、太宰春臺對以李攀龍爲代表的明詩的批判

太宰春臺對明詩的認識，早期的情況應該是追隨徂徠，肯定成分居多。如在其1728年成書並刊刻的《倭讀要領》裏有所體現：

---

① 太宰春臺，《書徂徠先生遺文後》，《春臺先生文集》卷十。

凡詩ヲ作クラントオモハバ、古詩ハ『文選』ヲ熟読シ、唐詩ハ明ノ高廷禮ガ集タル『唐詩正声』、『唐詩品彙』、李攀龍ガ『唐詩選』等ヲ熟読シテ、其内ノ詩ヲ暗記スルコト。数百千首ニ至テ、朝夕諷詠スレバ、自然に作リ得ラルルナリ。始メハ只古人ノ語ヲ剽窃シテ抄寫スルコトヲ習フベシ、是ヲ務テ息サレバ、積累ノ功ニヨリテ、イツトナク佳境ニ入テ、終ニハ詩名ヲ成就スルナリ。宋元二代ノ詩ハ詩ノ悪道ナリ、学ブベカラズ。明ノ代ニ至テ、北地ノ李夢陽、信陽ノ何大復ヨリ、詩道復興リ、済南ノ李攀龍、呉郡ノ王世貞等出テ詩道ツイニ古ニ復セリ。此諸子ハ皆能古ヲ学テ、古人ノ旨ヲ得タル者ナリ。サレハ、今ノ学者ハ明ノ諸子ノ古ヲ学タルヲ見テ法則スベシ。明ノ諸子ノ詩ハ直ニ古人ノ詩ニ異ナラズト知ベシ。①

凡若作詩，古詩須熟讀《文選》，唐詩須熟讀高廷禮所集《唐詩正聲》、《唐詩品彙》、李攀龍《唐詩選》，背誦其內所收之詩。若朝夕諷詠至數百千首，自然可作（詩）。初只應習如何剽竊抄寫古人之語，若以之爲務而不息，因累積之功，自會漸入佳境，最終成就詩名。宋元二代之詩爲詩之惡道，不可學。至於明代，北地李夢陽、信陽何大復復興詩道，濟南李攀龍、吳郡王世貞等出，詩道遂復古。此諸子皆爲能學古、得古人之旨趣者。故而今之學者當以明之諸子學古之狀爲法則，當知明之諸子之詩直與古人詩無異。（作者譯）

此文是教初學者學習唐詩的方法。其中特別提出學詩當學唐詩，而且是李攀龍所選的《唐詩選》及以盛唐詩爲正宗的高棅編纂的《唐詩正聲》和《唐詩品彙》，三者皆不出七子"詩必盛唐"的認識範圍。同時，太宰春臺認爲宋元二代之詩爲詩之惡道，不可學。這與古文辭派的普遍認識完全吻合。尤其值得注意的是春臺認爲：至於明代，（前七子中的）李夢陽、何景明等人復興了詩道，（後七子中的）李攀龍、王世貞等人開始令詩道復古；諸子皆能學古，是得古人旨趣者；今之學者應以明朝諸子學古之狀爲法則，應知明朝諸子之詩直與古人之詩無異。就如徂徠編纂《唐後詩》排斥宋元，

---

① 太宰春臺，《倭讀要領》卷下，江戶：嵩山房刊，享保十三年（1728），三六、三七頁。

單取明詩作爲學唐詩的跳板，此時春臺基本沿襲了徂徠先學明人學唐詩之法、後學唐詩本身的主張。太宰春臺對詩歌復古頗爲肯定，對李、王二人所推動的復古活動更爲推崇，而且直接認爲明詩無異於古人詩。可見，至少在1728年以前，太宰春臺對李、王所代表的明詩的認識論不出荻生徂徠的認知範疇。

約二十年後，太宰春臺在寬延元年（1748）初刻，安永二年（1773）復刻的《詩論》中明確提出了自己的詩歌主張，概而言之，是一個經學家對詩歌的總體性輕視，尤其是對明詩的不以爲然，與此前所論大異。太宰春臺對明詩的代表——其師荻生徂徠所推崇的明詩巨擘李攀龍的絕句進行了極爲猛烈的批判。

《詩論》篇幅並不長，其中認爲古人之詩都是感情的自然流露，三曹以後才刻意作詩。此後之詩，以唐詩爲盛。其後日漸衰微，及至明代復興。此種認識，尚未脫離古文辭學派對宋詩等歷代詩篇的輕視。不過太宰春臺認爲：明代詩歌有幾個重大問題。歸納起來基本有以下三點：

一是數量多。爲作詩而作詩，多唱和之作，逞才之作。創作越多，則感情越少。如：

> 明人之詩，其多數倍唐人，且如與人贈答，唐人不過一二首，明人多至數十首，寡亦不下數首。言盡而意不給，故多用事搪塞。①

> 唐以詩取士，異於古人也。唐人雖有事則作，猶未多作。明人尤務多作，異於唐人也。②

二是篇幅長。動輒數百韻，因辭害意，越見刻意。舉王世貞哭李攀龍詩爲例：

> 元美哭于鱗排律，百二十韻，冗長可厭，無以見其哀。③

---

① 太宰春臺，《詩論》，江户：山崎金兵衛，京都：澀川與左衛門，安永二年（1773）共刊復刻本，五頁。

② 太宰春臺，《詩論》，六頁。

③ 太宰春臺，《詩論》，七頁。

三是模擬。以古樂府爲例，説古人很少模擬古樂府，而明人多模擬之。有模擬剽竊之病。提出：

> 子美雖好詩，未始擬作古樂府。不獨子美，凡唐人多然。明人好擬作古樂府，夫古樂府，不可擬作者也。①

正文推導到最後，太宰春臺説：

> 唐人太白、子美皆終於詩人，明人于鱗、元美好弄文辭，至死不倦。于鱗五十七，元美五十四，終身讀書而不曉六經之旨，不知聖人之道，名爲文士耳！于鱗嘔出心肝而死，元美卒事浮屠，於小祇園而終焉。俱無功業之足稱於世，豈不可憫哉！余嘗爲此憤懣，好古君子盍小省焉。②

正文最後，太宰春臺提出了最基本的認識：李攀龍、王世貞二人至死"不曉六經之旨，不知聖人之道"，"無功業足稱於世"。即使李杜，不過"終於詩人"，詩寫得好也是枉然。這種認識否定的是詩人本身的社會價值，與古文辭學派的認識是大異其趣的。李、王是古文辭學派尊崇的對象，其師荻生徂徠、同門服部南郭作詩皆有此三病。尤其是模擬問題，太宰春臺特以古樂府爲例批判之。而徂徠以下，門徒皆有大量擬古樂府之篇什。而擬作古樂府的原因很明顯是要通過這樣的方式學習"古言"，唐人中模擬古樂府最多的當屬李白，據稱李白詩存世近千首，而僅在《李太白集》之中，就有樂府4卷，共150首左右，而且其中大多是擬古樂府。春臺在其文章中避而不談此類問題，頗顯偏頗。甚至他自己也有擬古樂府《子夜四時歌》《烏棲曲》各一篇。兩篇當是早年所作，若非其文稿多燒失於江户大火，擬作應當更多。作爲提倡經義的徂徠學門人，如此提法，否定的不僅是李、王等明人，可以認爲是對古文辭學學習方法的批判，更有對自己"少作"的否定，足可見其詩學觀點與之前相比已經發生了巨大變化。此書刊行時已是太宰春臺死去後一年，故其内容當是其晚年之作。太宰春臺在附録中説：

---

① 太宰春臺，《詩論》，七頁。
② 太宰春臺，《詩論》，十頁。

> 余少不好明詩，老而滋甚。徂徠先生選明詩而名以《唐後詩》，中載李于鱗七言絕句三百首。先生謂明詩以于鱗爲至。于鱗七言絕句無一首不佳，故載之最多。純謂于鱗所爲唐詩非唐而七言絕句爲甚。因而暇取《唐後詩》，就先生所選而指摘于鱗七言絕句之瑕疵，以示童蒙如左。①

其言"余少不好明詩，老而滋甚"，與前述其20年前所作《倭讀要領》中所云"當知明之諸子之詩直與古人詩無異"（筆者譯）之論完全矛盾。而這種矛盾，可以認爲是春臺治學過程中對詩歌認識的變化。

附錄之中，太宰春臺共舉李攀龍詩32首爲例，列舉出如"剽竊""偷語""套語""不成語""只是常語""似謎語""同語相侵""句法大同""句法非宜""意不的切""同語重出""不知所云"等用詞及文法方面的錯誤；"誦之無味""徒記故事""醜甚""非諷教之正""猥褻逾閾"等審美及道德方面的問題。此外還有作爲提倡古文辭者却"全似宋人"、提倡學唐詩者却用了唐代以後才用的平仄之法、職官名稱有誤、鬥才華却不寫情、用經典原句爲詩句、用絕句記事等諸多問題。所指出問題的詩篇達到徂徠所選李攀龍詩的十分之一強。而且這還是"右略舉于鱗絕句之巨疵，其微瑕姑不論"②。其所提問題未必處處公允，大致也挑出了李攀龍詩歌的基本問題。更有甚者，其批評完全以經學家的角度，對明詩，尤其是其代表李攀龍的詩歌進行了激烈的批判，完全稱不上中肯了。

當然，太宰春臺對李攀龍的詩也並非全部加以否定。春臺盛讚了李攀龍的《于鱗送劉户部督餉湖廣第五首》，説其詩"全不用事而氣象飄逸，造語宏麗，直可與太白、右丞頡頏矣"③。既有肯定之語，自然貌似公允。但從比例上看，其取向甚爲明顯。春臺直接用其師徂徠所選明詩爲例，對其如此批判，在江户時代的大環境中，明顯是一種忤逆和反叛的態度。徂徠所愛，春臺所貶，表現出太宰春臺對荻生徂徠詩學取向的否定。想必是

---

① 太宰春臺，《詩論》，九頁。
② 太宰春臺，《詩論》，十八頁。
③ 太宰春臺，《詩論》，十五頁。

爲了給其師留一點顏面，太宰春臺在全書的最後寫道：

> 嗚呼！向使徂徠先生不死十年，必見明詩之可厭，不復好之。純非敢違先師而立異説，昏愚偶見明詩之大異於唐詩故也。不知世之好詩者以爲然否耳。①

可以説，該書在正文中批判了刻意爲詩的做法，認爲不通過學習六經而識聖人之道進而做出功業，不是合格的讀書人。這其實已經是在批評包括其師荻生徂徠和同門服部南郭等人，而附録中對李攀龍的具體批判更是直接將矛頭指向了荻生徂徠。雖然在最後，春臺説如果荻生徂徠"不死十年"，一定不會再喜歡明詩，因爲明詩的確不如唐詩好。以這樣的論調爲徂徠開脱，實在是有些牽强。

所以説《詩論》並不是詩歌批評專著，而是專門就明朝詩歌在中國詩歌史上的地位重新定位，雖然仍是次於唐而高於宋元，却對李、王在明詩中的代表地位、明詩的整體水準提出了質疑。尤其在言辭上對李、王二人頗有厭棄之意。總體來看，《詩論》對明詩及通過效法明人學詩的方法學習唐詩都予以了相當程度的貶損。即使對唐代的李杜，也頗多輕慢之語。本質上，是太宰春臺作爲一個經學家在指導讀者不要沉溺於"無用"的詩歌，而應該明經，學習聖人之道，立德、立功、立言。而該書刊行的時間在其殁後，出版者當爲其門人弟子。該書未必是絶筆之作，有可能是因爲言辭太過激烈，爲了應對發行後所可能引起的巨大反響，有所忌憚才刻意没有及時出版的。

四、太宰春臺對以"李王"爲代表的明代文章的批判

《文論》一書作成於元文己未（1739），此時已經是荻生徂徠殁後11年，其宗旨與内容構成同春臺本人死後出版的《詩論》相仿，可以視爲《詩論》的姊妹篇。該書同樣分正文和附録兩部分，正文論文章之價值，視復古爲當然，仍不出古文辭學的範疇，但交代了復古之具體方法；附録則爲對明四家復古之文的具體批判。

---

① 太宰春臺，《詩論》，十八頁。

《文論》之前半與《詩論》不同，《詩論》幾乎是對文人詩歌作用的全盤否定，而《文論》則只是對拼湊之文和不能闡釋"先王之道"文章的否定。就中多以屈、宋、馬、韓及明代李、王等人爲例，究其得失。第一篇所云文以載道是前提，具體到如何爲文，則以其下六篇詳細闡述之。概而言之，爲文不可拼湊如"糞雜衣"，不可用套語，不可只學古人之辭却不去學古人之法，不可過度修辭等。那麼，從正文來看，這是一本什麼書呢，明顯不是反對古文辭學，而是就古文辭學者易犯錯誤予以指導的書。但文中所舉其師所推重的李、王之文章，則都是作爲反面典型而出現的。如：

> 今觀四子之辭，無非古辭。然其行文，獻吉、伯玉尚遵古人之法，于鱗、元美則用今法。獻吉時去陳言，猶退之也。元美好變用古辭，以見其巧。于鱗、伯玉即用古辭，不敢裁割。于鱗又好險其語以爲古文辭當如是……故予以爲于鱗之文亦未全古，況其行文以今法乎。吾友次公嘗與余論文曰："于鱗之文似俳"，可謂知言哉！①

此外，提及古文辭學者，除了日本的古文辭學習者，基本指的都是明代李、王爲首的復古派文人。而在太宰春臺此文中，幾乎都是反面典型。《文論》七篇大致內容及主要觀點如下：

第一篇談何所謂"文"。稱文不過是載道之工具，論及孔子所說的"文"之內涵，以及"文"之表現，"文"之流變，乃至"文"之墮落。作者提出"三不朽"之末流才是"立言"：

> 君子之所學者，先王之道也。所行者，先王之道也。所以成德者，先王之道也。夫然後見諸文辭，施諸事業。②

第二篇談學古文辭者容易拼湊古人之言而成"糞雜衣"，不可貪多。謂：

> 學有二焉，德行也，文辭也。然德行難而文辭易，故學而可以及古者，莫近於文辭。所以不能及古者，患在要譽與貪多。苟去此二患，而唯

---

① 太宰春臺，《文論》，大阪：稱觥堂刊，元文己未年（1739），十八、十九頁。
② 太宰春臺，《文論》，六頁。

古是好，何不及之患哉。彼爲文辭而成糞雜衣者，又何足與言文哉！①

第三篇談不可用套語，並解釋了何爲套語。並謂通用之辭可用，獨用之辭不可用；一家所專不可用，與衆共者可用。且詩書之辭不可用作己語。

第四篇談可用古語，不可用套語，陳言務去。明人之文往往綴緝古辭，矯枉過正。春臺認爲明人所爲是失敗的反面例證。如：

> 古文辭之患，在於用古人成語。李、王尚以是取敗，況他人乎？
> 古文辭務綴緝古辭以爲文，其弊至用套語，套語之弊，至爲歇後語。古文辭至是降爲六朝，不能爲東漢，又安望西京哉！此所謂矯枉過正者，明人有焉。②

第五篇談古文辭家懂得用古人之辭却不懂得古人之法，提出了其文論的體系爲"體、法、辭"，並舉例認爲李攀龍辭不盡古，文章之法更多今法；善用古人之法者，歷代以韓愈爲最佳，而明代當推後七子中的宗臣。此間有對古文辭學過於重視修辭的批判，稱：

> 修辭家學左氏、司馬，而其文乃不能超六朝。此無他，徒修古人之辭而不取法於古人耳！③

第六篇談古文辭應該用古法而不僅是古辭，能用古法者，唯司馬遷與韓愈。

> 古文辭家乃謂西漢以上爲古，而務模擬之，模擬則可，吾惡其務摭古人成語，而緝之以今法。是徒知道古其辭而不知古其法也。④

第七篇談賦過度重視修辭產生的不良作用。謂：

> 後世學者所以多事文辭爲之累也。文辭之累，賦居其一。⑤

---

① 太宰春臺，《文論》，十一頁。
② 太宰春臺，《文論》，十六頁。
③ 太宰春臺，《文論》，十九頁。
④ 太宰春臺，《文論》，二十一頁。
⑤ 太宰春臺，《文論》，二十四頁。

作者認爲賦是詩的一種，賦導致了後世太過注重修辭，從而成爲文章的負累。

脱離《文論》全書的結構去談内容，很難看出作者的意圖。日本學者東鄉富規子和白石真子皆以"體、法、辭"來總括太宰春臺《文論》之體系①，有一定的道理。但很明顯，這種三分的提法，如果按照全書的結構看，首先就不是等量齊觀的。若各爲重點，則應該出現在全書第一篇或者末篇的對"體、法、辭"三分法做的概括或總結，却出現在了七篇正文中的第五篇。或者説，第一篇談的是文章與道的關係，作爲總括可以除外；五、六兩篇談及體與法，基本被放在了中間；其餘二、三、四、七篇談修辭，若按照三分法來看，會顯得不倫不類。這絶非太宰春臺不會安排文章結構，而是這裏所提的體與法都是相對於"辭"而言的。也就是説全書七篇，除却首篇，中心都是圍繞着"辭"這一條主線進行的探討，談的都是古文辭學習過程中容易出現的各種問題。第二至第四篇説的是堆砌古言容易成"糞雜衣"，如何避免使用"套語"，何種古語可以用，何種古語不可用。五、六篇説的是不能過度重視古文辭，"體與法"也很重要。第七篇説的是辭賦的語言對文章的不良影響，需要避免之。也就是説，太宰春臺固然提出了文章要重視"體、法、辭"三者的關係，但這本《文論》本身的内在邏輯顯示，春臺主要談的是古文辭本身的學習方法和注意事項。

太宰春臺在此書所舉反面典型爲何皆用明人，有一定的解釋。全書最末交代如下：

> 客有持釋大潮師所纂《明四大家文抄》來示余者。余時方論古文辭而有譏於四家者。因就抄中舉其病大者而論之以告同志。他可例推。②

太宰春臺"方論古文辭而有譏於四家"，且正巧有人送《文抄》給他看，這才是《文論》寫作之緣起。寫作本書的意義在於指出明人之病，通過明人之病即可見日本古文辭派後學者所應該注意的問題。批評明人本質上是方法而不是目的。但批評之緣起、批評之標的、批評之例證皆以李、王爲主，

---

① 東鄉富規子，《太宰春臺の古文辭批判と文章論について》，《季刊日本思想史》1978年8月第8卷，44—52頁。白石真子，《太宰春臺〈文論〉考》，《上智大學國文學論集》1999年1期，61—83頁。

② 太宰春臺，《文論》，三十七頁。

則可見李、王之文，已經不是前述《倭讀要領》中所說的"今之學者應見明之諸子學古之法爲法則"的典範高度，明顯已經被當作了反面典型。

《文論》在正文之外，又有附録，題爲《文論附録後世修辭之病凡三十一例》。凡所舉 31 個作文的反面典型中，除了用"不佞"不妥這一問題是明人共有的修辭之病，此外李攀龍 10 條，王世貞 16 條，汪道昆 3 條，李夢陽 1 條，李、王占到近九成。具體言其病，則有誤用"套語"、用古文所無之生造之語、取詩書之辭以爲己言、巧綴古辭而非古法、以古人成語爲己言等等，篇幅所限，不能一一贅述。基本上都是在用古文辭之方法攻擊學古文辭常有之病。也就是說，太宰春臺以文法、修辭、訓詁以及符合秦漢以前的使用方法等爲準繩，判斷李、王符合古文辭學的要求與否。他對文章的要求，完全是要求文章更貼合古文，是用正統的古文辭學的方法去評價李、王的古文辭。所以可以判斷，太宰春臺並沒有在晚年背叛古文辭學派，只是對李、王的古文辭本身進行了尖鋭的批判，將從來都被目爲法則的李、王當成了反面典型，動搖了李、王的地位。但此種行爲也難免否定了荻生徂徠曾經大力提倡的東西。

五、太宰春臺詩文理論的變化及其時代背景

古文辭學派的創立者荻生徂徠被稱爲"豪傑之士"，其弟子中間能人輩出，多是一時之秀。而三代弟子之後則漸顯頽勢。作爲儒學秩序的破壞者，却越來越少能人出現。而徂徠之學多從指出古人錯誤而發新説開始，這種學風對後世影響甚大。曾將朱熹、王陽明、伊藤仁齋、荻生徂徠的主張合爲《經義折衷》一書、善於博采衆長、立場較爲中正的折衷學派的集大成者井上金峨（1732—1784）在其筆記中説：

  伊藤氏復古ヲ倡ヘテ、物氏コレヲ主張シテヨリ、天下の恒言ト成リ。今ハイカナル未伎ノ徒モ、復古二字ヲロセザルナシ。①

  自伊藤氏倡復古，物氏主張復古始，（復古）成爲天下之恒言。及今無論何種技藝未成之徒，無不言復古二字。（作者譯）

---

① 井上金峨，《金峨山人病間長語》卷一，日本內閣文庫藏抄本。請求記號 43559。

在伊藤仁齋和荻生徂徠提倡復古的背景下，復古成了當時日本學界的真理，即使没什麽能力的人，也無不高談復古。而同樣是井上金峨，在另一著作中用漢文寫道：

> 物氏見識卓絶，其以爲古者，實無過焉。而其説或有不襲先賢而與先賢暗合者，或有議先賢而其議不當者，要之無失大體，則可矣。近世少年輩，尋章摘句作意辯駁，得其一誤如獲一盗臟，沾沾自喜，刻布其書，殊可憎厭。①

根據井上金峨的記錄可見，當時的古文辭學，明顯出現了一些尋章摘句指責前人並沾沾自喜的末流學風。而金峨也對徂徠本人過於崇尚李、王詩文的情況提出了一些批判。井上金峨之私淑弟子山本北山（1752—1812），則在安永八年（1779）刊刻《作文志彀》，推崇韓柳及明代性靈文學的代表公安派的袁宏道。又在天明三年（1783）刊刻《作詩志彀》，開始大力宣揚清新性靈文學，猛烈批判古文辭學派。江户時代的詩文風格的走向，竟與清初相類似。山本北山的弟子大田錦城（1765—1825）也是古文辭學派的重要批判者。古文辭學派由此徹底没落。

從社會層面看，古文辭太過艱深，學之不易。而江户時代元禄以降，文化漸趨普及，市民文化興起，要求文化更加通俗易懂，詩文則更要表現現實生活，以模擬爲是的古文辭學派就失去了群衆基礎，漸顯頹勢。

明朝遺民陳元贇流亡日本後，將公安派袁宏道等人的詩文介紹給了詩人元政。以元政爲首的日本詩人開始接受明代性靈派之文學，到江户時代中後期經山本北山等人大力推介之後成爲新潮流。性靈派詩文更合日本的風土和日本人的氣質，繼李、王詩文之後流行一時。但是太宰春臺並没有提倡性靈文學，對充滿理趣的宋詩也持貶斥態度。即使批判李、王的詩文，春臺所宗的仍是古文辭學。只是，春臺於詩大略持否定態度，認爲唐詩尚可，宋元不論，明詩則先肯定後否定；於文則認爲東漢以前固佳，韓退之尚可，李、王等人的明文則完全淪爲批評的對象。

---

① 井上金峨，《考槃堂漫録》，日本内閣文庫藏抄本。請求記號 26759。

安井小太郎評價太宰春臺説："春臺過度正直，性格狷介，不爲世所容。"① 太宰春臺耿介的性格導致其有個人意見會不吐不快，更深層的原因當是他看到古文辭學派在發展過程之中過重修辭之學，漸不問"先王之道"，背離了儒學的宗旨而流於末端。重視經學的春臺對此痛心疾首，所以才會言辭激烈。而春臺的批評時間較早，指出的問題尖鋭且切中肯綮，在客觀上必然會造成古文辭學派自身缺陷被外界熟知的結果。所以我們可以認爲太宰春臺只是想激進地修正古文辭學派的風氣，却似乎給人以反對其師荻生徂徠的印象。

太宰春臺長期從事經學研究，並在紫芝園開館授徒，在研究的過程中，對古詩文的認識必然會漸趨深入，以至有一些獨立的思考和迥異其師的認識。況且作爲經學家，春臺反對的只是徂徠一門太過注重詩文，不重"先王之道"，所以會認爲徂徠所提倡的李、王詩文硬傷太多，不值得學習，而並非復古本身有問題。應該説，比起徂徠，春臺更加注重復古，而且要復古到極致，所以才會反李、王等明人而宗漢唐。

結語

本文主要通過太宰春臺的《文論》和《詩論》，總結了古文辭學者太宰春臺對明代李、王詩文的批判，分析其對李、王文學批判的原因在於其立足的是經學立場，認爲闡釋"先王之道"才是文章最重要的作用，並對通過學習明人的詩文習得方法追溯秦漢盛唐詩文的路徑提出質疑，尤其極大程度地否定了學習漢詩的意義，無論詩還是文，他的批判都集中在荻生徂徠所大力提倡的李、王作品之上。太宰春臺對李、王的質疑和否定，以其直率的性格而論，本質上可以看作是對其師荻生徂徠所提倡的治學導向和治學方法的認識發生了變化，及在其師殁後整頓學派內學風的努力，而並不是對師尊的否定。但此種情況造成了古文辭學派内部的意見不合，客觀上也招致了來自外部的批評，導致了山本北山等人對古文辭學派的質疑和排斥，最終加速了古文辭學派的衰落。

---

① 安井小太郎，《日本儒學史》，東京：富山房，1939，184頁。原文爲日文，此爲筆者所譯。

文獻天地

東京國立博物館藏《神歌抄》卷背書《毛詩正義》殘卷獻疑 *

——從長澤規矩也《佚存書目解題》剔除該卷記録談起

陳 翀

  東京國立博物館藏《神歌抄》卷背書《毛詩正義》第十八殘卷，自 20 世紀 80 年代被收録於《唐鈔本》圖録以來，逐步進入中日經學研究的視野。21 世紀初，人民文學出版社影印南宋刊單疏本《毛詩正義》（日本武田科學振興財團杏雨書屋藏本）時，首次將其全卷彩影附於書尾，用饗學人。近年，王曉平在整理出版《日藏詩經古寫本刻本彙編》（第一輯，中華書局 2016 年）亦將其編入了第一册。這一殘卷累經影印，已被大多數學者理所當然地視爲唐人寫本，成爲考證宋前《毛詩正義》文本形態之不二文獻[①]。

  2013 年東京國立博物館在舉辦"宮廷之美術：平安～室町"展覽時曾將《神歌抄》作爲主要展品予以展示（參照圖 1），筆者也有幸一覽其廬

  作者單位：日本國立法人廣島大學文學部中國文學語學研究室

 * 本文部分内容曾於 2019 年 3 月 19 日日本九州大學舉辦的"第 303 回中國文藝座談會·'中日周秦漢唐文學學術的再出發'國際學術研討會暨第八屆周秦漢唐讀書會"及 2022 年 4 月 23 日北京大學舉辦的"'中華文明日本傳播史'工作坊"發表過。又，本文亦屬於 JSPS21K00327（基盤研究 C）之階段性研究成果。

 ① 參見嚴紹璗《日藏漢籍善本書録》上册，"毛詩正義（殘本）一卷"解題，北京：中華書局，2007，63 頁；程蘇東，《東京國立博物館藏唐人〈毛詩並毛詩正義大雅殘卷〉正名及考論》，《歷史語言研究所集刊》第八十八本第二分，2017，205—244 頁。

宮廷の美術ー平安～室町

本館 3室 2013年5月8日(水) ～ 2013年6月23日(日)

重要文化財　神歌抄(部分)

平安時代・10世紀

平安から室町時代の美術にはそもそも宮廷貴族が強く関与し、その好尚を反映したものが多く、日本美術史に果たした貴族の役割はきわめて大きいものがありました。宮廷貴族の手によってつちかわれたやまと絵や書の作品や、宮廷貴族の調度品として用いられ鑑賞された工芸品は、後代まで強い影響力をもち、日本的美術の重要な位置を占めています。ここでは、平安から室町までの宮廷に源を発する美術の世界を紹介します。今回は特別展「国宝 大神社展」(4月9日(火)～6月2日(日))の開催に合わせ、天神信仰にかかわる絵巻作品や、神楽歌を記した神歌抄などを展示します。

展示作品リスト 8件

	指定	名称	員数	作者・出土・伝来	時代・年代世紀	所蔵者・寄贈者・列品番号	備考
おすすめ		北野本地絵巻断簡	1幅		鎌倉時代・13世紀	個人蔵	
おすすめ		菅丞相物語絵巻	1巻		室町時代・16世紀	個人蔵	
おすすめ	重文	神歌抄	1巻		平安時代・10世紀	B-2535-1	
		色紙	1幅	伝後花園天皇筆	室町時代・15世紀	古筆了悦氏寄贈 B-1690	
		広沢切	1幅	伏見天皇筆	鎌倉時代・14世紀	B-2422	
		松鶴鏡	1面	山形県鶴岡市羽黒山御手洗池出土	平安時代・12世紀	E-15413	
		山吹蝶鳥鏡	1面	山形県鶴岡市羽黒山御手洗池出土	平安時代・12世紀	E-15438	
		菊枝双鳥鏡	1面	山形県鶴岡市羽黒山御手洗池出土	平安時代・12世紀	E-15420	

圖 1　“宫廷之美術：平安～室町”展品目録

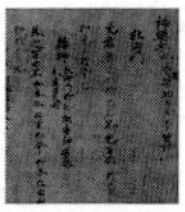

山真面目。當時雖無法細審，但隱約覺得卷背之紙張墨色似非唐鈔風格。近年，日本國立文化財機構將其高清全卷圖片公諸於 e 國寶網站（參照圖 2）[①]，筆者得以利用其擴放功能對卷面、卷背之書寫細節予以反復揣摩，進一步加深了當時之懷疑。爾後又對其發現時的相關記録予以溯源對證，發現無論是初鑑者長澤規矩也（1902—1980），還是此卷發現者佐佐木信綱（1872—1963），均未曾持過唐鈔本之説。且長澤規矩也早已發覺卷背文書之蹊蹺，日後正式發表的《佚存書目解題》將其剔除在外。

總而言之，無論從卷子的抄寫格式來看，還是從早期學者的鑑定來看，均可得出一個結論，即此卷紙面所書寫的《神歌抄》確是平安時期所寫真品，無愧爲“重要文化財”。然卷背文字，則極有可能是後人據《毛詩正義》及《詩童子問》拼湊而成的僞文。今試作此文，列舉此卷背所抄《毛詩正義》不審之處，以供海内外學人參考。

① https://emuseum.nich.go.jp/detail?langId=&content_base_id=100381&content_part_id=002&content_pict_id=0。

圖 2　e 國寶網站之《神歌抄》圖片

一

衆所周知，對於抄寫於《神歌抄》之卷背的《毛詩正義》第十八殘卷，自《唐鈔本》刊行之後，學界大多將其目爲唐鈔卷子。《唐鈔本》錄其書誌云：

　　毛詩正義卷第十八，重要文化財，一卷，東京國立博物館。（大雅）韓奕·江漢。紙本，縱二九·四 cm，長二四〇·五 cm（紙背），一卷，東京國立博物館。（大雅）韓奕·江漢。紙本，縱二九·四 cm，長二四〇·五 cm（紙背），神歌抄。①

人民文學出版社影印《毛詩正義》前附李霖、喬秀岩《解題》云：

---

① 中田勇次郎監修，大阪市立美術館編，《唐鈔本》卷末《圖版解説》，京都：株式會社同朋舍出版，1981，160 頁。

《神樂歌》紙背〈韓奕〉、〈江漢〉殘篇，有一九三一年影印本。附有單册"解説"，有編者佐佐木信綱日文解説，又有長澤規矩也漢文跋。佐佐木稱此影印本由"官幣大社稻荷神社刊行"。《佚存書目》著録此殘卷爲"平安朝鈔本"，並云有"竹柏園影印本"。"竹柏園"即佐佐木信綱的别號。此影印本效果不佳，文字極不清楚。殘卷原件後歸日本"東京國立博物館"，今付費借用該館提供的彩色電子檔，影印出版。①

　　另外，對於此卷之鑑定經緯，王曉平《日本詩經學文獻考釋》第一章第四節"東京國立博物館藏唐鈔本〈毛詩正義〉卷十八研究"中有過更爲詳細的介紹。兹將其文有關部分徵引於下，以便之後展開論述：

　　　　《十八卷》僅書毛詩《韓奕》末二章和《江漢》全篇。原爲武藏樂人安倍氏所藏，都書寫在《神樂歌》一卷背面。日本著名日本文學研究家佐佐木信綱曾借覽，書誌學家長澤規矩也看到其照片，因而撰寫了《古鈔本毛詩殘卷跋》（下簡稱長澤《跋》），其文不長，兹譯録於下：

　　　　　　古鈔本《神樂歌》一卷，武藏樂人安倍氏所藏，佐佐木博士借覽。見示其照片，紙背書《毛詩·韓奕》末二章、《江漢》完篇。以校閩本、毛本，疏文闕略，訛奪頗多，但《韓奕》第五章《孔疏》"蹶父"至"燕譽"下，有"此言韓侯"云云一百九十八字，蓋佚文也。以校十行本、嘉業堂單疏本，益信其爲佚文。予數觀古鈔本，而其佚文多若是者，未曾見也。《疏》中"民"字悉作"人"字，其出於李唐鈔本明矣。上層《經》文、《毛傳》、《鄭箋》，下層則《孔疏》，今定爲平安朝鈔本焉。我邦（指日本——筆者注）所傳古本，存彼土所佚者甚多，此亦其一也。可以爲藝林鴻寶矣。書而謝博士，且以爲跋。

　　　　根據《長澤規矩也著作集》第九卷編者按，這篇《跋》是長澤規

---

① 《南宋刊單疏本毛詩正義》，北京：人民文學出版社，2010，14頁。

矩也應佐佐木信綱博士之請爲《神樂歌》殘卷而寫的。佐佐木信綱在《神樂歌》解說中，引用和介紹了長澤規矩也的考察結果。現將有關部分譯載於下，以供參考：

> 存《大雅·蕩之什·韓奕》六章中的末二章、《江漢》全篇六章。下面是孔穎達《毛詩正義》之文，頭注抄寫陸德明《經典釋文》。《孔疏》自《漢奕》（原文如此，"漢"乃"韓"之誤，日語"韓""漢"音同）第四章之一半存之，缺《江漢》末章末尾數行。《經》文及《毛傳》、《鄭箋》的文字，看來本邦常用助字比通行本多些，此外則沒有大的差別，《孔疏》中脫字誤字多，使人感到不是全抄《孔疏》之文，而是接近於摘抄。但是，《韓奕》第四章《疏》中，"授綏之時"四字，通行本作"授綏之時"。校勘記中說，山井鼎云："綏"恐"綏"之誤，是也，而此鈔本恰作"綏"，可從。特別是《韓奕》第五章，有通行本完全缺少的疏文一百九十八字，最爲珍貴。
>
> （《信義本神樂歌跋》，1931年，竹柏園刊）

長澤和佐佐木兩先生均指出，《十八卷》最珍貴的是其中有通行本沒有的198字，另外還有些字句，對於瞭解唐代《毛詩正義》的原貌很有參考價值。[①]

根據上述學者敘述可知，佐佐木信綱是在調查歌學古文獻時於琦玉安倍家發現了這卷《神歌抄》。按，佐佐木信綱於1934年被任命爲帝國學士會員，1937年被授予文化勳章並兼任帝國藝術院會員，是明治時期著名的歌人及國文學研究大家，同時也是短歌詩社"竹柏會"的主持者，培養了諸如柳原白蓮（1885—1967）、木下利玄（1886—1925）等眾多歌人。其女婿久松潛一（1894—1976）亦是享譽一時的日本國文學研究著名學者，於1939年獲得學士院賞，1947年被任命爲帝國學士院會員。在三四十年代，佐佐木信綱曾醉心蒐集整理過不少古歌學文獻，這一時期的研究成果後匯總爲《歌謠の研究》一書。

---

① 王曉平，《日本詩經學文獻考釋》，北京：中華書局，2012，61—63頁。

佐佐木信綱雖然是一代歌學宗師，然漢文學却非所長。因此他將《神歌抄》卷背文書翻拍成照片，交由剛從東京帝國大學大學院中國文學修士課程畢業不久、擔任第一高等學校教授、以中國文學及書誌學聞名的長澤規矩也解讀。長澤規矩也判斷出其所抄內容爲《毛詩正義》卷十八《韓奕》及《江漢》，以"民"作"人"字推測其底本源自"李唐鈔本"，將其推定爲"平安朝鈔本"（參照圖3）。然而，1976年秋天大阪市立美術館舉辦"隋唐之美術"展時却將其改成了"唐鈔本"。根據展覽會之後編纂的《唐鈔本》一書可知，當時館方並沒有對展出的卷軸重新鑑定，而僅是根據"唐鈔本之書體爲楷書"這一模糊的基準就予以了重新判定①。查《唐鈔本》所收《毛詩》三種古卷解題均由時任美術館學藝員的中川憲二執筆，其將東京國立博物館本改爲唐鈔本之理由亦主要在于書風。其文云："東京國立博物館本之書，由起筆、收筆嚴謹之正確的楷書書寫而成，無疑可推定爲唐中期書寫本。東洋文庫本亦同樣由正確的楷書書寫而成，但從其墨綫來看筆勢相對柔軟。狩野君山在東洋文庫本《毛詩》跋定其爲奈良時代鈔本。然正確的楷書之書風當爲唐風，竊以爲奈良説難以苟同。"要之，中川憲二推翻前人觀點之根據亦未出主觀臆斷之範疇，並無確鑿的證據。

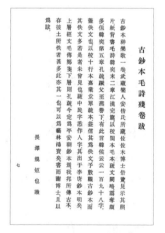

圖3　左爲《信義本神歌抄解説》末附長澤規矩也跋，右爲後人據此補入《長澤規矩也著作集》第九册書影，今人參考時多僅據後者。

①　參見《唐鈔本》卷末中田勇次郎《總説・七、唐代の書と唐鈔本》，154—155頁。

還要值得我們注意的是，長澤規矩也並没有對原卷進行過目驗，只是根據佐佐木信綱提供的卷背照片予以了鑑定。因此，即使是長澤規矩也的"平安朝鈔本"之定性，亦不得不説尚有存疑的餘地！

二

上文也提到，佐佐木信綱在發現《神歌抄》之後將卷背照片交由長澤規矩也解讀。而長澤規矩也當時正受服部宇之吉（1867—1939）委託整理編纂日本現存的中土散佚書目，遂將此卷背記録爲"（毛詩正義）斷簡 唐孔穎達等撰，平安朝鈔本（琦玉安倍貞氏），竹柏園影印本"，附上一段簡潔的日語解題，追加收入了待刊的《佚存書目》。其解題譯文如下（參照圖4）：

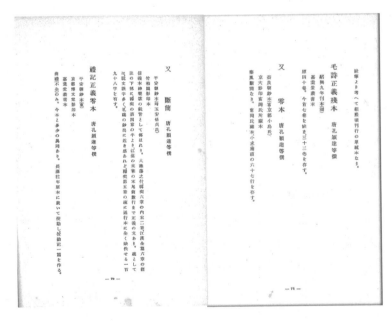

圖4　廣島大學附屬圖書館藏《佚存書目》（服部宇之吉寄贈本）

據信義本《神樂歌》紙背所傳。抄《大雅·蕩之什·韓奕》六章内末二章、《江漢》全篇六章經注於下部，從《韓奕》第四章中間到《江漢》末章末尾前數行爲《正義》文。《疏》處雖多有脱字誤字，但使人感到當是從《孔疏》抄出。不過，《韓奕》第五章《疏》有不見於通行本之一百九十八字。

按，《佚存書目》編纂是服部宇之吉受外務省文化事業部之託所主持的一項大型文化事業。由其弟子長澤規矩也及時任臺北帝國大學助教授的神田喜一郎（1897—1984）分別撰述，最後匯總成書於1933年交由東京的春山治部左衛門印刷，屬於非賣品，僅贈送用於學術研究，沒有公開發行。鑑於此，長澤規矩也後來將自己擔當部分重新撰寫成《佚存書目解題》，分六次刊發在《書誌學》（第十一卷第四號、同第五號，1938年；第十四卷第四號、同第六號，1939年；第十五卷第三號、同第六號，1940年）①，《佚存書目解題》第一篇述作文之緣起云：

> 先年受服部博士之命，檢出散佚於中國而存於我國漢籍，編成《佚存書目》。當時不及解題，僅加以簡單說明。因此，此初在對原目稍作增減，加以解題。另外，與前回不同，此次將影印本、覆刻本、通行本列置於前。

考《佚存書目解題》共錄如下之二十五部漢籍解題：

① 講周易疏論家義記零本　昭和十年京都帝國大學文學部影印舊鈔本第二集本

② 禮記子本疏義零本　上虞羅氏影印本〔以上（一）〕

③ 古文孝經一卷　舊題漢孔安國傳　昭和五年古典保存會影印本

④ 同昭和十年刊尊經閣叢刊影印本

⑤ 同昭和六年足利學校遺蹟圖書館影印本

⑥ 篆隸文體一卷　齊蕭子良撰　昭和十年古典保存會影印本〔以上（二）〕

⑦ 玉篇零本七卷　梁顧野王撰　昭和七年至十年東方文化學院影印本（八軸）

---

① 後編入《長澤規矩也著作集》第九卷，東京：汲古書院，1985，409—423頁。

⑧原本玉篇零本三卷　民國五年羅氏影印本〔以上（三）〕

⑨指微韻鑑　不著撰人名　昭和十二年東京古典保存會影印室町時代鈔本

⑩唐才子傳十卷　元辛文房　武進董氏誦芬室影日本舊刊本

⑪廬山記五卷　宋陳舜俞　吉石盦叢書（第二集）影宋刊本

⑫兩京新記零本　唐韋述　昭和九年東京前田家育德財團影印鎌倉時代鈔本

⑬名公書判清明集　不著編人名氏　民國二十四年上海商務印書館影宋刊續古逸叢書本

⑭新修本草殘本五卷　唐李勣等奉勅撰　昭和十一年大阪本草圖書刊行會影印舊鈔卷子本

⑮同零本一卷　昭和十二年同上影印鈔本〔以上（四）〕

⑯五行大義零本　隋蕭吉撰　昭和七年高木利太氏影印鎌倉時代鈔本

⑰演禽斗數三世相書　舊題唐袁天綱撰　昭和八年日本書誌學會影印宋刊本

⑱樂善錄十卷　宋李昌齡編　民國二十四年上海商務印書館續古逸叢書影宋紹定二年會稽郡齋刊本

⑲琱玉集零本二卷　不著編人名氏　昭和八年東京古典保存會影印平安朝鈔卷子本

⑳翰苑零本一卷　唐張楚金編　雍公叡注　大正十一年京都帝國文學部影印平安朝鈔本

㉑重廣會史一百卷　不著編人名氏　昭和二・三年東京育德財團影宋刊本

㉒世說敘錄二卷　宋汪藻編　昭和四年東京育德財團影宋刊本〔以上（五）〕

㉓搜神秘覽三卷　宋章炳文　續古逸叢書影宋刊本

㉔新編醉翁談錄十集各二卷　宋羅燁編　昭和十五年東京文求堂影宋刊本

㉕遊仙窟一卷　唐張鷟撰　昭和二年東京古典保存會影印吉野朝鈔卷子本〔以上（六）〕

對照已出的《佚存書目》可知，長澤規矩也在《解題》中增補了①⑨⑭⑮⑱㉔，均爲《佚存書目》出版之後所發現的新漢籍，而剔除的却只有一部，也就是長澤規矩也據佐佐木信綱提供的照片所發現的這部"毛詩正義斷簡 平安朝鈔本"。那麼，爲何長澤規矩也將自己發現的這部書剔除呢？這極有可能是長澤規矩也在看到佐佐木信綱出版的《極秘神樂歌：信義朝臣自筆》及《解題》之後①，幡然醒悟到此卷背文書非真，而自己所撰部分的《佚存書目》書稿又已交服部宇之吉，不及修改（此書被編入附載一，當是書稿幾近完成之後再附入的）。之後反復斟酌，最終還是決定將此書排除在正式發表的《佚存書目解題》之外。

三

佐佐木信綱所撰的《信義本神樂歌解説》，上引王文研究中也有提及，似乎並無不審之處。其實，正是王文中所省略的前面一部分，包含了此卷背文書乃後人所撰之僞文的重要信息，現將這一部分的文章簡譯於下：

> 源信義筆神樂歌一軸，以澁引（陳按：是一種塗有由柿子浸泡出來的澁水之紙，可以防蟲蛀及防腐）之新紙爲表紙，表題"極秘神樂歌信義朝臣自筆"，卷頭附紙書：
>
> 此神樂歌雅樂頭信義朝臣（博雅卿二男）自筆也，爲希代之古物。之間加修理畢，爲當家重寶者，猥不可他見也。於時天保八年丁酉林種廿七日。　雅樂助季良
>
> （以下朱）信義朝臣延喜帝曾孫。村上帝御宇彈比巴（陳按：

---

① 佐佐木信綱編，《極秘神樂歌：信義朝臣自筆》（附折本《信義本神樂歌解説》後附長澤規矩也《古鈔本毛詩殘卷跋》），同時出版的還有《極秘神樂歌：重種注進》（附折本《重種本神樂歌解説》），京都：官幣大社稻荷神社，1931。兩種解説後均收入佐佐木信綱，《歌謡の研究》，東京：丸岡出版社，1944，45—51頁，但未錄長澤規矩也跋。

琵琶）事見《文機談》。

此乃當主安倍貞君之四代祖安倍季良於天保八年修理裝裱此卷所加的表紙。本卷天地九寸八分，用七枚仙花紙裝成。原本即多污染蟲蝕，裝裱之後亦見有蟲蛀。第一紙之左端書"神樂歌 信義自筆"，此於本文筆跡雖不同，但亦是相當舊時之物。以下五枚書寫神樂歌。其背面開頭書"神歌□□"，後爲《毛詩》殘卷，有墨界。要之是以《毛詩》之紙背書入神樂歌。紙背內容請長澤規矩也君進行調查，其云（陳按，此後文可參照上引王譯）。

長澤規矩也沒有看到《神歌抄》原卷，當是看到了佐佐木信綱開頭的這段解題從而判斷出卷背所書《毛詩》殘卷之蹊蹺。根據佐佐木信綱的描述，本卷頭附有一段由江户末期京都樂家人安倍季良所書的"修補奧書"。由此可知，天保八年（1837）安倍季良在購入此卷後對其進行了修理與裝裱。從圖5（標弧圈處）我們也可以清楚地看出，書寫《神歌抄》的紙張與書寫《毛詩》的並非同一張紙，而是兩層紙——本紙與裝裱用的底紙（這也是本文一開始就將其稱爲"卷背"而非"紙背"的原因）。這樣一來，其書寫於現卷背的《毛詩》，也就不可能早於天保八年了。佐佐木信綱雖是著名的歌人學者，但古卷鑑定非其所長，因此對季良的這段跋文只是進行了抄錄，沒有悟出其中蹊蹺，仍認爲源信義是用《毛詩正義》的紙背抄寫了《神樂歌》。然長澤規矩也乃當時數一數二的書誌學專家，

圖5　《神歌抄》卷頭所附安倍季良（1776—1857）天保八年（1837）修補（裝裱）奧書

焉能不懂這一跋語對於古卷鑑定之重要性！長澤規矩也雖未明言此紙背所書內容有偽，然其在撰寫《佚存書目解題》時唯獨將此殘卷剔除於外，其對此卷背所抄《毛詩正義》之態度也就不言而喻了。

考安倍季良是江戶時代後期的著名雅樂家，曾擔任過右近將監兼雅樂助，著有《山鳥秘要抄》《催馬樂曲笛譜》等歌學著作①。從季良跋可知其對此卷極爲珍愛，視之爲傳家秘寶，並叮囑不准示之他人。因此，首先其不可能再在裝裱好的卷背書入與其家業無多大關係的《毛詩正義》。另外，安倍季良在裝裱這卷《神樂歌》時，當是使用了一種已經畫好上下欄綫用於書寫具注曆的"仙花紙"（參見圖6）②。由於這種用於書寫具注曆的

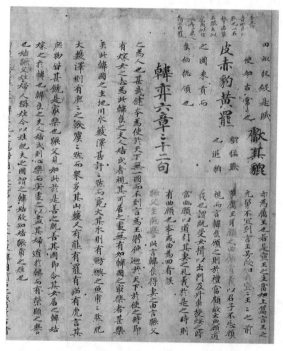

圖6　一百九十八字"佚文"，紙上畫有用作具注曆的上下格欄綫。

---

　　① 有關安倍季良的介紹，可參照明木秀夫，《豐田市中央圖書館藏安倍季良撰抄本『律呂』について—解題及び『山鳥秘要抄』諸伝本との比較—》，《近世日本と樂の諸相》，京都：京都市立芸術大学日本伝統音楽研究センター，2019，1—30頁。

　　② 又，佐佐木信綱將其稱爲"仙花紙"。仙花紙也稱"泉貨紙"，是天正年間（1573—1592）兵頭太郎左衛門所發明的一種以楮爲原料的厚紙，堅韌耐用，主要用作賬簿、紙袋、和傘、裝裱等之托背紙（參見圖7）。要是佐佐木的判斷是正確的話，這也可以成爲此卷背文書乃偽卷的一個重要證據。仙花紙之相關介紹，可參考竹田悦堂《和紙要錄》，東京：文海堂，1966，81頁。

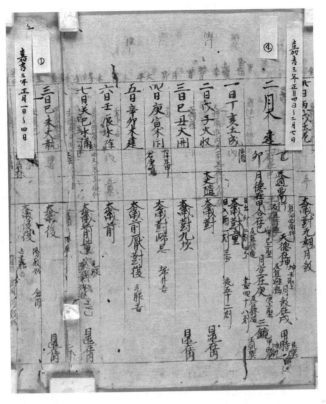

圖 7　日本國立國會圖書館藏室町時代"秘蔵記私鈔等並に紙背具注暦・仮名暦斷簡"，可見當時文人經常用這種比較耐用的厚紙來裝裱卷軸。

格式與一般的烏絲欄不同，這也就造成了此後書入《毛詩正義》文時不得不採用一種不同上下段分抄的怪異形式了。在日本古代，漢籍的注疏抄寫格式具有嚴格的規定。這種書寫體例，管見之内，在今存已知諸多漢籍鈔本中唯此一例。

前文也提到，這個《毛詩正義》殘卷之所以引起長澤規矩也的重視，其一就是《韓奕》篇不見於通行本之多達一百九十八字的"佚文"，其實，經過對比，可知這段文字乃是卷背書寫者根據通行本"十三經注疏"本《毛詩正義》乃至南宋輔廣《詩童子問》（又見引於明代胡廣等編《詩傳大全》）修改拼湊而成的，其對應關係如下（表1）。

表 1

"佚文"	《毛詩正義》	《詩童子問》
此言韓侯得妻之由。	（疏）言韓侯娶妻也。	
言蹶父之爲人也，甚武健，本爲使於天下，無一國而不到。言爲王聘使遍於天下，於使之時即有嫁女之志。爲此韓侯之夫人姞氏者，視其可居之處，無有如韓國之最樂者，甚樂矣。	（箋）蹶父甚武健，爲王使於天下，國國皆至。爲其女韓侯夫人姞氏者視其所居之處，韓國最樂。	五章。此章言蹶父能爲其女擇所居也。蹶父孔武，靡國不到者，言其武勇捷敏，其爲卿士出使侯國，所歷之多，而爲其子韓姞擇可嫁之所，莫如韓國之樂也。重言甚樂之。
此韓國之土地，山水藪澤，甚訏訏然寬大；其水則有魴鱮之魚，甫甫然肥大；藪澤則有鹿鹿之獸，噳噳然而衆多；其山藪又有熊有羆，有貓有虎。言其庶物皆甚饒，是最樂也。	訏訏，大矣。甫甫然，大也。噳噳然，衆也。箋云：甚樂矣，韓之國土也。川澤寬大，衆魚禽獸備有，言饒富也。	韓土有川澤之訏訏，北地少得川澤，而獨韓之川澤訏訏然大也。既言川澤之大，故遂言魴鱮甫甫然之大；麀鹿噳噳然之衆，不惟水陸所產如此衆多，而又有熊有羆，有貓有虎，又見其深山大澤多出此等猛獸也。其國所產之物且如此，則其所居之人又當如何哉。
蹶父見如此，於是善之。既善其國，即令其女居之，韓姞嫁之於韓也。韓侯之夫人姞氏則心樂而安之，以盡其婦道於韓，而有榮顯之譽也。	箋云：慶，善也。蹶父既善韓之國土，使韓姞嫁焉而居之，韓姞則安之，盡其婦道，有顯譽。	"慶既令居，韓姞燕譽"者，言既喜韓姞之有此善居，則韓姞之安與樂也可知矣。

　　由知此段所謂的"佚文"，極有可能就是書寫者根據《詩童子問》的文脈，整合通行本《毛詩正義》和《詩童子問》之語句抄綴而成的。書寫者故意將此段錄在卷背冒頭處，正是試圖借助這段"佚文"從而凸顯此卷之珍貴價值！而此後的文字，則只是在通行本的基礎上適當地調整一些助字及文字異同①，這也是漢籍作偽者的一個常用手法。

　　至於這一卷軸是如何流出京都安倍本家，又是如何流入琦玉安倍家的，

---

① 此後文字之校勘，可參照前引王曉平《日本詩經學文獻考釋》中的相關考證。

还有待今后作进一步的考证。但明治初期由于时代动盪，京都许多寺庙、旧公卿家的藏书大批流入市场甚至被废为旧纸垃圾，这也就为彼时诸如西村兼文（1832—1896）等人伪造比较好卖的汉籍古典提供了一个极佳的环境①。从现知之丰田市中央图书馆藏安倍季良抄《律吕》、立命馆大学图书馆藏安倍季良抄《妙音讲式》、香川大学附属图书馆神原文库藏安倍季良抄《江城管絃记》、宫内厅图书寮文库藏安倍季良抄《乐家录》等钞本稿本来看，明治初期京都安倍本家曾流失过部分安倍季良写本及藏书这一点，应该是毋庸置疑的。

最后再赘言一句，明治初期的这种借助古卷之纸背作伪的风潮，其实时至今日仍未杜绝。如曾受教於阿部隆一（1917—1983）与太田次男（1919—2013）两博士的著名书志学者、作家林望，在《眼光彻纸背》一文中就提到了一位至今还活跃着且为圈内人士所熟悉的"有名伪笔家"，并指出其惯用的用古卷纸背书入汉籍文章的手法难以辨识，导致不少学者深受其害②。不过，作伪者毕竟学力有限，不可能也无法将伪作做得天衣无缝。特别是其施於本文之中的朱墨训点及文字异同、奥书，细微之处必有穿凿，往往稍加留意考证便能辨识。要之，事出反常必有妖，诚如林望所言，只要将自己锻炼出"眼光彻纸背"的能力，尽可能去追溯古卷被发现时的相关记录，正本清源，就不会轻易被这些伪本所迷惑了。

---

① 於此可参照拙稿《辨伪存真：〈文笔眼心抄〉古抄卷献疑》中的相关考证，文载《域外汉籍研究集刊》第八辑，北京：中华书局，2012，155—167页。

② 参照林望《书薮巡历》，东京：株式会社新潮社，1995，108—116页。又，有关明治时期的古卷、古文书作伪风潮，还可参考鹤ヶ谷真一《纸背に微光あり》所收《古文书贋作者たち》，东京：株式会社平凡社，2011，47—56页。

新見韓譯《莽男兒》抄本考論*

金　瑛　朴在淵　撰
何智慧　譯

一、緒論

　　清代章回小説《莽男兒》,在敘述人獺之子"董蟒兒"成長史的基礎上,演繹了蟒兒與鹽徒結盟、起義,跨海征討淳泥國,最終在淳泥國稱王的英雄故事。該作品未見于中國文獻,一直以來湮没不聞,直到 2017 年爲北京大學潘建國教授發現,才再次爲人所知①。新見《莽男兒》小説,凡六册,二十四回,殘失五～十一回。此前學界曾有過老獺稚故事"中國發生説"的討論,但始終未有實證資料予以證明。《莽男兒》的發現,不僅支撐了該論斷的成立,且將老獺稚母題小説的形成時間提早到了清初,可謂意義不凡。不惟如此,《莽男兒》還影響了現存最早"水獺"母題傳奇《繡衣郎》的産生。

作者單位:鮮文大學中語中國學科
譯者學習單位:北京大學中文系
* 原文載:《中國語文學論集》118 號,首爾:中國語文學研究會,2019 年 10 月,497—516 頁。
① 潘建國,《新見清初章回小説〈莽男兒〉考論——兼談其與〈獺鏡緣〉、〈繡衣郎〉傳奇之關係》,《文學遺産》2017 年 1 期,170—182 頁。

因此，無論從文獻學意義，還是小說史意義上來講，都有其重要的價值①。

此外，該書的特別之處還在於，其裝訂採用的乃是朝鮮本的五針眼裝，說明這是一部曾在朝鮮朝時代流播過的小說作品。

最近，朝鮮朝時期《莽男兒》的韓譯抄本亦被發現。該譯本現爲延世大學學術情報院所藏，名曰《男兒傳》。全書五卷五册，僅存"卷之五"一册。外封標題上書"男兒傳"，正文首頁標題"망남ㅇ"（譯者注：即"莽男兒"）②。

儘管迄今未曾見有關《莽男兒》《男兒傳》及《망남ㅇ》的相關文獻記載，但可以肯定的是，中國小說《莽男兒》確曾在朝鮮朝時期傳入，甚至被翻譯爲諺文供人閱讀。更爲難得的是，新見《莽男兒》譯本不僅爲傳世孤本，還是一部鈐有英祖朝暎嬪李氏（1696—1764）之印的宮廷本，作爲一部較早期的小說宮廷譯本，其史料價值亦不容小覷。

接下來，本文將首先對新見韓譯《莽男兒》抄本之書況進行簡要介紹，並通過與中國本《莽男兒》的比較分析，考察其與原典文本間的差異，進一步就其文獻價值及意義進行論述。

二、韓譯《莽男兒》抄本

1. 書誌特徵

韓譯《莽男兒》抄本，僅存"卷之五"一册。外封標題"男兒傳"，

---

① 《新見清初章回小説〈莽男兒〉考論——兼談其與〈獵鏡緣〉、〈繡衣郎〉傳奇之關係》，《文學遺産》2017年1期，170—182頁。另參見潘建國，《"老獺稚"故事的中國淵源及其東亞流播——以清初〈莽男兒〉小説、〈繡衣郎〉傳奇爲新資料》，《民族文學研究》2018年3期，112—124頁。此外，參考韓國學界老獺稚傳説相關研究如下：黄湞江，《夜來者説話의 小説性變容》（《夜來者説話의 소설의 變容》），《東亞文化》31輯，81—109頁；今西龍著，李福揆譯，《〈朱蒙傳説〉與〈老獺稚傳説〉》（《번역：〈朱蒙傳説〉과〈老獺稚傳説〉》），《國際語文》19輯，103—124頁；李志暎，《〈夜來者説話〉的神話性及其傳承》（《〈야래자설화〉의 신화적 성격과 전승에 관한 연구》），《古典文學研究》20輯，41—82頁；金均泰，《韓中日三國"夜來者"型説話的比較研究》（《한중일（韓中日）야래자형 설화의 비교 연구》），《比較民族學》26輯，707—739頁；金寬雄，《豆滿江兩岸朝鮮民族傳説中的努爾哈赤形象》（《두만강 량안의 조선민족전설에서의 누르하치의 형상》），《淵民學志》14輯，217—242頁等。

② 韓文譯本信息經由成均館大學金榮鎮教授獲知，並承蒙金教授提供譯本複印資料，在此謹致謝忱。

圖1　《莽男兒》譯本封面

右側下端書腦處，有墨書"共五"二字（見圖1），可見全書當爲五册，凡24回，每卷4—5回不等。

今見五卷五册中"卷之五"一册，高25.7cm，寬19.2cm，現藏於延世大學學術情報院[①]。前封皮内面有"延禧大學校圖書館藏"印一枚。該藏印自1946年延禧大學陞級爲綜合大學後啓用，1956年弃用，可見至晚在20世紀40年代—50年代間，此譯本便已入藏該館。

正文首面首行題書名及卷次——"망남ㅇ　권지오"（譯者注："莽男兒卷之五"），次行題回目，再次行書寫正文。全書凡120面。每面10行，每行16—19字不等，通篇採用極爲流麗的行草宫體字寫就。整體筆迹統一，唯第45面及第46面一張（見圖2），從筆觸粗細、運筆方式及筆畫形態來看，相較於全書平直細瘦的整體風貌而言，顯得略爲方正粗壯。

此外，該書的一個重要特徵，即如前文所言，乃是一方位於正文首面下端的篆書"暎嬪房印"（見圖3）。印主暎嬪爲英祖（1694—1776）后妃、思悼世子（1735—1762）生母——"暎嬪李氏"。

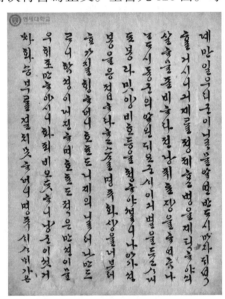

圖2　《莽男兒》譯本第45面

---

①　延世大學學術情報院官網已上傳原書書影，可供閲覽。

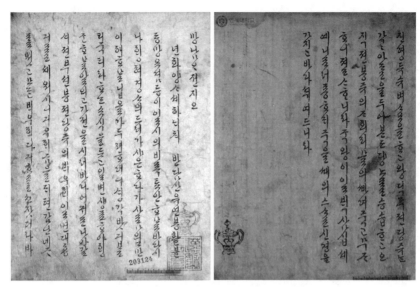

圖3 《莽男兒》譯本卷五首面及末面

"暎嬪房印"爲暎嬪李氏生前日常必需之物，薨逝後交由負責祭祀的暎嬪房使用。

該印章作爲一條關鍵綫索，不僅揭示了此書乃王室所譯，還指明了藏書人的具體身份。

全册譯文自第二十回起至第二十四回止，未標目次，僅書回目，具體內容迻錄如下：

第二十回　년화양ᄉ셰하니치　반담산유연봉활블
　　　　　蓮花洋使勢嚇來差　般擔山有緣逢活佛①

---

① 漢文部分乃中國本《莽男兒》回目。另有第1—19回回目具體如下：

第一回 金山寺聖僧齋餓鬼 瓜州渡怪獺變漁翁；第二回 新孽將生求來奇女子 宿緣未斷死赴怪婚姻；第三回 假土地逞神威成配偶 真父母裝眼瞎受銀錢；第四回 佛力大龍藤杖降妖 恩情深粗布袋收骨；第五回 船廠巷魯惡僕詐財 掛帆山莽男兒出世；第六回 拐騙客財到家還失主 長成獺種入水作生涯；第七回 老皮匠殺仇人報冤 小猴兒移親娘避禍；第八回 錢塘潮拒官捕僥倖生 小莽兒窺鏡形驚喜死；第九回 馳名神目逞自技懸針 妄想司空爲他人定穴；第十回 金銀力易買弄潮人 黑白鬼難返真□穴；第十一回 本事高應募得金 孝心動乘機葬父；第十二回 顛禪師偈言參透膽 官捕人橫暴自傷身；第十三回 明珠僧點破來因 高朝奉指明去路；第十四回 練鄉兵草澤生奸 起夫役閭閻思亂；第十五回 黃雲潭蛟龍成氣候 小娘渡豪傑動干戈；第十六回 奸人肆惡激變民心 智士因時巧圖大事；第十七回 姚軍師計破杭州城 李閣老兵迷三塔寺；第十八回 聖天子憐激變招安 董莽兒感皇恩受撫；第十九回 浡泥王肆荒淫排錦陣 董參戎借征海脫金鈎。

第二十一回　부쳐부ᄌ종밍일댱대몽　졍젼투항호츌냥양인임
　　　　　　　夫妻父子證盟一場大夢　征戰投降互出兩樣人心
　　第二十二回　듀음왕츄디인원슈　견능ᄉ관통현지신
　　　　　　　誅淫王推戴仁元帥　遣龍使關通賢宰臣
　　第二十三回　슌인졍봉동망위왕　션화보쳥태후증과
　　　　　　　順人情封董蟒爲王　宣花報請太后證果
　　第二十四回　신국왕츕합난궁　노태후신귀뇽부
　　　　　　　新國王厹合鸞宮　老太后神歸龍府

以上敘事脈絡整理如下：

（1）董蟒兒偕姚謙、錢塘潮上表皇帝後，遂駕船跨海數千里外，東征浡泥國。

（2）董蟒兒一行於茫茫大洋之上，偶遇仙島"般擔山"。停泊靠岸後，來到一間寺院，見到一位胡僧。胡僧早知董蟒兒等人將至，引薦明珠和尚輔佐其共赴浡泥國。

（3）胡僧交給明珠和尚一根藤杖，叮囑其僅可在危難時使用，切莫殺戮。董蟒兒母親董氏夫人留守船中，見到明珠和尚與藤杖，拜倒痛哭。

（4）明珠和尚將前途將遇12國、37大島、48小島一一告與董蟒兒，表示自己的使命就是輔佐董蟒兒征討荒淫無道的浡泥國國王。

（5）途中遇一島，島上占城國王獻上金銀糧草與兵器，歡迎董蟒兒一行。

（6）一日，又達另一海島，明珠和尚讓董蟒兒快請董氏夫人救此數萬人性命，董蟒兒不明所以登上母親所在船隻。

（7）突然間颶風大作，白浪滔天，船隻劇烈晃動。一片驚惶之中，明珠和尚走出船艙，念動真言，手持藤杖口中大喝。彼時，有黃巾力士由天而降，謂有摩挐海龍神相候，邀其前往。

（8）明珠和尚與董蟒兒母子來到山上一座宮殿，見到一位人身魚首的老者。董氏夫人一見此人，頓時兩兩相擁，痛哭失聲。董蟒兒遂知此人即自己生身父親，並瞭解到父親化身摩挐海龍神的緣由。

（9）董氏夫人請求龍神助佑兒子平定叛亂建功回朝。明珠和尚預言董氏夫人51歲壽辰之時，一家人將會再聚。

（10）董蟒兒一行來到浡泥國最大島嶼胡椒島，降服島上一衆後，猢猻島與獷狌狌島的長老——花伴與王十合亦相繼歸順。花伴叮囑董蟒兒青草湖島主波羅諦生性奸猾，鱷背灘亦是兇險之地，提醒其萬般小心爲上。

（11）董蟒兒在鱷背灘與浡泥國軍隊展開激戰，苦戰僵持之際，得父親龍神之助，最終佔領浡泥國。

（12）浡泥國國王火烈曼混戰之中逃往蘇羅島，却被三島長老誅殺。

（13）各島長老及衆將領推舉董蟒兒爲王，蟒兒再三辭讓，最終順應民心登上王位。接着，董蟒兒撰寫奏疏，向正德皇帝上表征討浡泥國之功及其稱王情由。

（14）正德皇帝接到董蟒兒奏疏，敕封董蟒兒爲浡泥國國王，並封其母董氏夫人爲浡泥國王太后。

（15）董蟒兒與明珠和尚於宣花殿閑談間，忽有使臣遞上文册，册中詳述了母親與父親龍神二人之宿緣。董蟒兒聽人念罷，失聲痛哭，遂一夢驚醒。

（16）董蟒兒將此異夢告與母親，董氏夫人悲惻不已，表示主持完蟒兒婚禮便追龍神而去。明珠和尚安慰董氏夫人雖已壽至五十又一，但歸神之日乃在冬季，若儘快給蟒兒完婚，尚有半年天倫可享。

（17）董蟒兒擇吉日與正妃、次妃、三妃完婚。

（18）董氏夫人除葷戒酒，專誠奉佛，並囑咐董蟒兒也要以慈悲爲念，用心念佛，切莫殺生，遠近皆稱浡泥國爲佛國。

（19）董氏夫人深以父母業報未消爲憾，董蟒兒爲此大辦佛會。隨後，董氏夫人夢感母親已得救度化身玉殿司册仙官，父親亦脫離無間地獄再生爲人。

（20）冬去春來，董氏夫人於次年秋夕溘然長逝。

（21）董蟒兒終成盛世之主，誕下三子，享壽百三十紀，死前攜神鏡蹈海而終。

作品整體帶有濃厚的佛教色彩。首先，爲董蟒兒征伐浡泥國立下赫赫戰功的明珠和尚，總能在危難之時力挽狂瀾、化險爲夷。其次，董蟒兒父母及其外祖父母四人之間有着明顯的業報、重生及宿緣等設定：董氏夫人招弟前世乃金山寺下一雌獺，被漁夫張三保捕殺後，轉世投胎爲張三保後人——皮匠董七之女。招弟爲逃脱父親董七强行逼婚，欲投江自盡，却被一水獺所救，該水獺即爲前世喪偶的雄獺精。雄獺精變化成人，與招弟結得姻緣，却爲董七夫人所殺，後得救助再生爲龍神。以上種種，明顯纏繞着紛繁複雜的輪迴果報關係。

再者，董氏夫人爲消父母惡報，誠心供佛，開設法會，最終還清業債度脱母親成仙，又拜佛祖神通救父親於無間地獄轉世爲人。這種情節設定亦寄寓着明顯的佛教輪迴思想，即所謂衆生因所造諸業，生生死死在地獄、惡鬼、畜生、修羅、人間、天神六道之間輪迴往復的觀念。最後，董氏夫人戒酒忌葷，虔心禮佛，並提出要與兒子董蟒兒共戒殺生等情節，也都是佛家戒律思想的部分表現。

2. 暎嬪李氏對中國小説的接受

正如前文所述，譯本《莽男兒》正文首面下端有"暎嬪房印"一枚。印主乃英祖后妃、思悼世子之母"暎嬪李氏"。暎嬪爲全義李氏李榆蕃與夫人金氏所出，生於1696年7月18日。1701年，年僅6歲的暎嬪入宫，後得英祖恩寵，先後於1726年、1728年及1730年被封爲淑儀、貴人、暎嬪。與英祖伉儷39年間，共誕下1男6女。英祖爲暎嬪所作墓誌銘謂其"秉性温良慈仁，奉予至誠，育下均愛"①。

"暎嬪房印"上端有一個雙把手帶蓋壺狀圖樣，壺身中嵌一"内"字，該"内"字印在書中末面亦有出現。不過此印乃暎嬪所有，還是另有他屬，尚難確考②。

歷代妃嬪中，留有顯示個人身份印章者，唯暎嬪一例。目前所知，鈐

---

① 藏書閣編纂，《英祖妃嬪資料集2：碑志，册文，教旨，祭文》，韓國學中央研究院出版部，2011，68頁。

② 有學者認爲該印應屬内命婦中暎嬪的上級貞聖王后所有。參見論文：李完雨，《藏書閣所藏韓文資料的抄寫時間》(《장서각 소장 한글자료의 필사시기》)，《韓文：溝通與關懷之文》(《한글 소통과 배려의 문자》)，韓國學中央研究院藏書閣，2016，346—347頁。

有暎嬪印的古書，另有《古文真寶諺解》①《武穆王貞忠錄》《孫龐演義》三種②。

此三部書與《莽男兒》譯本一樣，均在"暎嬪房印"上鈐有"内"字印一枚。其中，暎嬪李氏對於小説的存藏與喜好頗爲引人注目。《武穆王貞忠錄》乃《大宋中興通俗演義》的韓文譯本，講述南宋武將岳飛的輝煌事迹。《孫龐演義》則爲同名小説譯本，講的是戰國時代秦楚燕韓趙魏齊七雄割據背景下，孫臏、龐涓的鬥智故事。兩部作品分別歌頌了岳飛與孫臏的忠節義氣。

從印章與題識來看，這兩種小説在樂善齋翻譯小説中均屬較早期的作品。特別是，根據《武穆王貞忠錄》唯一留下的抄寫記録，可對抄寫時間做具體推斷："歲在上章執徐湯月上澣筆書。至月初九日始役，一十七日空度無勞，净耗一十六日，得成二十卷，臘月十三日畢役。"③"上章執徐（샹장집서）"在古甲子曆法中指庚辰年，意即庚辰年11月9日起翻譯抄寫，至12月13日結束，其間17日無功，净耗時16天，得以完成。若以印章爲據，參考"暎嬪"受封之年爲1730年，可判斷此處庚辰當爲1760年。

《孫龐演義》與《莽男兒》譯本雖無抄寫信息，但據印章判斷，抄寫時間至晚亦應在1730—1764年之間④。

那麽，暎嬪李氏爲何會藏閱這三種小説呢？

我們看到，《武穆王貞忠錄》卷十二末尾題識後，另收録了一首英祖御製岳飛致祭詩的譯文："鄧縣宋武穆王廟遣近侍致祭時御製祭文（등현송악무목왕묘근시티제시 어제제문）。"該祭詩佔用四面篇幅，採用筆勢古拙的正體字寫就，儼然有別於正文筆迹。内容主要讚頌了岳飛的

---

① 《古文真寶諺解》上除"暎嬪房印"外，另有"春宮"墨印及"達"字墨印各一。其中"達"字印爲上奏世子或世子批復文書上所鈐之印，"春宮"則爲世子宮别稱。據此判斷，該書可能原屬暎嬪所有，後流轉到了其子思悼世子手中。

② 譯者注：原文三種書題皆爲韓文，依次分別爲《고문진보언해》《무목왕정충록》《손방연의》。爲便於中文讀者理解，亦省去次次標注之繁瑣，本文除特殊所指外，所涉三書書名皆爲原題漢譯。

③ 原文爲：세지 샹장집서 탕월 샹한 필셔/지월 초구일 시역ᄒ여 십칠일은 나갓고 십뉵일 만의 십이권을 납월 십삼일 필역。

④ 考慮到此二種小説亦可能是在1730年前翻譯抄寫下來，後被暎嬪所藏，那麽實際翻譯時間可能更早。

忠誠節義與英雄氣概。可以説，《武穆王貞忠録》不僅具備演義小説的特殊功用，即在知識層面上可供讀者瞭解中國歷史，還通過岳飛的輝煌事迹展示了所謂的爲臣之道。

英祖在位期間，老論派與少論派矛盾激化，兩班臣僚置國本民生於不顧，專身致力於派系間的爭權奪利。爲此，英祖推出蕩平策極力從中調和，但隨着兩黨衝突加劇，最終還是導致了思悼世子之悲劇。面對肅宗朝以來愈演愈烈的朋黨之爭，對於亟須鞏固王權的英祖而言，他所希求的自然絕非熱衷派系攻伐的黨徒，而是報效國家、爲君盡忠的臣子。上述御製岳飛致祭文，可以説正是當時時代背景下君王意志的投射。

深諳王意的暎嬪閱讀並收藏《武穆王貞忠録》，其初衷想來與此也不無關係。實際上，王室女性本就無法脱離於權力之外，掌權勢力的更迭、權力結構的變化，勢必會影響到女性的政治身份及地位。站在王室的立場上來講，爲鞏固王權，必須嚴防後宮參政、外戚勢力坐大，而教導後宮的有效手段之一就是讀書。通過讀書，潛移默化地引導其認清自身職責與本分，進而達到自我規範的目的。《武穆王貞忠録》雖乃暎嬪李氏所藏，但自然會與其他妃嬪或尚宮分享，因而，其本人對於中國小説的喜好，想必也會影響到王室其他女性。

《孫龐演義》亦不外乎此。孫臏的忠貞不渝，與龐涓貪得無厭、背信棄義最終身敗名裂的結局，隱含了對於理想人物的肯定，以及勸善懲惡、因果報應的宣揚。

《莽男兒》也不例外。火烈曼拒向大明朝貢，加之本人荒淫無度、禍國殃民，終遭誅殺；而董蟒兒則忠君報國、功勳卓著，最後被封爲浮泥國國王。其中藴含着忠於國家即可受賞，叛國逆施便不得善終的教訓。此外，董氏夫人父母因女兒虔誠事佛而從前世業報中脱度重生的情節設定，也在提示身處被動的女性尚可發揮的功用。

無論如何，從以上至少三種中國小説的閱讀來看，暎嬪李氏至少在某些方面，對中國小説的在朝翻譯與接受發揮了相當的作用。此外，1762年，暎嬪之子——思悼世子還曾在《中國小説繪模本》序文中提及八十餘種中國小説書目，可想當時已有大量作品傳入朝鮮王室。身處這樣的環境之中，暎嬪李氏對中國小説的接觸想來應是相當廣泛的。

綜上，可以説，鈐有暎嬪房印的《莽男兒》譯本的發現，不僅展示了朝鮮朝王室女性的閱讀文化，更透露了當年王室內部翻譯及利用小説的規模與方式。

三、韓譯抄本及中國本之差異①

中國本《莽男兒》爲潘建國教授私藏孤本，儘管中國學界對《莽男兒》已有所瞭解，但此前尚未介紹到韓國國內，是以，筆者將首先就其書誌信息做一簡要説明②。

《莽男兒》兩靖室藏本，現存孤本。凡六册，共24回，殘失第五～十一回。序尾署"薑桂主人題於鳴物齋"，下摹刻"蓮花居"（陽文）、"薑桂主人"（陰文）兩印。第一回首頁題"明龍子猶遺傳，古吳逸叟評纂"。其中，"龍子猶"乃明末作家馮夢龍之別號，但此作並非出自馮夢龍之手，乃係假託。"古吳"指代蘇州，即該小説評纂者乃蘇州文人逸叟，而"薑桂主人"似乃逸叟別號。正文板框寬12cm，高20.3cm，每面8行，行22字。版心題"莽男兒"。

刊刻時間無從知曉，然借助以下特徵，可對此做大致推定：其一，此書版式、字體、紙質諸方面，皆具清初小説刊本的典型特徵；其二，既然假託"龍子猶遺傳"，成書則當在馮夢龍卒年，即1646年之後；其三，文中不避"玄""絃"等字，可知其刊刻應在避諱尚不嚴格的康熙早期或更早的順治時期；其四，《獺鏡緣》《繡衣郎》在《莽男兒》的影響下寫就，因此，《莽男兒》刊刻時間當在此二者之前。其中，程硯秋舊藏清康熙抄本《繡衣郎》，內題"康熙己卯年（1699）荷月下浣二日平江朱君采重録"，而著録《獺鏡緣》的清抄本《新傳奇品》，則署有"康熙辛亥（1671）孟冬上浣"字樣。

合此數端推知，《莽男兒》小説成書及刊行時間，可能在清順治三年（1646）至康熙十年（1671）之間。

---

① 承潘建國教授提供中國本《莽男兒》第二十回～二十四回書影資料，在此謹致謝忱。
② 參見潘建國教授論文《新見清初章回小説〈莽男兒〉考論——兼談其與〈獺鏡緣〉、〈繡衣郎〉傳奇之關係》，《文學遺産》2017年1期，170—173頁。

1. 標記差異

試比較中國本《莽男兒》與韓譯抄本，可發現二者在人名、地名、國名及職官稱謂等標記上多有不同（表1）：

表1

	標記
國家及地名	占城國：졈션국（16a）；萱蘇島：원소마도（16a）/훤소마도（27a）；獲狌狌島：관비비도（26a）；淖泥：뉴리（36b）；潢池洋：챵디양（36b）；黑流沙渡：뉴사（36b）；天津衛：평원위（36b）；玉沙灘：요사탄（42a）；金山脚：금산스/금산각（43a）
人名	錢塘潮：젼당쥬（1a/39b）；俞瑞兒：유셩ㅇ（2b/24a/38b）；汪權：왕원（2b）；黎利：녀도（24a—26b）；胡治：호되（31a）；金明：김일휘（38b）；曾湍福：증만복（38b）；馬二：마쇼이（39a）；盛容：션농（40b）；近古：쟝손고（40b）；都不辣：도블국（51a）
官職	都通事：도듕亽（33a）；征東大元帥：젼동대원슈（16a）
其他	旃檀香：텬단향（10b）；孼緣：열연（11a）；鷹嘴戰靴：응최졀（39b）；毓德之寶：유덕집쇠（39b）

由上表可發現，此間差異多見於人名、地名當中，有些或只是抄寫過程中產生的筆誤，有些則可能本就不同。比如，"天津衛"寫作"평원위（Pyeong Won Wi）"；董蟒兒三妃"都不辣"寫作"도블국（Do Beul Guk）"；征戰浡泥國立下大功的將領"金明"寫作"김일휘（Gim Il Hwi）"；浡泥國所轄胡椒島長老"黎利"寫作"녀도（Nyeo Do）"；御賜"鷹嘴戰靴"寫作"응최졀（Eung Choe Jyeol）"；"毓德之寶"又寫作"유덕집쇠（Yu Deok Jip Soe）"等①。

諸如此類，很難以筆誤簡單視之，由此筆者推測，譯本當時參照的可能並非今見中國本《莽男兒》，而另有他本。

2. 章回小說文體要素的摒棄

朝鮮朝時期的翻譯小說呈現出階段性的文字差異，試比較17—18世紀與19—20世紀所出譯本，可發現二者在文字形式上存在着明顯不同。其中，

---

① 譯者注：爲便於中文讀者比較，括號中羅馬音標皆爲譯者所注。

早期譯本最大化地摒弃了中國小説原典中的文體特徵。

中國小説每回開頭或另起話頭處，隨處可見諸如"話説""却説""且説"等字樣。然而，18世紀的韓譯作品中，有相當數量的譯本都在極力避免使用此類話語，韓譯本《莽男兒》亦通篇未見一例。究其原因，可能在於當時的讀者尚無法理解這些用語的含義，譯本中若頻繁出現可能會對閱讀造成一定障礙。

此外，每回回末諸如"且聽下回分解""且看下回分解"等提示下文的套語，在韓譯本《莽男兒》中也都略去不譯。原因亦在於這種説法在當時的朝鮮還未曾有過用例，乍然讀來不免有些生硬。

相反，19—20世紀的譯本，却將這些發語詞和結語詞按照漢語發音，直接音譯了過來，如"화셜（話説）""각셜（却説）""차셜（且説）""차쳥하회분히하라（且聽下回分解）"等。這是因爲，隨着時間的流逝，在中國小説業已被大衆接受的背景下，以上用語不再晦澀難懂，已普遍運用到了當時的韓文創作小説當中。

再者，作品中"正是""有詩爲證"等語句所提示的插入詩也都略過不譯。中國本《莽男兒》中插入詩頻頻出場，到了譯本中被抹去大半。插入詩言簡意豐，蘊味雋永，極具鑑賞性，却無助於閱讀的快速推進。在流暢的敘事行程中，這些詩歌的出現反而會讓讀者興味大減。考慮到朝鮮朝讀者小説欣賞趣味的偏好，這部分内容也遭到了大量删減。

最後，征討浮泥國的戰鬥場面，及後續加官封爵、賞賜財物、設宴歡慶等内容也被一併略去。以上種種，均是爲適應新讀者群的實際需求而靈活採取的翻譯策略。

3. 選擇性的翻譯策略

中國本《莽男兒》第二十二回，敘董蟒兒鱷背灘一役大獲全勝，三島長老誅殺浮泥國國王火烈曼，與衆將領推舉董蟒兒爲王。董蟒兒衆命難違，登上浮泥國王位，隨後撰寫奏疏，陳述討伐稱王之事，並遣姚謙、錢塘潮赴朝廷上表正德皇帝。因未獲册封而先稱王，董蟒兒爲争取王位正當性，於表奏前先行派出蔣安赴京打點朝中官員。書中不惜筆墨，細細鋪陳了蔣安在梁丞相、京畿道御史萬鵬、兵部侍郎王三錫、宦官莊容及梁丞相心腹莊近古、書吏高越等人之間周旋賄賂的細節。僅此拉攏收買一節，在整回50頁內容中，便足足占到了29頁，字數多達四千餘字。相反，譯本中相關內容却不過短短3頁，內容如下：

> 姚軍師先着蔣安攜金銀四擔，赴梁丞相府中覓得其心腹，遞上禮物及揭帖。未幾，梁丞相將蔣安喚進書房，命其將來因去果細細説來清楚。蔣安跪答道："董蟒一班人全仰老爺再生之恩保全性命。如今僥倖立功，承國中百姓推舉爲王，各道長老亦甘願讓位於諸將。只是董蟒怎敢自比天子，只待朝廷降罪處置。董蟒歷來仰仗老爺恩惠，如若成此大事，定當世代貢獻，不負洪恩。"<u>梁學士此前本就主張招降董蟒等人，恰要成全此事。於是指點蔣安，結交耿兵科、萬御史、王侍郎、莊太監等，令他內外周旋。耿給事、萬御史乃梁丞相門客，王侍郎乃丞相同年，莊太監又是深得皇帝寵信。蔣安依梁丞相指點，廣散金銀，籠絡這干人等應承下來。如今只待表文一到，即可成事。</u>①

董蟒兒雖由浡泥國長老及衆將領推舉登上王位，但身爲人臣，未經正德皇帝之允逕自稱王的行爲顯然不合君臣之道，甚至可視爲欺君罔逆之舉。誠然，董蟒兒甫一登上王位便上表大明朝廷澄清前情事由，但無論如何，惟有待皇帝下達敕令册封其爲浡泥國國王後方可稱王即位，跳過這一環節，即便征伐有功，亦可以逆臣賊子論處。

因此，中國本《莽男兒》中不惜大量筆墨，詳細鋪敘了董蟒兒爲使自

---

① 韓文原文爲：요군시 몬져 쟝안으로 ᄒᆞ야곰 녜단 금은을 가지고 냥승샹 부듕의 가 승샹 심복을 추자 녜믈과 게텹을 드린대 냥승샹이 쟝안을 블너 칙방의 드려 젼후 ᄉ겻을 조시히 뭇거놀 쟝안이 꾸러 고왈，"동망 등 모든 사ᄅᆞᆷ이 노야의 지싱지은을 닙어 셩명을 보젼ᄒᆞ얏더니 이제 볼리롤 텨 요힝 공을 일우니 국듕 인민이 동망을 츄디ᄒᆞ야 왕을 삼고 각 도 댱노 쟉위를 제쟝의게 ᄉ양코져 ᄒᆞ디 감히 쳔ᄌᆡ 못ᄒᆞ야 됴뎡 쳐분을 기ᄃᆞ리ᄂᆞ니 ᄇᆞ라건대 노야는 죵시 은혜를 깃쳐 대ᄉᆞ를 셩젼ᄒᆞ신즉 동망 등이 디ᄃᆞ로 공헌을 폐티 아냐 하ᄂᆞᆯ 곳툰 은덕을 져ᄇᆞ리디 아니리이다."

냥혹시 광포 동망 등 툐항ᄒᆞ기를 쥬댱ᄒᆞ얏ᄂᆞᆫ디라. 못ᄎᆞᆷ내 이 일을 셩젼코져 ᄒᆞ야 쟝안을 지휘ᄒᆞ야 경병과 만어ᄉᆞ 왕시랑 쟝태감 등을 교결ᄒᆞ야 너외로 쥬션ᄒᆞ라 ᄒᆞ니 경급ᄉᆞ 만어ᄉᆞ는 이 냥승샹 문ᄀᆡᆨ이오 왕시랑은 동년이오 쟝태감은 황뎨 통임ᄒᆞ시ᄂᆞᆫ 니관이라. 쟝안이 냥승샹 지휘를 조차 무수혼 금쥬와 보패를 훗터이 사ᄅᆞᆷ들의 ᄆᆞ음을 미즈니 각각 힘뻐 쥬션ᄒᆞᆷ을 허락ᄒᆞ고 다만 표문 니르믈 기ᄃᆞ려 혼가지로 도와 일을 일우랴 ᄒᆞ더라.（망남ᄋᆞ 35b~36b）

己及各參戰將領順利獲得册封，事先派出蔣安打點朝中官員之事。這種動用金銀實施賄賂，私下裏與朝官內侍同謀共議的做法，實與密謀干涉國政無異。

鑑於嬪妃、宮女等宮廷閱讀對象的特殊性，這部分內容在譯本中遭到了大幅刪減。其實，從主人公董蟒兒立下大功登上王位，子孫世代享盡榮華富貴，最終走向圓滿大結局的英雄故事中，很難找到其人格上的缺憾之處。然而，身爲臣子，爲掩蓋自身罪過而籠絡收買臣僚的污點行爲，極大地背離了其理想的主人公形象。因此，以上可能被視爲有傷王權的內容，到了韓譯本《莽男兒》中便被刪削殆盡了。

4. 書頁錯序

礙於條件不便，筆者雖未能獲睹原書，但在對書影資料進行對比分析後，發現中國本《莽男兒》與翻譯本相比，存在部分書頁前後錯亂的現象①。

首先，第二十回的 2b—4b 面次序被打亂，變爲了 2b → 4a → 4b → 3a → 3b，第二十一回 5b—7b 面，則變爲了 5b → 7a → 7b → 6a → 6b。

此外，第二十一回的 17a—18b 面與第二十二回的 17a—18b 位置發生顛倒。具體而言，緊接第二十一回 16b 面的 17a—18b 面，版心所刻目次爲"第二十一回"，而排在第二十二回 16b 面之後的 17a—18b 面，版心所刻目次亦爲"第二十一回"。也就是說，此二處內容相異，但版心目次相同。

在與譯本對照後，筆者發現第二十一回與第二十二回相關書頁發生了顛倒。相關文字截取如下：

（1）【第二十一回 16b】……命我將入番號潘一首、譯字秘書二本，達知你獼猻島與那獾狌狌島兩大長老知道。若應天順人歸降大明，助吾大元帥誅戮無道國王，或有能進國縛獻其王，誅其惡黨，即將本國王印，□他爲

（2）

①【第二十一回 17a（**當是第 22 回 17a**）】爲壽，王定庵、徐綿、盧八、渡船張二、楊飛虎等共二十六□，高越一一寫注完了，不見蔣安再說，便道："如何不錄自己名字？"蔣安道："小人無功，如何

---

① 其中第二十回 1b—2b 面，第二十一回 12b—13 面，及第二十三回 1b—2a 面缺頁。

濫叨？"高越搖頭道："這使不得。"提起筆來，也寫了蔣安的名字在內。高越將稿紙卷過，吃了一黃昏酒，搬飯出來吃了，計熱水洗了手脚。蔣安叫了聲安置，高越拽轉房門，也自去睡了。

②【第二十二回 17a（**當是第 21 回 17a**）】王世世勿絕。如若仍前抗逆，一概洗蕩，不留髻齓。故此諭知，早宜裁答。"通事人聽罷，將蔣安所言，一一傳達與花伴，花伴因有夫人得真屈死憤恨，曉得王十合也有了夫人，先賊塾臀深怨在心，久有叛志，因差島中人，往獾狌狌島，請那王十合來，商議此事。王十合道："平日諸島長老，各道國王淫亂，都要從新換個好王，今董兵到此，明珠大師是海島中的活佛，說靈話當的和尚，且助了董元帥。他殺人來，要俺們歸順他，必須要依他説話①。

（3）【譯本26ab】……"特地命我帶了號旛與檄書來，告之你猢猻島及灌狌狌二長老。若應天順人，助我大元帥，誅戮無道國君，自當將國印交與他，世世代代勿絕。如若不從，無論老幼，一概不留。島主請速裁答。"花伴聽聞此話，差人往那獾狌狌島，請了王十合過來。此二人各懷宿怨，久有叛心……②

以上，乃哨官蔣安受董蟒兒之命，遊説浮泥國所轄猢猻島長老花伴及獾狌狌島長老王十合歸順之情節。儘管譯本内容上有所壓縮，但兩相參照，從敘事連貫性上來講，段（1）當與（2）②銜接爲是。因此，（2）②所在第二十二回 17a 面宜調換爲第二十一回 17a 面。

（4）

①【第二十一回 18b（**當是第二十二回 18b**）】跪在地下告請，高

---

① 粗體標示文字與譯本一致。
② 韓文原文爲：…"특별이 날을 명호야 호번과 격셔룰 가져 네의 호손도와 다못 관비비도 두 댱노의게 알외딕 만일 응텬슌인호야 우리 대원슈룰 도아 무도호 님군을 죽이면 맛당이 국인으로써 맛뎌 셰셰로 긋디 아니케 호려니와 그러티 아닌죽 노쇼룰 다 머므로딕 아니호리니 쳥컨대 도쥬논 쌜리 회보호라." 화반이 이 말을 듯고 사룸을 관비비도의 가 왕십합을 쳥호야 오니 이 두 사룸이 각각 원을 품어 반심을 두언 디 오란디라…

越不敢大膽，望王老爺着眼，擔一個血海干紀與他保全了。梁爺聽罷，一頭將名姓稿紙來看，一頭笑道："誰要你多話，昨塘報吾已見過了，如今只等董蟒奏凱疏到，即可匯齊進呈，快快教他莊內相那邊去説明便好。"高越磕了頭，答應道："曉得。"高越回來，一一説與蔣安知道。蔣安道："如今去幹事，那一頭衙門先去是好？"高越道："頭頭要緊，第一先去停當莊內相的是。"兩個商議了一回，蔣安自去，打並了應用的財寶，拴在腰裏，叫高書辦寫了□

②【第二十二回 18b（**當是第二十一回 18b**）】……眼見島上旌旗俱偃，城頭豎起降旗，花伴率領島中兵將，迎候沙邊。姚軍師使蔣安探視得實□，將中軍移過獼猴島來。花伴勞羊擔酒來迎王師。**姚軍師慰勞過了**，問道："貴島如此至誠，莫不別島有異，貴島知道嗎？"明珠打看番語傳與花伴知道。花伴搖搖頭，雙手拍拍兩肩，打番語説："囉哩囉哩多，多錬呼麼？□難陀戲

（5）【第二十一回 19a】戲婆娑果諦，因幌波羅諦，婆婆薩諦，摩唏摩唏。……<u>無異心，只有青草湖島大長老波羅諦是個奸人，須防持他。前去過了玁狁狁島一千四百里，海面有山，居中獨起，四面沙場。繞山有紅山茶花覆滿岩上，此灘喚做鱷背灘，橫亙周圍，有百十里長大防，有潮長時進舟，潮落時便要停擱住了。</u>

（6）【譯本 27b—28a】明珠大師慰勞過了，問道："貴島如此志誠，別島可有何異心？" 花伴搖搖頭，雙手拍拍兩肩，説道："我等皆甘願歸降，怎敢有異心！<u>只是那青草湖島主妥羅貼（音譯）本性奸邪，須防備些他。前去過了玁狁狁島，往前四百里，海中有高山，其下有鱷背灘，周長百里，極爲兇險。四面沙場，潮漲時出舟，潮落時切記要停擱住了。</u>"①

---

① 韓文原文爲："명쥬시 위루ᄒ고 무러 골오디，"귀되 비록 지셩으로 귀슌ᄒ나 다른 셤이 아니 반복홀 ᄆᆞᄋᆞᆷ을 두엇ᄂᆞ냐？" 화반이 머리롤 흔드며 손으로써 엇게로 티고 골오디，"우리 등이 임의 졍원으로 투항ᄒ니 엇디 다른 ᄯᅳᆺ을 두리오！ 다만 쳥초호도쥬 타라데ᄂᆞᆫ 본디 간샤ᄒᆞᆫ 사ᄅᆞᆷ이니 모로미 뎌롤 방비ᄒᆞ오디어다. 이제 관비비도롤 디나 일쳔 ᄉᆞ빅 니롤 힝ᄒᆞ면 바다 가온대 놉흔 뫼히 잇고 그 아래 악뵈탄이란 여흘이 이시니 쥬회 빅니나 ᄒᆞ고 극히 험악ᄒᆞ야 ᄉᆞ면이 다 모래니 만일 믈이 밀 ᄶᅢ여든 비롤 나오고 믈이 혈 ᄶᅢ여든 삼가 비롤 머므로라．"

與譯文對比可知，第二十一回 19a 前接文本當是黑體標示的（4）②，即第二十二回 18b，因此，（4）②所在的第二十二回 18b 理應調換爲第二十一回 18b 爲是。

簡言之，即現第二十一回 17a—18b 實爲第二十二回 17a—18b，而第二十二回 17a—18b 則應調換到第二十一回 17a—18b 才對。

考慮到中國古籍原爲四針眼裝訂，《莽男兒》傳入朝鮮後，改爲了五針眼朝鮮裝，已不復最初刊刻時之原貌。因此，書中出現的缺頁，及第二十回 2b—4b 與第二十一回 5b—7b 次序混亂之現象，大概應是在該書老舊零散而整理重裝的過程中，前半部分書頁錯位所致。

不過，第二十一回與第二十二回 17a—18b 前後顛倒的現象，或許在書籍刊印之初便已有之。原因在於第二十二回 17a—18b 版心目次誤刻爲"第二十一回"，以上情況也許正是以此爲據造成的誤刷。

與中國本不同，韓譯本《莽男兒》書序却不錯分毫。筆者猜想，也許譯文底本並非現存中國本《莽男兒》，而另有所屬。有關這一點，前文提及的那些難以單純以筆誤視之的人名、地名等標記，亦可輔證。

四、結論

本文在對新見韓譯《莽男兒》抄本進行介紹的基礎上，就其文獻特徵及價值進行了論述。

韓譯《莽男兒》抄本爲新見清代《莽男兒》小説的翻譯作品，主要講述了人獺之子"董蟒兒"的英雄故事。中國本《莽男兒》亦爲新見資料，被認爲是現存"老獺稚"故事中問世最早的作品，值得注意的是，該書還曾被改裝爲五針眼朝鮮裝，在朝鮮朝時代流通傳播。

韓譯《莽男兒》抄本現藏延世大學學術情報院，全五册，僅存第五卷一册。封面標題"男兒傳"，正文標題"망남ᄋ"，凡 120 面，採用流麗的行草宮體字寫就。

該書最大特點在於，其乃是朝鮮王室所譯所讀書籍。正文首面下端有"暎嬪房印"一枚，顯示出該書曾爲英祖王妃、思悼世子之母"暎嬪李氏"所藏。

鈐有"暎嬪房印"的翻譯小説，原有樂善齋本《孫龐演義》及《武穆王貞忠錄》兩種，如今又新添一種。不過，《孫龐演義》及《武穆王貞忠錄》二書在朝鮮宮廷傳承並保存至今，王室文獻書目中亦有載錄，但本文所論韓譯《莽男兒》抄本却未見任何記載。

《孫龐演義》和《武穆王貞忠錄》乃樂善齋本翻譯小説中較早期的作品，《莽男兒》亦屬早期翻譯文字，且曾被暎嬪存藏與閱讀，可以説是一部反映當時王室女性閱讀文化的珍貴史料。最後，在與中國本《莽男兒》比較分析後，筆者猜測當前譯本所依底本可能另有他屬。

Abstract: This study introduces the Hangul version of the recently discovered *Mangnama* and discusses its textual characteristics and value. The Hangul version of the *Mangnama* is a translated version of the Qing 清 Dynasty novel *Mang Nan'er* (莽男兒). The main theme of the novel concerns the story of the hero Dong Manger (董蟒兒), who was born with the spirit of the otter. Specifically, the novel deals with Dong Mang'er stepping into adulthood, his alliance with salt smugglers, and the revolts and battles leading up to his crushing of the Boni guo (浡泥國).

The Chinese novel *Mang Nan'er* was also recently discovered and is considered the oldest existing novel about the Nodalchi (老獺稚) fable in the East Asian region. Moreover, the *Mang Nan'er* was printed during the period of the Qing Dynasty and is currently housed in China, but it is bound in the manner of the Joseon 朝鮮 Dynasty. This means that it was a Chinese novel that found its way into Joseon during the rule of the Joseon Dynasty.

The Hangul version of the *Mangnama* is currently kept at the Yonsei University Library. Of a total of five books, only the last in the series, Juanzhiwu (卷之五), still remains. It is titled *Namajeon* (男兒傳) and *Mangnama* is written on its first page. The book has a total of 120 pages and uses a very elegant, semi-cursive style found in Joseon court writing.

The most important characteristic of this book is that it was translated and read within the Joseon royal family. At the bottom of its first page is an imprint, yeongbinbangyin (映嬪房印[①]), where yeongbin (映嬪) refers to Yeong bin Lee (映嬪李氏, 1696—1764), who was both the royal concubine of King Yeongjo (英祖, 1694—1776) and the birth mother of Prince Sado (思悼世子, 1735—1762).

Just like the Hangul version of the *Mangnama*, there are two other novels, *Sonbangyeoni* and *Mumogwangjeongchungnok*, with yeongbinbangyin stamped in them that were stored at Nakseonjae (樂善齋).

Currently, both novels are stored at the Jangseokak Archives at the Academy of Korean Studies. Both novels were kept and handed down through generations of the royal family, and while they are known through document lists maintained by the royal family, the Hangul version of the *Mangnama* introduced in this study was a work whose existence could not be confirmed through records of any kind.

The most significant feature about this novel, however, is that it is a novel translated in a relatively early period of the mid- to late-18th century and, more specifically, it is an important piece of literature that was read in the royal family, particularly by Yeongbin Lee. It can be hoped that many more translated novels will come to light to aid the study of the diverse reading culture of the Joseon Dynasy.

Key words: *Mang Nan'er* (莽男兒), *Dong Mang'er* (董蟒兒), Chinese novel, *Mangnama* (망남ᄋ), *Namajeon* (男兒傳), Korean Manuscript, royal book, Yeongbin Lee (暎嬪李氏), Joseon Dynasty, 18th century.

---

① 譯者注：這裏"映嬪"二字應作"暎嬪"，以下兩處亦然。

漢學人物

新見王森史料六種

高山杉

王森（曾用名王瑞陞、王森田、王子農，河北省安新縣人，1912—1991）是中國現代最重要的佛學家和西藏學家之一，專精梵藏文佛典（尤其是因明）和西藏佛教史。他的代表作《西藏佛教發展史略》[①]，近年還被譯成日語出版[②]，可見其學術價值之長久。關於王森的治學風格和處世方式，與他在北京大學同級的張中行（1909—2006）評價極高：

> 在我認識的諸多友人裏，講學問，説得上"實在"兩個字的，只有他，退一步説，也是只有他能够排在第一位……他爲人沉静温厚……到他家裏坐一會兒，自己的暴躁虚浮之氣就可以收斂一些，而今，他已經作古幾年，還有誰能够使我自知不足，就是在小字輩面前也不敢誇誇其談呢？[③]

王森的同事鄧鋭齡（1925—　）也曾做過精闢的評論：

> 他很少交遊，不求聞達，安於寂寞，從來没有炫耀過自己的才學

作者單位：中國社會科學院哲學研究所

[①] 王森，《西藏佛教發展史略》，北京：中國社會科學出版社，1987。

[②] 王森著，三好祥子翻譯，田中公明監譯，《チベット仏教発展史略》，東京：科學出版社東京株式會社，2016。（感謝老友周運代爲查閱並拍攝中國國家圖書館藏本。）

[③] 張中行，《流年碎影》，北京：中國社會科學出版社，1997，175頁。（感謝舒乎先生代爲查閱並拍攝此書。）

和業績，連發表過及寫過什麼文章也不對人說，竭力維護一個略微安定的小環境，節約有限的時光，在一冷門學術上深造極詣，遠紹清儒校勘考據的實學，承繼五四以來科學研究的傳統……①

正是因爲這種沉靜溫厚的性格，鋒芒內斂的態度，所以王森的生平細節一直鮮爲人知。不過，自從我刊布了他填寫的《履歷表》（1978年9月29日填寫）、《中國社會科學院民族研究所科研人員定職升職評定表》（1979年10月31日填寫，下文簡稱《評定表》）和《主要研究成果登記表》（1984年12月19日填寫，簡稱《登記表》）中的材料後②，這種情況已經有所改變。除了這三種重要的表格之外，我還掌握或見過其他幾種與王森生平有關的稀見史料。下面就將這些史料刊布出來，並對其中所涉時地、人事、書刊稍加評注（儘量不重複上述三表中已有的內容），供研究佛學史和東方學史者參考。

一、《工作成果調查表》

第1種史料是《中國科學院民族研究所研究人員工作成果調查表》（下文簡稱《調查表》），無填表日期。此表原來是同《履歷表》《評定表》《登記表》一起裝在一個牛皮紙紙袋中被我同時從孔夫子舊書網購得的。這四種表全是出自王森生前的工作單位中國社會科學院（簡稱社科院）民族研究所（簡稱民族所，今中國社會科學院民族學與人類學研究所）的檔案。《調查表》一共五頁。第一頁是封面，上寫"王森"二字，右上角標有某種編號"66"。其餘四頁都是打字油印的表格。前面三頁均用鋼筆填寫，看筆跡應是王森本人的。表格右側欄外還有一些批注，這些批注靠近頁邊的部分筆畫有些缺損，應是表格右側曾被剪裁所致。最後一頁的上半爲未經填寫的表格，下半爲對填表規則的七條說明。按照填表規則要求，先填建所（民族所）以來的工作成果，再填解放後至建所前的工

---

① 鄧銳齡，《回憶王森先生》，《中國藏學》2016年3期，52頁。
② 高山杉，《王森的兩篇工作彙報》，2020年1月4日《澎湃新聞·上海書評》（https://www.thepaper.cn/newsDetail_forward_5418913，2022年2月11日讀取）。

作成果，最後填解放以前的工作成果。在填建所以來的工作成果時，先填歷年參加的集體項目，再填所裏計劃的個人項目，最後填業餘項目。《調查表》第一表（圖1，表1）所填全部屬於建所（民族所正式成立於1958年6月23日）以來的工作成果：

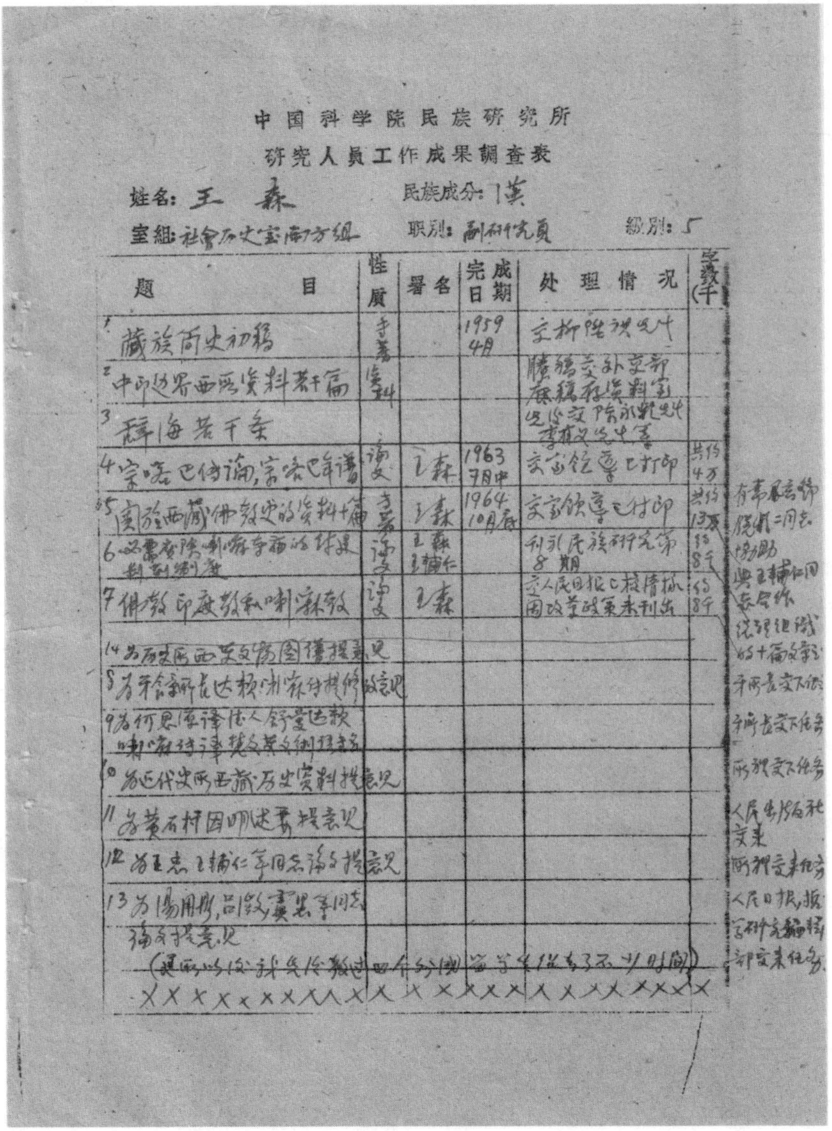
中国科学院民族研究所

研究人員工作成果調查表

姓名：王森　民族成分：漢

室組：社會历史室南方組　职别：副研究員　級别：5

題目	性質	署名	完成日期	处理情况	字數(千)
1 藏族简史初稿	专著		1959 4月	交柳陞祺先生	
2 中印边界西段资料若干篇	資料			謄稿交外交部 原稿存資料室	
3 辭海若干条				[illegible]	
4 宗喀巴传论，宗喀巴年谱	论文	王森	1963 7月中	[illegible]已打印	共约4万
5 关于西藏佛教史的资料十篇	专著	王森	1964 10月底	[illegible]已付印	共约13万
6 [illegible]	论文	王森 王辅仁		刊于民族研究第8期	约8千
7 佛教印度教和喇嘛教	论文	王森		交人民日报已[illegible] 因政策改变未刊出	约8千
14 为历史所西藏[illegible]提意见					
8 为[illegible]提意见					
9 为[illegible]					
10 为近代史所西藏历史资料提意见					
11 为[illegible]提意见					
12 为王忠王辅仁等同志稿子提意见					
13 为[illegible]等同志稿子提意见					

圖1　第一表

表1
中國科學院民族研究所研究人員工作成果調查表

姓名：王森　　　　　　　　　　　民族成分：漢

室組：社會歷史室南方組　　　　　職別：副研究員　　　　級別：5

題目	性質	署名	完成日期	處理情況	字數（千）
1 藏族簡史初稿	專著		1959 4月	交柳陞祺先生	
2 中印邊界西段資料若干篇	資料			謄稿交外交部 底稿存資料室	
3 辭海若干條				先後交陳永齡先生 李有義先生等	
4 宗喀巴傳論，宗喀巴年譜	論文	王森	1963 7月中	交室領導已打印	共約 4萬
5 關於西藏佛教史的資料十篇	專著	王森	1964 10月底	交室領導已付印	共約 13萬
6 必需廢除喇嘛寺廟的封建剝削制度	論文	王森 王輔仁		刊於民族研究第8期	約 8千
7 佛教印度教和喇嘛教	論文	王森		交人民日報已校清樣 因改革政策未刊出	約 8千
14 爲歷史所西藏文物圖譜提意見					
8 爲牙含章所長達賴喇嘛傳提修改意見					
9 爲何思源譯德人舒曼達賴喇嘛傳譯梵文藏文術語專名					
10 爲近代史所西藏歷史資料提意見					
11 爲黃石村因明述要提意見					
12 爲王忠王輔仁等同志論文提意見					
13 爲湯用肜呂澂虞愚等同志論文提意見					
（建所以後我先後教過四個外國留學生佔去了不少時間）					

《調查表》雖然帶有"中國科學院"（民族所原來屬於中國科學院哲學社會科學部）的字樣，但這並不表示它一定是在中國社會科學院正式成立（1977年5月）以前填寫的。表中有一處提到"牙含章所長"，有兩處欄外注"牙所長交下任務"，可見填表時牙含章（1916—1989）已經擔任民族所所長。牙含章是從1979年8月17日開始擔任民族所所長的，當時社科院已從中科院獨立出來，那麼此表之填寫至少應該在牙含章擔任所長這一時間之後。表中於"級別"一欄填五級，從《履歷表》中"工資級別變動情況"一欄中後來填入的"科研 四級 207元 1982.10.民族所評定"推斷，《調查表》至少是在1982年10月王森的工資級別提升爲四級之前填寫的。總而言之，《調查表》的填寫時間大體應在1979年8月到1982年10月之間，而且是使用了帶有"中國科學院"字樣的舊式表格。

　　下面對第一表的14種工作成果做些補充説明。第1種"藏族簡史初稿"，指《藏族簡史》一書的編寫。1958年，在全國人大民族委員會和中共西藏工作委員會的領導下，王森所在的西藏少數民族社會歷史調查組①接受了編寫《藏族簡史》的任務。此後，陸續又有若干單位和個人加入編寫隊伍，全書初稿完成後於1963年9月以《藏族簡史（初稿）》爲題作爲"少數民族史志叢書"之一由民族所排印，在内部發行。表中的"藏族簡史初稿"，可能就是特指這一階段的工作。到了1975年，民族所又組織人員對初稿進行修訂，修訂本於1985年12月由西藏人民出版社出版。初稿和修訂本的編寫工作，王森都有參與。表中所提接收稿件的是在民族所與王森齊名的西藏學家柳陞祺（1909—2003），他在寫作初期負責統稿的工作，並承擔了初稿中的第四到六章和第九到十三章，在修訂本中則貢獻了第十二到十六等篇（英國侵略西藏史）②。我收藏有《藏族簡史》編寫初期階段的討論會記錄本七册，裏面記錄了不少王森的發言，是十分重要的學術史文

---

① 有關"中國少數民族社會歷史調查"，參看《中國大百科全書·民族卷》，北京：中國大百科全書出版社，1986，567—568頁。

② 中國科學院民族研究所西藏少數民族社會歷史調查組，《西藏簡史（初稿）》"後記"，北京：中國科學院民族研究所，1963，203頁。《藏族簡史》編寫組，《西藏簡史》"後記"，拉薩：西藏人民出版社，1985，464頁。鄧鋭齡，《回憶藏學家柳陞祺先生》，《紀念柳陞祺先生百年誕辰暨藏族歷史文化論集》，北京：中國藏學出版社，2008，55頁。

獻，以後有機會當將其整理刊布出來。

第2種"中印邊界西段資料若干篇"，指王森受外交部委託從1960年11月開始，對中印邊境西段亦即西藏和拉達克的劃界問題等所做的資料搜集和研究工作，前後用時約一年半。此事在《評定表》和《登記表》中都有特別的説明，大家可以去看我刊布的材料。這項研究的所有材料雖然都已上交，但《調查表》中既然有"謄稿交外交部，底稿存資料室"之語，也許還有尋獲的希望。

第3種"辭海若干條"，指《辭海》修訂版中的藏族史類詞目。早在1950年代初，上海中華書局就專門成立了編輯所，計劃重新修訂出版《辭海》。根據上級黨委指示，社科院民族所和中央民族學院（簡稱民院，今中央民族大學）接受了共同編寫《辭海》民族問題類詞目的任務，並爲此專門成立了《辭海》民族問題類編輯組。這個編輯組的下面又分成民族問題理論、中國民族志、世界民族志等小組。因受人力和材料的限制，編輯組在1960年2月6日致函王森所在的西藏少數民族社會歷史調查組，請其分擔編寫藏族史類詞目的工作①。接收稿件的是民院的陳永齡（1918—2011）和民族所的李有義（1912—2015），陳曾擔任《辭海》編委和民族分科主編。我收藏有好幾袋藏族史類詞目編寫初期階段的草稿，幾乎可以據以復原當時編寫工作的具體過程。

第4種"宗喀巴傳論"和"宗喀巴年譜"，曾以《宗喀巴傳論（附：宗喀巴年譜，初稿）》爲題，由中國科學院民族研究所少數民族社會歷史研究室於1965年7月作爲内部資料鉛印刊行。《傳論》和《年譜》後來又分别刊於《民族研究》1979年1期（1979年9月）56—67頁和《世界宗教研究》1983年2期（1983年5月）1—22頁。《傳論》和《年譜》最後作爲附録一和附録二又收入《西藏佛教發展史略》。表中所記完成時間（1963〔年〕7月中）與内部資料本卷首"説明"的撰寫時間（1963年7月）一致。

第5種"關於西藏佛教史的資料十篇"（欄外注"有常鳳玄鄧鋭齡二

---

① 參看中國科學院民族研究所1960年2月6日致西藏少數民族社會歷史調查組函，以及《辭海》民族問題類編輯組辦公室1960年2月6日致西藏少數民族社會歷史調查組函（均爲本文作者收藏）。

同志協助"），曾以《關於西藏佛教史的十篇資料（初稿）》爲題，由中國科學院民族研究所少數民族社會歷史研究室於1965年4月作爲内部資料鉛印刊行。《西藏佛教發展史略》一書就是在此稿的基礎上寫成的。表中所記完成時間（1964〔年〕10月底）與内部資料本卷首"説明"的撰寫時間（1964年10月）一致。有關常鳳玄（1927—2007）和鄧鋭齡協助編寫一事，在《評定表》《登記表》以及鄧鋭齡寫的《回憶王森先生》中都有詳細説明，這裏不再重複。

第6種"必需廢除喇嘛寺廟的封建剥削制度"（欄外注"與王輔仁同志合作"），指與民院的王輔仁（1930—1995）合寫的《廢除西藏喇嘛寺廟的封建特權和封建剥削》，此文刊於《民族研究》1959年8期（1959年8月）1—10頁。

第7種"佛教印度教和喇嘛教"，具體内容不詳，從欄外注"總理組織的十篇文章之一"來看，似是周恩來總理（1898—1976）組織人員撰寫的十篇文章之一。此文本擬在《人民日報》刊出，連清樣都已經校過了，但最後却因政策改變而未能刊出。另外九篇的題目是什麽，作者爲誰，現在均不得而知。從因爲政策的改變而導致稿件未刊的情況來看，這十篇文章應該都是爲了應對當時國際上發生的事變而被組織撰寫的。

第8種指牙含章編著的《達賴喇嘛傳》[①]。第9種提示一個以前完全不知道的非常重要的信息，就是何思源（1896—1982；通曉英、德、法、俄諸語）曾經翻譯過德國東方學家舒曼（即舒勒曼，Günther Schulemann, 1889—1964）所著《歷代達賴喇嘛傳》（*Die Geschichte der Dalai-Lamas*, Heidelberg: Winter, 1911;同名增訂版Leipzig: VEB Otto Harrassowitz, 1958）[②]，而王森則助其翻譯書中的梵語和藏語的術語專名。從第8種和第9種的欄外注"牙所長交下任務"來看，何譯本有可能是供牙含章編寫《達賴喇嘛傳》時參考用的。

---

① 牙含章，《達賴喇嘛傳》（初版），北京：生活・讀書・新知三聯書店資料室，1963。牙含章，《達賴喇嘛傳》（據三聯版修訂重排），北京：人民出版社，1984。

② 本文涉及的外文原著，除特殊情況（比如這裏提到的《歷代達賴喇嘛傳》）外，只列出第1版的出版地、出版者和出版年。

第10種"近代史所西藏歷史資料"（欄外注"所裏交下任務"），可能是指中國科學院歷史研究第三所（中國社科院近代史研究所在1954年到1959年之間的稱呼）南京史料整理處選輯的《西藏歷史資料彙編》。

第11種指石村（黃石村，1921—1983[①]）著《因明述要》[②]，這是中國大陸在"文化大革命"後出版的第一部有關因明學的專著。欄外雖注"人民出版社交來"，但該書最後却是在中華書局出版的。

第12（欄外注"所裏交來任務"）、13（欄外注"《人民日報》《哲學研究》編輯部交來任務"）和14種跟第8、10和11種一樣，都是給別人如湯用彤（1893—1964）、吕澂（1896—1989）、虞愚（1909—1989）、王輔仁等寫的東西提意見。其中，爲虞愚論文提意見，以及爲歷史所的《西藏文物圖譜》提意見這兩條，在《評定表》中也提到過："……也曾爲一些作品提修改意見，如《西藏文物圖譜》，虞愚同志的因明文章等。"《西藏文物圖譜》爲何書，虞愚哪篇文章被提意見，均不詳。

虞愚曾在《現代佛學》1962年1期（1962年2月）發表《法稱的生平、著作和他的幾個學派——重點介紹〈量釋論〉各章次序所引起的爭論》一文，但馬上有讀者指出：

> ……這篇文章係譯自蘇聯徹爾巴茨基院士的《佛家邏輯·導言》中的一部分，而在某些文字與意義則與原書不盡相符，本刊未能及時發現，匆促付印，深爲抱歉！現在爲使讀者更清楚地讀到徹爾巴茨基院士關於法稱的邏輯學派問題，特約景行先生從《佛家邏輯》原書中譯出，以供讀者參考。

上引文字來自《現代佛學》（當時改爲雙月刊）1962年4期（1962年8月）所刊蘇聯徹爾巴茨基（Th. Stcherbatsky, 1866—1942）著、景行譯《法稱的邏輯著述及其流派》的"編者按"。按語没有公布指出虞愚論文實係譯自（並非創作）《佛家邏輯》的"讀者"是誰，但在譯文後面的"譯者

---

① 中國人民政治協商會議浙江省鄞縣委員會文史資料委員會，《鄞縣文史資料》六輯《當代鄞籍國内人物專輯之一》（内部發行），1993，250頁（宋希於提供）。

② 石村，《因明述要》，北京：中華書局，1981。

附記”裏特別强調了“本譯文，承張建木、王森兩先生核校過，謹此致謝”。雖然不是對虞愚的文章，但這也算是王森給他人作品提供幫助的一個例子。王森給湯用彤作品提意見，可以參看湯在其《印度哲學史略》重印後記（作於1959年12月）中說的：“本書在付印前由王森同志校改字句上的錯落百餘處，我向他表示感謝。”①

王森在民族所建立後帶的四個外國留學生，分别是印度的吉利天，蘇聯的包爾維諾維奇和列舍托夫，以及蒙古國的卜德。有關這四個人跟王森學習的具體情況，在《評定表》和《登記表》裏都有詳細的說明，此處不贅。

第二表（圖2，表2）爲解放後至建所前（1949—1957）的工作成果：

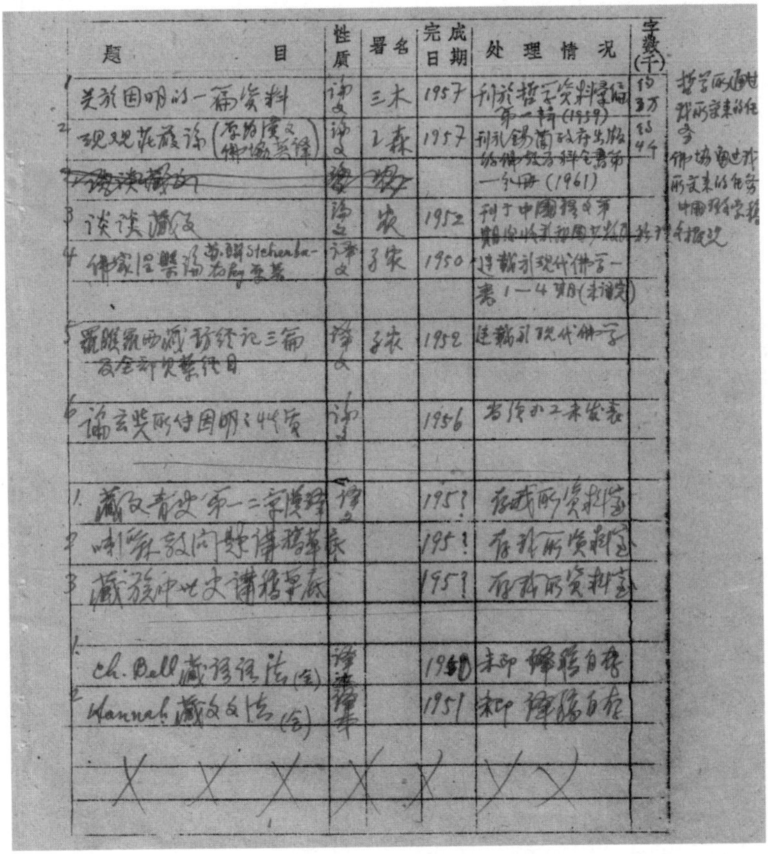

題目	性質	署名	完成日期	处理情况	字数(千)
1 关于因明的一篇资料	论文	三木	1957	刊于哲学资料汇编第一辑(1959)	约3万
2 现观庄严论([illegible])	论文	王森	1957	[illegible]一(1961)	约4千
[illegible]	[illegible]	[illegible]			
3 谈谈藏文	论文	农	1952	刊于中国语文第[illegible]	
4 佛家涅槃论 [illegible] Stcherbatsky [illegible]	译文	子农	1950	连载于现代佛学一卷1—4期(未译完)	
5 [illegible]三篇 [illegible]	译文	子农	1952	连载于现代佛学	
6 论玄奘所传因明[illegible]	论		1956	[illegible]	
1. 藏文[illegible]第一二[illegible]	译文		195?	存[illegible]所资料室	
2 [illegible]讲稿草稿			195?	存我所资料室	
3 藏族中世史讲稿草稿			195?	存我所资料室	
1. Ch. Bell 藏语语法(全)	译		19[illegible]	未印 译稿自存	
2 Hannah 藏文文法(全)	译		1951	未印 译稿自存	

圖 2　第二表

① 湯用彤，《印度哲學史略》，北京：中華書局，1960，196 頁。

表2

題目	性質	署名	完成日期	處理情況	字數（千）
1 關於因明的一篇資料	論文	三木	1957	刊於哲學資料彙編第一輯（1959）	約3萬
2 現觀莊嚴論（原爲漢文佛協英譯）	論文	王森	1957	刊於錫蘭政府出版的佛教百科全書第一分冊（1961）	約4千
3 談談藏文	論文	農	1952	刊於中國語文第　期後收於我國少數民族語文概況	
4 佛家涅槃論 蘇聯 Stcherbatsky 原著	譯文	子農	1950	連載於現代佛學一卷1—4期（未譯完）	
5 羅睺羅西藏訪經記三篇及全部貝葉經目	譯文	子農	1952	連載於現代佛學	
6 論玄奘所傳因明之性質	論文		1956	尚須加工未發表	
1 藏文青史第一二章漢譯	譯文		195？	存我所資料室	
2 喇嘛教問題講稿草底			195？	存我所資料室	
3 藏族中世史講稿草底			195？	存我所資料室	
1 Ch.Bell 藏語語法（全）	譯本		1950	未印 譯稿自存	
2 Hannah 藏文文法（全）	譯本		1951	未印 譯稿自存	

第1種"關於因明的一篇資料"（欄外注"哲學所通過我所交來的任務"），以同樣的題目首刊於中國科學院哲學研究所圖書資料室編《哲學資料彙編》第一輯（北京，1959年11月）41—58頁，署名"三木"。文前有《編者按》：

> 此稿係作者五八年初爲我們提供研究的一篇資料，作者近因工作較忙，無暇修改。我們徵得作者同意，作爲資料發表，以供愛好研究因明學者的參考。

該文第四部分《因明在西藏》後又收入《因明新探》[①]一書，文後有王

---

① 中國邏輯史學會因明工作研究小組，《因明新探》，蘭州：甘肅人民出版社，1989，37—44頁。

森所作附言：

> 附言：本文是《關於因明的一篇資料》的第四部分。原稿係作者1958年初爲中國科學院哲學研究所考慮開展因明研究工作而提供的一份簡單説明。現在發表，本應加以修改補充，因我患病無法執筆，只好暫按原稿付印。

《關於因明的一篇資料》的全文最後收入王森親屬所編《藏傳因明》①，但文字與《哲學資料彙編》第一輯中的初刊本大爲不同。該文有編者所加説明：

> 1956年科學院哲學研究所擬與匈牙利科學院合作研究藏傳因明，該所爲安排合作研究工作，委託作者撰寫此文。1957年完稿後，作者準備進一步修改，後因形勢變化，中匈合作研究未果，文稿即被擱置。1958年，哲學所索取此文發表。適值作者工作較忙，無暇修改，同意作爲資料發表於1959年哲學所的《哲學資料彙編》（第一輯）。發表時用筆名三木。②

有關此文之撰寫源於匈牙利科學院提出的合作研究藏傳因明的計劃，可參看《評定表》和《登記表》中更爲詳細的説明。

第2種"現觀莊嚴論"，是爲錫蘭（今斯里蘭卡）政府出版的英文《佛教百科全書》（*Encyclopaedia of Buddhism*）撰寫的條目。1955年，爲紀念釋迦牟尼佛涅槃二千五百周年，錫蘭的佛教徒發起編纂英文《佛教百科全書》，請求各國的佛教學者參與並合作。錫蘭總理向中國總理周恩來發出請託，希望中國學者參加撰寫與中國有關的佛教條目。周恩來把這個任務交給了中國佛教協會（簡稱佛協）。佛協遂成立中國佛教百科全書編纂委員會，延聘佛教學者從事編撰和英譯的工作③。當時在民院研究部（民族所前身）工作的王森也在受邀之列（欄外注"佛協通過我所交來的

---

① 王森，《藏傳因明》，北京：中華書局，2009，76—123頁。
② 王森，《藏傳因明》，76頁，脚注。
③ 中國佛教協會，《中國佛教》第一輯，北京：知識出版社，1980，趙樸初撰"前言"。

任務"）。據他在《登記表》中回憶："與此同時受佛教協會委託，爲斯利蘭卡①《佛教百科全書》編寫若干條目的釋文，只寫完《現觀莊嚴論》（五大部之一）一條之後，由於反右運動，其他條目都辭掉了。"可見王森原來承擔的條目不止《現觀莊嚴論》一種。《現觀莊嚴論》的英譯文（*Abhisamayālaṅkāra*）署名Wang Sen首刊於1961年出版的《佛教百科全書》第一分册②。趙樸初在《中國佛教協會第二屆理事會工作報告》（1962年2月13日）中曾經提及此一分册："1961年我國佛牙護侍團在錫蘭時，錫蘭總理班特拉奈克夫人將新近出版的該書第一卷第一分册親自簽名贈送我國周總理，也贈送了一册給我會負責人，並鄭重表示謝意。"③

有一點值得特别注意，就是在王森寫的條目前面，是孔澤（Edward Conze, 1904—1979）寫的《現觀莊嚴論》的條目。關於同一條目爲何會收兩位作者寫的兩個版本的問題，主編馬拉拉塞克拉（Gunapala Piyasena Malalasekera, 1899—1973）在王森所撰條目下加有脚注説明："之所以刊出中國編委會寄來的這個條目，是因爲它對前面孔澤博士所撰條目的内容有所補充。此條基本是按照它寄來時的樣子刊出的，因爲若是從它裏面删去另一條目中已經提過的東西，可能會對其文章結構造成改變。"（This contribution sent by our Chinese Committee is published because it supplements the information given in the preceding article by Dr. Conzé. It is published more or less in the form in which it was received because any attempt to delete from it information already given in the other would have changed the pattern of the contribution.—G.P.M.）至於《現觀莊嚴論》條目的漢文本，則要遲至近三十年後才刊布於中國佛教協會編的《中國佛教》第三輯④。由於漢文本出版於特殊時期（1989年5月），似未經王森本人校閱，所以存在着一些錯誤。比如"狮子贤龙以精通《般若经》和《现观庄严论》著名"（简體字

---

① 原文如此，今通作"斯里蘭卡"。

② *Encyclopaedia of Buddhism*, Fascicule: A-Aca, Colombo: The Government of Ceylon, 1961, pp.116—118.（感謝周運代爲查閱並拍攝中國國家圖書館所藏此書第一分册。）

③ 《現代佛學》（雙月刊）1962年2期（1962年5月），15頁。

④ 中國佛教協會，《中國佛教》（滬版）第三輯，上海：知識出版社，1989，249—252頁。

原文）的"龙"字，顯然是"尤"字之誤。

第3種"談談藏文"（欄外注"中國語文索稿"），指《談談西藏文》一文，首刊於《中國語文》1953年4月號（總第10期）23—27頁。文章署名"農"，應是取自王森的別號"子農"和"雨農"。此文後收入《國內少數民族語言文字的概況》[①]，署名改為王森。表中所填"我國少數民族語文概況"即指《國內少數民族語言文字的概況》一書。

第4種"佛家涅槃論"和第5種"羅睺羅西藏訪經記"是兩組譯文。前者選譯自徹爾巴茨基著 *The Conception of Buddhist Nirvāna*（Leningrad: Publishing Office of the Academy of Sciences of the USSR, 1927）一書的弁言和前兩節，題《佛家涅槃論》分六次刊於《現代佛學》1卷1期（1950年9月）11—12頁，2期（同年10月）13—14頁，3期（同年11月）13—14頁，4期（同年12月）21—22頁，5期（1951年1月）24—25頁（本期譯文後面有編者所加按語"譯者患病，續稿未到"）和6期（1951年2月）25—26頁，署名"子農"。表中所填"連載於《現代佛學》[第]一卷[第]1—[第]4期（未譯完）"，缺後兩期，不準確。譯文前面有王森寫的一篇小引，值得錄出：

> Stcherbatsky博士，曾任蘇聯列寧格勒大學教授，蘇聯科學院院士，受聘為英國皇家亞細亞學會（倫敦）名譽會員，德國格丁恩科學院院士，著有《佛法論》（*The Central Conception of Buddhism* 1923）《佛家涅槃論》（*The Conception of Buddhist Nirvāna* 1927）《佛家邏輯》（*Buddhist Logic* II Vols.1930）等書，譯有梵文英譯法稱《正理滴》及法勝《正理滴注》（1930），梵文英譯《辯中邊論疏》（1938）等書，曾校勘印行法稱《正理滴》及法勝《注》梵文本藏文本，《現觀莊嚴論》梵文本藏文本，稱友《俱舍論疏》梵文本等書，為國際間權威佛教學者。
>
> 頃叔迦師[②]為《現代佛學》索稿，譯者手邊適有《佛家涅槃論》

[①] 《國內少數民族語言文字的概況》，北京：中華書局，1954，46—55頁。
[②] 指周叔迦（1899—1970）。

一書，爰爲移譯，聊以應命。書中所論，譯者雖未必盡皆同意，但Stcherbatsky教授治佛學之態度與方法，素所欽佩，意以爲足資今日國人治佛學者之借鑑也。此譯忙中倉促爲之，字句多未暇斟酌，讀者觀其大意可耳。

關於《佛家涅槃論》剩餘部分的翻譯，《現代佛學》第1卷第7期（1951年3月）"編者的話"裏做過一番解釋：

> 《佛家涅槃論》的譯者子農教授，功課很忙，又時患病，目前不能繼續翻譯，暫停數期，但我們必定催他譯完，全部由本刊發表，並出單行本。此外Stcherbatsky教授的《佛教的中心思想》和《印度邏輯》（按：應爲《佛家邏輯》）兩大名著，我們也想全部翻譯出來。關於譯者及稿費、印刷費等問題，正磋商中。

也有個別佛教徒對《現代佛學》發表這類學術文章不以爲然。比如《現代佛學》第2卷第3期（1951年10月）"讀者意見"一欄就登過這麼一條："長沙戒圓同志之意見，以爲《佛家涅槃論》枯燥，没有味道。"（32頁）

後者譯自印度學者羅睺羅（Rāhula Sāṅkrityāyana, 1893—1963）所撰"Sanskrit Palm-Leaf MSS. in Tibet"①和"Second Search of Sanskrit Palm-leaf MSS. In Tibet"②兩文，題《西藏現存之梵文貝葉經》《再到西藏尋訪梵文貝葉寫經》《再到西藏尋訪梵文貝葉寫經（續）》，刊於《現代佛學》1卷10期（1951年6月）11—20頁③、2卷4期（1951年12月）8—11頁和2卷5期

---

① *The Journal of the Bihar and Orissa Research Society*, Vol. XXI. Pt. I., 1935, pp. 21—43.（感謝周運代爲查閱並拍攝中國國家圖書館藏此雜誌的相關各期。）

② *The Journal of the Bihar and Orissa Research Society*, Vol. XXIII. Pt. I., 1937, pp. 1—57.

③ 《現代佛學》1卷11期（1951年7月）"編者的話"對上期爲何刊出王森譯文有一説明："本刊原來的計劃，是每期都有一個重點。但有時因爲稿件的臨時更動或所約的稿不能如期收到，故又只得改變原來的計劃。如第十期原擬出'佛教通俗文學特輯'，發稿時，正值西藏和平解放，故除孫揩梯（按：應作孫楷第）教授和周紹良先生兩篇之外，就將幾篇通俗文字臨時抽下，改登了子農教授趕譯出來的《西藏現存之梵文貝葉經》一文，使國人知道我國西藏還有這麼多世界稀有的寶典，謹防帝國主義者的强盜們偷竊。"

（1952年1月）12—14頁①，同樣署名"子農"。早在《現代佛學》1卷4期29頁，時任北京大學（客座）教授的印度國際大學教授、梵語學者柏樂天（Prahlad Pradhan，1910—1982）就發表過一篇《一點建議》，其中特別提到葉恭綽（字譽虎，1881—1968）、呂澂（字秋逸）、羅睺羅（羅侯比丘）、吳曉鈴（1914—1995）等人，尤其涉及推薦王森（王君森田）參與研究羅睺羅所攝梵本事，十分重要，茲特摘引如下：

> 余獲讀《現代佛學》創刊號，歡喜讚歎，不能自已，因書數語，以志契緣。方《現代佛學》社肇始籌備，余即聞知，心嚮往之，亟欲觀其成，今者此刊出版，展閱之下，著述則篇篇珠璣，撰者則人人驥驤，妙哉！善哉！罕睹也……葉呂二老大著，可以並讀，誠爲兼美。譽虎居士流通法寶，功德無量，秋逸長老校譯聖傳，福慧雙修，余之艷羨匪一日矣。丁茲盛世，謹祝二老健旺不懈，能將全藏經典一依《藏要》前轍刊布傳世，留千古之不朽，爲後學之指津，豈不善哉！西藏佛刹，近年發現梵本至多，我邦羅侯比丘所得，均藏鮮花宮城，余曾親爲校訂若干種，皆天竺及震旦所久佚者。余更切盼對於西藏蘭若經籍有所保護及搜集，而與學人信士通力合作，當校者校之，當印者印之，此爲余平生之素願也。王君森田，兼通梵藏，妙解論律，吳君曉鈴則精於梵漢之翻譯，著作頗豐，皆余之畏友也，二君皆宜延致，共圖勝業。野人獻芹，余更有具體之建議者二：
>
> 一爲刊布經典宜兼漢藏梵三種文字，
>
> 一爲校訂《干珠》及《丹珠》二藏，
>
> 所以者何？則非片言可解，巨贊大師，暨乎諸大開士，當能莫逆於心！功德圓滿，馨香禱之。

《現代佛學》1956年7月號（1956年7月）3—6頁還刊發了羅睺羅的文

---

① 本期"編者的話"中提到："西藏和平解放已經實現了，在新的民族政策領導之下，交流漢藏文化——尤其多多介紹西藏文化到內地來，是很必要的；本期的《再到西藏尋找梵文貝葉寫經》和《四宗要義講記》，都是有關西藏文化的東西。以後我們還要在這方面加強。"（按：篇題中的"找"應作"訪"。）

章《佛學辯證法》，但未署譯者之名。羅睺羅後來於1958年6月應佛協邀請到中國訪問和講學。《現代佛學》1958年7月號（1958年7月）7頁轉載1958年6月23日《人民日報》的報道說："〔新華社22日訊〕印度佛教學者羅睺羅22日下午乘飛機抵達北京。他是應中國佛教協會邀請，來我國北京、東北和華東地區作短期訪問和講學的。"①羅睺羅來華當年的年底，中華書局出版了他的著作《印度史話》②。原書用印地語寫成出版（1942），英國馬克思主義史學家基爾南（Victor Kiernan, 1913—2009）將其譯爲英語（*From Volga to Ganga*, Bombay: People's Publishing House, Ltd., 1947）③，周進楷再據基爾南的英譯本譯爲漢語。

王森在《評定表》中說："1956年去印度參加印政府舉辦的佛涅槃2500年紀念會，寫過一篇他們限制字數的論文，《論玄奘所傳之因明》（我自己不滿意沒有發表）。自夏至冬約費半年時間。"《調查表》第6種"論玄奘所傳因明之性質"，從題目、完成時間（1956年）和處理情況（"尚須加工未發表"）來看，應該就是《評定表》裏提到的《論玄奘所傳之因明》。《藏傳因明》124—130頁所收《玄奘法師所傳之因明》正是這篇文章，因爲編者在脚注中說："此文係1956年作者應邀參加印度政府舉辦的佛涅槃2500周年紀念會之前，同行的中國學術界的一個代表團要求作者撰寫並限制字數的一篇論文。未曾發表過。"④要求限制字數的，《評定表》說是印方，但《藏傳因明》的編者脚注却說是中方。

"藏文青史第一二章漢譯"指西藏佛教學者管譯師童祥（1392—1481）所造《青史》第一章和第二章的漢譯。《評定表》"研究工作彙報"中提到的"1953—54年翻譯藏文《青史》第一二兩品"，以及同表"主要論

---

① 刊於《人民日報》該日第4版。（感謝友人宋希於代爲查閱。）
② 羅浮洛·桑克利迪耶那著，周進楷譯，《印度史話》，北京：中華書局，1958。
③ 感謝周運代爲查閱並拍攝中國國家圖書館藏此書初版。
④ 王森，《藏傳因明》，124頁，脚注。

著"翻譯類第2種"藏文翻漢"中開列的"青史 第一、二兩品,原稿在藏族史組資料櫃中"①,指的正是同一件工作。喇嘛教問題講稿和藏族中世史講稿,可能跟《評定表》和《登記表》中提過的王森在民院研究部工作期間所開同名課程有關。這些譯稿和講稿可能還保存在民族所,希望有人去做深入的調查。

"Ch.Bell《藏語語法》"指貝爾(Sir Charles Alfred Bell, 1870—1945)撰 *Manual of Colloquial Tibetan*(Calcutta: Baptist Mission Press, 1905),第二版改題 *Grammar of Colloquial Tibetan*(Calcutta: Baptist Mission Press, 1919)。"Hannah藏文文法"指汗納(Herbert Bruce Hannah, 1862—1930)撰 *A Grammar of the Tibetan Language, Literary and Colloquial*(Calcutta: Printed at the Baptist Mission Press, 1912)②。關於翻譯兩書的緣起,王森在《評定表》中説:"1949—1950年,在北大東語系開藏文課,因教課需要,我翻譯了汗納的《藏文文法》和貝爾的《藏語語法》兩書。"《登記表》中的説法更加具體但略有不同:"1951年,東語系兩位學藏文的學生隨軍進藏,我爲他們趕譯了兩部藏文文法,1.Ch.Bell《藏語口語文法》,2.Hannah《藏語藏文文法》。稿子還完整的保存。"

第三表(圖3,表3)從内容看爲解放以前的工作成果,主要是梵藏二語或梵藏漢三語佛教經論的會勘和翻譯,以及印度哲學(勝論、數論)梵語典籍的翻譯和會勘:

---

① 高山杉,《王森的兩篇工作彙報》,圖八,2020年1月4日《澎湃新聞·上海書評》。
② 感謝周運代爲查閱並拍攝中國國家圖書館藏初版的汗納《文法》。

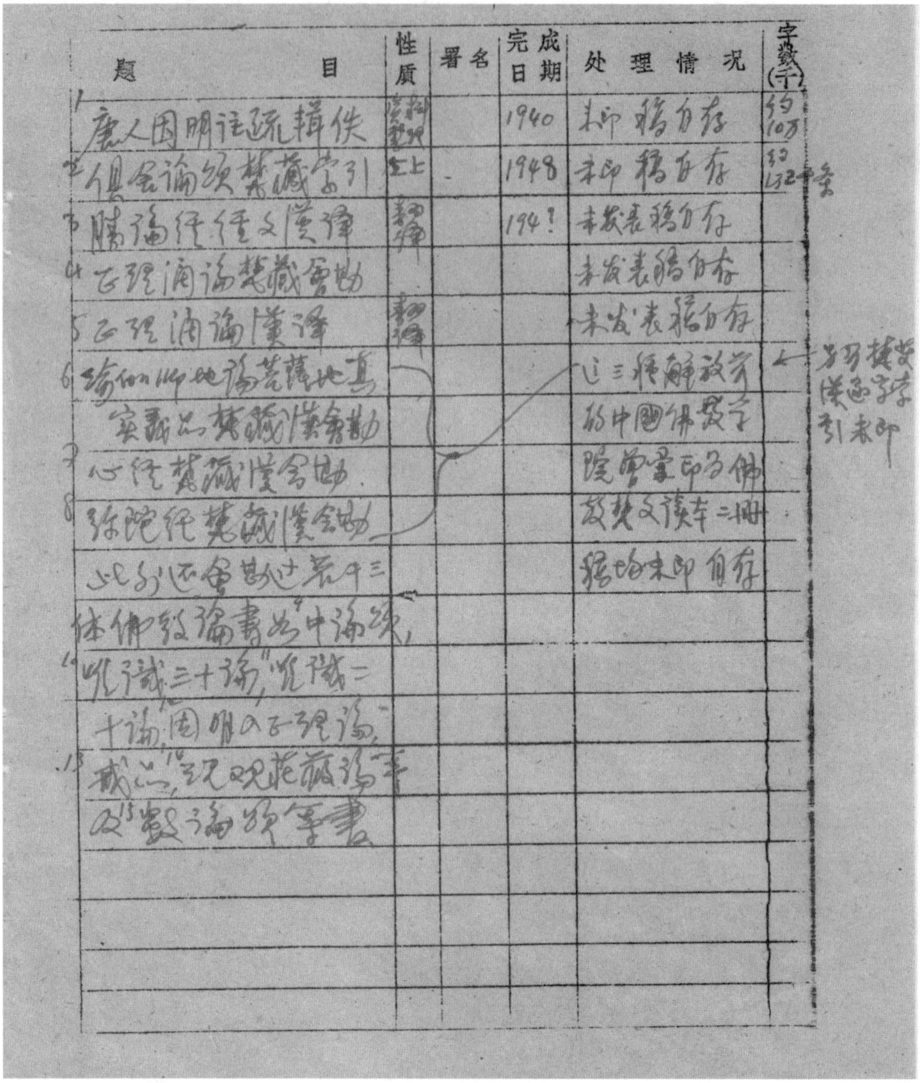

圖 3　第三表

表 3

題目	性質	署名	完成日期	處理情況	字數（千）
1 唐人因明注疏輯佚	資料整理		1940	未印 稿自存	約 10 萬
2 俱舍論頌梵藏索引	同上		1948	未印 稿自存	約 1 萬 2 千條
3 勝論經經文漢譯	翻譯		194？	未發表 稿自存	

（續表）

題目	性質	署名	完成日期	處理情況	字數（千）
4 正理滴論梵藏會勘				未發表 稿自存	
5 正理滴論漢譯	翻譯			未發表 稿自存	
6 瑜伽師地論菩薩地真實義品梵藏漢會勘				這三種解放前的中國佛教學院曾彙印爲佛教梵文讀本二册	
7 心經梵藏漢會勘					
8 彌陀經梵藏漢會勘					
此外還會勘過若干三體佛教論書如 9 中論頌①，10 唯識三十論，11 唯識二十論，12 因明入正理論，13 戒品，14 現觀莊嚴論等及 15 數論頌等書				稿均未印 自存	

　　第1種"唐人因明注疏輯佚"值得特別說一下。據蘇晉仁（1915—2002）《靖居叢録·華北居士林》一文所説，周叔迦曾於1941年集合有志於佛學之同志十餘人，組成佛學研究會，擬定佛教史志六種，各人分擔其事，做最基本的資料搜集工作。其中第五種"曰《佛典輯佚》，由王森、韓鏡清擔任，專輯因明及唯識古代高僧撰述注解之佚文"②。王森的"唐人因明注疏輯佚"可能就是這個工作的延續。此外，據蘇晉仁在《靖居叢録·同願學報》一文中回憶，該刊第一輯中翻譯中田源次郎《關於肇論及其注疏（上）》（原文載於《東方學報》東京第六册）的黄澄就是王森的筆名③。值得注意的是，在王森本人以及他人（蘇晉仁除外）寫的回憶文字中從來没有提過這篇譯文。

---

　　① 班班多傑在《我所走過的路》中回憶説："後來王森先生將其三十年代精心抄録的《中論》梵藏漢對照本無私地借給我看，我得到後如獲至寶，對照着閲讀了二十餘遍。"李金池主編，《治學與成才之道》，北京：民族出版社，1993，233頁。
　　② 蘇晉仁，《靖居叢録·華北居士林》，《法音》1990年1期，22頁；蘇晉仁，《佛教文化與歷史》，北京：中央民族大學出版社，1998，312頁。
　　③ 蘇晉仁，《靖居叢録·同願學報》，《法音》1989年12期，35頁；蘇晉仁，《佛教文化與歷史》，343—344頁。

二、王森舊藏《西藏語讀本》

在日據時期的北平，王森曾執教於中國佛教學院，擔任《中論》《百論》《十二門論》以及梵文等課程。該院是周叔迦於1940年2月在北平創立的私立佛教教育機構，院址設在德勝門內甘水橋胡同瑞應寺，1945年停辦①。學院曾出版一套《中國佛教學院叢書》，內有經論會譯二種，即《〈三法度論〉會譯》和《〈梵網經心地法門品〉會譯》②，以及藏語和梵語讀本二種，即董一是編著的《西藏語讀本》（民國二十九年，1940）和王子農（即王森）編著的《佛教梵文讀本》（民國三十二年，1943）。

《佛教梵文讀本》就是上面《調查表》第三表中提到的第6種到第8種，欄外注"另有梵藏漢逐字索引，未印"。此書分兩冊，第一冊含有四種內容，即梵藏漢三語對照《般若波羅蜜多心經》（1—17頁），《廣本〈般若波羅蜜多心經〉譯音本》（18—19頁），《附錄德人F. Max Müller英譯廣本〈心經〉》（20—22頁），以及梵藏漢三語對照《佛說阿彌陀經》（23—100頁）。第二冊含有梵藏漢三語對照《本地分中菩薩地初持瑜伽處真實義品》（1—174頁，及勘誤表5頁）。因為全書是根據王森手抄的本子石印出版的，所以保存了王森當時的手跡。

《西藏語讀本》內含藏漢雙語對勘的《百法明門論》《大乘五蘊論》《唯識三十頌》和《唯識二十頌》，也是根據抄本石印而成的，抄寫者和對勘者董一是就是佛學家和中醫師董紹明（1916—1996），他先後服務於菩提學會、三時學會和北京溫泉醫院（即北京溫泉結核病醫院，後改名北京胸科醫院，今北京老年醫院）等佛學和醫療機構。《唯識三十頌》的漢譯部分特別注出採用了三種譯文：

黑字⋯唐玄奘譯

紅字⋯呂澂（見《內學》第三輯）

---

① 蘇晉仁，《靖居叢錄‧中國佛教學院》，《法音》1989年10期，23—25頁；蘇晉仁，《佛教文化與歷史》，312—316頁。

② 這兩部書至今未見，編者與出版日期不詳。

藍字…劉定權譯（見《内學》第一輯）

　　所謂"黑字""紅字""藍字"者，指的應該是董一是原抄稿中的墨色，到了石印成書之後就都成了黑色。呂澂譯文指支那内學院《内學》年刊第三輯（民國十五年12月）中呂澂撰《安慧〈三十唯識釋〉略抄》中的《唯識三十頌》譯文，劉定權（字衡如，1900—1987）譯文指《内學》年刊第一輯（民國十三年12月）中劉定權譯《藏文〈三十頌〉》中的譯文。

　　《五蘊論》《三十頌》《二十頌》的卷尾都有題記，依次爲"一是於北平圖書館敬抄"，"古常山董一是於北京旅次抄。戊寅閏七月望日於北平圖書館校訖無訛"，以及"戊寅閏七既望於北京圖書館敬抄"。《二十頌》的卷首還題有"古常山郡董一是敬書"。董紹明是河北正定人，正定在古時屬常山郡，所以董會在姓名前冠以"古常山"或"古常山郡"。董的佛學和中醫最早都是得自正定同鄉前輩魏善忱（亦名魏蟬，號味禪居士，1896—1944）。魏在佛學方面的主要著作《能斷金剛般若波羅蜜多經義纘》（上下二卷，民國三十一年1月）就是由董校對發行的，當時董的所屬單位寫的是北京北海公園正覺殿菩提學會。題記中的"戊寅"指民國二十七年（1938）。

　　2021年4月，我在孔夫子舊書網見到一册《西藏語讀本》，封面題一"森"字（圖4），似爲王森手迹，立刻購之。拿到書後發現其中有很多用鉛筆寫的梵藏漢英四語批注，漢文批注中出現了"阿彌陀經"（《五蘊論》）、"清本"（《二十頌》第9、11頌）、"32.3.1晨以慧清寫本校訖"（《二十頌》末尾）等詞句。取其中的"阿彌陀經""本""寫"

圖4

和"校"等字，與《佛教梵文讀本》中出現的同字對校，可以看出筆迹完全相同，證明該書確爲王森舊藏。"清本"的"清"就是"慧清寫本"的"慧清"的簡稱，"慧清"正是王森在北大哲學系的同學，與他一同擔任佛典輯佚工作的韓鏡清（1912—2003）的居士法名。"32.3.1晨"的"32"，指民國三十二年（1943）。"32.3.1晨以慧清寫本校訖"一句，説的是王森在民國三十二年（1943）3月1日晨拿韓鏡清抄寫的本子校完了《西藏語讀本》中的董紹明抄本。

在董紹明撰《北京三時學會簡介》[①]一文中，保留了兩條王森聽經的記録，值得一提。比如1930年冬韓清净（1884—1949）講《能斷金剛般若波羅蜜多經》時，"北京大學韓鏡清、王森田、劉砥中、金北溟等亦來聽學"。這裏有個時間問題，就是王森和韓鏡清在1930年還没考進北京大學。《簡介》還提到1932年韓清净講《因明入正理論》時，四衆都來聽學，"王森田自後專研因明學有著作"。這似是説王森研究因明曾經直接受到聽韓清净講經的影響。在給韓鏡清由藏譯漢的《辨法法性論》所寫《敘》（1989年12月30日撰於北京温泉醫院）中，董紹明還提到他們三人在1939年夏同學西藏文之事：

> 一九三九年夏，余與王森田、韓鏡清二居士在北京北海菩提學會同學藏文，校勘《瑜伽師地論》，森田又治梵文因明，鏡清從歐韓[②]學主治三性唯識。人世滄桑，彈指已五十春秋，當年師友多凋零，可慨也夫！[③]

三、佛協致民族所革委會書

在爲羅睺羅《西藏現存之梵文貝葉經》寫的譯者前言中，王森特別提到天台山國清寺所藏梵文貝葉經：

---

① 董紹明，《北京三時學會簡介》，《佛教文化》1991年3期，80—83頁。
② 此處的"歐"指歐陽漸（1871—1943），"韓"指韓清净。
③ 韓鏡清，《慈氏學九種譯著》，香港：中國佛教文化出版有限公司，1998，18頁。（感謝剛曉法師代爲查閲此書。）

又晉唐以來，梵筴之陸續流入我國內地者，爲數極多。僅趙宋一代，史傳可考者，尤可千餘筴。晉唐譯經鼎盛之時，當不止十倍於此。迄於今日，除天台國清寺藏有一筴《能顯真實隨修論》（Tattvalokanaseva①），寧波普安寺藏有一筴《喜金剛灌頂行事》（Hevajraseka Prahrakriya②）而外，餘均湮滅無聞。或者古舊寺塔之中，猶有秘藏，亦留心文物者之所宜注意也。

從國清寺藏本題爲《能顯真實隨修論》來看，可知其就是原屬高明寺所有，受到東西方學者重視的"天台梵本"③。在王森寫這篇譯者前言的時代，這筴貝葉梵本已經從高明寺轉移到了國清寺。

2021年10月，我從孔夫子舊書網購得一通中國佛教協會於"文化大革命"末期寫給民族所革命委員會（簡稱革委會）的信（無封；圖5）。內容是委託民族所請王森鑑定一下所附國清寺梵文佛經的照片，告訴他們經書的內容是什麼：

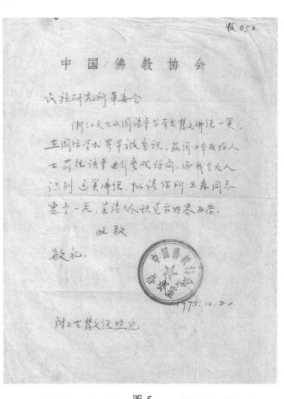

圖5

---

① 《能顯真實隨修論》梵文書名的正確拼法應該是 Tattvāvalokanasevā。
② 《喜金剛灌頂行事》梵文書名的正確拼法應該是 Hevajrasekaprakriyā。
③ 高山杉，《陳寅恪與天台梵本》，2010年9月19日《東方早報·上海書評》108期，後收入高山杉，《佛書料簡》，杭州：浙江大學出版社，2012，97—119頁。文中誤將菲諾（Louis Finot）所刊普安寺梵本當成天台梵本，應予特別更正。

民族研究所革委會：

　　浙江天台山國清寺藏有古梵文佛經一筴，在國際學術界早被重視。茲因日本友好人士前往該寺進行參觀訪問，而我會無人識別這筴佛經，擬請你所王森同志惠予一看，並請儘快見示內容爲荷。

　　此致

敬禮。

佛協（中國佛教協會辦公室章）

1975.10.20

附上古梵文經照片

　　可惜所附照片已經不得而見。從信中用語"在國際學術界早被重視"推測，照片所攝應該就是"天台梵本"。其實佛協的人要是還記得王森在《現代佛學》所寫譯者前言的話，大概就不會多此一舉寫這封信了。

四、研究生論文的學術評語

　　1978年，中國在"文化大革命"結束後首次恢復招考研究生。社科院民族所少數民族歷史專業有多位研究員參與招生，其中與西藏和藏族研究有關的是李有義、柳陞祺和王森三人。格勒（藏族，1950—　）和翟勝德（1944—？）考上了李有義的研究生，專業爲西藏農奴制。祝啓源（1943—1998）則考上了王森的研究生，專業爲藏族史。與三人同屆的還有後來成爲著名作家的張承志（1948—　），他考上了翁獨健（1906—1986）的研究生，專業爲北方民族史及蒙古史。除了指導祝啓源的學業之外，王森同時還擔任格勒和翟勝德的授課老師以及論文評閱人。在《西藏的傳統文化與現代化》①這篇訪談中，格勒對當時的王森做過雖然不夠準確却十分生動的回憶：

---

①　蕭紅燕問，格勒答，《西藏的傳統文化與現代化——人類學學者訪談録之二十》，《廣西民族學院學報（哲學社會科學版）》2003年1期，26—42頁；此文收入格勒，《格勒人類學、藏學論文集》，北京：中國藏學出版社，2006，723—769頁，以及格勒，《藏學、人類學論文集（漢文卷）》下，北京：中國藏學出版社，2008，949—989頁。

還有一位是王森，解放前在北京拜了個喇嘛學藏文。這些導師都是憑自己的興趣，沒哪個去動員他們學。結果這位王先生把厚厚的一本格西曲札辭典①全部背下來了，難怪他患有心臟病。他就是這樣掌握藏文的，後來又學梵文和英文。我考進去的時候，除了北大季羨林先生等以外，他是通曉藏文和梵文的權威之一。

我見到這位王老師後講藏話他聽不懂，我就請他幫我鑑別一下從家鄉帶來的藏文書籍，以便知道那些對自己有用。那時我還沒有接觸過藏文古籍，我看的書都是現代的。結果他替我鑑別那些書時的樣子真好像活佛念經一般，不一會兒功夫就把那些他認爲沒用的經文都挑了出來。王老師英文能閱讀，但口語不行，這一點同我的導師李有義不一樣。②

類似的內容還出現在格勒口述，梁艷整理的《格勒博士藏學人類學研究歷程口述史（上）》中③：

梁：當時您碩士論文答辯的時候答辯委員會的主席是誰？

格：主席應該是我的導師李有義吧？還有中央民族大學的王輔仁教授，但是其他人我想不起來了，有六七個人吧。

梁：王森老師當時在嗎？

格：我們報考碩士研究生時有三個導師，即中國社會科學院民族所的李有義、王森、柳陞祺三個著名學者。我們入學後，根據研究方向，王森成爲祝啓源的導師，李有義成了我和翟勝德同學的導師。但我們上課在一起。王森講藏族宗教課，但他好像沒有參加我的論文答

---

① 格西曲吉札巴著，法尊、張克强等譯，《格西曲札藏文辭典（附漢文注解）》，北京：民族出版社，1957。

② 《廣西民族學院學報（哲學社會科學版）》2003年1期,28頁。這兩段話在收進《格勒人類學、藏學論文集》（727頁）和《藏學、人類學論文集（漢文卷）》下册（952—953頁）時，"沒哪個"和"那些"都被改成"沒人"和"哪些"，在收進《藏學、人類學論文集（漢文卷）》下册時還刪去了"難怪他患有心臟病"一句以及"都挑了出來"中的"都"字。

③ 格勒口述，梁艷整理，《格勒博士藏學人類學研究歷程口述史（上）》，《中國藏學》2016年1期，76—90頁。

辯。另外柳陞祺就没學生了，他也没給我們上過課。王森心臟不好①，所以每次只能講一個小時。他講課也没講稿，全憑記憶，拿個地圖就跟你講②。他藏文和梵文的文字水平很高。我剛入學的時候從家鄉帶了一大包藏文長條書，我要求他鑒定年代，那個時候我也能讀藏文，但古藏文出版的年代和作者的情況等不是很清楚。他把我口袋裏面的書拿出來，他説這個是祈禱經文，"這個没用"，那個是什麽内容，作者是誰，他都娓娓道來，令我很吃驚。他跟季羨林是一樣的，也是梵文最好的專家，藏文也很好，但是他不會説藏語，念的是啞巴藏文。③

2014年9月底，孔夫子舊書網曾上拍格勒、翟勝德和祝啓源三人的中國社會科學院研究生院研究生畢業論文答辯委員會決議書等檔案材料，其中都有王森親筆寫的評語。王森的評語又被行政人員抄進答辯委員會決議書中，然後再由他簽名表示同意。下面就根據孔網上的照片將王森給三人寫的評語刊布出來。

祝啓源的畢業論文題目是《關於唃厮囉政權若干歷史問題的初步探討》，論文答辯時間是1981年8月17日，答辯地點在民族所會議室。答辯委員會主任是鄧鋭齡（副研究員），委員是王森、李有義、柳陞祺（以上三人爲研究員）和王輔仁（副教授）。王森對祝啓源論文所寫評語如下：

> 祝啓源同志《關於唃厮囉政權若干歷史問題的初步探討》，取材廣博，《宋史》、《宋會要》、李氏《長編》而外，查閱了有關宋人詩文集、筆記、碑刻等，對材料的運用，也有一定熟練程度。足見治學比較勤奮認真。文中參稽衆説，考訂史實，訂正了宋史吐蕃傳若干闕誤。綜述唃氏政權一代歷史，也比較詳明，並注意從唃氏社會内部矛盾加以闡述。能著眼於分析其政權結構、社會組織、經濟情況，雖

---

① 王森在《履歷表》"身體健康狀況"一欄中填寫"有冠心病"。
② 格勒在《月亮西沉的地方》一文中提到："記得1978年我考入中國社會科學院研究生院不久，白髮蒼蒼的王森教授拿着一幅西藏地圖給我們上藏族古代史課。當他手上的鉛筆指到阿里時，雙目緊盯着我們説：'這裏有很多歷史的空白。'"《西藏人文地理》2017年3期，24頁。
③ 《格勒博士藏學人類學研究歷程口述史（上）》，《中國藏學》2016年1期，79—80頁。

限於資料，未能周詳，但這是用歷史唯物主義闡述歷史，這樣做是需要的。態度是可取的。通觀全篇文字，可以説有一定表達能力。

這篇文章有的地方仍有邏輯不够嚴密，用字的分量不够切當，雖瑕不掩瑜，但今後仍須隨時注意改正。

王森 1981.8.17[①]

2021年9月，我從孔夫子舊書網購得祝啓源的《中國社會科學院研究生院研究生畢業論文答辯情況及學習成績表》（1981年8月17日填寫），上引王森評語也被全文抄入，最後由他本人簽字（圖6）。同時購得的還有祝啓源的《碩士學位申請表》（1981年6月填寫），在“導師審批意見”一欄有王森親筆寫的“同意參加碩士論文答辯 王森 1981.6.20”。

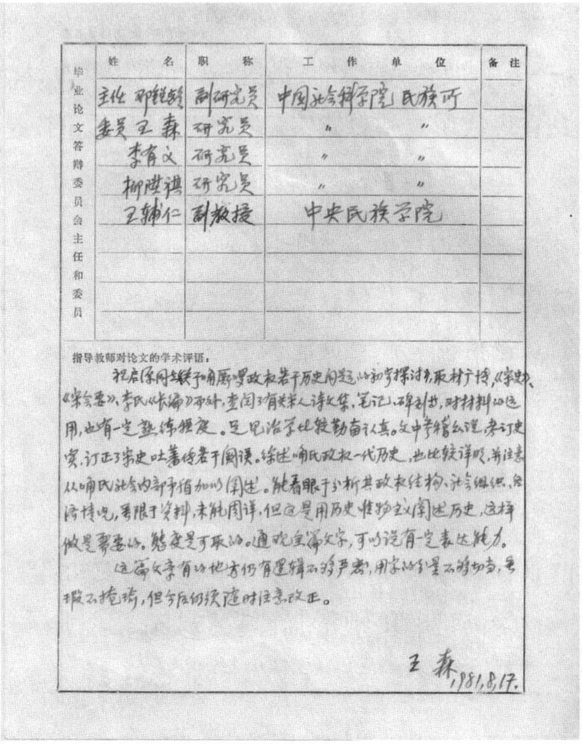

毕业论文答辩委员会主任和委员	姓名	职称	工作单位	备注
	主任 邓锐龄	副研究员	中国社会科学院民族所	
	委员 王森	研究员	〃 〃	
	李有义	研究员	〃 〃	
	柳陞祺	研究员	〃 〃	
	王辅仁	副教授	中央民族学院	

指导教师对论文的学术评语：

祝启源同志关于唃厮啰政权若干历史问题的初步探讨，取材广博，《宋史》、《宋会要》、李氏《长编》而外，查阅了有关宋人诗文集、笔记、碑刻等，对材料的运用，也有一定熟练程度。足见治学比较勤奋认真。文中考稽不谬，考订史实，订正了宋史吐蕃传若干阙误。综述唃氏政权一代历史，也比较详明，并注意从唃氏社会内部矛盾加以阐述。能着眼于分析其政权结构、社会组织、经济情况，虽限于资料，未能周详，但这是用历史唯物主义阐述历史，这样做是需要的。态度是可取的。通观全篇文字，可以说有一定表达能力。

这篇文章有的地方仍有逻辑不够严密，用字的分量不够切当，虽瑕不掩瑜，但今后仍须随时注意改正。

王森 1981.8.17.

圖 6

① 網址：www.kongfz.cn/15824924/。2022 年 2 月 4 日讀取。

格勒的畢業論文題目是《從遊牧部落社會直接向社會主義過渡——對色達草原遊牧社會的民族學研究》，論文答辯時間是1981年8月18日（即祝啓源答辯後的第二天），答辯地點在民族所二樓會議室。答辯委員會主任是王輔仁，委員是李有義、王森、柳陞祺和鄧銳齡①。王森對格勒論文所寫評語如下：

> 格勒同志關於色達草原遊牧社會的文章，對於遊牧生產的各個環節，牧民生活的各個方面，部落組織內部情況，描述得深入細緻，生動周到，是關於牧區的一篇比較成熟的文章。這樣的文章不僅對制訂政策，執行政策，很有參考價值，對研究藏族古代社會，古代史也很有用。
>
> 王森 1981.8.18②

翟勝德的畢業論文題目是《藏族地區邊境城鎮的建設問題——對定日崗嘎興衰的分析》，論文答辯時間是1981年8月19日（即格勒答辯後的第二天），答辯地點在民族所二樓會議室。答辯委員會的主任是鄧銳齡，委員是李有義、王森、王輔仁和柳陞祺。王森對翟勝德論文所寫評語如下：

> 翟勝德同志《對定日崗嘎興衰的分析》，通過對舊定日的實地調查，搞清了歷史上有名的中尼邊民鹽糧交換詳細情況。以此作爲典型，講明了藏尼民間經濟關係的各方面，進而論列繁榮藏地城鎮的若干問題。可以説材料詳實，文筆流暢，有自己的見地。是一篇比較好的論文。
>
> 王森 1981.8.19③

值得注意的是，1978年並不是王森第一次招收研究生。我收藏有中國科學院哲學社會科學部1963年研究生入學考試試題兩種。一種是民族所馮

---

① 上引梁艷整理的格勒口述史所説答辯委員會有七八人，主席（即主任）爲李有義等都是不準確的。
② 網址：www.kongfz.cn/15832821/。2022年2月4日讀取。
③ 網址：www.kongfz.cn/15810484/。2022年2月4日讀取。

家昇（1904—1970）爲招考"回鶻及突厥語言和歷史"專業所出"維吾爾語文"試題，另一種是王森爲招考"西藏佛教史"專業所出"古漢語"試題（圖7）。王森所出試題有兩道。第一題是"標點並用語體文翻譯下列兩段文字"。第一段文字來自《新唐書·吐蕃傳下》中從"悶坦盧川"至"與使者交慶，乃降"，第二段文字來自《元史·釋老傳》中從"元起朔方"至"蓋其重之如此"。第二題是作文，題目爲《試述我從事藏族研究工作的志趣》。不過王森在這一年並未招到學生。

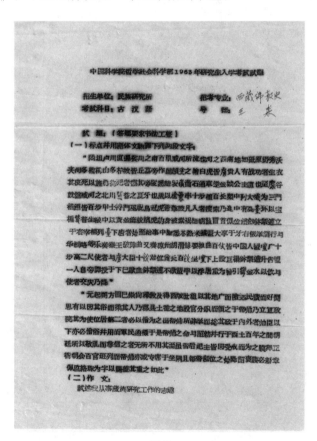

圖7

五、1983年的《研究計劃表》

孔夫子舊書網曾上拍王森於1983年3月23日親筆填寫的《中國社會科學

院民族研究所科研人員研究計劃表》（簡稱《計劃表》）一紙①，內容頗爲重要。現據網上照片將全文刊布於下（表4）：

表 4

姓名	王森	性別	男	族別	漢	年令	71	健康狀況	心臟病、眼病、體弱
職稱	研究員	專業	藏族史		室別	歷史室	組別	藏族組	
研究項目（包括外出調查等）	主要內容		成果形式		約計字數		完成時間	備注	
帶一個研究生	研究因明						85年春	宋立道（宗教所）須要給他講課	
校改《十篇資料》	改正舊稿《十篇資料》錯誤或不妥處付印		書		20萬字		83年5月底	約用兩個月時間不作大修改也不增補什麼東西	
寫兩篇文章 1《三自性論》譯注及序	爲探討陳那認識論來源須廣泛閱讀法相唯識經論順便譯此		文章		約一萬字左右		83年9月底	此書舊無漢譯須查對舊譯中有關文句 約用四個月	
2 十三萬戶考	爲歷史地圖冊我所修改的元圖部分作說明用		文章		約二萬字左右		83年底	約須三個月	
原作 正理滴法上注 梵文校訂及漢譯工作	校訂工作原爲82年計劃工作 漢譯爲新添工作 推遲		書		梵本校注本一冊譯文一冊約共七—九萬字		84年	約須一年	

---

① "南山集藏"於2021年1月27日上拍，最終流拍，網址見：www.kongfz.cn/51819753/，2022年2月4日讀取。同人於2021年1月31日再次上拍，最後依然流拍，網址見：www.kongfz.cn/51878881/，2022年2月4日讀取。同人於2021年2月10日將其與羅賢佑、肖之興、盧勳、汪玉明等四人的同類表格四紙一起上拍，被人以底價拍走，網址見：www.kongfz.cn/52040545/，2022年2月4日讀取。同人於2021年2月18日將其與羅賢佑、肖之興、盧勳、汪玉明等四人的同類表格四紙再次一起上拍（上次的買家可能是托，也可能是最後反悔沒有付款），最終還是流拍，網址見：www.kongfz.cn/52132467/，2022年2月4日讀取。

（續表）

研究項目（包括外出調查等）	主要內容	成果形式	約計字數	完成時間	備注
組長意見	同意 常鳳玄 1983.3.25					
室主任意見	同意 史金波					
所長意見	同意 杜榮坤					

《計劃表》第一項爲幫助社科院世界宗教研究所的任繼愈（1916—2009）帶他的研究生宋立道（1949—　）研究因明，主要任務是講課。《藏傳因明》中所收《〈因明入正理論〉講義》據説是"作者1983年給研究生講解《因明入正理論》的講稿，由聽課者根據録音整理而成"①，此中提到的研究生當然就是宋立道。

第二項"校改十篇資料"，《十篇資料》的情況已見上文講《成果表》部分。根據《計劃表》中所述，王森本來打算花兩個月時間在1983年5月底完成校改的工作。但據《西藏佛教發展史略》的前言所記，直到同年7月12日他才真正完成了這項任務。

第三項是擬寫的兩篇文章，第一篇爲"《三自性論》譯注及序"。《三自性論》即世親（Vasubandhu）造 *Trisvabhāvanirdeśa*，舊無漢譯，存梵文本和兩種藏譯本（一題世親造，一題龍樹造）。漢譯本有金克木（1912—2000）②、劉孝蘭（生卒年不詳）③和韓鏡清④等人翻出的數種。王森的譯注及序言未見刊布，僅於《藏學研究文選——祝賀王森先生從事藏學研究工作五十周年》一書⑤的"編輯本書緣起"（寫於1987年）中提到曾翻譯此書，然誤印書名爲《三自胜論》。王森家屬手中現在還藏有他手抄

---

① 王森，《藏傳因明》，131頁，脚注。
② 金克木譯，《三自性論》，《周叔弢先生六十生日紀念論文集》，1950，415—421頁。金克木，《〈三自性論〉譯述》，《世界宗教研究》2004年1期，13—15頁。
③ 劉孝蘭譯，《三自性論》，《現代佛學》1954年10月號，23—24頁。
④ 韓鏡清譯，《西藏傳本世親顯明三性論》，《燕園論學集：湯用彤先生九十誕辰紀念》，北京：北京大學出版社，1984，470—486頁。
⑤ 《藏學研究文選——祝賀王森先生從事藏學研究工作五十周年》，拉薩：西藏人民出版社，1989。

的山口益（1895—1976）有關《三自性論》校譯研究的論文①。

第二篇文章"十三萬户考"，指王森根據《五世達賴傳》等藏文史料對《元史·百官志》中記載的衛藏地區十一個萬户以及漢文史料没有記載的兩個萬户所做的勘同和研究，内容見於《十篇資料》的第九篇《元朝任命薩思迦領袖管轄衛藏十三萬户》。《計劃表》中的"十三萬户考"，特指王森爲民族所負責修改的《中國歷史地圖集》中元朝圖部分所做的説明文字。這篇文章似乎没有發表。

第四項"《正理滴》法上注梵文校訂及漢譯工作"，"《正理滴》法上注"即法上（Dharmottara，亦譯法勝）所造關於法稱（Dharmakīrti）《正理滴論》（Nyāyabindu）的注疏（Nyāyabinduṭīkā）。此時的王森已經譯布《正理滴論》②，並在"譯者附記"中説"法稱原文，簡奥難讀，譯文拙劣，恐不易解，本應添加譯注，以便閲者，因其他工作，無暇及此，倘病體稍可，擬用一段時間翻譯法上《正理滴論疏》，以彌此憾"。但是，計劃中的法上《正理滴論》注疏的梵文校訂本和漢文譯注本均未見刊布。

在表格下邊簽字的杜榮坤（1935—   ）當時是民族所副所長，所長是照那斯圖（1934—2010）。史金波（1940—   ）和常鳳玄是當時王森所在室組的領導和晚輩，史是民族所歷史研究室（簡稱歷史室）的室主任，常是歷史室藏族史組的組長。

六、借閲《量抉擇釋》梵文寫本

在西藏所存梵文貝葉寫經方面，王森不僅翻譯了羅睺羅的文章，給西藏寄存在民族文化宫圖書館的259部梵文寫經編目③，還直接參與過經論的解讀和研究。從王森在1984年12月19日所填《登記表》中的"主要研究的問題及基本學術觀點"和"今後研究方向及設想"可知，他在晚年曾通讀法稱的《量抉擇論》（Pramāṇaviniścaya；亦譯《定量論》）的藏譯本，

---

① 感謝王森先生次女王澂老師示以此珍貴抄件的照片。
② 法稱著，王森譯，《正理滴論》，《世界宗教研究》1982年1期，1—7頁。
③ 王森，《民族圖書館藏梵文貝葉目録》，1985年4月。

並計劃譯注此書（古無漢譯）。就在填表的這一年，據斯坦因凱勒（Ernst Steinkellner, 1937—　）回憶，《量抉擇論》的梵文寫本已在西藏被羅炤發現，並爲王森所知：

> 印象最深刻的，是與王森教授的唯一一次會面，那是一次非常感人、讓我至今記憶猶新的會面。1984年，我第一次去北京，作爲奧地利科學院代表團成員參加了在中央民族大學舉辦的一次會議，王森教授那時已經得了癌症，身體非常虛弱，他特地從醫院出來參加我們的會議，來到會場，坐到我身旁，在我耳邊輕輕地說："羅炤來信說，發現了《定量論》（《量抉擇論》，*Pramānaviniścaya*）的兩個梵文寫本。"對我來說，這簡直是個不可思議的消息。沒過幾年，王森教授就去世了。直到2004年，我才知道羅炤的發現僅僅就在我們會面前的幾天而已！雖然王森教授的著作大都是用漢文寫的，但我知道他在佛教邏輯學與認識論等研究領域作出的巨大貢獻，他編的《民族文化宫藏梵文貝葉經目錄》也讓我們受益良多。①

在發現《量抉擇論》梵本後的1986年5月，中國藏學研究中心在北京正式成立，翌年（1987）就成立"西藏現存梵文貝葉經的整理與研究"課題，王森也加入此課題組，研究項目就是《量抉擇論》②。不過由於各種複雜的原因，王森似乎一直未能看到《量抉擇論》寫本或其影本。在《藏學研究文選——祝賀王森先生從事藏學研究工作五十周年》的"編輯本書緣起"（寫於1987年）中，記述了自1984年發現《量抉擇論》梵本後，王森計劃研究此書却無法得到文本的無奈：

> 近幾年來，先生雖年事已高，身體欠佳，但仍孜孜不倦地涉獵中外史籍，深入研究法稱《量論》③著作，已翻譯《正理滴》，並已

---

① 何歡歡，《佛學與梵文寫本研究——與恩斯特・斯坦因凱勒教授的對談》，2014年12月7日《東方早報・上海書評》。何歡歡，《不一不異》，北京：生活・讀書・新知三聯書店，2020，122頁。

② 李學竹，《中國梵文貝葉經概況》，《中國藏學》2010年1期增刊，60頁。

③ 此處"量論"二字不應加書名號。

通讀梵文本《量釋論》、藏文本《量抉擇論》及其注疏。擬用拉薩貝葉經中梵文本《量抉擇論》與藏文本互勘，參考藏文譯本注疏和《量釋論》注解，寫出研究成果，奉獻給藏學界同仁。但目前尚未得到拉薩有關貝葉經本。若能如願，先生將視爲幾十年學海生涯中的一大快事。

這段話還被修改後放進各種有關王森的介紹文字，比如祝啓源（"編輯本書緣起"可能就是他寫的）寫的《王森先生傳略》：

近幾年來，王先生雖年事已高，且體弱多病，但仍孜孜不倦地涉獵中外史籍，凡有所思，必窮究竟，而主要精力仍是放在因明研究方面。他深入地研究法稱等人的著作，通讀梵文本《量釋論》和藏文本《量抉擇論》及注疏，擬用拉薩貝葉經梵文本《量抉擇論》與藏文本互勘，譯成漢語，寫出研究成果，奉獻給藏學界同仁。他一直認爲這部書拿出來，可以在國際同行中一比高低。然終因人爲的原因而未能如願而仙逝。①

2021年5月，我從孔夫子舊書網拍得一封中國佛教協會寫給其西藏分會的信稿（圖8），內容正與王森研究拉薩藏《量抉擇論》梵文寫本有關：

中國佛教協會西藏分會：

聞知拉薩布達拉宮藏有《量抉擇譯》②貝葉梵文原本，我會所屬佛教文化研究所特約研究員王森先生係藏學專家，擬專門研究此書，故特請貴會向布達拉宮文管會進行瞭解：是否同意我們派人拍攝此書以供研究，或由他們提供該書影本。請貴會瞭解後函覆我會佛教文化研究所爲感。順頌

法安！

中國佛教協會
二月二十四日

---

① 祝啓源，《王森先生傳略》，《佛學研究》2000年9期，137頁。王湛和王澂（王森的長女和次女）合寫的《王森先生略傳》裏也有類似的説法（《世界宗教文化》2000年1期，24頁）。

② 《量抉擇論》含有"頌"和"釋"兩部分，《量抉擇譯》的"譯"字應是"釋"字之誤。

這張信稿只署"二月二十四日",未寫年代。不過在信稿的右上角,有周紹良(1917—2005)的親筆批示"同意由研究所發 紹良89.2.24"("研究所"指中國佛教協會下面的中國佛教文化研究所,王森是該所的特約研究員),可見應是寫於1989年2月24日,距離王森去世(1991年2月2日)只有兩年的時間。從這封信稿中可以看到王森在他生命的最後時期仍在設法求得《量抉擇論》的梵本。

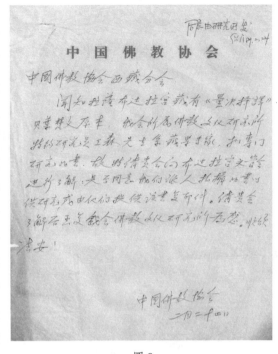

圖 8

附記:除了文中已經感謝的周運、宋希於、舒罕以及剛曉法師外,還要感謝葉少勇和陳志遠提供若干參考資料,同時感謝艾俊川在手迹的識讀上幫我解決了幾個問題。

馬可・波羅研究

馬可·波羅所記中國的摩尼教、佛教和基督教*

奧爾施基（Leonardo Olschki） 撰

芮傳明 譯

在近年又發現的一種馬可·波羅《世界概述》版本中，最爲重要的段落之一是談論福州的一個所謂的基督教社團；福州是中國南部的一個繁華海港，也是福建省的首府①。没有其他證據表明當時在該地存在着龐大的基督教社團②。元代漢文史籍關於當時的宗教團體和宗教事務的信息很少，很間接。然而，我們却不能僅僅因爲漢文文獻或其他西方旅行家並未提及就否認這類宗教團體的存在。天主教會修士，波代諾内的鄂多立克（Odoric of Pordenone）是中國早期方濟各會傳教士中唯一談到福州城的人，他説福州是"一座巨大而美麗的城市，面臨大海"③。給他留下深刻印象的是他在那裏見到的"世界上最大的公雞"，以及"白得像雪一樣的母雞"。然而，他却忽略了馬可·波羅描述的該城龐大的基督教社團。

威尼斯旅行家馬可·波羅並未輕視自己的發現。他對於此事的印象極

譯者單位：上海社會科學院歷史研究所

* *Manichaeism, Buddhism and Christianity in Marco Polo's China*，原載*Asiatische Studien: Zeitschrift der Schweizerischen*, Vol. 5 (1951), No. 1-2。

① 參看 L. Foscolo Benedetto 所編 *Il Milione di Marco Polo*, Firenze, 1928, pp.157 ff；A. C. Moule & P. Pelliot 所撰馬可·波羅的 *Description of the World*, London, 1938, Vol. I, pp. 348 f，以及 Vol. II, pp. LIII 及下頁。

② 參看 A. C. Moule, *Christians in China before 1500*, London, 1930, p. 143。

③ 參看 A. van den Wyngaert ed., *Sinica Franciscana*, Quaracchi (Florence), 1929, Vol. I, p. 461；H. Yule, *Cathay*, London, 1913, Vol. II, 186。

爲深刻，從而對此作了詳細的報道，具體地描述了當時見到的這些人和事。當這段文字最初出現在貝內德托（L.F. Benedetto）的《遊記》的評論性版本中時，讀者獲得的印象也同樣深刻。

慕阿德（Rev. A.C. Moule）乃是著名的中國古代基督教史家，他傾向於將這個社團看成是 7 世紀移居中國的最早的聶斯脫利派基督徒（景教）的殘餘。然而，他也有些懷疑他們可能是"三教"的崇拜者，馬可·波羅則草率地將"三教"誤解成了基督教會①。

幾乎在此同時，伯希和表述了這樣的觀點：馬可與叔父馬費歐（Maffeo）如此引以爲傲和充滿興趣的那些福州的僞基督徒，實際上是摩尼教徒②。由於伯希和提供了摩尼教社團晚至 17 世紀仍然存留在福建的確鑿證據，這一說法更加引人注目了③。十分遺憾的是，這位偉大學者如其經常所做的那樣，只用寥寥數語表述了他的觀點；因此，如今對這個令人着迷的報道進行詳細得多的討論是相當適宜的。馬可·波羅的這個報道，即使歐美的東方學者也知之甚少，它當是有關中世紀中國宗教生活的最生動文獻之一④。

---

① A. C. Moule, *Christian in China*, p. 143.

② 參見對於貝內德托（Benedetto）所編馬可·波羅《遊記》（*Milione*）的書評，載 *Journal des Savants*, January, 1929, p. 42。

③ 參看 "Les traditions manichéennes au Foukien", in *T'oung Pao*, Vol. XXII, 1923, pp. 193ff; A. B. Duvignan, "L'expansion nestoriene en Chine d'apres Marco Polo", in *Le Bulletin Catholique de Pekin*, XXI, 1934, pp. 416ff。他們仍然認爲福州的社團屬於基督教性質，是由波斯系的景教徒組成。當然，J. Witte 並不知道這段文字，見其 *Das Buch des Marco Polo als Quelle für die Religionsgeschichte*, Berlin, 1916。

④ 參看 *Revue d'Histoire Ecclésiastique*, Vol. XLII, 1, 1947, pp. 110 ff 所刊的一篇"揭露"文章。迪歐（L. Dieu）聲稱，新發現的馬可·波羅《遊記》版本（ms. Z）並無價值，對於重構《遊記》的真本或原文沒有意義。然而，並無證據支持這個武斷的結論，他忽視或大大貶低了 Benedetto、Denison Ross、Pelliot、Moule 以及其他學者的研究。迪歐甚至無視了托萊多手卷（*Toledo Manuscript*）的發現和發表，慕阿德（Moule）與伯希和（Pelliot）所撰該重要版本的"導言"詳盡地談述了這份手卷（見 *Description of the World*, London, 1938, Vol. I, pp. 47 ff）。在非常博識和相當認真的學者中存在着一個普遍而且具有充分根據的共識：這件文書儘管有一些缺失和節略，但依然是真實和可靠的。同一抄寫者所作的旁注大多指向文書中談及的宗教事務。所以，這一版本很可能是根據業已逸失的馬可·波羅《遊記》的修改版編纂的；其作者可能是一位基督教修士，他對中世紀亞洲的傳教事務和宗教情況相當感興趣，尤其關注遠東的狀況。

馬可·波羅説道，在所言的福州城中，"有一位聰明的撒拉遜人"使得兩位威尼斯旅行家注意到了一幫人；對於他們，没人懂得其宗教，因爲它既不是佛教，也不拜火；既不崇奉穆罕默德，也不遵循基督教教規。當馬可·波羅與其叔父馬費歐爲了瞭解他們的信仰和生活而前去拜訪時，這個不明社團的成員却擔心這兩個陌生人是忽必烈大汗派去刺探其内情的，從而導致鎮壓其宗教或者懲罰其信徒。不過，兩位威尼斯人通過反復的拜訪和交談，尤其是發現這些人信奉基督教之後，終於獲得了他們的信任，"使之在家裏接待了他們"。至於有關他們信奉基督教的證據，馬可·波羅則談到了他們書籍中的一本《聖詠經》（Psalter）；叔侄倆並"逐字逐句"地將其翻譯出來。此外，馬可還發現這些人的一座神廟中繪有三個神像，"他們是前赴世界各地布教的七十位使徒中的三位使徒"。關於他們的宗教和儀式，該社團的人只稱是從祖先繼承而來，並不知道其主要情況；他們只按照書本所言，崇拜這三位使徒。

"然後，馬費歐和馬可先生説道：'你們是基督教徒，我們也是基督教徒。我們奉勸你們派人去見大汗，向他解釋你們如今的狀況。這樣，他可能會理解你們，你們就可能得以自由地奉行你們的宗教，實施你們的教規了。'由於他們是偶像崇拜者，所以不太敢公開地表達或奉行其信仰。隨後，他們派遣了兩個成員去見大汗。馬費歐和馬可先生指點他們道，他們應該首先去拜謁一個人，即大汗皇廷的基督教徒首領，以便此後在皇上面前清楚地表明他們的身份。兩個使者依言行事了。那麼情況如何呢？那位基督教首領向大汗聲稱，這些人是基督教徒，他們應被確認爲歸他管領的基督教徒。然而，偶像崇拜者的首領得知此事後，却提出了相反的意見。他説道，情況並非如此，因爲所言的這些人曾經是，並始終是偶像崇拜者，所以應被視作偶像崇拜者。於是，他們在君主面前對這個問題進行了一場大爭論。最後，大汗發怒了，把二人都趕了出去；然後命人召來那兩個使者，詢問他們：是希望當基督教徒呢，還是當偶像崇拜者？二人答道：只要該信仰符合陛下心意，只要它不違逆陛下之意，那麼他們就願意像其先祖一樣，成爲基督教信徒。於是，大汗下令賜予他們特權，他們必須被稱爲基督教徒，並可以遵奉基督教的法規。我們發現，整個蠻子地區有七十餘萬户歸屬基督教會管轄。"①

這段文字的每一節，甚至每一句都包含了引人注目的細節和令人費解的難題，值得作更爲深入的思考。我們首先要探討的是馬可·波羅《遊記》中的若干要素，它們似乎一方面像是談論基督教，另一方面又像談論摩尼教。按慕阿德（Moule）之說，《遊記》提到的三位使徒和《聖詠經》似乎"明確地指向聶斯脫利派基督教"②。此外，差不多同時代的漢文史料談到了溫州活躍的基督教社團；而溫州則是浙江省境内的一個重要中心③。這些資料都能有力地支持馬可·波羅關於"基督教徒"的看法，也有助於《遊記》之現代詮釋者的結論。

但是，十分瞭解福州社區情況的一位當地伊斯蘭教徒的説法，却排除了這種信仰爲基督教的可能性，也排除了它屬於當時中國可以公開信奉之其他宗教的可能性。而否定馬可·波羅之推測的最突出的證據則在於這樣一個非凡的秘密：一個重要的宗教社團得以長期生活在不同信仰的人群中而顯然未被元朝當局覺察。正是這樣的保密現象揭示了這些人更可能是摩尼教信徒，而非基督教教徒。

爲了正確地看待這個史實以及更好地理解《遊記》的整段記載，我們可以回顧一下會昌三年（843）唐武宗下令"滅佛"而導致所有夷教都遭受鎮壓的情況；摩尼教在此之後再未得到中國官方的認可而有所復興④。元代，基督教、猶太教和伊斯蘭教在帝國的監管下被許可奉行。然而，在唐武宗下令摧毀摩尼教的寺廟、經書和神像，將其修士和信徒還俗、處死或流放後，並無證據表明摩尼教在中國得到公開的復興。

顯然，有些群體得以秘密地重建，以僞裝的面目在遥遠的省區生存下來，

---

① 見 Moule-Pelliot, *Description of the World*, pp. 349 f。

② 見 A. C. Moule, *Christians in China*, p. 143。

③ A. C. Moule, *Christians in China*, pp. 222 ff。

④ 參看 E. Chavannes & P. Pelliot, "Un traité Manicheén retrouvé en Chine", Extrait du *Journal Asiatique*, Paris, 1912, pp. 246 ff; T.A. Bisson, "Some Chinese Records of Manichaeism in China", in *The Chinese Recorder*, Vol. LX, 1929, pp. 413 ff; F. S. Drake, "Foreign Religions of the Tang Dynasty", in *The Chinese Recorder*, Vol. LXXI, 1940, pp. 675-688。

諸如多山和保守的福建①。同樣的事情也發生在基督教的西方：皇帝的聖諭、教皇的禁令，以及大規模滅絕的措施都鎮壓不了那些教派，無法消除它們在宗教和精神生活的許多領域的巧妙而持久的影響②。幸存者的整編和地下社團的重組在各地以幾乎完全相同的方式進行着，教派信徒們都假稱自己屬於某個主流宗教或者官方允准的宗教信仰。在基督教西方，他們假稱是基督教徒；在中國，他們則假裝是某個佛教支派。這即是唐玄宗在 732 年詔令中指責的摩尼教的"僞稱佛教"；但出於某些政治原因，他容許給予他們一定的庇護，以對付民衆的抗議和佛教徒的指控③。

各地的摩尼教徒始終都組織得仿佛秘密會社一般。羅馬、拜占庭、伊朗、伊斯蘭中東和中國對他們進行的千百年的迫害，改善了他們表面上信奉任何宗教的能力。他們告訴"基督教徒道，他們只是基督教徒。他們使瑣羅亞斯德教的信衆相信，他們乃是真正的瑣羅亞斯德教徒。他們説服佛教徒，使之相信他們也是佛教徒。而在此同時，他們則試圖削弱所有這些信仰的影響力"④。反之，他們却從周圍環境中汲取有利於改善其教義和習俗的成分。

摩尼教徒在其生存和發展鬥争中採取的這種模棱兩可的態度，在下列現象上反映出來：一方面，耶穌在其教義和禮儀中佔據着主宰地位⑤；另一方面，摩尼本人也可能從佛陀的教法中獲得了不少靈感⑥。亞洲的摩尼教教

---

① 除了上文所提到的文章外，還可參看王國維《觀堂外集》"後編"，6—14 頁，在此談到了唐宋時期揚州、洪州、廣州及華中、華南其他城市的摩尼教寺廟。加利福尼亞大學 Edward H. Schafer 教授將要發表的關於《明史》(*History of the Empire of Min*) 的一篇文章提供了福建存在摩尼教社團的證據（刊於 *Harvard Journal of Asiatic Studies*）。

② 見 Steven Runciman, *The Medieval Manichee*, Cambridge, 1947。

③ 參見 Chavannes-Pelliot, "Un traité Manicheén retrouvé en Chine", *Journal Asiatique*, pp. 178 f。

④ 參看 Francis Legge, "Western Manichaeism and Turfan Discoveries", in *Journal of the Royal Asiatic Society*, 1913, p. 87。

⑤ 參看 E. Waldschmidt & W. Lenz, "Die Stellung Jesu im Manichaeismus", in *Abhandlungen der Preussischen Akademie der Wissenschaften,* 1926, No. 4。

⑥ 這種影響曾在 F. Chr. Baur 的 *Das Manichaeische Religionssystem*（Tübingen, 1831）一書中得到竭力的強調，如今則是有所争論的（參看 H. J. Polotsky 的條目，載 Pauly-Wissowa 的 *Real-Enzyklopädie der klassischen Altertumswissenschaft*, Suppl. VI, 1935, col. 240 ff），儘管摩尼無疑是在北印度建立其第一個宗教社團的，並承認佛陀是他的前輩之一（參看 A. V. Williams Jackson, *Researches in Manichaeism*, New York, 1932, p.7; Polotsky，同前引文，col. 268）。

團及其多語種的文獻同樣地把佛陀視作摩尼的精神先輩,並稱摩尼即是佛陀的化身①。摩尼教二元論的許多版本向世界各地傳播,這導致西部教派接受了佛教的影響②,而東部分支則融合了若干基督教要素③。

於是,福州的那個宗教社團便這樣愚弄了兩位威尼斯旅行家以及元王朝的禮部,即如馬可·波羅的故事所作的戲劇性描述那樣。當皇帝詢問這兩位使者(可能即是摩尼教的"選民"),要他們自己決定宗教歸屬時,他們並未透露自己真正的宗教歸屬,而是採取了"兩害相權取其輕"的原則,接受了基督教。

這是兩位使者極有見識和能力的一個舉動。蓋因馬可·波羅在華南逗留的期間,忽必烈汗對於中國的佛教教會顯得越來越冷淡,而對喇嘛教的教義則很欣賞,頗受他所庇護的著名藏僧八思巴的影響。喇嘛教的這位高僧被正式宣布爲全國的精神領袖。因此,元帝便削弱了中國佛教組織的地位;並且,還剝奪了儒家學者的實權,乃至下令銷毀除了《道德經》之外的所有道家書籍④。

然而,他從未撤銷對聶斯脫利派基督教徒的庇護以及給予的特權;這些教徒爲數很多,居住在中國各地,他們公開的宗教活動從未被打擾過⑤。它的信衆幾乎全是來自西北邊境地區的移民,忠於作爲景教公主之子的皇上;後者始終被認爲是蒙古民族宗教,並對在主要的突厥、蒙古部落貴族中擁有巨大影響的教義充滿感情。基督教徒利用了這種形勢,以至溫州路

---

① 見 Chavannes-Pelliot, "Un traité Manicheén retrouvé en Chine", *Journal Asiatique*。它列舉了東方摩尼教在這方面的許多例子。

② 見 Runciman, *The Medieval Manichee*, pp. 149, 172, 186 f;亦見 Polotsky 前引條目。

③ 見 Chavannes-Pelliot, "Un traité Manicheén retrouvé en Chine", p. 160;G. Messina, *Cristianesimo, Buddhismo, Manicheismo nell Asia Antica*, Roma, 1947, p. 235。

④ 元朝的宗教和文化史上的這些事件和發展在多桑(C. d'Ohsson)的 *Histoire des Mongols* 中得到了特別仔細的探討(1835, Livre III, ch. 2);還有最近 O. Franke 的 *Geschichte des Chinesischen Reiches*, Vol. IV, Berlin, 1948, pp. 480 ff。亦可參看 E. Haenisch, "Die Kulturpolitik des Mongolischen Weltreiches", in *Preussischen Akademie der Wissenschaften,* No. 17, Berlin, 1943;R. Grousset, *L'Empire des Steppes*, Paris, 1948, pp. 365 ff。

⑤ 參看 A. C. Moule, *Christians in China*。

的佛、道教會一度向禮部呈狀，抗議這些外國人篡奪了他們的管領權①。

福州的這個宗教社團肯定也遭到能幹的競爭對手的嚴重壓制，因此最終受到皇帝惱怒的追問時，兩位代表站在了基督教一邊，以擺脫否則就可能產生的窘境；於是，他們使自己像基督教徒的同信仰者一樣，得到了帝君的庇護。

在這件事上，忽必烈的態度與成吉思汗王朝諸帝在同樣情況下的做法是一致的。這使人想起蒙哥汗對於1253年天主教與佛教在哈拉和林進行的一場公開辯論的反應②。它也與馬可·波羅的下列印象吻合："這些韃靼人並不在乎其國內崇奉何種神靈，只要他們全都忠於大汗，絕對臣服，交納規定的稅賦，嚴格遵守法紀，你就能幹你喜歡幹的事了。"③

福州的這個宗教社團將自己僞裝成合法宗教團體的成員，從而擺脱了政府的控制。這些宗教團體孤立於外界的秘密存在狀態，解釋了爲什麼兩位使者及其信衆不敢將其真正的信仰透露給外人的原因。這種恐懼是完全有道理的，因爲晚至1166年，宋朝文明輝煌時期的最傑出學者之一，來自浙江的文學家陸游，曾聲稱華南地區的摩尼教應該對當時的社會動亂負責，並請求皇帝孝宗採取斷然的措施對付這個教派④。

嗣後的元朝政府並未公開宣布禁止摩尼教，而只是在其史籍和文件中從未談及這個信仰。然而，摩尼教未向禮部登記注册，却是對政府之政治、財務和宗教管轄權的冒犯。此外，摩尼教徒與國內的基督教徒、伊斯蘭教徒和猶太教徒不同，他們不是外國人，而是普通的當地人，是早期摩尼教的中國信徒的後裔。其信徒中甚至擁有高官、學者、富人、貴婦等，他們都積極參與宗教活動，秘密傳布"明教"⑤。

這種情況使得該群體的命運更爲惡化，因爲蒙古當局對於當地漢人在

---

① A. C. Moule, *Christians in China*, pp. 222 ff.

② 參看 *Sinica Franciscana*, I, pp. 297 ff; W. W. Rockhill, *The Journey of William of Rubruck*, London, 1900, pp. 235ff。

③ 這段文字只見於Z版本中（見Moule-Pelliot, I, p. 96），與馬可·波羅的風格和態度十分相像。

④ 見 Chavannes-Pelliot, "Un traité Manicheén retrouvé en Chine", *Journal Asiatique*, pp. 301 ff。關於陸游，可參看 H. Giles, *Chinese Biographical Dictionary*, "陸游" 條，552頁。

⑤ 見 Chavannes-Pelliot, "Un traité Manicheén retrouvé en Chine", *Journal Asiatique*, pp. 304。

精神和智力方面的潛在影響是相當猜疑的。福州的宗教社團被併入了基督教聯合會中，這一方面使其成員避免了危險和迫害，另一方面也自動地置於了皇帝創設的專門機構"崇福司"的管理下，而崇福司則是負責監管全國基督教事務的①。這可能即是元廷的官方文書中為何從未出現摩尼教徒的原因。

馬可·波羅的《遊記》記載了禮部處理這類爭議案例之程式的唯一例子。儘管他的記載帶有情感性的誇張，並且無視了事實背後的真相，但仍是值得信任的，證實了該書新發現版本中的這段文字的可靠性。官方並未強迫福州宗教社團的使者宣稱自己的信仰，因為這是佛教教會首領和基督教教會首領的職責，他們將根據教義和教會證據來決定這個社團真正歸屬於哪個宗教。"偶像崇拜者的首領"（這是馬可·波羅使用的措辭，意指佛教教會首領）辯解道："所說的這些人……始終被視作是偶像崇拜者"，亦即是說，他們是佛教的信徒。實際上，摩尼教教徒一直受到中國官方的懷疑，只是出於寬容或政治原因才未遭到嚴格追究；他們用佛教的儀式和術語作為掩護，這已成為其教義和儀式的基本外表。

基督教徒在遠東存在的不同時期，也在一定程度上採用了同樣的方式，只是通過對環境的自然調整而進行，如公元 8 世紀西安的景教會眾②；或者如 16 世紀末的利瑪竇（Matteo Ricci）神父那樣，故意穿著中國佛僧的法服達六年之久，然後再開始其南京和北京的傳教活動③。然而，在中國的摩尼教文獻中，佛教的精神和措辭遠比基督教的更明顯和更具影響力，以至該教派的教義經常顯得像是佛經的釋義④。釋迦牟尼像耶穌和瑣羅亞斯德一般，也是摩尼試圖拯救天下之前的"明使"之一。在中亞和中國的信眾中，摩尼及其追隨者們根據二元論信仰而發展起來的神學往往用佛教和道教的

---

① 有關該機構的組織情況，參看 A. C. Moule, *Christians in China*, pp. 225 ff。
② 參看 P. Y. Saeki, *The Nestorian Documents and Relics in China*, Tokyo, 1937。
③ 參看 L. J. Gallagher, *The China That Was*, Milwaukee, 1942, p. XII。
④ 參看 Chavannes-Pelliot 同前引書所收集的資料，以及上引 Legge 和 Bisson 的文章。

神話、象徵符號和教義來解釋①。

既然中國的本地民眾會把當地的摩尼教社團看成是佛教的一個宗派，那麼中國的基督教徒及其蒙古政府中的首領也很容易像馬可·波羅那樣，堅稱福州的這個宗教群體是與他們一樣的基督教徒。摩尼教體系中的耶穌崇拜以及耶穌在摩尼教基本教義中的重要性證明了這種態度的合理性②。撰於10世紀的摩尼教漢文文書（今藏中國國家圖書館）以"夷數"之名談到了耶穌③。在"明教"的許多經籍中，"夷數"之名和這一角色無處不在（誠然，其職能不太規範）。在摩尼教的著述和傳說中，摩尼似乎是耶穌的使徒。

正是由於這個原因，北京的基督教教會當局無法達成一致意見。而福建的一位伊斯蘭教世俗信徒却注意到，這個宗教群體既非佛教徒，也非基督教徒。馬可·波羅叔侄在與其信息提供者進行的頻繁交談中，並未意識到他們的教義與同時代的意大利異端十分相像。這個失誤有些奇怪，蓋因馬可·波羅曾用其同時代鄉親指稱卡特里派（Cathars/Patarins）和其他異端社團的名號來稱呼佛教和印度教的異端④。法國南部的許多巴塔林派信徒（Patarins）已經在短暫而血腥的阿爾比十字軍（Albigensian Crusade）期間被消滅；而在馬可·波羅的年輕時代，意大利的北部則還秘密地存在着一些狂熱的小社團，恰似福建的摩尼教徒一樣，僞裝成基督教⑤。在馬可·波羅發現福州的那個宗教社團之前數年，加爾達湖（Lake Garda）畔的西爾米奧（Sirmio）海角發現了約六十名"巴塔林派信徒"，結果在維羅納（Verona）城的一處公共

---

① 這三個宗教之間的關係十分密切，以至道教徒和佛教徒把摩尼教視作它們的一個異端，而非一個獨立的教派。

② 見 Waldschmidt-Lenz, "Die Stellung Jesu im Manichaeismus" 中錄引的許多漢文資料。《摩尼教布道書》（*Manichaean Homilies*, H. J. Polotsky, Stuttgart, 1934）和《摩尼教讚美詩》（*Manichaean Psalmbook*, C.R.C. Allberry, Stuttgart, 1938）都頻繁地談到了至高無上的——而不是釘在十字架上的——基督。

③ 見 Chavannes-Pelliot, "Un traité Manicheén retrouvé en Chine", p. 70。

④ 馬可·波羅載云（見 Yule, *Travels*, I, p. 303），東亞的佛教鄙視道教，視之爲異端，稱它爲"我們所謂的巴塔林派 Patarins"。印度被稱爲 Govis 或 Paryah 的主要的異端信徒也是如此，"他們在別人的眼裏很像我們看待巴塔林派"（Yule, *Travels*, II, p. 342）。

⑤ 參看 Felice Tocco, *L'eresia nel Medio Evo*, Firenze, 1884; S. Runciman, *The Medieval Manichee*, pp. 116 ff, 特別是第 128 及以下諸頁。

場所被活活燒死；該城與馬可·波羅的威尼斯老家僅僅相距七十餘英里①。

馬可的叔父馬費歐在前赴遠東之前曾在東歐旅行過多年，但是即使是他也未發覺福州的假基督教徒與巴爾干半島的博戈米爾派（Bogumils）、朗格多克（Languedoc）的卡特里派（Cathars）以及意大利的巴塔林派（Patarins）一樣，也持二元論教義；並且，它們全都奉持具有摩尼教、瑣羅亞斯德教或諾斯替教派特色的彌賽亞信仰。正是在整個舊世界的各個教派中發展出來的這個二元論決定了摩尼教在中世紀中國的廣泛流行。在所有的宗教社團中，耶穌作爲一位神靈，像摩尼一樣受到同等的崇拜，並是救贖的途徑。作爲宇宙力量和道德力量的形而上學的神、魔共存觀念導致了這些教派與基督教正統學說的不可調和的對立，以至這些異端變成了新的和獨立的教會組織的起點。

關於福州教會之宗教背景和組織的情況，馬可·波羅似乎與禮部官員一樣，所知者寥寥。叔侄倆既然曾到一些社團成員的家中拜訪，那就肯定與"選民"（摩尼教的專職修士）有過交流；後者可能仍然按照傳統法規，經歷過不同階段的繁瑣入會儀式。他們聲稱，這些戒律和習俗已經保留了七百年，從其祖先那裏通過經書流傳下來②。這是東方景教、瑣羅亞斯德教、猶太教和伊斯蘭教具有呆板的世襲傳統主義特徵的又一例子，其中還包括脫離其發源地，在大批不同信仰的中國人中進行宗教近親繁殖的每一個教派。摩尼教在 7 世紀末由伊朗人傳入中國，因此馬可·波羅的信息提供者所說的該宗教社團存在的時間並無多大的誇張：以同樣的方式在同一地點逗留了五百年③。

事實上，有一些摩尼教社團逃過了 843 年的宗教迫害運動。福州的那

---

① 這一事件記載在曼圖亞（Mantuan）城 1276 年的編年史中。參看 Yule, *Travels*, I, p. 321。

② 參看 Moule-Pelliot, *Description of the World*, I, p. 349。

③ 從摩尼教於 694 年傳入中國到馬可·波羅於 1289 年自印度途經福州，其間相隔了五百九十餘年。據 O. Franke, *Geschichte des Chinesischen Reiches* (IV, pp. 477 f)，正是在這同一年內，元廷設立了"崇福司"，以監管基督教事務，因此，福州的這件基督教案可能是該機構處理的第一批案子之一。不管怎樣，自忽必烈於 1259 年登基之後，禮部就存在了。在皇帝任命一位高官出任禮部尚書後不久，汪古部就高度讚揚了他的能力和對王朝的貢獻。參看 Saeki, *The Nestorian Documents and Relics in China*, pp. 489 ff。

個社團便可能是在華南秘密重建的摩尼教社團之一，因宋元時期比較溫和的宗教政策而得以保存下來。既然他們能夠避過元政府的注意，那麼其成員必定較少。故馬可·波羅聲稱達到 70 萬户，當是過於誇張了；實際上，這個數字很可能是指整個中國的基督教徒，包括了生活在其他省區的大量小型景教群體，以及近年從亞美尼亞、阿蘭尼亞（Alania）和受蒙古支配的其他西亞國家遷移來的社群①。

兩位威尼斯人認定福州的這個宗教社團是基督教教會，他們所使用的"證據"是錯誤的和具有誤導性的。蓋因波羅叔侄在社團所擁有的書籍中只辨認出了一本祈禱用的《聖詠經》，聲稱閱讀和"逐字逐句"地翻譯了它。這個説法是令人驚異的，並存在許多疑問。中國的每個摩尼教社團都有寺廟圖書館，漢文文獻中好幾次提到這一點②。陸游聲稱，有大量的摩尼教書籍在中國流通，它們用木版印刷，以便於傳布③。這些書籍中的大部分都用佛教的術語和措辭掩飾摩尼教教義；有一些則歸在道教經典類内④。然而，在中世紀亞洲的摩尼教文獻中，却未見與基督教相關的書籍。

十分明顯，在 13 世紀的中國，定居在許多重要中心的基督教徒和猶太人肯定是很熟悉《聖詠經》的。魯不魯乞（William of Rubruck）記載道，蒙古的聶斯脱利派教徒在製作符咒時，"往往念誦我不懂其内容的，據稱是《讚美詩》的經文"⑤。在講述成吉思汗對付長老約翰（Prester John，即克烈部的王汗）的戰爭時，馬可·波羅説道，皇太子的基督教占星家在施行巫術時，"念誦着出自《聖詠經》的一首讚美詩"⑥。其文書可能如大多數的景教《祈禱書》一樣，是用敘利亞文撰寫的，但是中國當地的教士則

---

① A. C. Moule, *Christians in China* (p. 143) 推測道，若按《元史》"（崇福司）省並天下也里可温掌教司七十二所，悉以其事歸之"一語，或許可認爲馬可·波羅在此談到了崇福司制度。

② 見 Chavannes-Pelliot, "Un traité Manicheén retrouvé en Chine", pp. 302, 310。

③ 見同上引書，313 頁。陸游曾在 1166 年上書孝宗，建議燒毁這些書籍和印版。

④ 見 L. Wieger, *Taoisme*, 1911。它並未列出 Chavannes-Pelliot 同上引書 289 頁談到的兩篇文章，它們旋即遭到正統道教的禁止。

⑤ 見 Rockhill, *The Journey of William of Rubruck*, p. 195; *Sinica Franciscana*, I, p. 268。

⑥ 見 Yule, *Travels*, I, p. 274。

可能不再懂了①。

雖然摩尼教不接受《舊約》聖經，把它視作是暗魔創作的書，但是《聖詠經》（*Psalter*）肯定是個例外，它顯然是受古伊朗和中亞摩尼教社團所唱讚美詩的啓發而撰成②。《聖詠經》的有些段落被一字不改地轉成了摩尼教的《祈禱書》，是爲見於摩尼教書文獻中唯一抄錄《舊約》的地方③。波羅叔侄在福州的寺廟圖書館中只發現了《聖詠經》屬於基督教文獻，這個事實支持了如下的觀點：該宗教社團更可能屬於摩尼教而非基督教④。甚至有可能，他們一直把摩尼教讚美詩集當成《聖詠經》；縱然這讚美詩集並未根據聖經傳統撰寫，但它仍舊帶有一絲宗教熱情，激勵信徒奉獻，產生富於詩意的狂喜，從而相似于大衛王的詩歌。這些聖歌、讚美詩和布道書以科普特語、伊朗語、突厥語和漢語的版本流傳下來，對於它們，尚未進行批評性和系統性的文學鑑賞⑤。

有可能的是，在馬可·波羅之前約五百年，於 781 年撰寫西安景教碑的那位作者也把《大衛王紀》譯成了中文⑥。這位活躍的景教傳教士似乎還翻譯了一些佛教和摩尼教文獻。他肯定是這項工作的專業學者和作者，精通敘利亞語、波斯語和當時的中文書面語言。這位名叫景淨的"大德僧"得到了德宗皇帝的贊助；後者對宗教事務的巨大興趣使得所有的外國宗教

---

① 見 Rockhill, *The Journey of William of Rubruck*, p. 158；*Sinica Franciscana*, I, p. 238。

② 有關摩尼教的《祈禱書》，可參看上文所引 Waldschmidt-Lenz、Polotsky 和 Allberry 等人的作品。

③ 這些段落列於 Allberry 的 *Manichaean Psalmbook* 中。

④ 亞洲的基督教社團擁有敘利亞文版本的《舊約》和《新約》聖經，以及同樣語言的祈禱書。關於這一專題，可參看 G. P. Badger, *The Nestorians and Their Rituals*, London, 1852；以及 E. Tisserant 的文字，載 Vacant-Mangenot 的 *Dictionnaire de Théologie Catholique*, Vol. XI, col. 158 ff (1931)。

⑤ 近年來，有人試圖對其中的一些作品進行這樣的鑑賞，如 Torgny Säve-Söderbergh, *Studies in the Coptic Manichaean*, Uppsala, 1949, 以及 F. Altheim 對瑣羅亞斯德教之頌歌（Gāthās 伽薩）的研究，見其 *Literatur und Gesellschaft im ausgehenden Altertum*, Halle a. d. Saale, 1950, Vol. II, pp. 143-158。

⑥ 見 Chavannes-Pelliot, "Un traité Manicheén retrouvé en Chine", p. 160；Saeki, *The Nestorian Documents and Relics in China*, pp. 80 ff, 250 ff。

信仰都獲益匪淺，其中包括瑣羅亞斯德教和摩尼教①。

當時流行於中國的摩尼教社團很可能採用了中文的《聖詠經》，並作爲"明教的聖書"之一而代代相傳。但是，在此情況下，馬可·波羅叔侄真能"逐字逐句"地閱讀它，並正確理解其内容地翻譯它嗎？馬可在《遊記》的序言中聲稱，他懂得好幾種亞洲的語言，"以及四種書寫文字"②。他肯定能讀波斯文，並且能操所謂的"混合語"（lingua franca），是爲生活在中國和旅行于亞洲的外國人通常所操的語言③。馬可作爲蒙古政權中一位公職人員，必定十分通曉回紇－蒙古文字，因爲元朝皇帝的詔書和伊利汗國君主的信件通常都用這種文字書寫。他還可能熟悉西藏第一代教主八思巴奉旨創製的官方文字④。由於皇帝的推動，1269 年以後，這種文字取代了政府文書和喇嘛教聖書之蒙文譯本中的回紇字母和漢字。顯然，這些文獻並不包括《聖詠經》或摩尼教聖歌。

然而，並無證據表明馬可·波羅在遠東逗留的十七年間曾經學習過中文⑤。作爲元政府和忽必烈朝廷的一個成員，馬可·波羅在這些年間雖然一直生活在中國，却並未掌握當地人的語言。他只是作爲皇帝的使者和政府的職員遊歷于整個遠東地區，想必他帶着精通漢語口語和書面文字的翻譯和信息提供者⑥。很可能正是使得這位威尼斯旅行家或多或少理解杭州之詩意

---

① 參看 Saeki, *The Nestorian Documents and Relics in China*, pp. 463 ff；有關德宗皇帝，則可參看 O. Franke, *Geschichte des Chinesischen Reiches*, Vol. II (1936), pp. 474 ff。

② 見 Yule, *Travels*, I, p. 27 and Note 1。

③ 見 Yule, *Travels*, II, p. 5 n。

④ 關於這種文字，可參看 H. H. Howorth, *History of the Mongols*, Part IV, London, 1927, pp. 129 f；Franke 同前引書，IV, pp. 7, 276, 352。忽必烈關於改革官方文字的聖旨似乎頒於 1269 年，從而創製了"常用漢字和回紇字母"的取代品。見《元史》卷六和卷二〇二所言。

⑤ 見 Yule, *Travels* 的《導言》，110 頁，以及卷二，183 頁，注 4。

⑥ 馬可·波羅長時期待在蒙古人新征服的南方諸省時，必然是這種情況；蓋因當時那裏的外國人很少，並且蒙古當局用自己的官話取代宋朝之精緻漢語的過程相當緩慢。所以，若無高水準的翻譯充當中介，馬可·波羅是不可能作爲政府官員在揚州（中國最古老和最著名的大城市之一）逗留三年的。參看 Yule, *Travels*, II, p. 154。

描繪的那些人，也幫助他解讀了福州的《聖詠經》，並作了逐字的翻譯①。

所有這一切都是推測的，但是就《聖詠經》問題而言，則無法再行推測了。幸運的是，其寺廟壁上的三人畫像可以作爲較爲堅實的依據。慕阿德認爲，這三者分別代表了阿達歐斯（Addaeus）、馬雷斯（Mares）和阿加歐斯（Aghaeus），或者聶斯脱利派（景教）在其古老記載中談及的其他使徒②。但是，仍然没有證據表明聶斯脱利教派曾用這類壁畫裝飾他們的教堂。中亞和遠東稀少的聶斯脱利教畫像遺物顯示，它只限於基督誕生和洗禮的場景③。作爲該教派特徵的基督兼爲神、人的二元觀，阻礙了將救世主的肖像神聖化的做法④。有關中國景教寺院中壁畫的最初記載談到了崇拜東方三博士的一幅畫，這是1245年亞美尼亞親王森帕德（Sempad the Constable）在西夏（即馬可·波羅所言的唐古特 Tangut）的西部邊境地區見到的⑤。半個世紀後，若望·孟高維諾（John of Montecorvino）修士用 "教導無知者的演示《舊約》和《新約》的六幅圖" 裝飾北京的第一座天主教教堂，並提供了 "拉丁語和波斯語的一些解釋" ⑥。

---

① 參看 A. C. Moule, "Marco Polo's Description of Quinsai", in *T'oung Pao*, XXXIII, 1931, pp. 105 ff。

② 見 *Christians in China*, p. 143。在 E. A. Wallis Budge 所編的 *The Book of the Cave of Treasures* 中開列了東方教會所認可的七十位使徒的完全名單（London, 1927, pp. 253 ff, 262 ff）。

③ 參看發現於高昌的景教教堂廢墟中的基督洗禮場景（Saeki, *The Nestorian Documents and Relics in China*, pp. 417 f），以及遼寧千山發現的墓碑上的基督誕生場景（同上引書，412頁）。

④ 參看拙著 *Guillaume Boucher: A French Artist at the Court of the Khans*, Baltimore, 1946, pp. 19 ff。

⑤ 參看 Assemani, *Bibliotheca Orientalis*, Roma, 1728, Vol. III, 2, p. 500。這段聖經文字的表述證明它在亞洲基督教會十分流行。參看拙文 "The Crib of Christ and the Bowl of Buddha", 載 *Journal of American Oriental Society*, LXX, 1950, 以 及 "The Wise men of the East in Oriental Tradi-tions", 載 *Semitic and Oriental Studies in honor of W. W. Popper*, University of California Press, 1951。那座景教寺院中崇拜東方三博士的畫像肯定具有王朝的功能，而非宗教功能。在此，森帕德親王聽說了 "所有這三位帝君都以其自己的方式成爲了基督教徒"。甘州一座基督教堂中忽必烈汗的景教徒母親莎兒合黑塔泥/唆魯和帖尼（Sorhahtani）的畫像，可能也具有同樣的職能。參看 A. C. Moule, *Christians in China*, p. 224 注釋；R. Grousset, *L'Empire Mongol*, Paris, 1941, p. 544；以及《元史》卷一一六《后妃傳》。

⑥ 參看 *Sinica Franciscana*, I, p. 352。

自從摩尼的時代以降，其風格便與聶斯脫利教的傳統相反，圖畫成爲摩尼教最青睞的信仰表達方式之一。摩尼早期的信徒們研創出了一種全面的圖像學，用彩色的微型畫插在其經書中，用醒目的顏料裝飾其寺院①。唐武宗像聖奧古斯丁一樣，推動了毀壞摩尼教神像的運動②。中亞發現的展示中國影響和伊朗特色的壁畫和微型畫殘片，見證了新疆陸路沿綫這些宗教社團的高超技能和對信仰的高度虔敬③。然而，早期繁榮於中國的摩尼教藝術仍未殘存下來。對於福州摩尼教圖像的最後暗示，見於陸游對這類社團的激昂譴責中④。馬可·波羅《遊記》的長處在於提供了有關這類畫像的一些信息，並且，它所包括的資料至少足以部分地認同其摩尼教的性質。

　　三個神像之一肯定是指摩尼本人。衆所周知，他的畫像見於每一座摩尼教寺廟中。摩尼之"耶穌使徒"的通常名號使得馬可·波羅採用了這個字眼（可能是他從寺廟的信息提供者那裏聽來的），並將它擴展至其他畫像。我們對於摩尼教的肖像學知道太少，以至無法辨識其他兩個角色。在其早期階段，摩尼教認可十二位使徒是救世主耶穌的弟子，並且以此作爲其組織和發展的模式⑤。但是，由於摩尼教的"耶穌"並非基督教的"基督"，所以它的使徒也不同于《福音》中的使徒。

　　對於摩尼及其全世界的信徒來說，他們是反映和體現了由黃道十二宮代表的宇宙秩序，正如耶穌將救贖的日月之光人格化一樣。摩尼教在後期發展中認可七十位"導師"（Magistri），這顯然是旨在與基督衆多數量的弟子競爭⑥。馬可·波羅被其基督教熱情所誤導，從而以偏概全了。十分遺

---

　　① 聖奧古斯丁（St. Augustine）和好幾位穆斯林作者都曾將摩尼説成是一位畫家，或者奇妙圖册的靈感啓發者。這些段落被摘引于上文提到的摩尼的傳記中。

　　② 參看 Contra Faustum, ch. 13；以及武宗的詔書（L. Wieger, Textes Historiques, 1940, Vol. II, pp. 1846 ff）。

　　③ 參看 A. von Le Coq, "Manichäische Miniaturen", in Die Buddhistische Späntatike in Mittelasien, Berlin, 1923, Vol. II。

　　④ 見 Chavannes-Pelliot, "Un traité Manicheén retrouvé en Chine", p. 313。

　　⑤ 參見 Baur, Das Manichaeische Religionssystem, pp. 298 f；Polotsky 同前條目；G. Widengreen, "The Great Vohu Manah and the Apostle of God", in Uppsala Universitets Arsskrift, 1945, No. 5, 在此經常談論到摩尼教的使徒觀念。

　　⑥ 參看 Baur, Das Manichaeische Religionssystem, p. 298。

憾的是，勒珂克（Von Le Coq）在高昌寺廟廢墟中發現的，成於1036年前的現存唯一的摩尼教壁畫，却未能對福州畫像的比定做出貢獻①。在那幅畫上，摩尼高出於一群穿戴摩尼教特色法服的"選民"。

福州的三個神像的尺寸似乎都相同，因此同樣的尊貴和重要。他們很可能是"明教"認可的三位"光明使者"，體現爲摩尼、佛陀和瑣羅亞斯德。這個解釋獲得正統摩尼教傳說以及一些中國學者的佐證，他們認爲摩尼的宗教是佛教的一個異端，或者是瑣羅亞斯德教衍生發展的信仰②。鑑於摩尼教教義具有特色的融合性，這三位宗教領袖完全可能被混同于耶穌的使徒；耶穌作爲世界的救贖者，從未被人們以肉身和歷史人物的形式崇拜過，因此也從未被摩尼教畫師描繪成人類的特點。

然而，福州的"三使徒"畫像似乎肯定令人聯想到了大乘教派通常繪於寺院中的"佛陀三聖像"③。通常，佛寺的大殿墻上都繪有釋迦牟尼佛的三位一體畫像，即"三聖像"，恰似威尼斯旅行家在福州的摩尼教聖殿所見到的那樣。在五百年的遠東宗教生活中，一切東方教派在教義和圖像方面的複雜糾纏都可以作爲歷史佐證，表明同樣的畫像可以分別或先後代表摩尼教的明使、基督的使徒，以及阿彌陀佛－觀音－大勢至的佛教三聖。

福州的摩尼教徒在與威尼斯旅行家們交談，以及與朝廷官員討論時，之所以採取模棱兩可的態度，可能並不是純粹出於投機取巧，而也是因爲他們對自己的教義歸屬並無把握。不管怎樣，馬可·波羅對於這個中國摩尼教教團的描述，是該教派歷史上最生動的記載，儘管報道中還存在一些空白和誤解。它既不是神學的討論，也不是憤怒的指控，而是一幅生活的

---

① 見同前所引 A. von Le Coq, "Manichäische Miniaturen" 一文。

② 見 Chavannes-Pelliot, "Un traité Manicheén retrouvé en Chine", p. 170 及其他各處。波斯的瑣羅亞斯德教並不用教主的神像裝飾神廟，但在中國的崇拜則持續到宋朝。關於這點，可參看 F. S. Drake, "Foreign Religions of the Tang Dynasty", *The Chinese Recorder*, LXXI, 1940, pp. 343 ff。

③ 有關中國佛寺中"佛陀三聖像"的例子，可參看 William Cohn, *Buddha in der Kunst des Ostens*, Leipzig, 1925; R. Grousset, *The Civilization of the East*, tr. by Catherine A. Phillips, New York, 1934, Vol. III, p. 194。通常，釋迦牟尼或阿彌陀佛居中，右側爲彌勒佛或大勢至菩薩，左側爲觀音菩薩。净土宗的信徒尤其採用這種畫像。關於其中可能體現的基督教影響，可參看 K. L. Reichelt, *Der Chinesische Buddhismus*, Basel, 1926。

圖畫、一篇個人經歷的報告。

該段文字以這種形式顯示了它與三百多年後發現的被遺忘之中國猶太社團一事的密切關係。在這件事情中，幾本印刷的書籍以及三個被誤釋的宗教肖像發揮了像福州之《聖詠經》和寺院壁畫同樣的作用。利瑪竇神父在1605年7月25日所寫的一封信函名聞遐邇，經常被人提及，其中有幾段文字最好地說明了馬可·波羅的誤解問題。此前不久，來自河南省會開封的一個猶太人拜訪了這位博學的耶穌會士。他因商務活動而前赴北京，告訴利瑪竇道，在其居住的省區和中國的其他地方生活着一些基督教徒和猶太人。

利瑪竇神父報告道："那天，有個人來看我，其宗教、人種、面貌都屬猶太人。我們從他那裏得知了此事，被他所聽聞的情況以及諸多書籍中的一本書所吸引；那書是印刷的，其中談到了我們的事情……他在施洗約翰（St. John Baptist）日的第八天來訪。我們在聖壇的一側安放了美麗聖母懷抱嬰兒耶穌的一尊巨像，另一側則爲施洗約翰之像。他不知道自己的猶太名字，只是自稱'以色列人（Israelite）'。看到聖壇上的神像，他認爲是以撒（Isaac）的兩個兒子雅各（Jacob）和以掃（Esau），因此說道：'雖然我不崇拜偶像，但是對於我的這些祖先要表示敬重'，於是他鞠躬，以示尊敬。最初，他說其宗教的創建者有十二個兒子，我以爲他是在說耶穌的十二位門徒，便認爲他是基督教徒。但是最後我發現他並非基督教徒，不過與基督教也相差不大。"①

當時，遠東的聶斯脫利派基督教會已經消失，留下了一些石質和紙質的遺物。摩尼教則在三百年前馬可·波羅發現它的那個地方作最後的苟延殘喘。猶太教的瓦解過程進行得十分迅速，以至利瑪竇的信息提供者說道："他們在中國無法遵循其教法。"所有這些教派和人群都被中國廣闊無垠

---

① 這份報告有幾個版本，辭句稍有不同，但所言的事實則都一致。它的英譯見 A. C. Moule, *Christians in China*, pp. 1 ff；Gallagher 同前引書，174 頁；W. C. White, *Chinese Jews*, Toronto, 1942, I, pp. 8 f；R. Löwenthal, "The Early Jews in China", *Folklore Studies*, Catholic University of Peking, Vol. V, 1946, p. 394. 關於利瑪竇的信息提供者，可參看 P. Pelliot, "Le Juif Ngai", in *T'oung Pao*, 1921, pp. 38 ff；關於整段文字，則參看 P. M. D'Elia, *Fonti Ricciane*, Vol. II, Rome, 1949, pp. 316 ff。

的人海所瓦解，被它本民族的生活和歷史所清除。

Manichaeism, Buddhism and Christianity in Marco Polo's China

Abstract: In Marco Polo's *Description of the World* edited and translated by Moule and Pelliot, one of the important passages talked about a mysterious religious community in Fuzhou City, Fujian Province. Marco Polo believed they were Christians. The author of this paper, however, on the basis of relevant ancient Chinese documents and the similar situations in some European religious groups, thought that they might be the Manichean believers fled to Fuzhou. This point of view is quite enlightening, and provides new information for the historical research of Manichaeism.

Key Words: Manicheism, Christianity, Fuzhou, Marco Polo

藝術史苑

圖版一　吳氏藏韓朋畫像石（右石三層）

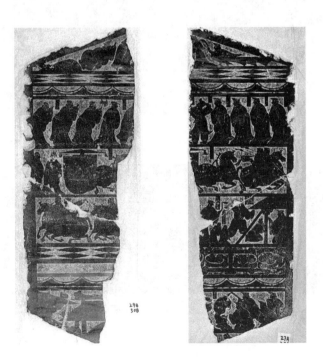

圖版一b　吳氏藏韓朋畫像石（左右全石）

圖版二　2※ 浙江省文物考古研究所藏宋王貞夫銘畫像鏡

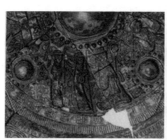

A　宋王想得到貞夫

D　梁伯（宋王）迫害韓朋

E　韓朋成爲囚徒餵馬

F　貞夫向韓朋發送箭書

圖版二b　A、D、E、F 場景

圖版三　3※孔震氏藏貞夫銘畫像鏡

圖版三 b　F場景

圖版四　4※ 孔震氏藏宋王皇后銘畫像鏡

A　宋王想得到貞夫

B　梁伯迎接貞夫

C　宋王迎貞夫爲皇后

圖版四 b　A、B、C 場景

圖版五 5 周曉剛氏藏無銘貞夫畫像鏡

圖版五b F場景

6　東漢武氏祠畫像石

7　泰安大汶口東漢畫像石

8　嘉祥南武山東漢畫像石

9　嘉祥宋山二號墓石祠

圖版六　韓朋畫像石 6—9

10　嘉祥宋山三號墓石祠

11　松永美術館藏東漢畫像石

12※　南武陽功曹闕東闕

13※　山東東平石馬莊東漢畫像石

圖版七　韓朋畫像石 10—13

15　莒縣東漢畫像石

16　嘉祥洪山村東漢畫像石

14　榆林橫山東漢畫像石

17　嘉祥紙坊鎮東漢畫像石

18　孝堂山石祠

圖版八　韓朋畫像石 14—18

19　波士頓美術館藏洛陽八里臺西漢壁畫

20　魏曹操高陵出土畫像石

20-b　"宋王車"榜題斷片

圖版九　韓朋畫像石 19、20

韓朋溯源(下)
——關于吳氏藏韓朋畫像石

黑田彰　撰
孫　彬　譯

八、文學研究與圖像學

　　韓朋傳説有着非常悠久的歷史，有着很强的生命力。這一點通過澤田瑞穗的論文《連理樹記》①能够得到很好的體現。該論文在學界非常著名，是韓朋傳説研究者的必讀書目。該論文廣泛收集了在中國南方所保存至今的韓朋傳説，非常值得重視。將澤田的工作繼承下去，對韓朋傳説進行進一步探討和深化是生活在21世紀的我們不可推卸的責任和義務。在此基礎上，將有着悠久歷史背景的"比翼連理"的故事進行正確梳理，并構建韓朋傳説的文學史，則是一項艱巨而不朽的事業。而近年來關於該傳説的資料評價亦出現了令人驚歎的發展，關於這一點以及澤田的研究，我認爲有必要對某些問題加以訂正。本論文在介紹澤田對學界貢獻的同時，嘗試對其研究中出現的問題加以修正。

　　例如，關於"比翼"，澤田做了如下定義："所謂比翼鳥，原本爲想

作者單位：日本佛教大學
譯者單位：清華大學外國語言文學系

① 澤田瑞穗，《連理樹記》，《中國の伝承と説話》，東京：研文出版，1988，Ⅰ。初版爲1980年。

象中的鳥,據傳爲雌雄同體,各有一目一翼,作爲一體常比翼齊飛……總之爲一身兩首之異鳥,如非雌雄同體則不展翅飛翔,因此常被人們比喻爲形影不離的夫婦。"(第5、6頁)

此外,關於"連理",澤田則定義如下:"連理木或連理樹是根榦各異的兩株樹木在上部相連接,仿佛一株一樣,這在植物界是常見的現象,然而這種連理樹木的種類各異……古人在看到珍奇樹種的連理樹後,往往會賦予其陰陽和合或君臣同心等含義,并爲此作詩作賦……更有甚者,還有將其類比爲男女相擁的姿態,從而與'比翼'成爲固定搭配的詞語。"(第6頁)

上述兩個定義在充分列舉資料的基礎上做出,可謂非常明瞭清楚。然而,這裏所舉關於《水經注》中連理樹的內容却是意味深長。本論將以此展開論述。

在《拾遺和歌集》六別中,有一首佚名和歌,"別るゝをおしとぞ思つる木はの身をよりくだく心地のみして",中文譯作:"思我惜別心,仿若鴛劍羽,痛斬凌亂身。"從這裏可以看出,韓朋傳說傳播到日本的時間最早可追溯到11世紀初。由於在這首和歌中吟詠了上述鴛鴦劍羽,因此可知其中所述故事並不是《搜神記》中所記載的故事情節,而是在諸如《曾我物語》與變文《韓朋賦》中出現的故事情節。也就是說,該和歌中所表達的內容並不是通常的戀人分別之痛。對於該和歌,首先應該了解的是其故事背景,這是關乎生死存亡的二男一女之間的三角關係,而這種關係所導致的故事結果是惡人被鴛鴦劍羽斬斷首級的大團圓結局。因此在解讀上述和歌的時候,一定要將上述情況帶入其中。然而,在上述和歌中,鴛鴦劍羽作爲歌語出現,之後很快就銷聲匿迹了,從這點上來看,上述和歌迄今以來並沒有被正確地解讀。

關於該和歌,除了上述鴛鴦劍羽的句意之外,尚有很多不明之處,其中尤其使筆者注目的是,該和歌中的"仿若鴛劍羽,痛斬凌亂身"中的"斬身"(日文爲"身をよりくだく")的説法。在《新日本古典文學大系》中,小町谷照彥所作的注解是"仿佛是劍刃將身體扭斷斬碎一樣的心情",此外,還將表示"斬斷"之意的日語"よりくだく"釋義爲"縒り碎く"和"よ

じり砕く"。然而日語"よじり"的原形"よじる"等於"捩じる"，表示扭或擰的含義，因此這與《匠材集》中所解釋的"鴛鴦劍羽斬斷王之首級"中的"斬斷"的說法不符。在這裏，《拾遺集》中對該和歌的注解給我們做了很好的提示，《拾遺集》認爲，從其中"身を"一詞的發音來看，該詞並不表示作爲身體之意的"身を"，而是作爲"江河湖海中船隻通行之水路"的"みお"（漢字爲"水脈""澪"），該詞爲《萬葉集》以來的歌語，在韓朋傳說中表示與相思樹相關聯的"水脈"這一重要情節。如果從變文（賦）中來看的話，此情節應該出現在貞夫投身自殺於韓朋之墓以及宋王爲找尋其遺骸掘墓而出青白二石等情節之後。引用該文如下：

> 宋王覩之，青石埋於道東，白石埋於道西。道東生於桂樹，道西生於梧桐。枝枝相當，葉葉相籠，根下相連，<u>下有流泉</u>，絕道不通。

此外，《無名詩集》（引自《北户錄》崔龜圖注）中亦有同樣的描寫。

> 宋王怪之，分張其雙。青石埋於道西，白石埋於道東。道東生桂樹，道西生梧桐。上枝相連，下枝相通。枝枝相交，葉葉相蒙，<u>下有清流之水</u>，斷道不（通　）葉落，兩兩成雙。從明至暮，悲鳴嚨嚨。

上文兩處下劃綫處有"下有流泉"與"下有清流之水"等說法，此外，文中還有"絕道不通""斷道不（通　）"等關於道路的情況。那麼，上述兩處"流泉""清水"與兩種樹木和道路之間的方位關係是怎樣的呢？這是筆者的疑問。不過，澤田氏所引用的《水經注》卷七《濟水》"東出過滎澤北"注，對於上述疑問做了很好的解答，據此，我們可以瞭解上述變文《韓朋賦》中所闡述的具體情況。現將《水經注》原文列舉如下：

> 水出西溪東流，水上有連理樹，其樹柞櫟也。南北對生，凌空交合，溪水歷二樹之間，東流注于魚水。

通過上文可知，此連理樹爲柞櫟之樹，據傳北魏酈道元（466或472—527）曾親眼見過，因此做了非常詳細的記述。從上文來看，從西流向東方的河流兩旁生有柞櫟之連理樹，從方位上來說，其連理樹爲南北相對而生，於高空合體爲一，其兩株樹之間有一條溪水自西向東流出，注入魚水。如果將上述《水經注》中的記述和上述變文（賦）相比對可知，在變文（賦）中道東爲桂樹和白石，道西爲梧桐和青石；而在《無名詩集》中，青石和白石則對調了位置，兩株樹的位置則爲東西相向，是《水經注》中位置調轉了逆時針的九十度的結果。如果按照《水經注》中的記載來看，變文《韓朋賦》中的"流泉"、《無名詩集》中的"清流之水"則是在東西相向的兩樹之間流動。圖1爲《水經注》和變文（賦）中所說的連理樹和水脈之間位置關係示意圖。

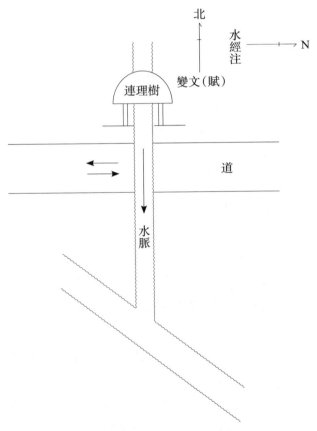

圖1　連理樹與水脈（みお）位置示意圖

從《水經注》中還可以明確一點，就是圖1所示道路。從變文《韓朋賦》中的"絶道不通"以及《無名詩集》中的"斷道不（通　）"的説法來看，從位置上來説，水脈應該是橫斷道路的，因此，在這點上來看，該道路應該與南北方向的水脈呈垂直相交，是東西方向延伸的道路。韓朋傳説中出現的水脈應該是這種情況。

在韓朋傳説中，水脈超出我們想象，具有非常重要的意義。例如，在變文《韓朋賦》中出現的"流泉"，梁伯對宋王解釋説"是其淚也"。而在《搜神記》的"相思樹（連理樹）"中則好像并沒有關於水脈的記述，在《搜神記》中唯一出現過的相關記述，則是何氏的"其雨淫淫，河大水深，日出當心"的説法。在這裏，首先"雨"與"水"相關，此外，"河大水深"指的應該就是水脈。而在《搜神記》中，大臣蘇賀（相當於變文《韓朋賦》中的梁伯）爲宋王破解貞夫書信之謎時，解爲"不得往來也"，這相當於變文《韓朋賦》中的"絶道不通"，而在《無名詩集》中則爲"斷道不（通　）"，其含義完全相同。《搜神記》中的"其雨淫淫"詩句表達的是必死的決心（"心有死志"），是之後韓憑自殺的直接原因，該詩句相當於變文《韓朋賦》中貞夫所發送的箭書之詩句，即"天雨霖霖，魚游池中，大鼓無聲，小鼓無音"（其中，"雨""魚"和"池"均與水相關聯）。上述詩句成爲韓朋自殺直接原因的依據在於，變文《韓朋賦》中有"朋得此言，便即自死"的記述，《搜神記》中則有韓朋屍體被處理之後梁伯的"唯有三寸素書，繫在朋頭下"的説法。這裏尤其需要提起注意的是，梁伯對宋王所説的"天雨霖霖是其淚"的説法，而在《搜神記》中則是"其雨淫淫"的説法。從上文來看，除了詩句作者同爲女主人公之外，其文辭、作品中的位置以及解謎的人物均不相同，但是如果追溯韓朋傳説的本源的話，可以認爲這是同一個故事在後來出現的變異情況。

從變文《韓朋賦》的記述來看，宋王伐二樹後，從砍伐處連續三天三夜流出血水并落下二札（札爲何物，不詳），後化爲一對鴛鴦。筆者認爲，流出來的血水一定會匯入淚河之水脈（中文中有"血淚"一詞），而這對鴛鴦後來飛向故鄉，遺留下一隻美麗的劍羽，該劍羽則成爲上述《拾遺集》和歌的問題所在。如果從韓朋傳説上述大團圓結局中的水脈來看，"別るゝをおしとぞ思つる木はの身をよりくだく心地のみして"和歌中的"つる木はの身をよりくだく（仿若鴛劍羽，痛斬凌亂身）"應該解釋爲"劍羽（つ

るぎば）の水脈（みお）より斬（くだ）く（仿若鴛劍羽，痛斬血水脈）"。其中"斬"字帶有上述"くだく"讀音，最早見於《地藏十輪經》卷一（883年注解版本，日本東大寺圖書館藏）中的記載①。"くだく"通常意爲將物品切成小塊，這裏指的是"斬斷"之意，而將物品切成小塊的第一步則是將其斬爲兩段，因此，可推斷"斬斷"之意應由此而來。在這個意義上，可以想見這裏的"くだく"說的一定是鴛鴦劍羽最後將宋王斬首之意。從這點看來，可知《拾遺集》和歌作者一定熟知上述韓朋傳說故事，即男女主人公死去後變爲連理樹，從連理樹間流過的是二人淚水所化的淚河（水脈），鴛鴦劍羽將宋王斬首之大團圓結局。可以說，上述和歌作者一定是熟知這一故事情節才會將其詠進和歌之中。該和歌中"心地のみして［（思）我此心］"的說法應該是在熟知該故事（相愛的二人被迫分離并死去的前途黯淡的情節）的前提下所作。因此可知，韓朋傳說早在《拾遺集》編纂之時就已經爲人們所瞭解，而水脈（日語發音爲"みお"）一詞作爲男女主人公分別的淚水之象徵亦已深入人心。

此外，還有一首和"水脈"相關的和歌非常引人注目，即《源氏物語》"須磨"章節中所出現的和歌，日文原文爲："逢瀨なき涙の川にしづみしや流るゝみをのはじめなりけん。"中文譯作："相思淚成河，此身隨波轉。"如果紫式部知道韓朋傳說的話，那這首和歌該如何解讀呢，希望能得到專業人士的解答。

而在澤田瑞穗所搜集整理的現代中國民間傳說中，尚有爲數衆多的、受韓朋傳說影響的與水相關的民間傳說故事。澤田使用民俗學的方法，對流傳至今的可謂韓朋傳說後裔的六個珍貴的民間傳說故事進行了整理與彙報，現列舉如下。

1. 福建的"連理墓"傳說（第四章）。

---

① 中田祝夫，《改訂版古点本の国語学的研究》（譯文篇），東京：勉誠社，1979，7頁。初版爲1954年。中田氏在該書"關於譯文之判例"中指出，"《地藏十輪經》卷一第七頁第126行中的'煩惱の賊を斬ること（下白、クダク）'的說法意味着下欄用白筆將'斬'字標注發音爲'クダク'"。上述883年的注解已經作爲"斬"字的詞條之一，被編入小學館出版的《日本國語大辭典》之中。

2. 上海的青藤樹傳説（第六章。值得注意的是，女主人公名叫"貞姑"）。
3. 西藏的名爲"情人"的傳説。
4. 貴州省彝族地區傳承的"一雙彩虹"傳説。
5. 彝族支系雲南撒尼族傳承的"彩虹"傳説。
6. 漢族民間傳説《薈蕞編》中第十九卷"鮑烈女"（七章）傳説。

其中第 2 個故事從敵人將男主人公的屍體拋入河中開始進入高潮，最後以大團圓收尾，該傳説故事情節的展開與河水密切關聯。第 3 個傳説的故事設定是男女主人公被河水相隔，死後分別葬在兩岸，其遺骨化爲兩株大樹，大樹樹枝跨河相交，成爲連理樹。其大團圓結尾以及故事情節的發展依然離不開河水。第 4 個傳説中雖然没有河流的出現，但其故事情節中有許多地方與韓朋傳説相雷同。例如，男主人公用鮮血書寫遺書；女主人公將衣服浸泡在鹽水中使之腐爛，以便在投身自殺時没有阻礙；敵人砍伐連理樹并從中迸射出鮮血……毋庸置疑，上述種種情節均采自韓朋傳説。第 4 與第 5 兩個傳説均爲死去的戀人最後化爲彩虹的故事，如果從化爲彩虹需要下雨這一前提來看，這兩個故事均與水相關。在此，筆者對澤田氏所搜集的上述各傳説不做深入分析探討，但從其研究來看，韓朋傳説現今仍在民間流傳，保持着其生命力。可以明確，在闡明韓朋傳説之學術意義方面，澤田的研究是不可或缺的基礎。期待學界今後出現更進一步的類似相關方面傳説故事的發掘與整理。

韓朋傳説在日本的傳承中亦與水有着密切的關係。例如，國會本《朗詠注》中故事情節發展的舞臺爲"貞女峽"；而在《古事談拔書》中雖引用了上述《朗詠注》中的"貞女峽空"的説法，但却將其説成"池"；而在《女訓抄》中，雖將女主人公稱爲"ていちょ（貞女）"，却將故事情節發展的舞臺稱爲"かう（坑）とて、山にふかき井有"（坑，山中有深井）。上述説法均可看作是"貞女峽"所派生出來的。"峽"爲兩山之間急流所出之地，與水脈相關，據考證，貞女峽傳説起源於貞女石，該石據傳爲秦朝來此取螺之女所化，最早見於南朝宋王韶之所撰《始興記》等書，其原文如下（摘自《藝文類聚》卷六所引。其他版本見《藝文類聚》卷九七，《太平御覽》卷五三，《太平廣記》卷三九八。此外，類似傳説在《搜神後記》

卷一第十、《水經注》卷三九之中亦有記載)。

  王韶之始興記曰……中宿縣有貞女峽。峽西岸水際，有石，如人形，狀似女子。是曰貞女。父老相傳，秦世有女數人，取螺於此。遇風雨晝昏，而一女化爲此石。

  在這一傳說中，石的出現是非常值得注意的。石、水脈(與峽相關)在韓朋傳說故事的展開過程中起到了重要的作用。并在上述傳說轉變爲當地傳說之時，亦占據了基礎性的地位。竊以爲，當地古時應該有韓朋傳說中的要素，而其中一部分則被《朗詠注》所記載并保存下來。但該傳說要素在當地已經失去傳承的可能性很高，這一點需要到當地考察之後才能有所瞭解。

  在澤田的論文中，包含有許多關於韓朋傳說的珍貴資料的解說，這在上個世紀80年代來看，是非常優秀的解說，代表了當時學界的普遍理解，其研究對當時乃至於現代的研究者來説，都是榜樣，我想和我持有同樣觀點的學者一定很多。然而，正如上文所説，進入21世紀以來，關於韓朋傳說的研究環境出現了劇烈的變化。因此，我們要做的工作是，在澤田研究的基礎上，將變化的內容增加進去，指出其變化的產生在哪裏，并對此加以評價，以此來應對現階段的研究環境之變化，并補充其研究的不足之處。需要補充說明的是，筆者下面的説法并沒有任何批判澤田研究的意圖，只是對20世紀80年代的資料解說與21世紀20年代之間的最新研究進行對照、加以補充而已。下文首先引用澤田對韓朋傳說的解讀，然後，在此基礎上提出我對澤田所闡述內容的看法，將用大寫的一、二等序號進行標注。

  從古至今，使用連理樹或雌雄對鳥這一素材來表示相思相愛的夫婦悲劇的傳說故事中，韓憑夫婦的傳說是非常著名的。韓憑這個名字在不同的傳說中會被寫作"韓馮"或"韓朋"。有可能是由於古音相通，也有可能是發音之訛傳。記錄該傳說的文獻最早可追溯到晉代干寶的《搜神記》。……韓憑官職爲舍人或大夫，爲戰國時代宋國人，據傳爲宋康王時代的人，宋國亡於公元前286年。該傳說中包含諸多故事情節，例如，無道國君搶奪臣子之妻；主人公夫婦分別自殺；爲使自殺無人阻攔，韓憑之妻使所穿衣料腐爛并從高臺跳下自殺；宋王遣人將韓憑夫婦分別埋葬；夫妻墳墓上長出連理樹並出現鴛鴦鳥等情節。從宋滅亡到東晉干寶將該傳説記録下來（317—325 年）的六百年間，正如"今睢陽有韓憑城，其歌謡至今猶存"所説的那樣，韓憑傳説之地作爲當地古迹而傳承，其悲劇作爲歌謡（或敘事詩）被流傳下來。韓憑城遺迹所在的睢陽原爲宋之都城，晉代時爲梁之予州，即後來的河南商丘縣城。此外，在《情史》的末尾有"韓憑冢在今開封府"的記載。總之，韓憑傳説應出現在河南東部一帶。後來由於永嘉之亂（307—312 年）東晉被石勒攻打，予州陷落而導致的晉人南遷的緣故，韓憑傳説也傳播到江南，唐代則進一步傳播到嶺南（兩廣地區）。（6—8 頁）

敦煌石窟中所發現的各種俗文學作品中，有《晏子賦》《燕子賦》等諸多被稱爲"賦"的文學作品，《韓朋賦》亦在其中。這裏所謂的"賦"並不是漢代辭賦那樣由文人們鋪陳生僻詞語、堆砌辭藻的作品，而是像《高唐神女賦》《洛神賦》那樣的以敘事爲主的語言押韻的故事作品。雖然其創作或書寫年代無法確定，但和之前的不過兩百字的《搜神記》中的韓憑故事相比，該《韓朋賦》中却加入了各種情節的點綴，其文章長度幾乎是前者的十倍左右。……如果從其情節的若干改變（大臣蘇賀改爲使者梁伯，夫婦重逢等）來看，與其説《韓朋賦》直接取材於《搜神記》，不如説其是將民間傳承的歌謡中加入了新的材料而創作的押韻敘事賦。從其押韻這點看，有可能有實際演出的機會，也有可能是作爲演出脚本而寫作的作品。（9—11 頁）

如上所述，在唐五代期間，韓憑傳説從其故事發生地河南一直傳播到遥遠的嶺南地區。在唐末劉恂所作的《嶺表録異》（《太平廣記》卷四六三"禽鳥"）中，有關於嶺南韓朋鳥的記載。

韓朋鳥者，乃鳧鷖之類。此鳥爲雙飛，泛溪浦。水禽中鸂鶒、鴛鴦、鵁鶄，嶺北皆有之，唯韓朋鳥未之見也。案干寶《搜神記》云……又有鳥如鴛鴦，恒棲其樹，朝暮悲鳴。南人謂此禽即韓朋夫婦之精魂，故以韓氏名之。

該韓朋鳥爲嶺南特有的水禽，與野鴨類似，從其名稱來自於韓朋傳說這一點來看，該傳說在"南人"之間非常普及。（16—17頁）

上文爲對澤田研究的引用，接下來筆者將針對上文的澤田研究提出自己的問題和看法。

（一）很長時間以來，人們一直認爲韓朋傳說的最早的文獻資料是《搜神記》（更爲正確的說法應是曹丕所作的《列異傳》），然而，1976年出土的敦煌漢簡976A、B則徹底改變了這一狀況，其内容爲"□書，而召斡(韓)倗(朋)問之。斡(韓朋)倗對曰，臣取婦，二日三夜，去之來遊，三年不歸，婦□"（A。B爲"百一十二"），雖然只有短短一行文字（裘錫圭，《漢簡中所見韓朋故事的新資料》，《復旦學報（社會科學版）》1999年3期），其内容與《搜神記》並不對應，反而與變文《韓朋賦》中"（韓朋）娶賢妻……入門三日……出遊，仕於宋國，期去三年……不歸"等内容相一致，這使得我們對變文《韓朋賦》的看法產生根本上的改變（後述）。因其出現，韓朋傳說的最古文獻資料可以明確爲敦煌漢簡976，而這比《搜神記》早了大約四百年。

（二）澤田將286B.C.以後的河南省東部看成是韓朋傳說的發生地，認爲其向江南的傳播是在永嘉之亂（307—312）所引起的晉人南遷之時，而其向嶺南（廣東、廣西省）的傳播則爲唐代。筆者認爲，韓朋傳說之向南傳播很有可能要早於上述時間很多（後述）。

（三）澤田認爲《韓朋賦》"與其說直接取材於《搜神記》，不如說其是將民間傳承的歌謠中加入了新的材料而創作的押韻敘事賦"。可以說，澤田否定了《韓朋賦》與《搜神記》之間的直接關係。而關於《韓朋賦》和《搜神記》之間内容差異的問題，學界歷來沒有涉及。兩者之間的差異首先在於，《搜神記》中所出現的只是變文《韓朋賦》中的大團圓——結局部分的内容，這也只占了變文《韓朋賦》結尾的不足三分之一的内容，而另外三分之二的内容，在《搜神記》中也不過是以"宋康王舍人韓憑，娶妻何氏。美。康王奪之。憑怨，王囚，淪爲城旦"寥寥數語帶過而已，其中具體情節，完全沒有提及。而變文《韓朋賦》則詳細敘述了其中細節。這表明，《搜神記》的側重點在於相思樹故事——即整個故事的大團圓結局，而不是韓朋傳說的全部内容。正如澤田所説，兩者故事同根，但在情節上却有不同的側重點和角度。然而，澤田認爲，與《搜神記》相比，變文《韓朋賦》中"加入了各種情節的點綴，其文章長度幾乎是前者（《搜神記》）的十倍左右"，兩者之間存在"情節的若干改變"，從澤田上述表述來看，好似變文《韓朋賦》是基於《搜神記》而創作的。而澤田的這一看法正是我們所要避免的誤解。我們當下應該把變文《韓朋賦》與《搜神記》當成完全不同的兩個故事來對待。真正應該重視的問題是，變文《韓朋賦》的成立是否比《搜神記》要早的問題。現在通行的變文《韓朋賦》版本應該是9世紀的寫本，而寫本的創作時期却不一定就是作品的創作時期。而筆者在前文中所闡述的變文《韓朋賦》中與敦煌漢簡相一致的"（韓朋）娶賢妻……入門三日……出遊，仕於宋國，期去三年……不歸"等内容的創作可以追溯到西漢（《搜神記》中無此記述）。此外，本論文接下來所使用的關於韓朋傳説圖像的新資料①却只能由變文《韓朋賦》來解釋説明。包括下面的六個場景②：

A. 宋王想得到貞夫。

B. 梁伯迎接貞夫。

C. 宋王迎貞夫爲皇后。

D. 梁伯（宋王）迫害韓朋。

E. 韓朋成爲囚徒餵馬。

F. 貞夫向韓朋發送箭書。

上述六個場景之中，除去第六個場景F場景之外，《搜神記》中均未涉及，其餘的五個場景占據了變文《韓朋賦》篇幅的三分之二還多的内容（F中箭書情節是導致男女主人公自殺的導火索，從F開始的情節出現在《搜神記》之中，并形成最後的大團圓結局）。如果用我們此前看待變文《韓朋賦》和《搜神記》的角度和方法，則完全無法解釋上述情況。從這裏可以推斷，變文《韓朋賦》與敦煌漢簡之間相關聯的内容，包括上述從A—F的場景均創作於漢

---

① 21世紀新近發現的關於韓朋傳説圖像的四面畫像鏡，分别爲浙江省文物研究所、孔震（兩面）和周曉剛收藏。

② 森下章司，《漢代の説話画》，《國立歷史民俗博物館研究報告》2015年194期；陳秀慧，《漢代貞夫故事圖像再論》，《南方文物》2017年4期。

代以前。不僅如此,變文《韓朋賦》中上述之外的內容亦可推斷爲漢代以前的創作。當然,現行變文《韓朋賦》不可能是漢代韓朋傳説的本來面目,可以想見其中一定經歷了各種情况下的改編與取捨。這也是我們將來的研究課題。總之,筆者認爲,現階段我們應該修正以往對變文《韓朋賦》的錯誤認識,將其看作是漢代以前的作品。

(四)澤田氏認爲韓朋傳説從其發生地河南省傳播到嶺南地區的時間爲唐五代,其依據是晚唐劉恂的《嶺南録異》中有"韓朋鳥"詞條。不僅如此,差不多同時代的段公路所著《北户録》卷三中"相思子蔓"詞條中亦有類似的記載。而在崔龜圖注版本中,《無名詩集》書名之下有對變文《韓朋賦》的引用(《四庫全書》本)。從這裏可知,無論是韓朋鳥,還是相思子蔓,都與韓朋傳説有關,可以確定在唐代的嶺南,韓朋傳説已經是家喻户曉了。筆者不禁要問的是,韓朋傳説的南傳時期真的是唐五代嗎?在干寶《搜神記》的末尾部分,有"南人謂此禽即韓憑夫婦之精魂"的説法,從這裏可以推知,至少在干寶的時代,南人即南方人對韓朋傳説早已是家喻户曉。因此,在這個意義上,認爲韓朋傳説的南傳以永嘉之亂(307—312)爲契機的説法未免有些牽强。至少從《搜神記》中的記録可以看出,南人在《搜神記》之前就已對韓朋傳説熟知。更爲重要的是,被南人所周知的韓朋傳説故事却離不開變文《韓朋賦》的影響。這亦可以認爲,《搜神記》中所記載的韓朋故事,除了《搜神記》之外,尚有變文《韓朋賦》這一系統的傳説故事流行於南方地區。因此,劉恂所記録的"韓朋鳥"故事,很有可能在干寶的時代之前就已經流傳開來。上述問題均是今後的課題,而上述《搜神記》末尾的説法亦藴含着不容忽視的問題。

九、韓朋圖像

2019年11月,深圳市金石藝術博物館理事長吳强華先生給予我非常重要的關於韓朋畫像石的資料提示(圖版一、圖版一b)。筆者將這一畫像石暫稱爲"吳氏藏韓朋畫像石"(東漢),該畫像石由右石和左石二石組成(圖版一b),而韓朋圖則在左右三層(圖版一)。這一新出韓朋圖是前所未有的伴有珍貴題字的資料,在韓朋圖的研究方面,尤其在韓朋傳説的淵源研究方面具有極高的學術價值。本論文在介紹吳氏藏韓朋畫像石的同時，將對其圖像内容（圖版一）進行分析探討。

目前，包括該吳氏藏韓朋畫像石在内，筆者所知的韓朋圖像共有下述20件文物資料[①]。其中第2—5四件文物爲銅鏡，其餘十五件爲畫像石。此外，20-b爲畫像石斷片。下面所列舉的資料，對於標注有榜題或題記的文物，筆者在其數字後方標注※，并在文物名稱後面的括號中對其榜題或題記進行記錄。A—F表示上述銅鏡（2—4）的榜題，亦表示韓朋畫像的六個場景（後述）。

1※ 吳氏藏韓朋畫像石（右石三層。榜題從右至左分別爲"下寺吏／□庭持""此孺子""此宋王二子""此孺子妻"）

2※ 浙江省文物考古研究所藏宋王貞夫銘畫像鏡（A"宋王""侍郎"，F"貞夫"）

3※ 孔震氏藏貞夫銘畫像鏡（F"貞夫"）

4※ 孔震氏藏宋王皇后銘畫像鏡（A"宋王""侍郎"，C"皇后"）

5. 周曉剛氏藏無銘貞夫畫像鏡

6. 東漢武氏祠畫像石（左石室七石1層）

7. 泰安大汶口東漢畫像石（六石）

8. 嘉祥南武山東漢畫像石（二石3層）

9. 嘉祥宋山二號墓石祠（西壁2層）

10. 嘉祥宋山三號墓石祠（西壁中層）

11. 松永美術館藏東漢畫像石（上層）

12※ 南武陽功曹闕東闕（西面1層。"孺子""信夫""宋王"）

13※ 山東東平石馬莊東漢畫像石(前室東門眉左。"信夫""立子二人""宋王"）

14. 榆林橫山東漢畫像石（墓門右門柱1—3層）

15. 莒縣東漢畫像石（2層）

16. 嘉祥洪山村東漢畫像石（三石1層左）

---

① 在1—20的20件文物之中，其中6—12的七件文物曾被我推定爲舜圖或伯奇圖（請參見黑田彰，《孝子伝圖の研究》，東京：汲古書院，2007，Ⅱ二2，780—784頁；Ⅱ二1，719—720頁），謹以此文加以訂正。

17. 嘉祥紙坊鎮東漢畫像石（3層）

18. 孝堂山石祠（東壁上石3層右端）

19. 波士頓美術館藏洛陽八里臺西漢壁畫

20. 魏曹操高陵出土畫像石（3層右）

20-b※ "宋王車"榜題斷片（"宋王車"）

本論文開頭部分所列圖版一～圖版九呈現了上述1—20中的韓朋圖像。關於圖版一所呈現的吳氏藏韓朋畫像石，筆者將在後文進行探討，在此首先對2—5（圖版二～圖版五）的四面銅鏡上所繪韓朋圖進行考察。

如上所述，2—5四面銅鏡所繪韓朋圖是進入21世紀以後才被人發現的文物資料，尤其是2浙江省文物考古研究所藏宋王貞夫銘畫像鏡與敦煌漢簡的出現，共同成爲顛覆此前韓朋圖以及韓朋傳説研究的里程碑式的文物資料。圖版二是文物2的整體圖示，通過圖示可知，文物2圖像由四鈕所劃分的四幅韓朋故事場景構成。圖版二b則是文物2的上述四個場景的局部擴大圖（文物3、文物4、文物5的b圖也是如此［分別爲圖版三b、圖版四b、圖版五b］）。現在所知的韓朋故事銅鏡文物（下文統稱爲"韓朋鏡"）共有上述2—5四面，其所繪韓朋故事之圖像爲下述A—F的六個場景。

A. 宋王想得到貞夫

B. 梁伯迎接貞夫

C. 宋王迎貞夫爲皇后

D. 梁伯（宋王）迫害韓朋

E. 韓朋成爲囚徒餵馬

F. 貞夫向韓朋發送箭書

關於銅鏡與故事場景之間的對應關係，學界曾有此方面的研究，例如有韓朋鏡2（2006年）對應A、D、E、F四個場景，韓朋鏡3對應F場景的研究[①]。然後又出現了韓朋鏡4（2012年）對應B、C二場景的

[①] 王牧，《東漢貞夫畫像鏡賞鑑》，《收藏家》2006年3期。陳長虹，《漢魏六朝列女圖像研究》，北京：科學出版社，2016，第二章第一節。森下章司，《漢代の説話画》，《國立歷史民俗博物館研究報告》2015年194期。

研究①，以及韓朋鏡 4 對應 A 場景、韓朋鏡 5（2012 年）對應 F 場景的研究。上述研究加之敦煌漢簡的發現，共同給韓朋圖和韓朋研究帶來巨大的震動，一改此前的研究現狀，形成了分水嶺式的突破。

圖版二呈現了韓朋鏡 2 的全貌，圖版二 b 則呈現了韓朋鏡 2 中的 A、D、E、F 等四個場景；圖版三呈現了韓朋鏡 3 的全貌，圖版三 b 則呈現了韓朋鏡 3 中的 F 場景；圖版四呈現了韓朋鏡 4 的全貌，圖版四 b 則呈現其中 A、B、C 的三個場景；圖版五呈現了韓朋鏡 5 的全貌，圖版五 b 則呈現其中的 F 場景。如果將韓朋鏡 2—5 四面銅鏡中所繪韓朋故事場景作成一覽表的話，則如下所示。

  2. A   D、E、F
  3.   F
  4. A、B、C
  5.   F

下面，我們將根據上面的一覽表，按照韓朋鏡 2—5 的順序來分析韓朋圖的 A—F 六個場景。

圖 2 爲韓朋鏡 2 與韓朋鏡 4 中的 A 場景。在韓朋鏡 2 中，共繪有三個人物，其中右數第一人身形被描繪得格外大，而其他二人則身形較小，三人均爲右向立姿。其中右數第一人的腰部左側有"宋王"榜題，右數第三人的腰部左側有"侍郎"榜題，可知右數第一人爲宋康王，其餘二人均爲侍者。

韓朋鏡 2

韓朋鏡 4

圖 2   A 宋王想得到貞夫

---

① 陳秀慧，《漢代貞夫故事圖像再論》，《南方文物》2017 年 4 期。

韓朋鏡4構圖相同，相比之下，韓朋鏡4比2多了一人，所繪四人均爲跪坐，其中右數第一人爲左向，其餘三人均爲右向。其中右數第二人身形格外大，該人物面部右側有"宋王"榜題，右數第四人左側（左邊銅鈕的右上方）有"侍郎"榜題，可知右數第二人爲宋康王，其右邊二人爲侍者。從後文對B場景的考察來看，右數第一人應爲梁伯。值得注意的是，韓朋鏡4宋康王與其左方兩個侍者的構圖與韓朋鏡2的構圖完全一致。

韓朋鏡2整體場景布局順序爲：A宋王想得到貞夫→D梁伯（宋王）迫害韓朋→E韓朋成爲囚徒餵馬→F貞夫向韓朋發送箭書。從這一布局順序來看，韓朋鏡2中A場景之後爲D、E、F三個場景（參照圖版二b）；韓朋鏡4整體場景布局順序爲：A宋王想得到貞夫→B梁伯迎接貞夫→C宋王迎貞夫爲皇后。從這一布局順序來看，韓朋鏡4中A場景之後爲B、C兩個場景（參照圖版四b）。也就是說，包含圖2中A場景在內的從A到F的六個場景皆與變文《韓朋賦》相一致，甚至可以說只和變文《韓朋賦》相一致，因此可以斷定，韓朋鏡2和韓朋鏡4所依據的韓朋故事一定是變文《韓朋賦》之祖本。這是驚人的事實，從根本上改變了我們以往對於變文《韓朋賦》的定位和看法。也就是說，現行的變文《韓朋賦》之祖本的創作，要上溯到漢代以前，關於這一點，需要我們今後將其作爲學術課題進行認真深入的研究與探討。

在這一思路的指導下，下面將對韓朋鏡2與韓朋鏡4中A場景相對應的變文《韓朋賦》中的原文進行比對，引文括號中的文字是爲了便於理解而由筆者增添上的。

A. 宋王想得到貞夫

（［韓朋］懷書不謹，遺失殿前）宋王得之，甚愛其言。即召群臣，并及太史。誰能取得韓朋妻者，賜金千斤，封邑萬戶。

圖3呈現了韓朋鏡4中的B場景。如上所述，韓朋鏡4中含有韓朋故事A、B、C三個場景，是非常珍貴的銅鏡資料。如果從第一個A場景（有"宋王""侍郎"等榜題）及其後續B場景（有"皇后"榜題。參照圖版四b）的先後關聯來看，圖3中B描繪的應該是梁伯在宋康王授意之下驅車將貞夫帶往王

宮的場景。B場景中右向之御者與A場景中右數第一人相同，應爲梁伯。而馬車後方門扉大開，將半身探出的左向之人，應該是回首遥望故鄉的貞夫。此外，文物20-b魏曹操高陵出土畫像石斷片上有"宋王車"的榜題（參照圖版九之20-b），其圖像有很大的可能性爲描繪B之場景。與圖3中B場景相對應的變文《韓朋賦》原文摘錄如下。

B. 梁伯迎接貞夫

梁伯啓言王曰，臣能取之。宋王大喜，即出八輪之車，爪(騮)騮之馬，前後仕從，便三千餘人。從發道路，疾如風雨。三日三夜，往到朋家……

韓朋鏡4

圖3　B梁伯迎接貞夫

圖4呈現的是韓朋鏡4中C場景。整個畫面配置有三個人物，中央左向端坐的女性身形格外高大，其左方有"皇后"榜題，可推知此人爲受梁伯迎接并成爲宋康王皇后的貞夫。其右方有一人呈左向坐姿，爲梁伯，其左方有一右向而立的女性，應爲侍者。與圖4中C場景相對應的變文《韓朋賦》原文摘錄如下。

C. 宋王迎貞夫爲皇后

宋王見之，甚大歡憘[喜]。三日三夜，樂不可盡。即拜貞夫，以爲皇后。前後事[侍]從，入其宮裏。

韓朋鏡 4

圖 4　C 宋王迎貞夫爲皇后

圖 5 呈現了韓朋鏡 2 中 D 場景。整個畫面繪有三個人物。左右站立的兩人中間有一個頭朝右躺在地上的人，此人的身形非常小。站在右邊的人面向左方而頭向右傾斜，高舉的左手中握着戟，而站在左邊的人則面向中央，高舉雙手，其右手好似握着劍的中部。此左右站立的二人面部有共同的特徵，其造型爲：眉毛呈倒八字，怒目而視，咬牙切齒作怒吼狀。與此相反，被兩人夾在中間的人物表情雖有些不好辨別，但看上去呈痛苦狀，並且好像手握着什麼東西高舉至頭部上方。

韓朋鏡 2

圖 5　D 梁伯（宋王）迫害韓朋

对於圖 5，森下章司指出，"另外一幅畫面（指的是圖 5）中没有榜題。其圖像看起來似手執武器的二人在制裁躺在脚邊的身形很小的人。可以認爲這是宋王的手下迫害韓朋的場景。這裏的韓朋手持類似書信之物"①，筆者同意森下的這一分析。現將與圖 5 中 D 場景相對應的變文《韓朋賦》原文摘録如下。

D. 梁伯（宋王）迫害韓朋

王曰，夫人愁思，誰能諫之。梁伯對曰，臣能諫之。朋年卅未滿，二十有餘，姿容窈窕，黑髮素絲，齒如珂珮，耳如懸珠。是以念之，情意不樂。唯須疾害朋身，以爲囚徒。宋王遂取其言，即打韓朋雙板齒落。并着故破之衣裳，使築清[青]陵之臺。

圖 6 呈現了韓朋鏡 2 中 E 場景。圖 6 中央爲一匹右向的馬，右方爲一名男性右向而立，左方爲一樓閣，繪有臺階。此圖中右方站立男性爲韓朋，其左手中仿佛持有某種物品，畫面左方的樓閣爲青陵臺。此畫面描繪了身受迫害成爲囚徒修建青陵臺的韓朋餵馬的場景。關於這一場景，森下曾做過如下分析："其横向左方區域所描繪的（指圖 6 中 E 場景）牽馬之人是韓朋，手中所持之物是來自貞夫的書信。其中所描繪的應爲《韓朋賦》中韓朋被貶餵馬的場景。旁邊的高樓爲宋王命人修建并遣韓朋服徭役的青陵臺。"② 森下的上述説法中存在問題，即圖 6 右方韓朋左手所持之物爲何物的問題。

---

① 森下章司，《漢代の説話画》，《國立歷史民俗博物館研究報告》2015 年 194 期，190 頁。但是，筆者對其中"韓朋手持類似書信之物"的説法存有疑問。根據變文《韓朋賦》中的敘述來看，貞夫從故鄉寄給遠在宋國的韓朋之書信（所謂《烏鵲歌》的前半。記載在變文《韓朋賦》中六首歌中的①）已被韓朋疏忽掉在殿前，應該在宋王手中。

② 關於韓朋手持物品的問題，楢山滿照亦認可森下的説法，指出"韓朋……手中所握確實是箭書"。楢山滿照，《後漢鏡の圖像解釈―中国美術史上における儒教圖像の意義》，《アジア遊学》2019 年 273 期。

韓朋鏡 2

圖 6　E 韓朋成爲囚徒餵馬

如果按照森下的韓朋"手中所持之物是來自貞夫的書信"的説法來看，那麼，韓朋鏡 2 中 E 場景（圖 6）與後續 F 場景之間的順序則會顛倒，變成 F→E 的順序（書信應爲場景 F 中貞夫所發箭書而來。參照圖版二、圖版二 b）。這樣一來，韓朋鏡 2 中以銅鈕爲中心逆時針展開的 A→D→E→F 的場景配置就會因 F→E 的順序顛倒而被破壞（韓朋鏡 4 有三個場景，其場景配置是以銅鈕爲中心逆時針展開的 A→B→C 順序。參照圖版四、圖版四 b）。根據變文内容來看，作爲囚徒的餵馬人韓朋（E）與貞夫會面之後，貞夫向韓朋發送箭書（F），從這一情節發展來看，韓朋鏡 2 中 E 場景和 F 場景之間的順序必然爲 E→F 的順序。那麼，圖 6 中韓朋究竟手持何物呢？關於這一點，陳秀慧曾指出"一男子持斧而立"[1]，筆者贊成這一説法。韓朋左手所持之物應爲"刔草"（變文《韓朋賦》。刔爲斬切之意）所使用的斧頭這一工具。關於 E 場景，此外還有一例韓朋畫像石中亦有刻畫（參照圖版八之 15 左側）。此外，圖 6 左方從青陵臺上一直延伸到左下方的臺階也非常引人注目，該臺階是韓朋接收貞夫所發箭書之地，在韓朋畫像石 1、6 之外的諸多畫像石上均有刻畫。現將變文《韓朋賦》中與圖 6 韓朋鏡 2 中 E 場景和畫像石 15 左側場景相對應的内容摘録如下。

---

[1]　陳秀慧，《漢代貞夫故事圖像再論》，《南方文物》2017 年 4 期，209 頁。

E. 韓朋成爲囚徒餵馬

（貞夫聞之，痛切忏腸[肝]，情中煩怨[惱]，無時不思。貞夫咨宋王曰，既築清陵之臺訖[青]，乞願暫往觀看。宋王許之。乃賜八輪之車，爪騮之馬[騧]，前後侍從，三千餘人，往到臺下。）乃見韓朋，剉草飼馬，見妾羞恥，把草遮面。貞夫見之，淚下如雨。

圖7呈現了韓朋鏡2、3、5的F場景（韓朋鏡4中缺少F場景）。在韓朋鏡2中，有兩名身形較大的女性分立左右，其中右方女性向左而立并平舉兩臂，其右臂的上下空白處分別附有"貞"和"夫"的榜題，可知右方女性爲貞夫。左方的女性應爲侍女。韓朋鏡3中同樣刻畫了兩位女性，其中右方女性平舉雙臂，左手持弓，向右而立，其右手的上部有"貞夫"榜題，可知該女性爲貞夫。左方女性應爲侍女。從整體構圖上來看，韓朋鏡2、3中除了貞夫面部朝向不同，其餘完全一樣，這非常耐人尋味。韓朋鏡2中的貞夫雖然沒有手持弓箭（韓朋鏡5亦是如此），但其原型應爲韓朋鏡3中的貞夫，因此可以將圖7韓朋鏡2、5的F認定爲貞夫向韓朋發送箭書的場景。圖7的三圖中，5周曉剛藏無銘貞夫畫像鏡（圖版五）中的F場景，筆者個人認爲應算作韓朋圖。其依據是，首先，正如在韓朋鏡3中所見的那樣，貞夫向韓朋發送箭書的F場景是可以獨立作爲一個場景繪製的（參照圖版三、圖版三b）；其次，韓朋鏡5中的女性造型與貞夫造型非常相似；此外，韓朋鏡2中貞夫兩上臂之下繪有兩個孩童（參照圖7。韓朋鏡3中兩個孩童被配置到貞夫持弓的左臂之下）。變文《韓朋賦》中完全沒有提及貞夫育有兩子的情況，然而，事實上貞夫在給韓朋發送箭書的時候與宋王之間已育有兩子，這一點在後述吳氏藏韓朋畫像石"此宋王二子"的題記（參照圖版一）可以得到印證，此二子在圖版六及韓朋鏡2、3中亦有描繪。而韓朋鏡5中貞夫兩臂下的兩個孩童形象基本上原封不動地出現在韓朋鏡2中。與圖版六及韓朋鏡2、3、5中F場景相對應的變文《韓朋賦》中的原文如下。

F. 貞夫向韓朋發送箭書

貞夫聞語，低頭却行，淚下如雨。即裂裙前三寸之帛，卓齒取血，且作私書，繫箭頭上，射與韓朋。朋得此書，便即自死。

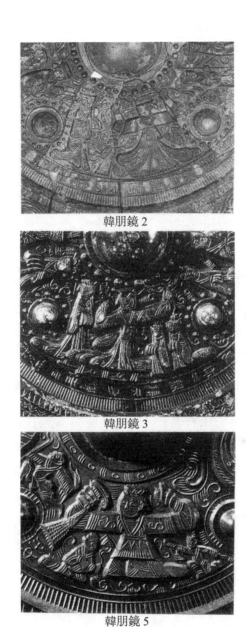

圖7　F 貞夫向韓朋發送箭書

綜上所述，韓朋鏡2—5中所描繪的 A—F 六個場景（圖2—圖7）與變文《韓朋賦》之間均有一一對應關係。從這點可知，變文《韓朋賦》中以及韓朋鏡中所出現的 A—F 各部分的創作應該可以追溯到漢代以前。此外，西漢後期的敦煌漢簡中的部分內容與變文《韓朋賦》的開頭部分有非常一致的地方，因此可以認定，變文《韓朋賦》中開頭部分的創作可以追溯到漢代以前。具體內容對應如下：

敦煌漢簡：

　　□書，而召榦俯問之。榦俯對曰，臣取婦，二日三夜，去之來遊，三年不歸，婦□
　　（韓朋）　　　　　（韓朋）

變文《韓朋賦》開頭部分：

　　昔有賢士，姓韓名朋，少小孤單，遭喪遂失其父，獨養老母。謹身行孝，用身為主意遠仕。憶母獨注，故娶賢妻，成功索女，始年十七，名曰貞夫。已賢至聖，明顯絕華，刑容窈窕，天下更無。雖是女人身，明解經書。凡所造作，皆今天符。入門三日，意合同居，共君作誓，各守其軀。君亦不須再取婦，如魚如水；妾亦不再改嫁，死事一夫。韓朋出遊，仕於宋國，期去三年，六秋不歸。
　　（母）　　　　　　（住）　　　　　（公）（素）　　　　　　　　（形）　　　　　　　　　　　　　　（合）　　　　　　　　（娶）

從上述兩個文本的比對來看，變文《韓朋賦》中下劃綫部分與敦煌漢簡中的內容完全一致。此外，從《搜神記》的相思樹情節與變文《韓朋賦》中大團圓結局非常相似這一點來看，可以推知，現行變文《韓朋賦》版本的整體創作可以追溯到漢代以前。如果不能這樣看待的話，那麼，韓朋鏡與韓朋畫像石的研究就不能向前推進，這亦是韓朋研究的現狀。下面，筆者將按照這一觀點，對韓朋畫像石的圖像內容作進一步的考察。變文《韓朋賦》的內容誠然非常古老，然而，現行變文《韓朋賦》版本卻並不是漢代韓朋故事的原貌，在這個意義上，可以說，韓朋畫像石不斷揭示出現行變文《韓朋賦》版本中的局限之處。

十、吳氏藏韓朋畫像石

圖8呈現出吳氏藏韓朋畫像石（圖版一）的右半部。該圖右方建築物中有一男子向左而坐（身形較大），圖左方建築物外面有一男子向右跪坐（身形較小）。該圖究竟表示的是韓朋傳說中的哪一部分場景呢？在上述四面

韓朋鏡中並没有與該圖相對應的場景，但在韓朋畫像石的6、8、9、10、11的左方却繪有與該圖類似的内容（參照圖版六、圖版七）。只不過，上述圖像大多均與該圖繪製内容左右方向相反，即身形較大的人物居左，只有11與該圖相同。而8、9、11三幅圖均將兩位男子繪於建築物内部。此外，韓朋畫像石7、15、20的三幅圖中亦繪有與該圖相同的建築物（參照圖版六、圖版八、圖版九。7的布局與該圖左右位置相反），7、20中建築物臺階下方只繪有一個男子，而15中則完全没有繪製人物。

圖8　吴氏藏畫像石（右半）

從上述可知，該圖（圖8）是東漢畫像石中出現頻率很高的知名場景。"□書，而召榦倗（韓朋）問之。榦倗（韓朋）對曰，臣取婦，二日三夜，去之來遊，三年不歸，婦□"。從敦煌漢簡上述内容來看，可知該圖正是上述宋王與韓朋（榦倗）對話的場景。從與變文《韓朋賦》之間内容的比對來看，敦煌漢簡開頭部分采取借韓朋之口進行敘述的方式，可以想見其故事背景應該是宋王基於某種情况，召見韓朋，并詢問其妻情况及其與韓朋之間的關係等問題。其具體情况應該是上述敦煌漢簡中第二字"書"所提示的情况。在變文《韓朋賦》中，其"書"正是韓朋之妻給三年未歸的丈夫所寫的書信，"其妻念之，內自發心，忽自執筆，遂字造書……其妻^(書)有感，直到朋前。韓朋得書，解讀其言……懷書不謹，遺失殿前。宋王得之"。這正是所謂的《烏鵲歌》之書，是宋王搶奪韓朋之妻的導火索。可以想見，在原來漢代韓朋傳説中應該有宋王得到韓朋之妻寫給韓朋的書信并召見韓朋詢問其妻情況方面的情節之描寫。而現行變文《韓朋賦》版本中，之所以沒有該情節的描寫，很有可能是因爲嫌其内容重複而捨棄的緣故。圖8右方男子爲宋王，其左手伸出的手勢很有可能是在催促韓朋講述貞夫的情況；左方的男子爲韓朋，其拱手的畫面描繪的是在向宋王解釋"臣取婦二日三夜"（敦煌漢簡）的場景。而圖8中的建築物應該是青陵臺。關於青陵臺，後文將有涉及。

與圖8有着相同場景的有6、8、9、10、11等韓朋畫像石（參照圖版六、圖版七）。這亦印證了該場景在漢代是很常見的場景。其中畫像石7（圖版六）、畫像石20（圖版九）的建築物或臺階下僅有一個人物出現，應該是韓朋，所描繪的應該是韓朋在等待宋王召見的場景。從圖8來看，韓朋鏡4的A場景（圖2的鏡4）中從右向左依次應爲韓朋（前文曾推斷爲梁伯）、宋王，可以認爲是宋王向韓朋發問的場景，這亦是韓朋鏡與畫像石之間存在緊密關聯的例證之一。

圖9中有四個題記，從右向左依次爲：

1. 下寺吏
　清 庭持　^(諸)
2. 此孺子
3. 此宋王二子
4. 此孺子妻

圖9左端上部還殘留有另外一個人物形象的痕跡，此人很有可能是宋王。在上述四個題記中有一個非常少見而且非常珍貴的題記，那就是"此宋王二子"的題記。該題記設置在圖9左下方拱手而立的兩個孩童旁邊（右方孩童右向而立，左方孩童向後〈左〉回首），這表明了此二子爲宋王與貞夫所生。下面將從該題記進行考察。在考察該題記之時，有一個非常重

要的相關資料,那就是 13 山東東平石馬莊東漢畫像石(參照圖版七)。該畫像石是距今二十多年前於 1997 年出土的文物,由於其原石後來被埋回原處,無法觀看,山東東平縣博物館中留有其拓本(趙超先生教示)。最初將其作爲韓朋畫像石進行介紹的人是陳秀慧①。在該畫像石上書有三個榜題題記,從左向右分別是:

宋王

立子二人

信夫

圖 9　吳氏藏韓朋畫像石(左半)

圖 10 是畫像石 13 上 A、B、C 三個場景的簡易綫描圖。

A 場景　　　　　　　　B 場景　　　　　C 場景

圖 10　韓朋畫像石 13 的三個場景

---

① 陳秀慧,《漢代貞夫故事圖像再論》,《南方文物》2017 年 4 期。

如上所述，與吳氏藏韓朋畫像石中"此宋王二子"題記相關聯的資料是圖 10 中"立子二人"這一題記。圖 10 從左向右有三幅場景，分別爲 A、B、C，其中場景 A 分別爲兩名侍從（右向）、宋王（右向）、韓朋（左向）；場景 B 爲兩名孩童（身體朝向正前方，面向右）、信夫（貞夫。面向正前方）、侍從（左向）；場景 C 爲韓朋（右向。後述）。其中場景 B 中所繪的兩名孩童以及"立子二人"的題記表明畫中的兩位孩童爲貞夫（信夫）和宋王所生之子，與此同時，"立子二人"亦表明宋王正式承認此二子爲自己的孩子，即將其認定爲王子。如圖 10 所示，韓朋畫像石 13 由 A、B、C 三個場景構成。而圖 9 中"此宋王二子"題記下方的兩個孩童應該就是圖 10 場景 B 中"立子二人"題記下方的兩個孩童，因此圖 9 "此宋王二子"之圖像應該與韓朋畫像石 13 中的 B 場景相對應。在該畫像石中，二子的右方有一位面向正前方的女子，其旁側標有"信夫"之榜題（"信夫"這一榜題在畫像石 12 中亦有標注。參見圖版七），該女子應該就是貞夫，其右方左向而立的女子應爲侍從。在女主人公的名字中所使用的"貞"與"信"兩個字實爲同義字，唐李鼎祚撰《周易集解》卷一中，有"貞固，足以幹事"（《周易》一"乾"），其中所引隋何妥注曰："貞，信也。"從字音上來説，二字發音亦有相通之處，此外，"貞"的同音字還有"真"。"貞""信""真"三字自古以來就作爲"誠"字的同義字被廣泛使用，例如《文選》卷十五之張衡《思玄賦》中有"慕古人之貞潔"的説法，其舊注有"貞，誠也"的注釋；此外，《説文解字》卷三上中有"信，誠也"的注釋；荀子《勸學》中則有"真積力久則入"的説法，唐楊倞注爲"真，誠也"。從上述可知，"貞""信""真"三字廣泛通用，而上述三字究竟哪一個才是女主人公名字中原有之字尚有待進一步的考察。

綜上所述，圖 10 所示韓朋畫像石 13 之 B 場景與圖 9 中"此宋王二子"題記所示場景均表明貞夫（信夫）與 A 場景中宋王之間育有二子。引人深思的是圖 10 中的 A 場景，雖然宋王站立（圖 10）與坐（圖 8）姿態不同，但是宋王（旁有"宋王"榜題）與其右方韓朋兩人的動作同圖 8 中的完全一致（只不過左右布局相反，A 場景的左側是兩名侍從）。也就是説，圖 10 韓朋畫像石 13 中的 A 場景與圖 8 相同，均是宋王向韓朋詢問其妻情況的場景。而圖10的C場景描繪的則是韓朋背負箭書向右方奔逃的場景，因此，上述A、B、C三個場景構成了韓朋畫像石13的畫面。而13中的B場景與圖9中二子所反映出來的情節在變文《韓朋賦》中完全沒有踪迹，但在漢代韓朋傳說中却真實存在，這也意味着，現行的變文《韓朋賦》版本中脱落了這一情節。如果這一情節存在的話，應該插到成爲皇后的貞夫與被貶餵馬的韓朋重逢情節之前。從圖9中的二子以及圖10中B場景所描繪的情節來看，與現行變文《韓朋賦》版本相比較，漢代的韓朋傳說存在着貞夫身伴宋王、心在韓朋這一情節内容，可以說非常婉轉動人，换言之，也可以說非常真實殘酷。同樣的問題也體現在圖8與圖10的A場景之中，那是宋王直接向韓朋詢問其妻情況的場景。

如前所述，韓朋鏡1—4中以銅鈕爲中心，將故事情節切分爲從A到F六個場景，並且上述場景井然有序地配置排列。關於這一點，森下做了如下論述："具有這種特徵的圖像只有少數幾個個例，很難想象這是在銅鏡圖像中創造出來的，可以想見這是基於類似畫卷一樣的粉本而創作出來的。銅鏡很有可能是將粉本中的部分場景再現出來。也就是說，漢代很有可能存在一種故事畫卷，這種畫卷有連續的場景，并由相應的若干畫面所構成。兩鏡的製作年代大約爲公元1世紀前後，可以想象，這一時期的江南正是上述這種故事畫普及的時代。"[①]上述情況亦適用於圖8（1）與圖10（13）等兩個韓朋畫像石。猶記得二十幾年前，武梁祠與和林格爾東漢壁畫墓中的孝子傳圖引起學界注目之時，筆者曾指出東漢時代應該存在孝子傳圖畫卷之粉本，針對筆者的說法，東野治之曾撰寫論文進一步訂正說，"西漢時代應該就有"，這讓我非常驚訝[②]。尤其是讀了森下等學者的論文，深感我們當時的假說在銅鏡研究中所具有的現實意義。雖然筆者提出西漢末期就存在作爲韓朋鏡粉本的韓朋物語畫卷，但粉本與實際圖像之間的關係絶没有那麽簡單。

這一點從韓朋鏡F場景中所繪二子圖像中可見端倪（參照圖7）。這裏

---

① 森下章司，《漢代の説話画》，《國立歷史民俗博物館研究報告》2015年194期，191頁。
② 東野治之，《律令の孝子伝—漢籍の直接引用と間接引用》，《萬葉集研究》2000年24期。該文後被收録於氏著《日本古代史料學》，東京：岩波書店，2005，一章5。

將二子配置在向韓朋發送箭書的貞夫的弓箭之下（韓朋鏡3。韓朋鏡2、5則在手臂之下），這一構圖與圖9相同，與韓朋畫像石6、7、8、9、10（二子配置在貞夫的前後）以及11、14（左右相反）和17、18、20（15中只有一子；19不明）亦有大同小異之處。此外，圖10中所呈現的畫像石13的B場景中貞夫（信夫）的左側繪有二子，乍看起來好像與圖9相同，然而需要引起注意的是，畫像石13的B場景中貞夫手中却没有弓箭，也就是説，這並不是貞夫向韓朋發送箭書的場景。而在畫像石12、16中，發送箭書的貞夫身旁却没有二子的踪影。從構圖上説，畫像石12、16更接近貞夫向韓朋發送箭書的原始畫面，因此，如果從變文《韓朋賦》的内容來考慮的話，畫像石13的B場景，畫像石12、16的場景，韓朋鏡2、3、5的F場景，以及圖9中所出現的二子，均應是貞夫與宋王所生二子之場景（畫像石13的B場景）與貞夫向韓朋發送箭書場景重叠交錯的結果。此外，畫像石6之後，在貞夫發送箭書場景中，貞夫的右側或左側總有宋王影像的出現，這亦可以看作是原本應該出現在諸如畫像石13的B場景中的宋王被交錯重叠使用在其他場景之中（畫像石6、7、8、9、10、12、16、17、18、20）。如上所述，圖9場景的出現絶非那麽簡單。

如前所述，圖9中除了題記3"此宋王二子"之外，還有1、2、4等三個題記。

圖11所呈現的是圖9右上方所標注的1、2兩個題記。經趙超先生指點，這兩個題記讀爲：

1. 下寺吏
   清 庭持（請）
2. 此孺子

其中，題記1是吴氏藏韓朋畫像石中所獨有的題記，此外再無同例，可謂非常珍貴。然而，題記1究竟是關於什麽方面的内容呢？關於這一點，有幾種思考方式和角度。這裏提供其中的一種。首先請看"清庭持（請）"中的"持"字。東漢劉熙撰《釋名》卷五"釋宫室"中有"臺，持也。築土堅高，能自勝也"的説法。從這裏可知，漢代將"臺"稱爲"持"，這是因爲"臺"

圖11　題記1（右）、題記2（左）

是由土高築之後并在上面修造木製建築物而巋然不倒之場所，此字亦由來於此（關於"臺"的詳細解説，可參考關野雄《台榭考—中国古代の高台建築について》，收錄於關野雄《中國考古學研究》，東京：東京大學出版會，1956年，Ⅲ五）。根據《釋名》的解釋，該題記中的"持"可以解釋爲"臺"，即青陵臺。從變文《韓朋賦》中宋王令受到迫害的韓朋"并着故破之衣裳，使築清(青)陵之臺"以及《搜神記》中"王囚之（韓朋），淪爲城旦"（城旦爲一種强制男性罪犯每天早起開始服築城勞役的刑罰，刑期爲四年——《漢書·惠帝紀第二》應劭注）等説法來看，對於遭遇奪妻服刑的韓朋來説，"臺"在其故事傳説中起到了至關重要的作用。如果説"持"指的是"青陵臺"的話，那麽"持"前面的"庭"字則應是修理之意（《詩經·小雅》中《大田》"既庭且碩"的含義，《毛傳》中有"庭，直也"的釋義），亦有校正之含義（《文選》卷二中，張衡《西京賦》中有"參塗夷庭"的説法，李善注爲"庭，猶正也"）。從上述含義出發，題記1左邊的"清庭(請)持"的含義應是請韓朋直持——即讓韓朋修建青陵臺。

而題記1右邊"下寺吏"題記中的"寺吏"指的是獄吏,因此題記1中的"下寺吏清庭持"應爲"下寺吏請庭持"，其含義是宋王下旨命獄吏讓韓朋修建青陵臺。如果這一解釋正確的話，那麽，變文《韓朋賦》中與題記1相對應的內容也就可以追溯到漢代了。因此，題記1很好地説明了圖9右方所繪韓朋背負着貞夫所發箭書，沿青陵臺臺階而上的場景，這一場景出現的原因在於韓朋爲了躲開自己的妻子而逃走①。

圖9的中心畫面應該是位於畫面左方的左手持弓、右向而立發送箭書的女性形象（旁側有"此孺子之妻"題記），與右脚邁上臺階，一邊向後（左）回首一邊向右逃走的男性形象（旁側有"此孺子"題記）。該男子肩上所負之物上部被箭穿過，從箭的左下方垂下的綫繩末端墜有箭書。毋庸諱言，上述場景中出現的女性形象爲貞夫，右方出現的男性形象爲韓朋，下面將從圖9的另外兩個題記説起。

2. 此孺子
4. 此孺子妻

首先，從題記中將韓朋稱爲"孺子"（孩子）的問題開始考察（韓朋畫像石12中也有"孺子"之榜題）。作爲參考，筆者想提示另外一個叫作"韓重傳説"的故事，這個故事與變文《韓朋賦》中均有《烏鵲歌》（以韓朋疏忽掉落、宋王拾起信件爲故事發端的歌謡）這一歌謡的出現。兩個故事時期一致，可以認爲曾是同一個故事，後來在某一個時點出現了不同情節而形成了兩個故事。韓重傳説中的"韓重"爲男主人公的名字；以女主人公爲主的故事則叫"紫玉傳説"，見於《搜神記》卷十六第396，古《越絕書》（《吴地記》"女墳湖"條所引）等。韓重傳説講述了吴王夫差不同意其

---

① 在參考《釋名》之前，筆者曾將題記1第一行"下寺吏"的"吏"理解爲官員，即韓朋（在變文《韓朋賦》中，提到韓朋"仕於宋國""朋爲公（功）曹"的説法，其中"功曹"爲郡之屬官；在《搜神記》中，有"舍人"的説法，《法苑珠林》卷二十七中有此官職之引用，爲"大夫"之意）；而對於第二行"清庭持"中的"清"字，經趙超先生指點，將其理解爲"請（請）"的含義，而"庭"字則理解爲宮中，"持"字理解爲"侍"，因此，筆者將"清（請）庭持"理解爲宋王想瞭解韓朋之妻的情况，要求韓朋在宮中（青陵臺）等候召見。因此筆者對於題記1"下寺吏，清（請）庭持"亦理解爲"對於即將離開官衙的韓朋（吏），宋王要求他在宮中（庭）等候召見"。如果這樣理解的話，那麽，題記1則與圖9没有什麼關聯，而是解釋圖8中韓朋跪在臺階之下的題記。這樣一來，韓朋畫像石7（圖版六）和20（圖版九）中所描繪的臺階下方只有一名男子的場景就可以理解爲韓朋在等待宋王的召見。

女紫玉與韓重之間的婚事，因此女主人公紫玉身亡，死後靈魂與韓重重逢的靈異事件。這裏值得關注的是韓重的稱呼，《搜神記》中將韓重稱爲"童子韓重"，而《越絕書》則將韓重稱爲"書生韓重"。從這些稱呼中推測，漢代以前韓朋曾被稱爲"孺子"。這亦見於作爲同源資料的"韓壽傳説"（《世説新語》卷六"惑溺"5），韓壽有可以輕易越過常人所無法越過的高牆的能力。從上述傳説資料中可以看出，具有不可思議能力的年輕人通常被稱爲"童子"或"書生"。因此可以推知，由於韓朋在其死後具有斬斷宋王首級的靈異之力，因此亦被稱爲"孺子"。然而，"孺子"這一稱呼也僅停留於畫像石的榜題之上，變文《韓朋賦》以及《搜神記》等資料中則完全沒有此方面的記載。

以圖9中的韓朋形象爲代表，畫像石中所表現的韓朋形象基本上都是逃走的形象。那麼，韓朋爲什麼要逃走呢？從變文《韓朋賦》來看，韓朋與貞夫重逢之時，正如韓朋鏡E場景所表現的那樣，是在韓朋作爲囚徒餵馬的狀況之下發生的。在文本中有諸如"見妾羞恥，把草遮臉""取草遮面，避妾隱藏"等韓朋試圖躲避貞夫等方面的描寫，但文本中却沒有韓朋要從貞夫身邊逃走之類的記載，但是圖9中却真實地描繪了韓朋逃走的場景，關於其逃走的理由，有必要進行考察。想來韓朋遭到身體上的迫害并淪爲城旦（《搜神記》）之際，應該已經決心赴死了，剩下的就是何時死的問題。而這個時候也就是向貞夫表明心迹的時候。於是，在與貞夫重逢之時，韓朋向貞夫贈歌如下（變文《韓朋賦》④中韓朋回贈貞夫之歌）："南山有樹，名曰荊蕀（棘），一技（枝）兩刑，葉小心平。形容燋（憔）悴，無有心情。蓋聞東流之水，西海之魚，去賤就貴，於意何如。"這是一首帶有字謎的詩歌，大體含義是：我無法反抗擁有權力的宋王，無法和你（貞夫）在一起（自己已有死意），你的心意又如何呢？對於韓朋來説，在有權有勢的宋王面前，貞夫傾心於宋王亦是自然，韓朋對此已經不抱幻想，然而看到貞夫面對自己的提問的反應，韓朋已經瞭解了貞夫的真實想法。於是韓朋明白，自己聽到答案之時就是貞夫（以及自己）赴死之時。在這種情況下，不讓貞夫赴死就要不讓貞夫回答或不聽貞夫回答。這也正是韓朋從貞夫身邊逃走的場景出現的原因。而貞夫在面對無論如何都不聽自己回答的韓朋之時，想出一計，即用弓箭發送自己所寫之血書（箭書）。上述情節内容雖然在變文《韓朋賦》中均未有出現，但是從圖9等畫像石上完全可以推知，漢代的韓朋傳説中已經具備了上述情節内容。

而圖9中從箭上垂下的貞夫箭書上的回答如下："天雨霖霖，魚游池中，大鼓無聲，小鼓無音"，這是變文《韓朋賦》中貞夫向韓朋發送箭書中所寫詩歌。其中"大鼓無聲"表示貞夫知道韓朋赴死的想法，"小鼓無音"表明自己亦將赴死之決心，這是貞夫向韓朋所表之決心。而在《搜神記》中，該箭書内容則變爲"其雨淫淫，河大水深，日出當心"。關於"日出當心"一句，文本中蘇賀對該句明確解釋爲"日出當心，心有死志也"。從故事情節發展來看，韓朋雖然一直躲避并試圖逃離貞夫的回應，但當他讀了貞夫的箭書之後，則結髮而死，變文《韓朋賦》中有"朋得此書，便即自死"的記載，《搜神記》中則爲"俄而憑乃自殺"。其中文字記録過於簡略，我們無從得知關於韓朋自殺的具體情況。那麽，韓朋究竟是在何處如何自殺身亡的呢？解開其謎底的綫索就在圖9題記1下面的圖像之中，圖9中韓朋右脚所踩臺階，應該是通向青陵臺的臺階，而韓朋右側的建築物則是青陵臺。

青陵臺的全貌在韓朋鏡2的E場景之右方亦可看到（圖版二b，圖6之E場景），其臺（臺榭）爲中國古代非常流行的高層建築形式，然而這一建築形式却以南北朝爲分水嶺，在之後完全失去了踪迹，因此關於此種建築形式尚無法瞭解其實際樣態（請參考前引關野雄《台榭考—中国古代の高台建築について》）。從這一點來看，韓朋鏡2的E場景中所繪青陵臺的圖像具有很高的學術價值，這一點亦是衆所周知的。然而，這裏想提起注意的是，韓朋鏡2的E場景中臺階之下馬匹的右方所繪右向而立的一個身形極小的男子形象（手中好像持有笏板）。該人物形象爲韓朋的可能性很高（馬匹右方身形較大的人物應該也是韓朋），這裏的青陵臺應該就是E場景中韓鵬作爲階下囚飼養馬匹的背景畫面。另一方面，如果從韓朋鏡中場景交錯叠加的角度來考慮的話（例如F場景中"二子"的情況），那麽，韓朋鏡2中E場景左方的青陵臺和韓朋形象，與圖8或圖9中的韓朋和青陵臺形象之間有着明顯的關聯，這也應該成爲今後研究的課題。

圖9中身負箭書的韓朋所面臨的是之後的赴死，而這應該是在讀了箭

書之後所采取的行動，那麼，圖10以及韓朋畫像石6之後所繪登上臺階的韓朋形象正應該是爲了表現韓朋登上青陵臺投身自殺之情節所繪。變文《韓朋賦》中有如下記載："宋王即遣人城東，鞋(掘)百丈之曠(壙)，三公葬之禮也。"從這裏可知，韓朋墳墓建在青陵臺東側是由於其赴死場所就在此處，而貞夫之所以選擇投身於該墓穴自殺亦是因爲這曾是前夫投身赴死之處（"言語未訖，遂即至室，苦酒侵衣，遂脆如蔥"）。這一情節在《搜神記》中亦有明確記載："妻（貞夫）遂自投臺。"而吳氏藏韓朋畫像石（圖版一）中，其畫面右半部分描繪的是韓朋傳說的發端（圖8），其畫面左半部分描繪的是該傳說的結尾（韓朋臨死前場景，並非後來的大團圓結尾。圖9、韓朋畫像石6以下亦有該場景），此處的場景描繪亦是韓朋投身青陵臺赴死的佐證之一。關於韓朋赴死的情節，從畫像石的描繪中我們能夠推知的內容如上所述。然而，接下來的問題是貞夫發送箭書以及韓朋接到箭書的場所是哪裏。圖9以及韓朋畫像石6—11、15、20等畫面明確繪有韓朋登上青陵臺奔逃以及貞夫發送箭書的場景（韓朋畫像石14的第二層畫面亦有貞夫向上方射箭的場景）。然而，讓我產生疑問的是，韓朋畫像石12、13、14、16、17、18、19的畫面並沒有任何關於臺階和青陵臺方面的描繪。關於這一點，有兩種解釋。一是，14之後的韓朋畫像石均省略了臺階和青陵臺的描繪（韓朋畫像石12中有關於闕的描繪）。這種情況很有可能是這些畫像石將發送箭書的貞夫和接到箭書的韓朋放在一個構圖中進行了處理。另一種情況是，對於韓朋畫像石12、13、14、16、17、18、19來說，其粉本中貞夫發射箭書等情況並不是在青陵臺，其粉本中還有一個畫面，就是韓朋讀了箭書之後登上青陵臺並投身赴死的場景。上述兩種情況，從道理上講均有可能存在，如果一定要挑選出一個解釋的話，根據圖9以及之後出現二子與宋王兩個場景交錯重疊的現象來看，筆者認可第二種情況。如上所述，圖9之後出現了種種謎團，本論文所考察的也只能是其中的一部分。

附記：本論文是爲北京大學國際漢學家研修基地"中華文明傳播史"系列工作坊之"東亞漢籍傳播研究"國際研討會撰寫，亦是深圳金石藝術博物館所發起的"北朝文化研究事業"的成果之一。

吴大澂甲午戰爭期間致汪啓信札簡釋*

白謙慎

北京故宫博物院藏有吴大澂（字清卿，號愙齋，1835—1902）在甲午戰争期間致其幕僚汪啓（字葆田）信札一册，由於當時汪啓在吴大澂軍中負責軍需，信中所談，均爲後勤事務。所以，這一册信札對於瞭解吴大澂在甲午戰争期間的活動，特别是清軍的陸戰後勤工作，具有相當珍貴的史料價值。本文對這一册頁信札做一釋文及簡注，並根據有限的資料，勾勒吴汪交往的始末，並提供一些相關的信息，以期幫助讀者瞭解一百多年前那場戰争某個側面的一些細節。

一、吴大澂致汪啓信札釋文

（一）

葆田大兄大人閣下：連接初九初十日手書二緘，藉悉種種。今日胡戈什到關，續得十一日來函並衣箱、帽盒、紅茶及帳房二十架，均已照領。衛隊到沽，即令徑赴唐沽上車。續交帳房十架，即可派弁送交唐沽，由衛隊自行帶來。余鎮①面奉諭旨，准招十營，當爲奏明。原擬余鎮帶

作者單位：浙江大學藝術與考古學院

* 請讀者注意：本文用阿拉伯數字表達的年份，只是中西大致對應的年份，有時中曆的歲尾應是西曆下一年的年初，但爲方便起見，本書仍以通常的中西對應年份繫之，而不繫於西曆的下一年。文中用中文書寫的日月，皆農曆日月，故不用阿拉伯數字。

① 余鎮即余虎恩（1836—1905），字華南，號勳臣，湘軍名將。

振字三營,添募四營。劉鎮①帶親軍四營,添募三營,合成十四營。今余鎮奉旨准募十營,應於原定七營外,再募三營,統歸戶部撥領餉銀。其開招之始,就近由湖北墊給餉銀,俟領到部餉,再行撥還,云云。須如此分別奏明,方無糾轕。至湖南所調七營,本省仍須募補,無所謂坐餉也。手復,即頌台祺。弟大澂頓首。香帥②內召,交卸未必能速。九月十三日卯刻。

(二)

葆田大兄大人閣下,前發印票二十紙,寫明赴唐沽上車,屬羅耀庭③派人照料。(本擬派員前往,住大沽營內。耀庭謂此事可代照料,毋須派員。)不意劉營官私自赴津,托言統領(即統領來此,亦當聽我調度),諭令到津候軍裝來齊再赴山海關。如此不聽調度,殊屬可恨。只有用令箭押送到車,當不敢再違我令也。帳房三十三架已收到。京電亦悉。手復,即頌台祺。弟大澂頓首。九月望日。(帳房添做一營,恐湘軍帶來皆單帳耳。)

如晤杏蓀④,屬其告知滿德⑤,電詢洋廠。如槍子不足八百萬之數,不必等候,即少二三百萬亦無不可,但催其迅速裝船,勿誤到沽之期。一則不致遲延,二則可省子價,餉銀略可周轉。前據滿德面稱,月內裝船。此時尚無消息,必係槍子不夠數耳。弟大澂頓首。

張玉田所招洋號各勇,由尊處先給口糧。俟洋號購齊再行送至渝關。此棚將來亦歸衛隊三哨之內。津局所招之勇及戈什,各口糧均在衛隊一哨內融消可也。

乞屬許巡捕將折件應用各物包作一匣,派勇送來。如京城有信,

---

① 劉鎮即劉樹元(雲樵),湘軍將領。
② 香帥即張之洞(1837—1909),時任湖廣總督。
③ 羅耀庭即羅榮光(1834—1900),湖南乾城人,從曾國藩入湘軍,隨李鴻章淮軍至上海,歷任守備、參將、副將、總兵、提督。
④ 杏蓀即吳大澂結拜兄弟盛宣懷(1844—1916),時身兼津海關道、輪船招商局督辦、電報局總辦和總理後路轉運事宜,籌款、購買和運輸軍火,皆和其有關,責任重大。
⑤ 德國軍火商,德國信義洋行經理。

即交鐵路公司帶至渝局，由李道台（印樹棠，號少卿）[1]轉送營內最妥。

河南押解軍火委員王巡檢，已由此間封送程儀銀三十兩矣。槍彈點齊，批迴亦即印發。

(三)

葆田大兄大人閣下：昨復一緘，交史俊堂帶回。想已鑒及。皮衣先購二千二百件，想尚易辦。此價只可照棉衣例，在口糧內分關扣還。現在餉未領到，動需用款，無米爲炊，勢難速辦。如天津皮衣鋪能包做，每件連面子（藍洋搭連布）包定若干，較爲省事。鋪中所圖者，件多則利厚，每件所占無幾。若自行派員赴京購辦，其價未必合算。且各軍均須購買，遲則價必增昂。不如早與言定，該鋪亦可派人赴各處分頭採辦也。以後各營，劉鎮添募三營、余鎮十營（已奏明遵旨多添三營），尚須續辦皮衣六千五百件。魏午莊[2]六營，只好聽其自便，不能兼顧矣。帳房先製四營兩哨。余勳臣[3]之十營，不知何時可到，稍遲再爲定做（若由清江陸路，恐十月未必到齊）。至棉衣只可在湖北趕做，上道即須穿用，豈能到津再給。各營除帳房外，鐵鍋每棚一口，水桶扁擔一付，照例開支公款（碗快向爲給過，所費無多，可代備），其餘不能由局給發也。手泐，即頌台祺。弟大澂頓首。九月十八日。（劉統領親軍中兩營，須領鍋九十口，飯碗一千二百隻，乞照發。）

(四)

葆田大兄大人閣下：昨晚德勝來營，解到藍白帳棚六十一架，俱已照收。糧米在蕪湖購定四千石，前日已電屬續購六千石。大約再添二三千石，即可用至正月底矣。（十月內未必到齊，冬月算廿三營。）洋號聞上海尚可購，乞屬張弁趕電購定（此時價貴亦無法）。手復，即頌台祺。弟大澂頓首。二十日。（以後有便，乞代購食米三四包帶來，關上購米極費事也。）

---

[1] 李樹棠，字少青，亦作少卿，安徽合肥人，秀才出身，直隸道員，曾撰《東徼紀行》。
[2] 魏午莊即魏光燾（1837—1916），湘軍將領。
[3] 余勳臣即余虎恩。

再給三人盤費銀壹百兩，由許鈜①處存摺取付，亦交暴方子②，令其記帳，回營報銷可也。

（五）

葆田大兄大人閣下：各營需用馬約五百餘匹，郭副將帶有玉縣丞能相馬者，委令戈什劉貴雲同赴張家口喇嘛廟一帶選購。其銀交暴巡檢（式昭）經理最爲妥當。有諮兵部公文一角，望派戈什史俊堂進京交曾士虎③，向兵部書辦議明。領票之費（柳門④必有熟識車駕司司官，已函托照呼），俟馬票領出，仍屬史俊堂送至張家口，交暴巡檢可也。約帶銀三千兩，餘俟馬匹到營找給。（可由票號匯至張家口，餉到付還。）手泐，即請台安。弟大澂頓首。九月廿一日。（張家口監督諮文交暴巡檢帶去。諮北洋大臣一角，即飭投遞。）

（六）

葆田大兄大人閣下：今早接誦廿一日手書，承示營制三紙，已將一紙交與雲樵⑤矣。營中應用鐵斧、掀、钁等物，可爲預備，按營發給。皮襖不做面子，用皂布鑲邊，加一圓月，亦好。先定二千二百四十件。大約尚須添購一萬件，正合二十四營之數。即行市稍漲，亦不能不定也。譚子雲⑥膽略過人，衝鋒陷陣是其所長，先令招募護衛親兵一營，擬爲奏請添募四五營。未知能邀俞允否？今日劉雲樵譚及，傅相⑦告以京城德勝門外，常有馬販往來，亦可就近購買。望屬戈什劉貴雲先赴

---

① 許鈜爲跟隨吳大澂多年的僕人。
② 暴方子即下封信提到的暴式昭（1847—1895），暴曾在吳大澂的家鄉吳縣任巡檢，因與長官意見不合，被革職。甲午戰爭爆發後，投奔吳大澂。吳大澂在1894年九月二十九日上奏朝廷，請求恢復其原職，在吳大澂帳下效力。獲皇帝批准（參見臺北故宮藏吳大澂奏稿）。因暴式昭有相馬才能，吳大澂令其在張家口購買馬匹。
③ 曾士虎即曾炳章，江蘇常熟人，曾彬文次子，吳大澂幕僚，甲午戰爭期間也曾隨吳大澂出征。
④ 柳門即吳大澂表弟汪鳴鑾（1839—1907），時任工部左侍郎。
⑤ 雲樵即劉樹元，前面提到的劉鎮。
⑥ 譚子雲即譚文煥（？—1900），江西餘干人。甲午戰爭期間，曾統領忠信軍，十二月被撤換，繼任爲左孝同（子異）。
⑦ 傅相即李鴻章。

京城酌購數十匹來營應用。與玉縣丞分頭辦理亦可。手復，敬請台安。弟大澂頓首。九月廿三日。（帥旗門旗五桿乞爲代辦。官銜只用頭品頂戴湖南巡撫。）

（七）

葆田大兄大人閣下：今日招利船進口，又到八百七十五員名。四營官弁勇丁，均已到齊，幸皆無恙。杏蓀代購毛瑟槍一千二百桿，暫可應用。江陰所裝軍械，不日亦可北來，必無他慮。惟核計餉銀領到逐項撥還，便成妙手空空。尚有羅稷臣①代訂礮價，約需銀五萬餘兩（二十四尊），俟湖北撥還槍價六萬四千兩（共十二萬八千，先屬匯還半價），方可付與補海斯岱②也。余勳臣添七營，已經奏准，共合二十三營。惟鄂省不能墊餉，招勇之費，余劉共需六萬，仍電湘中籌墊，下次領餉再撥還。手泐，即頌台祺。弟大澂頓首。九月廿四日燈下。（另單附覽）

撥還海防支應局墊發槍價，定銀廿五萬六千兩。

續付槍價銀廿五萬六千兩（此款俟外洋裝船後即須全付）。撥還津海關道代付槍價銀二萬六千六百兩（哈乞開斯一千四百桿）。

撥還津海關道毛瑟槍價銀一萬二千兩。

還源豐潤米價銀五千兩。

應發四營十月分餉約計一萬二千兩。（發馬價銀三千兩，定皮衣銀二萬兩，共五十九萬六百兩。）

（八）

葆田大兄大人閣下：劉貴雲來，帶到廿七日手書，藉悉一一。玉縣丞本係販馬之人，在鐵路公司當差，相馬係屬行家。恐其銀錢不可靠，故委一結實可靠之暴巡檢專管銀錢，可無貽誤。劉貴雲於馬市略知一二，仍令跟踪前去，多一看馬之人，不致虛開價值。亦未能保其一錢不占也。譚子雲今日奉到電旨，准其招募四五營，明日赴津謁見

---

① 羅稷臣即羅豐禄（1850—1903）。1884年，羅豐禄曾同汪啓一起隨吳大澂前往朝鮮交涉。

② 補海斯岱，上海瑞生洋行的商人。

傅相，即可迅赴山東一帶開招。俟部餉領到，先行借給銀一萬兩可也。手復，即頌台祺。弟大澂頓首。九月廿九日。（屬許鈜給劉貴雲兩月銀十六兩，酌給川資。）

兹交折差帶上皇太后親筆大"壽"字，乞交錦盛祥裝一大軸，兩邊須寬二寸許，均用黃綾，屬其趕於六七日裱好。弟定於初七日到津，十二三仍回山海關也。弟大澂又頓首。（邱振功可當哨官，屬其隨子雲前去。餘弁不准。）

（九）

葆田大兄大人閣下：初二日接誦三十日亥刻手書，並由許鈜帶來公費銀五百兩，均已收到。續請補發二十萬之公文及陶曾①兩令委札，均交倉石②帶去矣。倉石因母病乞假回南，十月分薪水已由許鈜帶來，而倉石已行，屬森卿墊給一分，容再寄還可也。敝部已有二十八營，而香帥奏請鐵字五營、愷字礮隊四營均歸敝處節制，已蒙俞允。鄂省給餉三個月，自十二月分起，須由敝處奏請部撥，以後軍糧、馬匹、皮衣均須核計四十二營之用。今日電屬汪小樸③購足二萬四千石，如滬上米價合算，亦可在滬添購。頃已電請先匯銀五千三百兩，俟小樸來電，續購若干，需銀若干，再行續匯。皮衣須定二萬二千件，乞再與該鋪商之，或另招一鋪分辦亦可。手泐，即頌台祺。弟大澂頓首。十月初三日。（另單二紙）

——馬匹雖購五百五十四，尚不敷用。擬由京城德勝門外再添數十匹。容再派弁往購。劉貴雲札偶爾忘之，茲特檢出寄去。如已行，即寄張家口亦可。

——榆關無存械之地，現擇空營基址，蓋造軍械房二十間，委員住房五間，包定工料，約需銀七百兩，一月內可成。（即日動工，此款便中寄來。）

---

① 陶指陶惟坦（仲平），蘇州人，吳大澂幕僚。曾指曾炳章。兩者皆隨吳大澂出關禦敵。
② 倉石即吳昌碩（1844—1927），曾入吳大澂幕。甲午戰爭隨吳大澂出征，因母病南歸。
③ 汪小樸即汪沛，安徽桐城人。甲午戰爭時在天津任支應局總辦。

——各軍將來出關，需用車馱，擬派弁赴保定玉獲鹿一帶，陸續購買馱騾二千餘頭，每營給發五十頭，由各營長夫銀兩內扣算。約需墊銀五萬兩（每頭牽扯二十五兩），此事甚不易辦。

——擬購車五十輛，派員至開平、灤州一帶定造新車，每輛約需銀二十五六兩，共需銀一千三四百兩。此事尚不甚難，大約一月可成。擬派伯英前往辦理。

——擬購車騾二百五十頭（每兩五套），派弁至奉天北邊法庫門一帶購辦，亦尚不難。約需銀六千餘兩。

以上各條均須預爲布置，此外或有應辦之事，隨時示及。（營中擬設官藥局，屬文孝廉①經理。需購藥物，托振之②設法代購寄下。）

（十）

葆田大兄大人閣下：劉雲樵新募三營，須得萬五千金，方可啓程北上，湘省僅發銀六千兩。無可籌撥，須由津電匯湘平銀九千兩，交江漢關道惲崧耘③轉給即可。催令速行，望與票號商之。手泐，敬請台安。弟大澂頓首。十月初四日。（電稿附上）

漢口惲道台崧耘同年鑒，劉鎮添募三營，需餉甚急，茲匯去湘平玖千兩，俟營官黃家茂④、傅連陞等到漢，乞轉給之，並催速行。澂支。

（十一）

葆田大兄大人閣下：前日張玉田來關，解到帳房五十六架。昨日仲英⑤到營，又帶到帳房十七架，前後收到藍白帳房二百四十七架，已分發各營領用。手書均悉一一。毛瑟槍收到四十五箱，每箱二十四桿，

---

① 文孝廉即文俊鐸（1853—1916），字代耕，湖南醴陵人，光緒十七年（1891）舉人。甲午戰爭期間，隨吳大澂出關抗擊日軍，負責醫藥方面的工作。
② 振之即陸保善，蘇州人，吳大澂幕僚。
③ 惲崧耘即惲祖翼（1828—1902），字叔謀，號崧耘，常州人，同治三年（1864）舉人，曾任武昌道和江漢關監督。
④ 黃家茂，湘鄉人，湘軍軍官，曾在曾國藩麾下效力。
⑤ 仲英可能是吳大棟（仲英），天津支應局委員。參見王同愈著，顧廷龍編，《王同愈集》，上海：上海古籍出版社，1998，155頁。不過，甲午戰爭期間，吳大澂身邊以仲英爲字者，尚有傅連陞，在吳大澂麾下任副左營官。參見《王同愈集》，149頁。

共一千零八十桿，已屬郭梯階試放，槍子均尚合膛。四營並無一槍，得此可備緩急，聊勝於空拳冒刃，不能十分挑剔也。槍價五十萬全數運到，僅毂還滿德之八千桿，補海斯岱之廿四尊礮，禮和洋行之千四桿哈乞開斯及杏蓀之毛瑟槍，均需借用餉銀。好在八九月餉銀均已墊發，只須預備十月四營之餉耳。手復，即頌台祺。大澂頓首。（帳房清單領到，郭信已交去。香帥來電，婚嫁在鄂辦①。乞轉告舍弟，家眷並不進京也。）

（白謙慎按：下為附件）

快礮（一分鐘可打六十出者）十二尊（每尊約四千餘兩），約銀五萬兩。

恰乞開斯槍二千桿（每桿二十兩以內），約銀四萬兩。

恰乞開斯藥彈一百萬（每千約二兩），約銀二萬兩。

滿利夏新槍二千桿（帶子二百萬），約銀十二萬兩。

（葆田來信云：泰來外洋廠內尚有四千桿未售，即雲楣②所定之槍，價值尚可略讓。不知此槍是否即係兄所定之奧國小口徑槍？如需四千桿並買，但買其槍不必買彈。前有滿德所購之六百萬子，盡毂用也。若與前槍不同，每桿帶子五百顆，以四千桿計之，約合銀十六萬光景，通計約用二十六七萬，須留有餘地步。前購之五十萬兩，尚虧一萬數千金。並打腰刀數千把，亦須付價。）

（十二）

葆田大兄大人閣下：連接手書，均悉一一。軍械、支應、轉運三局，均有專司之人。零星雜務，弟可不問，壹心督率操練槍靶，此行軍第一要務。不會打槍，如何接仗？他人視為瑣屑之事，鄙人以為根本之圖，盡心竭力，用兩月苦功，將來必有效驗。又如河工親住席棚光景，不如此，

---

① 此處指張之洞之子張仁頲娶吳大澂第四女為妻一事。
② 雲楣即胡燏棻（1840—1906），安徽泗州人，同治進士。甲午戰爭期間，駐天津辦理東征糧台，並在天津馬廠主持新式練兵。

不能奏功，所謂皇天不負苦心人，此閣下所親見也。譚道①派楊營官招勇，已募足兩營給，乞將帳棚、鍋盌、鐵剛等件，先發兩營，餘俟譚道到津再行全可也。手泐，即頌台祺。弟大澂頓首。十月廿四日戌刻。

近日天氣甚寒，屋内須用炭火，昨見饒文卿②有一洋火爐，云自天津洋行購來，不過四五元。乞代購一具，不必太大者。洋鐵煙筒，只用三接亦可，上有轉灣式，以便出氣（似名壁拉氣）。即交馬廚子帶回爲感。（此間支應分局須用銀兩，屬小樸酌備二三千金，寄交莊委員。）

各軍月餉，九、十兩月，均已給領，現須發冬月之餉，約可遲至月抄再發。愷字、鐵字兩軍③，湖北已發三個月，似已發至年底。此間所領部餉，從正月發起可也。部撥五十萬，現在所訂槍礮，所短無幾矣。（小口徑槍六千，三十八萬四千；恰乞開斯一千四百桿，二萬八千兩；補海斯岱礮位廿四尊，七萬四千；毛瑟槍一萬二千，共四十九萬八千。）

顧庭一④處托做鐵靶，弟曾電催，並無回音。乞爲函詢，是否在海光寺代製。如十付製就，先行送關。再屬定造二十付，大小靶各半。（大者英尺見方一尺六寸；小者英尺見方一尺。）將來各營皆需用也。帳棚須做四十二營，皮衣亦然。（虎字營旗幟號褂已成若干，余鎮來電，先將四營送至德州，大約月內有三四營可抵德也。）

（十三）

葆田大兄大人閣下：張玉田解到皮衣一千二百四十件，均已照收。接誦廿三日手書，並悉一一。礮件本極瑣屑煩重，不易清理，已屬薛叔平⑤，俟仲英解到，細心檢點裝配，庶免錯亂。稻草即可照辦，如易

---

① 譚道即譚文焕。
② 饒文卿及饒恭壽，甲午戰爭時在東北參戰。
③ 即吴元愷（虞卿，金壇人）和熊鐵生（溪珊）所率鄂軍。吴元愷時爲副將，所率爲炮隊四營；熊鐵生所率爲馬步隊十營。
④ 顧庭一（廷一）即顧元爵（1844—1895），太倉人，長期追隨李鴻章，官至直隸後補道。甲午戰爭期間，在天津軍械局任職，積勞成疾，光緒二十一年三月卒。參見唐文治，《唐文治文集》，上海：上海古籍出版社，2018，第5册，2897—2904頁。
⑤ 薛叔平即薛鴻年，武進人。曾在湖南任官，辦理洋務（如開礦和建鐵路）。甲午戰爭期間，在山海關軍械局。

收買，每日運送一營，尚不費事。昨有購物單交肖韻①轉寄，約計出月初十邊遷移，不亟亟也。手泐，即頌台祺。弟大澂頓首。十月廿六日。（鄂軍帳棚大約亦須代做，俟電詢鄂省再行奉聞。）

（十四）

葆田、小樸兩兄大人閣下：前經附片奏明，十月、十一月兩月應領二十八營三哨之餉，每月需銀八萬六千兩。昨接杏蓀來電，戶部電吳軍月餉廿萬兩，須在滙豐取付，是十、冬兩月，已屬有盈無絀。滙豐候總署知照，即可發銀。連前礮價十萬，應領三十萬兩。滿德來電，槍子已於三日前全數起運，如果確實，即將滙豐一款先付二十萬，酌留數萬不付，防其誤期，即應議罰也。鄂省應還十二萬八千，已電催。（鄂墊魏餉二萬，不必劃。）余軍六萬，湘省所墊，暫不劃還。即頌台祺。弟大澂頓首。冬月初三日。

（十五）

葆田大兄大人閣下：今日接誦手書，並由胡戈什送到鐵鍬、鐵鋤各二百把，荊筐二百個，扁擔二百條，麻繩二十三把，已發各營應用。譚子雲所招之勇，計算必要，多出兩營，現爲曾重伯②奏添三營，奏明以各營餘勇編集成軍，與其令長夫逃至外營，不如我自留之也。今日親赴唐軍門③之禮勝前營，馮副將營內查回逃勇十七人，皆係騙去。（妄稱正勇五兩五錢，大旗八兩，安有此理。）已將馮營官奏參摘頂。家信乞代寄。（屬小樸在冬月公費扣銀四百兩。）敬頌台祺。弟大澂頓首。冬月八日。（逃勇例應正法。人數太多，心實不忍。從寬插耳箭，以後再逃，不恕矣。）

---

① 肖韻即沈毓慶（1868—1902），沈樹鏞（1832—1873）之子，吳大澂的外甥。甲午戰爭期間，在吳大澂幕中。

② 曾重伯即曾廣鈞（1866—1929），曾國藩長孫，光緒十五年（1889）進士。甲午戰爭爆發時，曾廣鈞任翰林院編修，奉旨於1894年十月十四日到吳大澂帳下參與軍事。十月二十七日吳大澂奏請朝廷任命其爲湘鄂各軍督操翼長，獲准（參見臺北故宮博物院藏吳大澂奏稿）。

③ 唐軍門應指唐仁廉（？—1895），湘軍將領。

（十六）

　　葆田大兄大人閣下：十一日手書誦悉。鍾應奎解到鐵靶十二架，均已收到。此次小靶太多，各營勇丁尚不能打。望即轉致庭一，以後均造大方靶。尺寸須歸一律（此次大靶略有參差），不必再造小靶也。桌椅等件全數收齊，擬於十八日移居，與各營均近，督操較便，省得往來僕僕也。曾重伯添三營，魏午莊添四營，已奉電旨允准，惟帳房、皮衣又須趕造。局面愈展，照料愈難。槍械亦不敷用。米糧則不缺耳。余勳臣到津，暫勿許其皮衣軍米，其意未必願歸節制，或有諭旨，准其獨當一面。其本領甚大，如弟之書生，不知兵者，少帶幾營，尚可藏拙。近有安侍御①參我撫臣未經戰事，將領不受約束，請旨訓飭。又謂余虎恩宜令總統湘軍，似諸將不服鄙人，而願受余鎮之節制。若果如此，弟亦不妨以全權讓與余鎮也。敬請台安，弟大澂頓首。冬月十四日。

　　勳臣如已到津，不必明言，探其口氣如何？四十九營總統，闊哉！闊哉！

　　圍爐日久，易致牙痛，舊存一方，極爲靈驗，乞代配合。一料約須銀六七兩，惟京牛黃一味最貴，亦最爲要緊。文代耕②局內未購此品，須屬藥鋪檢選道地之貨，牛黃不可含糊也。

　　錦州購騾，須再寄二三千金，前曾函告小樸，乞再一提。天津有車有騾，亦可派員試購。各處分買，易於集事。明春拔隊，須預籌轉運也。（伯英來信云，正月二十有騾市，可買數百頭，未免緩不濟急。各軍遲遲不能速行，皆因車少之故。須自購百輛，臨時方不誤事。榆

---

①　安侍御即安維峻（1854—1925），甘肅秦安人，光緒六年（1880）進士，晚清著名諫臣。甲午戰爭時，任都察院福建道御史諫官。關於安維峻參吳大澂的奏折，見顧廷龍，《顧廷龍全集·著作卷·吳愙齋先生年譜》，上海：上海辭書出版社，2016，318頁。吳大澂在光緒二十年十二月初十日發給張之洞的電報中寫道："安侍御奏保余鎮總統湘軍，或有疑其不願歸節制者。來關一見，渙然冰釋。糧械、皮衣、馬匹均爲照料。渠亦欣然。虎熊兩軍如左右手，豈肯捨去。"（上海圖書館藏《吳中丞電報稿》，稿本）

②　見第九札提到的文孝廉。

關雖有轉運局，宋軍①、唐軍、淮軍，應接不暇，恐難兼顧湘軍。）

（十七）

　　葆田仁兄大人閣下：魏午莊添練四營，昨由戶部另撥餉銀六萬，令午莊自行具領。似與敝處所領月餉未免歧出，或將來魏軍自行報銷，亦無不可。惟軍械、馱騾、皮衣等件，仍須歸敝處造報，轉覺界限不清。所領軍米，支應局無從核扣，應屬魏軍按月劃還。以後領餉是否由魏軍自行諮部請領，亦須由局詳明。諮請部示，乞與小樸酌之。滙豐撥款，未必肯照庫平零星核算，不如逕照規銀合作庫平列收。如此次收到二十萬兩，由局詳明合庫平十九萬幾千幾百幾十幾兩即行，據詳諮復戶部。至庫平與規銀如何核算，已由盛道②電請部示，以後照此辦理，毋庸向滙豐找平也。重伯招勇費，先給五千，已具領紙批准。皮衣添做七營，須俟湘中勇到再給。（重伯用譚子雲多招之勇，先成一營，午莊帶來餘勇，亦只能湊成一營。前經面稟，餘勇甚多，近日又言，餘勇甚少。三營均須由湘添募。）大約須元宵節前到津。皮衣所穿幾日，或將後到五營，但給皮統（曾二營，魏三營），省一洋布面子亦可，如衣鋪一時不能製齊，先給余軍十營，鐵字、愷字為鄂軍，與湘營稍別，不妨略遲。但不能不給耳。手泐，敬頌台祺。弟大澂頓首。冬月十七日燈下。

（十八）

　　葆田大兄大人閣下：昨交重伯太史帶去一緘，當已達覽。今日接津海關道來文，知滙豐付款已照庫平每萬找給銀九百兩，想不吃虧矣。連日接奉電旨，飭令王連三③所部八百人、劉光材所部五營，均赴山海關，歸敝處節制。調遣他人，以兵單為慮。弟則以兵多為慮，心志既恐不壹，精力亦覺難周。即如軍械、糧米、皮衣、馬匹、馱騾，只能照顧四十九營，他軍不能援以為例。槍械即可添購，亦緩不濟急也。即頌台祺。弟大

---

① 宋軍指宋慶統帥的軍隊。宋慶，山東蓬萊人，與吳大澂相識甚早。1881年，吳大澂出使吉林時的日記，已有和宋慶交往的記錄。
② 盛道即盛宣懷。
③ 王連三（冠傑）在甲午戰爭爆發時，任山東曹州鎮總兵。

澂頓首。冬月十八日。（慈聖御書"壽"字，乞爲付裝，仍照前式，兩邊稍窄亦不妨也。）

（十九）

葆田大兄大人閣下：洋氈兩次收到四千條，擬每營給三百條。而舫仙①所留十營，均有窩棚，無須給氈也。接二十日來書，均悉一一。有人自奉省進關，一路官民均盼敝營早一日到，早安一日之民心，真若大旱之望雲霓。大約過年即須東征也。即頌台祺。弟大澂頓首。冬月廿二日。（西紙二十刀領到）

洋號本已齊備，曾重伯送我洋樂一堂，又須添人學習。好在熟手甚多。所添不過數人吹洋樂者，口糧須酌加，此係軍樂，爲他日凱歌之兆，本非行軍所用，所費究屬無多。茲屬張雨田回津補募，如須領費，乞酌量借給。曾重伯言，上海洋行尚有洋號可購，乞一詢之。

（二十）

葆田大兄大人閣下：頃接廿三日手書。張弁解到湘平銀三千兩，即交左子異②轉送陳軍支應委員。前至舫仙處送行，晤譚良久，極言欽佩之忱，謂鄙人不惜小費，必可成大功。歷事曾文正、左文襄③，皆於委員薪水斤斤計較，不肯放鬆，從無如此之大手筆。湘人蒙福，將士一心，非他軍所及。並托鄙人代催轉運局接濟車馬，其意甚爲懇切。舫仙與他人時有齟齬，與鄙人毫無芥蒂。雖不歸節制，弟亦無不以至誠相待。乃知天下無不可交之朋友也。錦州收槍無幾，改買車騾，今日送來五十頭，皆甚壯健口輕，通扯不及二十金，擬再送三千兩，屬賓太山④、丁近仁代買騾頭，必甚合算。手復，即頌台祺。弟大澂頓首，

---

① 舫仙即陳湜（1832—1896），湖南湘鄉人，湘軍老將，甲午戰爭期間，率軍至關外與日軍作戰。
② 左子異即左孝同（1857—1924），字子異，晚號逸叟，湖南湘陰人，左宗棠季子。甲午戰爭期間，吳大澂委其總辦營務，後統領忠信軍。
③ 曾文正即曾國藩（1811—1872），左文襄即左宗棠（1812—1885）。吳大澂與此二人皆曾有交往，特別是和後者的關係頗深。甲午戰爭期間，曾左二人各有子孫在吳大澂的帳下效力。
④ 賓太山，字力舟，湖南株洲人。湘軍軍官。

冬月廿五日。（書箱收到。小檏均此。保定不能多購，天津亦可分買。）

（二十一）

葆田大兄大人閣下：昨接廿七日手書，收到告示三百張，又代購銀魚、冬筍、子蟹、鐵雀、菊花、鍋等物，承惠柚子、廣橙，謹領，謝謝。前次解來軍火已飭軍械局點收。薛叔平向極細心，當無錯誤。弟可不用心矣。劈山礟近來試過，即二三百步，不能中靶。一槍左，一槍右，出入在數尺之外，毫無準頭。各營現有之劈山礟，許其搭用。湘將多信之，弟亦不加褒貶。因閣下詢及，故略陳之。遠在湘局，似可不必費此周折也。和局斷不能諧，明正敝部必當出關。一與交綏，勝負立見。近讀《孫子》十三篇，以古法證今制，臨陣益有把握。總之，倭人師老而勞，銳氣必減，我以生力軍當之，彼竭我盈，孰利孰鈍，不待智者而明之矣。手復，敬頌台祺。弟大澂頓首。冬月廿九日。

正作復間，又接廿八日手書，氈條二千，當交薛叔平照收。洋爐四枚，分送幕府，四座皆春矣。昨轉電旨，其餘三營誤譯七營，頃屬電房更正。所示余鎮惶悚情形，知不能出我範圍。譚道辦事粗疏，已奏撤統領，交左道①接統。（其氣雖盛，過於鹵莽，性情恐不能改。與其僨事撤參，不如早爲更易。）

今日有汪都司專人投信，素不相識。本可置之不理，因其在紫竹林永和樓臥病，其情可憫。乞代送二十金，妥交本人之手。恐其來差不著實，未便交其帶回。特以其奉託，原信附閱。

（二十二）

葆田大兄大人閣下：今早佛常濟帶到手書，藉悉一一。重伯所説英國兵船之槍，頃已電致代購。如毛瑟、馬替呢兩種可用，價必不貴。各購五百桿，以馬替呢槍給重伯三營，以毛瑟給子異五營，因該營只有林明敦四百。每營八十桿，不敷操演。精槍不會打，拋棄子彈可惜。須用他槍練，有規模再行換給小口徑精槍也。余勳臣今日來晤，滿腹

---

① 此處指譚文煥被撤去忠信軍統領，由左孝同接任。

疑團，數言而解。先到三營，已令填紮陳軍舊壘，屬其再調三營來此，尚有空營三座。鐵字五營，遲遲不到，其勢不能爲之代留矣。洋河八營可無意外之虞。叔英妄譚軍事，播散謠言，其意欲去彼就此，以二十金薪水爲菲薄，真不知足也。購辦軍火，已屬舍弟奉商①。即頌台祺。弟大澂頓首。十二月初三日。（余意欲添三營，已爲電詢常熟②，可准則奏，較爲穩當。）

唐巡捕帶來手書，閲悉。床榻鋪墊等件照單收到。奏留魏午莊一電，幸蒙俞允。舫仙十營均有圈棚，較帳房爲暖。弟恐其拆毀，許以每營酌給賞號，留之以待後來者。渠意索銀三千兩，恐不能少。亦可笑也。（渠告子異云，木料蘆蓆每棚費至六七兩，人工並不算也。）少谷③酌加車馬費二十兩，何如？弟大澂又頓首。

（二十三）

葆田大兄大人閣下：昨接來電，知熊軍門④亦已到津。陳舫仙原駐十營，已令愷字四營、虎字六營填紮，更無餘地。尚有周金聲軍門（蘭亭）⑤新築礮營兩座，亦有板屋留與鐵軍，可紮兩營，係在二郎廟山下，離敝營略遠，約有十里。該處又有墻圍兩處，係李健齋（光久）⑥所築，聊勝於無。此時並不能築壘矣。如晤熊軍門，可先告之。昨接初三日手書，示及滙豐銀款平餘及釘鐵木箱各項，詳悉一一。三局隨員略有津貼，至爲公普。廉夫⑦述之薪水爲官階所限，原給十六兩，近已加至廿四兩。幕府事繁，不妨稍優。他員不能援以爲例也。保定購騾，再匯數千，須屬多購，此項約須五萬餘金。將來歸入運角計算。馬匹已報啓程，不日可到。手復，即頌台祺。大澂頓首。十二月初五日。（"壽"字

---

① 關於吳大澂囑其弟弟吳大衡（1838—1896）購買軍火一事，後面還將涉及。
② 常熟即翁同龢（1830—1904），吳大澂在甲午戰爭期間與其保持着密切的聯繫。
③ 少谷即江少谷，吳大澂的幕僚。
④ 熊軍門即熊鐵生，鄂軍將領。
⑤ 周蘭亭，湖南湘潭人，湘軍將領，曾在李鴻章部任職，官至提督，實授皖南鎮總兵。
⑥ 李光久（1845—1900），湖南湘潭人，湘軍老將李續賓之子。甲午戰爭中，率軍作戰英勇。
⑦ 廉夫即蘇州畫家陸恢（1851—1920），吳大澂幕僚，甲午戰爭中隨吳大澂出征，吳大澂在甲午戰爭期間的部分書信由其代筆。

軸領到。上氈五百條，次氈一百五十捆照收。）

（二十四）

葆田大兄大人閣下：今接初五日手書，解到恰乞開斯子十萬，已由局照收，可供操演之用。昨接翁電，部款甚絀，購械略減，大約准領二十萬，須俟司農①電到，方可具領。前寄運齋②一單內，只可但購恰乞開斯槍二千桿，子一百萬，小口徑槍二千，不帶彈。所有快礮不能再購矣。一尺六寸鐵靶，只須截鐵打眼，頃刻可成。送來即解爲要。英槍可購最妙。手復，即頌台祺。弟大澂頓首。十二月初七日。

（二十五）

葆田仁兄大人閣下：寄去京信兩函，托柳門分送二千八百兩（京松），托廉生③分送四百兩（湘平），均交票莊匯京，能於廿六以前匯到，俾可年前分送也。手泐，敬賀歲禧。弟大澂頓首。廿一日。（小樸兄均此。峴帥④如年內到關，弟於元旦即行。此日最吉。）

（二十六）

葆田大兄大人閣下：頃有河南候補同知吳丞興綬持易實甫⑤一書來

---

① 司農應指時任戶部尚書的翁同龢。

② 運齋即吳大澂的胞弟吳大衡（1838—1896），光緒三年（1877）進士。甲午戰爭期間爲吳大澂代購軍火。此事後面還將涉及。

③ 廉生即吳大澂的結拜兄弟王懿榮（1845—1900），時任翰林院侍讀、署理國子監祭酒。按照晚清官場的習俗，地方官於每年歲尾，給京城送禮金"炭敬"。吳大澂囑咐在京任官的表弟汪鳴鑾和王懿榮代爲致送炭敬。吳大澂致汪鳴鑾關於送炭敬的信，如今也保留在北京故宫博物院。讀者也可參見白謙慎著《晚清官員收藏活動研究——以吳大澂的友人爲中心》（桂林：廣西師大出版社"理想國"，2019），236—238頁。我在書中所說的吳大澂1894年的炭敬支出爲2800兩銀子有誤，因爲漏了計入寄王懿榮的400兩。吳大澂在甲午戰爭期間，仍不忘寄炭敬一事，多少反映了當時的官場現實。因爲，葉昌熾友人日記甲午十二月廿二日記記載："玉書來云，許竹篔星使電致譯署，述和議不可恃。又聞窓丈電請赴前敵，朝議適於是日令其前往。"葉昌熾，《緣督廬日記》，南京：江蘇古籍出版社，2002，第4冊，2271—2272頁。而吳大澂信中也寫道，他準備率軍在乙未元旦出關。

④ 峴帥即劉坤一（1830—1902），字峴莊，中日甲午戰爭時，授欽差大臣，駐山海關，節制關內外陸軍。

⑤ 易實甫即易順鼎（1858—1920），湖南龍陽人。

此投效。該員曾在鄭工當差，察其才具，尚非不舞之鶴，惟雙台子地方甚窄，各店爲兵勇住滿，幾無客身之地，（書吏亦皆退至石山站，無人繕札。）屬其回至石山站留侍左右，可供差委。（放賑需人照料。）委札候補可也。手此即頌台祺。弟大澂頓首。二月十二日。

二、吴大澂和汪啓的交往

汪啓，字葆田，又字寶田，無錫人，生卒年不詳，主要活動於清光緒年間。目前能見到的關於他的記載都極爲簡略：他曾多年在吴大澂幕中，官至知府，在吴大澂因甲午戰争失利被罷官返鄉後，汪啓在宋慶（1820—1902）處任職，兼任新建陸軍糧台[①]。

筆者所見相關文獻中最早出現汪啓的時間，在光緒五年（1879）。這年吴大澂出任河南河北道道台，在閏三月初九日致其兄吴大根的信中，吴大澂提到："正庫儲汪石香，副庫儲汪葆田（向例兩席，不能裁剪）。"[②]可知此時汪啓已經是吴大澂的幕僚，管理錢糧。管理錢糧這類幕僚和掌管文書的幕僚不同，需要一定的專業知識，收入高於從事文案的幕僚，但仕途的升遷則不如做文案的快捷[③]。

吴大澂在河南河北道任職僅一年，便於光緒六年庚辰（1880）正月二十一日，奉上諭"前赴吉林，隨同銘安幫辦一切事宜"。三月初一日，吴大澂卸篆北上。他在三月十六日的家書中提到："中丞札委潘辛芝同年署理河北道缺，於二月廿六日到武。"[④]吴大澂在四月入都陛見，五月十七

[①] 翁同龢1897年十一月初五日日記："宋慶委員汪啓（寶田，無錫人，知府，老錢穀，在吴清卿幕，今兼新建陸軍糧台）。"翁同龢著，翁萬戈編，翁以鈞校訂，《翁同龢日記》，上海：辭書出版社，2020，第7卷，3112頁。

[②] 吴大澂，《愙齋家書》，上海圖書館藏稿本，第1册，20頁。

[③] 周一良先生在爲尚小明《學人遊幕與清代學術》一書所作序中寫道："幕府的師爺有兩種類型，一種是管刑名和錢糧的，這種師爺的專門性很強，一般是很少出任官吏的；另一種是筆札、文牘師爺，類似後來的秘書，這種人經過保舉做官，以至飛黄騰達的可能性比較大。"見尚小明，《學人遊幕與清代學術》，北京：社會科學文獻出版社，1999，6頁。

[④] 《愙齋家書》，第1册。潘辛芝（名觀保），潘遵祁（1808—1892）之子。"武"即河南河北道治所武陟。

日抵吉林省城①。

吴大澂此次北行，有殘存的日記《北征日札》記其行跡。1880年七月初十日日記："致潘辛芝、汪葆田書。"八月初三日，"接順之年伯書、辛芝同年書、汪葆田書"。八月初七日，"復辛芝書、汪葆田書"②。吳大澂致潘汪兩人的書信和收到兩人的均在同時，可見汪啓還在河南，在接任吳大澂署理河北道的潘觀保的幕中。次年（1881）四月十六日，吳大澂給汪啓寫信時，已經沒有同時致潘觀保信，五月初三日致潘觀保信時，也沒有致汪啓的信③，說明此時汪啓已經離開了潘觀保幕府。吳大澂同年八月十八日的日記寫道："葆田由津來吉。"④從此，汪啓再入吳大澂幕。此後的吳大澂日記中頻繁地出現"葆田"，爰錄數例如下：

1881年八月二十一日，"偕鳳占、森堂、如山、葆田、渤生、味三同赴江北，相度嘎子街地址"⑤。十二月十一日，"申刻，邀銅井、恂卿、小圃、葆田、渤生、味三、少谷、振之夜飲"⑥。1883年五月十一日，"爲余四十九初度之辰，至觀音閣謝客。葆田攜酒來會，峻峰都護及韻松、玉符、勝之偕來，余爲玉符畫摺扇，爲峻峰都護書紈扇"⑦。

以上引文中出現的"銅井"，即吳大澂的同鄉至交顧肇熙（1841—1910），他在吉林時，留下了《吉林日記》。和吳大澂同時的日記相比較，可以看出，在相關事件的記載上，兩者各有詳略。如光緒八年（1882）正月初二日，吳大澂的日記十分簡略："至各處賀新禧。午後，銅井來晤。"⑧顧肇熙的日記就稍詳細些："早起，拜年數家。惟鳳占處略坐。飯後過窓齋，留與葆田、味三、子卿、渤生、少谷、振之、潤泉同飯，並看新製燈。"⑨由此可以推斷，

---

① 《窓齋家書》，第1册，129頁。
② 吳大澂著，李軍整理，《吳大澂日記》，北京：中華書局，2020，177、180頁。
③ 《吳大澂日記》，206、208頁。此後亦如此，見211—212、221頁。
④ 《吳大澂日記》，223頁。
⑤ 《吳大澂日記》，223頁。
⑥ 《吳大澂日記》，237頁。類似的聚飲甚多，見238、241、256頁。
⑦ 《吳大澂日記》，293頁。
⑧ 《吳大澂日記》，239頁。
⑨ 顧肇熙，《吉林日記》，上海圖書館藏稿本。

吴大澂日記中失載的與汪棻田的交往，一定不少。

即便如此，從吴大澂的日記中不難看出，汪啓是他十分信任並很親近的幕僚。吴大澂和汪啓私交非常深厚的另一個例子便是，吴大澂在光緒九年（1883）六月廿六日、廿八日、廿九日這三天中，爲汪啓的母親書寫壽序，情誼非同一般①。

1883年，法越之間發生戰爭，吴大澂於七月上折，陳明其在吉林所練防軍，可抽撥民勇三千人，由營口乘輪南下，以備徵調②。八月，朝廷命吴大澂率所練民勇到津，以備調遣。十月，吴大澂抵津後，再次請纓赴粤，朝廷命其駐扎新城，後又移師河北樂亭一帶。十一月，吴大澂向朝廷上"吴大澂奏保薦人才一摺，同知銜汪啓着發往直隸交李鴻章差遣委用"③。光緒十年（1884）二月，汪啓抵達直隸省。

光緒十年四月，奉上諭"通政司通政使吴大澂着會辦北洋事宜"，吴大澂成爲自己的老師、直隸總督兼北洋大臣李鴻章（1832—1901）的助手。這年十月，清朝屬國朝鮮發生危機，日本蠢蠢欲動。朝廷"着吴大澂乘輪督隊，迅往確查酌辦"④。吴大澂在光緒十年十一月初三日所上《奏調隨員赴朝片》云："臣大澂前往朝鮮查辦事件，自應酌帶隨員，以資差遣。查有奏調差委内閣中書潘志俊、分發候補直隸州知州羅豐禄、揀選知縣魯説、發往直隸差委同知銜汪啓四員，堪以隨帶前往。"⑤吴大澂此次赴朝，是帶兵前往的，汪啓可能負責軍隊的後勤。

光緒十年年底，朝鮮事件處理完畢後，汪棻田隨吴大澂返回天津。這一年的五月二十五日，李鴻章向朝廷上了《汪啓留直補用片》，片云："同知銜汪啓前經吴大澂保薦，欽奉諭旨，發往直隸差遣委用，於上年二月到省，歷委營務及地方事件，均能實心實力，有裨民生。去冬奏明，隨吴大澂前赴

---

① 《吴大澂日記》，298頁。

② 吴大澂，《愙齋自訂年譜》，載祁寯藻、文廷式、吴大澂等著，《青鶴筆記九種》，收入《近代史料筆記叢刊》，北京：中華書局，2007，101頁。

③ 《清實録·光緒朝實録》，中國哲學書電子化計劃，https://ctext.org/wiki.pl?if=gb&chapter=918248&remap=gb，2021年10月27日檢索。

④ 《吴愙齋先生年譜》引《東華續録》，189頁。

⑤ 顧廷龍、戴逸主編，《李鴻章全集》第10册《奏議十》，合肥：安徽出版集團，2008，641頁。

朝鮮，贊畫機宜，洞中窾要，不無微勞足録。扣至本年二月，已試用一年期滿，應歸直隸候補。現遵海防事例，改捐不論雙單月候選知州，呈繳免保舉銀兩，經部核准給照。查該員汪啓廉明篤實，究心吏治，洵屬有用之才，人地亦甚相宜，本係奉旨發往直隸差遣委用，既據改捐知州，擬懇天恩，准以知州留直，歸候補班補用，以資助理而昭激勸。理合附片具陳，伏乞聖鑑訓示。"①

顧肇熙光緒十一年乙酉（1885）八月初五日的日記寫道："午初抵津，卸裝，於支應局晤汪葆田、潤泉、邱玉符及汪蘭翁（葆田之叔）、蕭姓局友。飯後謁合肥師②，過窓齋並晤魯小巖、沈韻松，招彭小圃來談，至三更回。"③汪啓此時在支應局任職，當然還是因爲他在管理錢糧方面的才能和經驗④。

1886年，吳大澂再度奉使到吉林，與俄國官員共同勘定中俄邊界。此次赴吉，汪啓似乎没有跟隨前往，而是留在天津。但從吳大澂在這一時期的日記可以看出，吳大澂和汪啓保持着密切的通信聯繫⑤。1886年吳大澂致宋春鰲（渤生）的信中，囑咐其代刻銅柱以便在中俄勘界結束後，立在中俄邊界。在談到刻銅柱的費用時，吳大澂寫到："銅鉛價值乞即示知，當屬葆田匯繳。"⑥説明汪啓在吳大澂出使吉林時，依然爲吳大澂管理財務。

吳大澂在吉林勘界結束後返京。朝廷任命其爲廣東巡撫，回家鄉省親後，於次年（1887）二月初履新。雖然我們没有直接的證據説明汪啓也到了廣東，但汪啓入撫幕的可能性很大。因爲吳大澂在廣東巡撫任上僅一年後，就被朝廷調任署理河東河道總督，處理黄河鄭州段決口的緊急事務，而現存的文獻説明，汪啓也在此時到了鄭州。光緒十五年（1889），署河東河道總督吳大澂奏請："慎選人員，留辦河工。得旨，譚文焕、汪啓均着准其留工。"⑦

1890年，吳大澂的母親病逝。吳大澂回家鄉守制二十七個月。在這

---

① 《李鴻章全集》第11册《奏議十一》，121—122頁。

② 合肥師即李鴻章。

③ 顧肇熙，《吉林日記》，上海圖書館藏稿本。

④ 清代後期，各省總督、巡撫可以就地籌款，應付特殊用途，通常設置支應局，爲非正式的財政機構。引自百度詞條。

⑤ 《吳大澂日記》，324、333、334、345頁。

⑥ 參見趙金敏，《館藏吳大澂書札考釋》，《中國歷史博物館館刊》1991年，180頁。

⑦ 《清實録·光緒朝實録》卷二六〇。

期間汪啓供職何處不詳。1892年七月，吳大澂服闋，赴京領命，朝廷任命其爲湖南巡撫。汪啓再次來到了吳大澂的幕府。北京翰海拍賣有限公司在2008春季拍賣會上有一件陸恢和吳大澂合作的《書畫合璧》册頁，共十開，設色絹本。其中一開爲吳大澂所繪，款題："江上歸帆。擬耕煙散人意爲葆田先生作。吳大澂。"陸恢所作的一開的題款爲："葆田先生太守大人法鑑。時癸巳七月，廉夫陸恢同客湘中。"由此可知，汪啓在1893年與陸恢同在湖南巡撫吳大澂的幕府中。

1894年，甲午戰爭爆發，時任湖南巡撫的吳大澂主動請纓，率湘軍出關與日軍進行陸戰。當時汪啓正在天津任轉運局總辦。隨同吳大澂出征的還有他的另一個幕僚王同愈（1856—1941），他在甲午十一月十一日的日記中記載："……至津，寓轉運局（設吳楚公所），晤仲兄，爲是局提調，汪葆田太守爲總辦。西院爲支應局，總其事者汪小樸司馬（沛。安徽）。"①

王同愈在同年十二月十三日的日記中寫道："進城答拜汪小樸司馬（師欲移支應局至關，總辦汪小樸膽怯，因單騎先來商，與葆田對調局務，師見其不可相強，許之。小樸經辦軍米頗沾潤，至此身家之念頓重，不敢移局至關，遑論前敵）。"②此時，汪啓擔任支應局總辦。次年（乙未，1895）一月三十日，"葆田、彭小圃到站（接辦軍械局務）"③。從王同愈的日記可以得知，在甲午戰爭期間，汪啓擔任過轉運局、支應局、軍械局的總辦，負責吳大澂所率軍隊的後勤工作。

光緒二十年甲午（1894）七月一日，清廷對日宣戰。次年初在東北的一系列戰役，包括吳大澂所部與日軍在牛莊的激戰，此後的田莊台之戰，皆失利，陸戰敗局已定。而以上考釋的吳大澂致汪啓的信札，最早一通書於甲午九月十三日，最晚一通寫於乙未二月十二日（牛莊失利後數日），可以說都是在甲午戰爭期間書寫的。

---

① 《王同愈集》，140—141頁。
② 《王同愈集》，145頁。
③ 《王同愈集》，156頁。彭小圃即彭光譽（1844—？），無錫崇安人，也是長期追隨吳大澂的幕僚，吳大澂的日記和顧肇熙的《吉林日記》中也有他的多處記載，後任駐美公使。

三、甲午陸戰中清軍的後勤問題

　　中日甲午戰爭對中國和日本國勢之後的走向影響深遠。關於這場戰爭的文獻豐富，很多當事人的奏摺、電報稿、信札、日記，中日和西方的記者報導，軍事檔案，都保存下來了，中外學者撰寫的書籍和論文也很多。吳大澂寫給汪啓信札二十六通，這批信札所披露出的清軍後勤工作中的種種細節，爲我們瞭解那場戰爭某個側面提供了非常直觀的圖像。

　　甲午戰爭爆發時，吳大澂正在湖南巡撫任上。湖南是湘軍的故鄉，三十年前，當太平天國運動興起之時，清王朝就是依仗着曾國藩等統帥的湘軍挽狂瀾於既倒。多年來一直想在疆場上展示自己軍事才能的吳大澂主動向朝廷請纓[1]，於甲午七月十八日致總署電，請求帶兵出關[2]。七月廿六日，吳大澂在致其兄吳大根（1833—1899）的信中説："前見七月初一日上諭一道，中日戰局已成。朝鮮生民塗炭，殊堪憫惻，水軍陸將均未得力，弟素有攬轡澄清之志，不免動聞雞起舞之懷。望日電奏自請率師助戰，有旨'獎其奮勇可嘉，准即帶勇北上'。"[3]

　　九月初三日，吳大澂致吳大根："……合肥電奏請派弟至山海關督率各營辦理防務，尚未奉旨。弟奏請添募湘軍十六營，有旨准募十營，合原調四營，魏午莊所募六營，足成二十營，可當一路。聞香港有英商販來精槍八千桿，價昂，尚無人買。昨已托人密購，有此大批軍械，不致徒手爲難矣。"[4]

　　十月初二日，吳大澂在山海關又給吳大根發了一封信，信中説："弟所帶湘軍先到四營，尚有劉鎮（樹元）添募三營，余鎮（虎恩）原帶振字三營，續募七營，魏午莊方伯新招六營，近日又奏請譚子雲觀察招募五營，已蒙俞允，合成二十八營，適合雲臺之數。鄂省有鐵字五營，添募五營，係湘將熊鐵生所帶，又有何元愷所帶愷字營礮隊三營，香翁之意均擬歸敝處節

---

　　[1] 1883年，中法戰爭在中越邊境地帶爆發，時在吉林的吳大澂主動請纓，欲帶領自己在吉林訓練的軍隊赴前綫作戰。
　　[2] 《吳清卿中丞電稿附信稿》，上海圖書館藏稿本。
　　[3] 《愙齋家書》，第3冊，上海圖書館藏稿本。
　　[4] 《愙齋家書》，第3冊，上海圖書館藏稿本。

制，俟到津後，必有明文。湘鄂兩省有四十一營，聯爲一氣，得此四十一營，二萬餘人，俟冬月内到齊，可與一戰矣。所購軍火，奏請部撥銀五十萬兩，定購精槍八千桿，合之舊存快槍，有一萬餘桿。訂購後膛礮二十四尊，約計冬月中旬亦可由外洋運到，惟購糧買馬、製備皮衣，頗費籌畫耳。"① 也就是説，吳大澂定購的槍到齊的話，也不能達到一兵一槍。況且，槍要在十一月中旬才能抵達。

十一月初八日，吳大澂致吳大根信札云："弟所部二十八營，又節制鄂軍十四營，每月需糧八千石，現已購備三萬五千石，均已運津，可敷四月之糧。每男給皮襖，又須二萬一千件。每營給馱騾五十頭，以備行軍之用，計需二千一百頭。此款須五萬餘金。各營哨官均無馬匹，正派員赴張家口喇嘛廟購馬五六百匹。槍礮亦已訂購五十萬金，凡此糧械裘馬皆已布置妥貼，弟專心督軍操練。"②

雖然吳大澂在致吳大根的信中説，"糧械裘馬皆已布置妥貼"，但他在光緒二十年十一月廿三日未刻發給張之洞的電報中説："余鎮需銀六千，已派員送去。該勇尚無棉衣褲，其情可憫，未知在津託何人製辦。已催令趕送德州。餉章奏明，一律照湘軍舊制，每勇給發皮衣，不扣餉，軍米、馬匹、馱騾、帳棚，均按四十二營領備。余軍如無棉衣，先發皮衣亦可。"③

以上所引吳大澂的家書和致張之洞的電報，與致汪啟信札中的信息可以互補，可以看出，在倉促募兵之後，購買軍火等後勤工作，成爲甲午陸戰主要統帥吳大澂的重要考慮。

從吳大澂致汪啟的信札中，我們可以看出，吳大澂作爲主帥之一，事無巨細，事必躬親。除了槍炮、糧米、騾馬，乃至鐵斧、掀、钁、扁擔、麻繩、鍋碗、筷子都要操心。因在東北作戰，正值冰寒地凍之時，還要購置皮衣、棉衣、帳篷。而各種物資的購買和運輸的地點又分散在各處，這無疑增加了後勤工作的困難。

---

① 《愙齋家書》，第3册。吳大澂信札原迹所書日期爲"九月初二日"，但從内容來看，係筆誤，應爲十月初二日。信中所説何元愷應爲吳元愷，吳語中"吳"與"何"發音相同。

② 《愙齋家書》，第3册，上海圖書館藏稿本。

③ 《吳清卿中丞電稿》，上海圖書館藏稿本。

吴大澂的信札還反映出很多士兵爲餉銀而參軍，爲了謠傳的餉銀差別而跳槽。雖然有處死逃兵的律令，但逃兵依然很多，士氣低落由此可見一斑。

晚清著名金石學家葉昌熾（1849—1917）在甲午戰争期間在京師爲官，他和吴大澂相熟，與隨吴大澂出征的幾位幕僚也爲至交，通過各種渠道，關心着前綫的戰事。他的日記中有吴大澂及其幕僚在甲午戰争中種種活動的記録。如十一月十一日日記："勝之、印若赴榆關。"① 十二月初三日日記："得勝之、印若兩函，述湘軍器械未集。瀋陽各軍皆如兒戲。沙都護軍馬瘦於狗，人怯如鬼。"② 王同愈和翁綬祺給葉昌熾發信時都在吴大澂軍中，他們的描述應該可靠。葉昌熾十二月十九日日記："聞威海告警，出關諸將皆氣餒不前。窓齋兵集而無械。"③ 葉昌熾日記記録了吴大澂所部面臨的後勤問題，此時雖然已經徵集到了兵員，部隊已在山海關候命，但軍械却嚴重缺乏。

吴大澂在光緒二十年十月十四日未刻發給張之洞的電報中説："山海關除守台四營外，敝部四營、陳臬司六營、李道光久到三營，吴提台馬步七營兩三日可到，共廿四營，兵力不單，但新勇居多，能打槍者只敝部千餘人，不能不趕練耳。澂鹽。"④ 由於臨時招募兵員，新兵不會用槍炮，需要訓練。但實彈訓練需要彈藥，由於缺乏彈藥，正常的練兵都受到了影響。隨吴大澂出征的幕僚王同愈在甲午十二月初二日的日記中寫道："晚，上書窓帥，請暫停演靶，改練出隊接戰陣法，以節軍火。（軍械局現存開斯槍子，只五萬。）並請親自到津，責問羅道豐禄訂購外洋軍火着落。"⑤

由於購買的槍炮和彈藥一時不能抵達，王同愈甚至向吴大澂提出添辦刀矛的建議。王同愈在十一月十五日的日記中寫道："得前敵信，倭賊竄擾復州，宋軍不支，待援甚急。有旨調魏午莊方伯（光燾）、陳舫仙廉訪（湜）兩軍，速往援救。復州旋即失守。力請窓齋師添辦刀矛，以佐軍火不足。"⑥

---

① 葉昌熾，《緣督廬日記》，南京：江蘇古籍出版社，2002，第4册，225頁。勝之即王同愈，印若即翁綬祺，兩者皆隨吴大澂出征。
② 《緣督廬日記》，第4册，2264頁。
③ 《緣督廬日記》，第4册，2268頁。
④ 《吴清卿中丞電稿》，上海圖書館藏稿本。
⑤ 《王同愈集》，143頁。
⑥ 《王同愈集》，141頁。

購買西洋武器除了時間問題，還有款項不足的問題。正如吳大澂在十二月初七日致汪鳴的信中所言："昨接翁電，部款甚絀，購械略減，大約准領二十萬，須俟司農電到，方可具領。前寄運齋一單內，只可但購恰乞開斯槍二千桿，子一百萬，小口徑槍二千，不帶彈。所有快礮不能再購矣。"信中所說運齋乃吳大澂的胞弟吳大衡，在甲午戰爭期間爲吳大澂代購軍火。而在購買軍火的過程中，吳大衡可能從中漁利。葉昌熾在乙未二月廿八日的日記中記載，據其同年張孝謙（巽之，1857—1912）所云："運齋爲其兄購辦槍械，每萬金扣三成。"① 目前尚無其他材料來證實這一傳言，若果真如此，這三成的回扣可是一筆極大的數字，使得清軍購買的軍火也少了很多。

吳大澂致汪鳴的信札，記録了清軍在本土作戰時後勤方面存在的問題。反觀日本，雖然謀劃侵華已久，但在倉促出兵朝鮮的初期，在後勤方面也遇到了很大的困難。但在對清軍的作戰勝利後，得以從潰敗的清軍留下的武器和糧草中得到補給②。王同愈甲午十二月初七日日記記載："峴帥得倭人密信（密信係峴帥來電），謂倭都餉絕，朝鮮、鴨綠江、旅順均大雪，餉道亦斷。鴨綠江一帶，倭兵已死二萬人云。此誕詞也。"③ 甲午戰爭前，王同愈曾出使日本，對日本的情況有較多的瞭解，因此，對外間的一些傳言，並不輕易相信。在次日的日記中，王同愈寫道："午後，聶功定軍門（士成）④來電云：倭奴餉械由海道來，源源不竭，擬定計撥馬隊抄襲其餉道。"⑤ 由於日本此時已經掌握了制海權，軍事物資源源不斷地從海路運到東北。

甲午戰爭期間在中國海關工作的意大利人弗拉基米爾（Zanoni Hind Volpicelli）在戰爭結束後次年出版的書中這樣寫道："有必要記住目前這場戰争是日本在最近三百年的對外戰争中，首次嘗試採用西方新式武器和戰術。儘管如此，每一樣東西都應用得嫻熟，仿佛是在進行常規軍事演習。

---

① 《緣督廬日記》，第4冊，2287頁。
② 參見[日]大谷正著，劉峰譯，《甲午戰争》，北京：社會科學文獻出版社，2019，55—56，67—71，74—75，80頁。
③ 《王同愈集》，144頁。
④ 聶士成（1836—1900），合肥人，淮軍名將，甲午戰争前期，曾指揮清軍在朝鮮與日軍作戰。
⑤ 《王同愈集》，144頁。

但是，平心而論，有一點要多加注意，在朝鮮和滿洲進行作戰所需要的兵員、武器彈藥和戰爭物資等，所有這一切都必須通過海上運輸，這對日本的運輸系統來說困難重重，但是日本人冷靜地面對這些困難，沒有費任何力氣就克服了這些困難。有機會得以目睹大批日軍登陸的歐洲軍官們承認：訓練有素並得到有效運輸保障的西方軍隊是不會比日軍做得更好。"①

甲午戰爭中方的失敗，原因很多，後勤工作無疑是其中一個重要的因素。筆者並非軍事史的研究者，也非甲午戰爭的專家，但在研究吳大澂的生平和文化活動時，也不可能完全繞過他在甲午戰爭中的種種活動。借着整理吳大澂致汪啓信札，略述淺見如上。謭陋之處，還請識者批評指正。而這些信札對研究甲午戰爭的價值，則有待學者們做進一步的發掘。

致謝：本文的準備過程中，得到了北京故宮博物院的秦明先生、上海圖書館的梁穎先生、浙江大學薛龍春教授和溫安俊同學的幫助，謹此表示衷心的感謝。

後記：拙文撰寫完畢後，於2022年2月19日投稿給北京大學所編《國際漢學研究通訊》。2022年10月6日，筆者收到中國社會科學院近代史研究所研究員馬忠文先生的來信，信中附了故宮博物院李文君先生的《甲午年吳大澂致汪啟信札》一文（發表於《貴州文史叢刊》2022年第2期，6月刊行），考釋的信札與本文所考釋的信札相同。筆者在2013年即在故宮博物院閱覽了這批信札，並通過友人獲取了圖片，在考釋完成前和投稿後也並不知曉李先生的工作，且考釋與李文詳略各有不同，故依舊請《國際漢學研究通訊》刊發拙文。特此說明。

2022年11月於杭州

---

① ［意］弗拉基米爾著，孔祥文譯，孔祥茹校訂，《甲午戰爭——一個意大利人的記述》，北京：商務印書館，2018，II頁。有興趣的讀者也可參見宗澤亞先生所著《清日戰爭》對清軍後勤系統與日軍後勤系統的分析。宗澤亞，《清日戰爭》，北京：北京聯合出版公司，2014，168—181頁。

《墨緣堂藏真》拓本及其收藏史脉絡研究

雷 軍

《墨緣堂藏真》是清代嘉道時期大收藏家蔡世松父子刊刻的法帖，傳世稀見，帖中保留了一些獨特的前人手書，有些作品今已失傳，故而此帖對保存前人墨迹居功甚大，頗爲珍貴，但目前尚無專文探討[①]。廣東省中山圖書館藏有《墨緣堂藏真》刻帖，爲容庚先生捐贈，後彙印進《容庚藏帖》中。容先生舊藏此部刻帖闕五卷[②]，目前亦未見到該帖的完整版本，好在容庚《叢帖目》中詳細著録了各卷所收法書，可以瞭解該帖的大致情況。今以《容庚藏帖》中影印的《墨緣堂藏真》爲底本，對此帖刊刻做一番梳理與探討。

一、《墨緣堂藏真》概況

蔡世松爲清代嘉慶、道光年間富於書畫收藏的一位官員，曾任安徽按

作者學習單位：北京大學歷史學系

① 通過"學苑汲古"平臺查詢（網址：rbsc.calis.edu.cn:8086/aopac/jsp/indexXyjg.jsp），其中合作的高校圖書館皆無此帖原本。又中國國家圖書館、上海圖書館、臺北圖書館數據平臺皆未見。惟孔夫子舊書網曾有過兩卷殘帖的拍賣記録，分別是卷一《懷素千字文》和卷五《金任詢録韓愈秋懷詩十一首》，鈐有"南谷所藏金石""書學院"藏印，當爲日本書道研究機構書學院比田井南谷舊藏，惟不知此帖圈套是否完整。另外李劍鋒《清刻蘇軾書〈四十二章經並跋〉考辨》一文中所載《墨緣堂藏真》帖第四卷《蘇軾〈四十二章經〉並跋》，注曰破襌室藏，破襌室當爲私人收藏家齋號。當然，目前各地公藏未必完全整理出藏品目録，也許仍存有此帖。

② 該帖正文共有十二卷，附録二卷，容庚所藏正文部分闕三卷，附録二卷亦闕。

察使、順天府尹，因監臨鄉試不力降爲太僕寺少卿，晚年回江寧以書畫自娱。其人藏畫知名者有唐閻立本《歷代帝王圖》（今藏美國波士頓藝術博物館）、元顧安《新篁圖軸》（今藏北京故宫博物院）、明文徵明《書畫合璧卷》（今藏哈佛大學藝術博物館）、明沈周《卜夜圖卷》（今藏北京故宫博物院）等名畫數十件[①]。相較於他的名畫收藏，其法書收藏更成系統，主要原因在於其刊刻了以其收藏爲基礎的刻帖——《墨緣堂藏真》，今日存世且可以確定爲其收藏的法書有（傳）唐陸柬之《五言蘭亭詩》（今藏上海圖書館）、唐釋高閑《草書千字文》（今藏上海博物館）、元鮮于樞補書《草書千字文》（今藏遼寧省博物館）、元趙孟頫《高峰禪師行狀卷》《行書致季宗源二劄卷》《杭州福神觀記》（今藏北京故宫博物院）等名迹。可以想見在乾隆朝大量徵收傳世法書名畫的情況下，蔡世松仍能收藏如此多的法書名畫，是何等的不易。

《墨緣堂藏真》這套叢帖的得名，自然與蔡世松的堂號有關。古代士大夫多以雅號命名自己的書齋，蔡世松的"墨緣堂"稱呼亦是如此。雖然並無留存的文獻直接說明蔡氏命名的原因，但結合蔡氏平生收藏及其雅好，所謂"墨緣"自然爲與書法墨迹結緣之意，特別是古人墨迹難得，吉光片羽，實堪寶貴，故以此名之。而"墨緣堂"的命名，當是蔡世松還鄉江寧後所爲。蔡世松晚年在江寧玄武湖的雞籠山上築晚香莊，墨緣堂即在其中。

蔡氏的書齋，早年有碧琅玕精舍。他在給嚴駿生寫的序中所署時間爲道光九年（1829）秋九月，此時正在安徽任上，故蔡氏顔其濠梁官廨所居爲"碧琅玕精舍"。

道光十九年（1839），蔡世松在"墨緣堂"跋釋高閑的《千字文》，落款即"蔡世松在墨緣堂題識"。另外，何紹基在《蔡友石先丈歸養餞別圖爲小石題》一詩中，也間接提及，詩云：

> 峩峩先丈人，陳情帝容感。單車遄其歸，同朝羡且頷。故山方榮萱，回味比食橄。蒼蒼晚香莊，板輿來憩覽。時作嬰兒嘸，白髮儼垂

---

① 具體可參看雷軍，《聽濤無痕：清代嘉道間大收藏家蔡世松考述》，《國際漢學研究通訊》第19、20期，北京：北京大學出版社，2020。

髠。養終不再出,孝思自視欲。平生無歧嗜,書畫飾錦賮。<u>即今墨緣堂,炳炳峙璠璵。</u>①

詩中按照時間順序,敘述了蔡世松自道光十七年(1837)冬歸家及其晚年生活,也點出了蔡氏書畫自娛、以度餘生的雅趣,間接印證了"墨緣堂"之名的由來。

何紹基在《金陵雜述四十絶句》其一詠道:

> 縱觀金石墨緣堂,大隱歸來雨夢涼。曾爲牡丹花一醉,更無人識晚香莊。(蔡友石丈晚香莊,昔年牡丹最盛,有墨緣堂石刻。)②

可證墨緣堂之所在。蔡世松友人湯貽汾曾談到墨緣堂藏品星散事:

> 璧返珠還感夙因,從今清閟倍宜珍。墨緣堂亦雲煙散(友石逝後,珍藏書畫散落多矣),腸斷當年讀畫人(予自謂)。

蔡世松晚年在江寧與湯貽汾等人交遊,除了詩詞之會外,還有書畫交流,同時自己也留有不少鑑賞題識,今存刻帖中。以堂號顏刻帖名,在古代十分常見,如文徵明《停云館帖》、吴榮光《筠清館法帖》等。此帖的定名,當爲蔡世松自定,在該帖的封面題籤上有"墨緣堂藏真"五個篆字,其下鈐有"蔡世松印"(白文)、"友石"(朱文)二印,可判爲蔡氏自書。

清人稱呼《墨緣堂藏真》頗隨意,或稱之爲"墨緣堂帖",如甘熙;或稱之"墨緣堂石刻",如何紹基;他者像陳作霖《金陵通傳》,稱爲"墨緣堂法帖",屬於後人隨手書之,亦其俗稱而已。

通過《墨緣堂藏真》刻帖,我們可以還原其部分收藏,有些今日失傳的名迹,藉由該帖可存其仿佛,如金代任詢《韓愈秋懷詩十一首》僅存該帖中,爲了解任氏書法提供了唯一的版本。

《墨緣堂藏真》刻帖共十二卷,附《摹古》二卷,據其收錄各帖情況,今列目於下(表1):

---

① 何紹基,《東洲草堂詩鈔》卷一二,11b—12a 頁,同治六年(1867)刻本。
② 《東洲草堂詩鈔》卷二六,14a 頁。

表1 《墨緣堂藏真》所收法帖

編號	作品名稱①	是否蔡藏	所在卷次
1	（傳）唐陸柬之五言蘭亭詩	是，有蔡世松跋	卷一
2	（傳）唐懷素論書卷	是，有蔡世松跋	
3	唐釋高閑千字文	是，有蔡世松跋	卷二
4	唐人法華經殘本	是，有蔡世松跋	
5	宋米芾淳化閣帖跋（又稱《米評閣帖》）	不詳	卷三
6	宋米芾與彥和大監書（又名《濡須帖》）	不詳	
7	宋米芾與公震太尉書	不詳	
8	宋米友仁姑蘇學宮記	是	
9	宋蔡襄龍潭五題	不詳	卷四
10	宋蘇軾四十二章經並跋	是，有蔡世松跋	
11	宋蘇軾蘭亭敘跋	不詳	
12	宋蘇軾與太虛書（又作《與秦少遊書》）	不詳	
13	宋黃庭堅苦筍賦（又稱《苦筍帖》）	否	
14	宋黃庭堅與明叔同年書（又稱《致明叔同年帖》《藏鏹帖》）	否	
15	金任詢韓愈秋懷詩十一首	是，有蔡世松跋	卷五
16	元趙孟頫高峰禪師行狀卷	是，有蔡世松跋	卷六（容庚藏帖闕）
17	元趙孟頫與宗源書二通（今作：趙孟頫行書致季宗源二劄卷）	是	卷七（容庚藏帖闕）
18	元管道升松雪翁修竹賦	不詳，有蔡世松跋	
19	元趙雍青山七古（今名《青山詩》冊頁）	是，有蔡世松跋	

① 據容庚《叢帖目》定名。

（續表）

編號	作品名稱1	是否蔡藏	卷數
20	明文徵明送李願歸盤谷序	不詳，有蔡世松跋	卷八（容庚藏帖闕）
21	明文徵明落花詩十首並跋①	不詳	
22	明文徵明赤壁賦並跋	不詳	
23	明文徵明陳氏假息菴等舊作十二首	不詳	
24	明文徵明近作七絕二首	不詳	
25	明祝允明黃庭經	不詳	卷九
26	明祝允明蘭亭敘	不詳	
27	明祝允明黃子瑩中字訓帖	不詳	
28	明祝允明牡丹七古金剛經	不詳	
29	明董其昌女史箴並跋	不詳	卷十
30	明董其昌樂毅論跋	不詳	
31	明董其昌讀敬韜河上公遺言詮衍頌跋蘇軾書	不詳	
32	明董其昌冷齋夜話等六則	不詳	
33	明董其昌秋聲賦	不詳	
34	明董其昌吳筠贈龔山人詩	不詳	
35	明左光斗閱武試作五律	不詳	卷十一
36	明左光斗送何郎中督餉遼左五律	不詳	
37	明左光斗送崑海之西安七絕	不詳	
38	明楊漣久違雅教帖	不詳	

---

① 此卷《黃賓虹文集》有載，不知是否相同，題爲《文徵明落花詩圖合璧》一卷，紙本，末附文徵明自題《落花詩》六十三行，又白陽山人陳淳觀記十三字。定畫、跋均僞，爲後人摹本。參見黃賓虹，《黃賓虹文集·譯述編·鑑藏編》，上海：上海書畫出版社，1999，70頁。

（續表）

編號	作品名稱1	是否蔡藏	卷數
39	明楊漣尊翁老丈帖	不詳	
40	明魏大中十六之夕帖	不詳	
41	明繆昌期與澹老書	不詳	
42	明周順昌與異度書	不詳	
43	明周宗建與存翁書	不詳	
44	明顧大章栗夫欲會帖	不詳	
45	明周起元與蓼洲公祖書	不詳	
46	明陳潛夫與孝酌書	不詳	
47	明顧起元昨部差人帖	不詳	
48	明蔡懋德幸邇清光帖	不詳	
49	明倪元璐和田康翁奉詔禮補陀還七絕二首	不詳	卷十二
50	明倪元璐與君益七律	不詳	
51	明盧象升軍中七夕歌	否，有蔡世松跋	
52	明倪元璐雜畫松竹樹石長卷題句五則	是，有蔡世松跋	
53	明黎遂球黃牡丹七律十首	是，有蔡世松跋	
54	唐李邕楚州淮陰縣婆羅樹碑	不詳	《摹古》卷一（容庚藏帖闕）
55	隋丁道護啓法寺碑	不詳	
56	唐王太和華陽觀王先生碑	不詳	《摹古》卷二（容庚藏帖闕）
57	孫文藏許長史舊館壇碑	不詳，有蔡世松跋	
58	張旭郎官石壁記	不詳	
59	敬客王居士磚塔銘	不詳，有蔡世松跋	

由表1可知，該帖共收録59件作品，其中附録的摹古卷爲翻刻的拓片。從這部法帖收録作品的情況看，蔡氏在選擇上有自己的考慮。一方面，蔡世松將自己所藏的珍貴法書，如唐宋金等墨迹摹勒上石，有些墨迹爲他帖所無，如金代任詢所書《韓愈秋懷詩十一首》，僅見於此帖中。蔡世松云：

> 南麓先生書傳世者絕少，唯陝刻有《古柏行》，《寰宇訪碑録》載之，亦未詳龍岩爲何許人。道光乙酉歲，余獲此卷，乍展數行，覺與《古柏行》相類，閱竟乃知爲君謀書也。書法忽正忽奇，縱逸變幻，不可方物。所謂如來則三十二相者，令人舌橋目眩，詫爲異觀。《古柏行》書於庚辰，此卷作於辛巳，爲金主亮正隆六年，實宋高宗紹興卅一年。絹本流傳至今近七百歲，自余始爲表章刻石行世，豈書家運數顯晦，固亦有時耶。海内好事家閱之，當同聲稱快云。道光壬寅歲八月蔡世松記。①

歷來傳世名迹多已收入前人刻帖中，類似任詢這種未刻者甚少。蔡世松的鑑藏眼力不差，我們有理由相信蔡氏所見非假，歷來書畫家對此亦無疑義，可以説這是整部叢帖中的一處亮點。

另外唐人書《法華經》殘本亦未被他人刻入叢帖之中，主要原因是該寫卷爲出土之物，至蔡世松手方爲之表彰：

> 右唐人書《法華經》殘本六十二行，每行下有闕佚，共得七百八十六字，出延祚寺鐵塔中。寺建於劉宋泰始間，在冶城山後岡上，唐乾封元年造鐵塔二，故又名鐵塔寺。寺久廢，塔亦僅存其一。乾隆丙午歲五月廿一日雷雨後，塔忽轟然有聲，遂圮。中有經卷，一時爲人分裂殆盡。吾友林君少山於親串家得數紙，裝潢成册，間以示余，墨光如漆，結構謹嚴，筆勢仍復飛動。真有鐵畫銀鈎之妙，而氣韻仍近六朝，其爲初唐人書無疑，遠出世所傳寫經手上，覺《靈飛》尚遜一籌。今少山已成古人，其季子俊廷持此册贈余，乃摹入集帖，用存吾鄉故實，惜不能起吾友一商榷耳，擲筆憮然。道光癸卯歲春三月雲

---

① 《墨緣堂藏真》卷五，程存潔主編，《容庚藏帖》，廣州：廣東人民出版社，2016。以下所引同此。

海道人識。①

敦煌石室經卷被發現前，古代最爲知名的經卷是《靈飛經》，曾刻入不少法帖之中，又傳爲鍾紹京所書。此類唐人小楷，自敦煌經卷問世以後流行頗多，基本上都是唐代經生所書。蔡氏以《靈飛經》做對比，自然存有並駕之義。

另一方面，書法佳者也是蔡氏選刻的對象，其中又包含了以往諸家刻帖中所誤刻者。如《唐陸柬之五言蘭亭詩》跋中便說："卷中'三春''春'字、'仰眺''眺'字經盡損，略存形質，諸家刻本皆誤。茲從真迹細意摹勒入石，閱者當會心於想像間耳。"② 對於米友仁的《姑蘇學宮記》，蔡氏亦是盡心盡責，親自跑到蘇州從姑蘇學宮獲得拓片用以校勘，"其缺十一字，剝蝕不全者一百有四字，戊戌歲新秋摹入集帖，凡殘損一二筆者，俱就拓本補鉤完好，其全貌處仍付闕如，以存其真"③。諸如此類尚有不少。

當然，如果注意到蔡世松的收藏，會發現其所藏名迹仍有未曾刻入者，比如吳榮光爲之鑑定並勸他購下的趙孟頫《杭州福神觀記》。《墨緣堂藏真》中所刻趙孟頫作品有兩件，分別是《高峰禪師行狀卷》與《致季宗源二剳卷》，既然該帖已收入二種，斷不可能將此件趙氏作品遺漏，何況此件並非贋品。事實上，蔡世松的刻帖行爲一直持續到臨死前才停止，恐怕他的計劃是整理舊藏，並將有價值的名迹摹勒刊出，只是難以預計的死亡打亂了節奏，最後由其子收尾完結，之後也未再作續刊。

由此可見，《墨緣堂藏真》並非濫收之帖，其中保留了不少他處難以見及的精湛書法，幸賴有些作品今日仍存於世，足以證明該帖之善。

二、編纂與刊刻

蔡世松去世後一年，《墨緣堂藏真》的刊刻工作才由其丁憂在家的兒子蔡宗茂代爲完工。蔡宗茂在卷十末尾有跋文：

---

① 《墨緣堂藏真》卷二。
② 《墨緣堂藏真》卷一。
③ 《墨緣堂藏真》卷三。

> 先大夫工書法，精鑑別，每見古人真迹，輒追摹愛玩，不忍釋手。篋中收藏以及生平過眼者，得藏真帖十二卷，鈎勒上石。工未竟，而椿堂棄養。不孝荷承先志，敬謹卒業，手澤之存，臨穎泫然！①

蔡宗茂的跋充分說明了該帖在蔡世松生前並未完成。那麼，蔡宗茂到底做了哪些工作？法帖的刊刻，又經歷了怎樣的過程？

從目前的材料可見，這部叢帖是蔡世松生前陸續開始刊刻的，而非一次性摹勒上石。蔡氏最早跋文②爲道光十四年（1834）寫的《蘇軾四十二章經並跋》，其中有"甲午歲在皖江臬署，鈎摹入石，刻成後"之語，彼時蔡氏尚任安徽按察使，顯然編纂刊刻法帖這一行爲很早前便已經開始了，刊刻過程持續了很長時間，蔡世松並未將之作爲主要工作，直至退居在家後，才真正開始有規模地摹勒上石。道光廿三年（1843）春三月的《唐人法華經》中尚有跋文記錄，此跋收入刻帖卷二，是他生平最後一次作跋文。從這前後兩段跋文所跨時間可知，這套法帖編纂刊刻起碼持續了十年。茲將已知有具體年月的跋文列表（表2）如下：

表2 《墨緣堂藏真》跋文

序號	名稱	款識	所在卷次
1	宋蘇軾四十二章經	甲午歲（道光十四年，1834）在皖江臬署	卷四
2	宋米友仁書姑蘇學宮記	戊戌歲（道光十八年，1838）新秋摹入集帖	卷三
3	唐釋高閑千字文	己亥歲（道光十九年，1839）春三月蔡世松在墨緣堂題識	卷二
4	明盧象升軍中七夕歌	道光己亥歲（道光十九年，1839）四月	卷十二
5	唐陸柬之五言蘭亭詩	道光辛丑歲（道光廿一年，1841）閏三月蔡世松記	卷一
6	明倪元璐雜畫松竹樹石長卷題句五則	辛丑歲（道光廿一年，1841）十月蔡世松記	卷十二

---

① 容庚，《叢帖目（二）》，香港：中華書局香港分局，1981，714頁。
② 由於所見《墨緣堂藏真》爲《容庚藏帖》影印本，而此影印本又闕五卷，故其中部分蔡跋未見及，今皆以《容庚藏帖》爲準。

(續表)

序號	名稱	款識	卷數
7	金任詢韓愈秋懷詩十一首	道光壬寅歲（道光廿二年，1842）八月蔡世松記	卷五
8	唐人法華經殘本	道光癸卯歲（道光廿三年，1843）春三月雲海道人識	卷二

從表2的這些刊刻記錄來看，絕大部分跋文撰於蔡世松退居江寧時，即其晚年所爲，可見《墨緣堂藏真》主要是蔡氏賦閑在家時才上石刊刻。同時也側面印證了甘熙所言"歸養家居，以書畫自娛，與人評論亹亹不倦，擇所藏名人墨迹鈎摹上石爲《墨緣堂帖》"[①]的説法。

今日所見《墨緣堂藏真》是一部有體例的刻帖，最明顯的便是時間順序，十二卷中，依次是卷一、卷二唐人，卷三、卷四則爲宋人，卷五金人，卷六、卷七元人，卷八至卷十二爲明人書。又附《摹古》二卷，著録隋、唐碑刻六種。這種編排的時間順序與上表2蔡世松款識時間先後並不相符。試以（傳）唐代陸柬之《五言蘭亭詩》（圖1）爲例，蔡跋云：

> 米氏《書史》云王詵處收錢氏陸臨《蘭亭》，王仲牧收《蘭亭詩》一卷。詞云"悠悠大象運"，殆是一種分開物。董文敏《戲鴻堂帖跋》據褚河南《右軍書目》斷其爲必臨王書，司議爲虞永興甥，與褚同時，蓋親見山陰臘繭者，故敘與詩皆有臨本，今獨存此詩耳。是卷歷代寶藏，流傳有緒，實爲希世之珍。卷中"三春""春"字、"仰眺""眺"字經蠹損，略存形質，諸家刻本皆誤。兹從真迹細意摹勒入石，閱者當會心於想像間耳。道光辛丑歲閏三月蔡世松記。

---

① 甘熙，《白下瑣言》卷三，南京：南京出版社，2007，39頁。

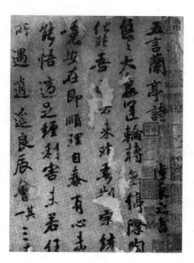

圖 1

此卷跋文既然作於道光廿一年，且自言"兹從真迹細意摹勒入石"，可見摹勒上石在蔡氏作跋前後不久。但是，這種晚年所刻最後被置之第一卷中，這種調整，並非蔡世松所爲，乃由其子總纂而成。此帖雖有分卷，但每卷卷首"墨緣堂藏真"篆書之下並未附有卷數，可見該卷刻石蔡宗茂並無改動，應該是對刷印的紙本做了順序的調整並將之列入第一卷中。

三、刻帖水準

正如張伯英所言"刻帖最重選擇，選擇不善，則誇多鬥靡，徒足取厭"[1]，《墨緣堂藏真》大多數都是用蔡世松所藏法書刊成，直接摹勒真迹，減少了轉相摹勒的誤差。通過與存世墨迹本的對比，可見該帖的刊刻水準，今試以數帖爲例。

（一）正文對比

1.（傳）陸柬之《五言蘭亭詩》

陸柬之《五言蘭亭詩》遞藏者衆多，流傳過程中亦被選入各種刻帖中。

---

[1] 張伯英，《張伯英碑帖論稿》，石家莊：河北教育出版社，2006，32 頁。

真迹最早在萬曆三十一年（1603）由董其昌刻入《戲鴻堂法書》，其後又分別刻入《鬱岡齋墨妙》《玉煙堂帖》《渤海藏真帖》以及清代皇家《懋勤殿法帖》中，而原迹最後被蔡世松收藏，並將之刻入《墨緣堂藏真》中。蔡氏還首次把李日華、沈顥、鄧文明及本人的鑑賞題跋勒石，保存了相關的鑑藏資訊。容庚先生在對比真迹與諸種刻帖後認爲：

> 《戲鴻》、《鬱岡》皆略瘦些。《戲鴻》有三行變易行款，"朝"字誤從車旁出。《玉煙》、《渤海》更瘦弱失真，疑是從臨本摹出。《懋勤》所見只故宮所藏一部，未能取校。《墨緣》行狀很似而神氣略差。《昭和法帖大系》卷八翻印，不取《鬱岡》而取《渤海》本，不辨美惡，可說是瞎了眼睛。可見刻帖和選帖，都不是容易的事。①

根據容庚先生的比照經驗，兹選取墨迹本、《戲鴻堂法書》（簡稱董帖）②及《墨緣堂藏真》（簡稱蔡帖）三者，列表（表3）作一簡單對比：

表3 《五言蘭亭詩》單字對比

楷書	墨本	董帖	蔡帖	特徵
五				墨本與印相近，董帖未刻出，蔡帖與墨本相似。
悠悠				蔡帖將墨本"攸"與"心"的牽絲刻出，董刻無。
運				墨本起筆後運筆較粗，蔡帖亦然。

---

① 容庚，《陸柬之〈五言蘭亭詩〉與〈文賦〉》，見容庚著，曾憲通編，《容庚雜著集》，上海：中西書局，2014，350頁。

② 董其昌選輯，《戲鴻堂法帖》，北京：北京古籍出版社，2002。

（續表）

楷書	墨本	董帖	蔡帖	特徵
亭				三字相仿。
吾□□				蔡帖將蠹痕大小摹勒出來。
暢				董帖"申"旁略斜。
遇				董帖此字較蔡帖更像。
觀				蔡帖將蠹蝕部分鉤摹。
寓				三者相似。

通過表3所列的三種版本比較，董其昌刻《戲鴻堂法帖》字體有自己的書寫習慣，而蔡氏《墨緣堂藏真》較爲忠實地對原作進行還原。他在跋中提及"卷中'三春''春'字、'仰眺''眺'字經蠹損，略存形質"，通過對比可發現，法帖中不僅蔡氏所説"春""眺"二字存有蠹蝕痕迹，其他部分字迹蠹蝕處也做了細心鉤摹。此外，蔡氏依照原迹摹刻，每行字數與原迹相同，並將前人收藏印一併摹出。

2. 高閑、鮮于樞《草書千字文》

唐代釋高閑《草書千字文》只餘後半段，前半部分爲元代書法家鮮于樞補書。此二卷至蔡世松時方合二爲一，並刊入《墨緣堂藏真》中，成延津之合。雖然合璧後的《草書千字文》在歷史流傳中又分處兩地，但這並不影響二者間的比較。

此卷《草書千字文》開頭即由鮮于樞補作，茲取遼寧省博物館所藏原卷真迹與刻帖作一對比如下（圖2）：

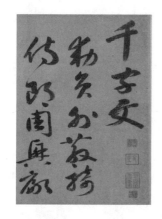 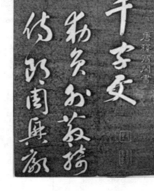

遼寧省博藏鮮于樞《千字文》　　　　　《墨緣堂藏真》刻帖

圖2　鮮于樞《草書千字文》卷首對比

從圖2兩者卷首的對比來看，墨迹本與刻帖布局相同，刻帖還摹勒了前人印章"令之""式古堂"二印（墨迹本中還有兩方印爲蔡氏以後藏家印）。爲了有更直觀的判斷，下面再從卷中選出數字來作比較（表4）。

表4　鮮于樞《草書千字文》單字對比

楷書	墨迹	蔡帖	特徵
千	千	千	極相似。
字	字	字	極相似。
文	文	文	極相似，並有飛白。

（續表）

楷書	墨迹	蔡帖	特徵
勑			極相似，末筆有飛白。
興			極相似。
家			極相似。
侍郎			"侍""郎"二字間牽絲映帶。蔡帖書寫亦有速度，極似。

表4中所載八個單字對照，可以看出蔡帖形神兼具，要描摹至此頗不容易。既然鮮于樞部分摹刻頗精，那麼高閑原作部分刊刻又怎樣？先用該卷的結尾圖作一比較（圖3）。

上海博物館藏釋高閑《草書千字文》　　　　　《墨緣堂藏真》摹刻

圖3　釋高閑《草書千字文》卷末對比

據圖3可見二者結尾部分布局相同。刻帖中前人鑑藏印皆已刻入。真迹在蔡家散出之後又經數人遞藏，流傳至今，故而印鑑較蔡帖有所增加。蔡氏墨拓本中所刊刻的印鑑，按從右到左、從上到下的順序，分別爲："安儀周家珍藏"（朱文）、"映山珍藏"（朱文）、"式古堂書畫"（朱文）、"卞令之鑑定"（朱文）、"式古堂書畫印"（朱文）、"世松之印"（白文）、"墨緣堂印"（朱文）、"喬氏簣成"（白文）、"箕子之裔"（朱文）、"樞"（朱文）、"查映山氏收藏圖書"（朱文）、"林左民"（白文）、"蔡友石書畫記"（朱文）、"喬氏真賞"（朱文）。

與墨本原迹相較，印章部分有一個頗有意思的現象，那就是蔡世松的三枚印章並未出現在真迹的本幅上。細審原卷，亦無挖改痕迹。再仔細對照，又能發現"喬氏真賞"與"箕子之裔"二印調換了左右位置。其次，"喬氏簣成"之上原是"林左民"印，而蔡帖中將"林左民"印往左移，原位置則刻上了自己的"墨緣堂印"，上面又加了"世松之印"。這種調整印章位置的行爲，研究者如果不去仔細對比，完全不可能知曉。難道這幅作品並非蔡世松收藏，他的跋只是一種掩耳盜鈴的行爲嗎？上海博物館所藏的高閑原卷爲我們提供了答案。在原作後截隔水綾上，鈐有三方蔡世松印鑑，分別是"蔡印世松"（白文）、"聽濤"（朱文）、"金陵蔡友石收藏圖書"（朱文），可見這件作品確實爲蔡世松的舊藏，蔡跋並無虛假成分。不過，這三枚印鑑仍與刻帖上的蔡氏藏印不同。那爲何會出現這種情況呢？從整卷來看，也許因爲末卷所鈐前人藏印較多，故蔡氏做了技術性處理，將自己其他幾枚印刻入，以明收藏關係，鈐於真迹隔水綾上的藏印畢竟不可能出現在刻帖之中，而這種技術性調整也不妨礙正文內容，無傷大雅。至於蔡氏未鈐印原卷本幅中，應該還是較爲謹慎的緣故。古代刻帖對摹勒印章、題跋相對而言沒有正文那麼重視，對此做出或多或少的改動也是正常的。

那麼，正文中的刻字又是如何，通過下表對比（表5），亦可看出刻帖與原迹極爲相似，稱得上得其精髓。

表5 釋高閑《草書千字文》正文對比

楷書	墨迹	蔡帖	特徵
者			極相似。
乎			蔡帖表現出了墨迹本的行筆輕鬆，特别是中間的兩點，可謂神似。
也			蔡帖將墨迹的枯筆表現出來，筆勢間相連。且"式古堂書畫"一印位置亦相仿。
高閑書			極相似。蔡帖"閑"末筆與"書"字筆勢自然，且刻出墨迹的牽絲映帶。

表5對《草書千字文》的開頭與結尾做了比較，可以説刻帖與墨迹如出一轍。爲了使這結論更加客觀，筆者又從卷中隨意挑出兩行內容作一相較，以下爲卷中墨迹本與刻帖的對照部分（圖4）：

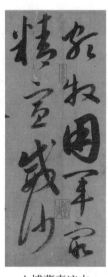 

上博藏真迹本　　　　　　　　　　　《墨緣堂藏真》摹刻

圖4　釋高閑《草書千字文》卷中對比

圖4中的拓本未見有任何改動，接縫處二鑑藏印亦照實摹勒。"宣威沙"三字動感強，隨勢生形，未見拘謹。稍顯不足的是豎畫、拖長的撇捺角度要比原作稍微歪斜一點。

當然，單字之間的比較更爲直觀，且能看出細微處。茲從高閑後卷與鮮于樞前卷挑出若干字，以列表形式呈現如下（表6）：

表6 釋高閑、鮮于樞《草書千字文》對比

鮮于樞《千字文》前卷		高閑《千字文》後卷	
墨迹	蔡帖	墨迹	蔡帖
用	用	宇	宇
軍	軍	遐	遐
家	家	安	安
戎	戎	破	破

表6中所列諸字的靈動性在刻帖中充分得到了表現，其中草書的飛白以及輕盈姿態，在刻帖中還原了八九分。通過以上諸多對比，確實可以説《墨緣堂藏真》法帖該卷部分摹勒和上石做得非常好。

3. 黃庭堅《致明叔同年帖》(亦稱《藏鏹帖》)

蔡刻此帖與黃庭堅《苦笋賦帖》相連，見圖5蔡帖右上角。若不留心觀察，容易將此二種內容混同。

臺北故宮博物院藏黃庭堅《致明叔同年帖》　　　《墨緣堂藏真》摹刻

圖 5　黃庭堅《致明叔同年帖》整體對比

毫無疑問，蔡世松摹勒的底本即是臺北故宮博物院所藏此件，只是因爲列於《苦筍賦帖》後，且未有間隔以示區分，容易將兩種黃庭堅作品混爲一談。對比這件作品，從布局上看總體面貌相似，兹選若干字對比（見表 7）。

表 7　黃庭堅《致明叔同年帖》正文對比

楷書	墨迹	蔡帖	特徵
藏			"藏"字上二點略異。
領			"令"旁微異。
瓊			"王"旁末筆與右邊未能連綴。

（續表）

楷書	墨迹	蔡帖	特徵
黏			左邊略異。
綴			較像。
明			極像。
同年家			拓本牽絲映帶，能見筋骨。

此帖原迹與《墨緣堂藏真》所刻共有六行，但每行字數不同。墨迹"東玉"一行十四字，刻帖僅十二字。墨迹中有前人如項元汴、笪重光、宋犖等人藏印，刻帖皆未刻入。爲何以黃庭堅真迹會出現這種情況？從該帖的流傳情況來看，此件並非蔡世松所藏，而是內府之物，見於《石渠寶笈續編》，阮元《石渠隨筆》亦有提及，云："宋四家法書卷，極真妙。"[1] 此帖蔡世松未必見過原迹，很可能是阮元等人從墨迹本臨摹，隨後蔡氏再轉臨之，因此印章皆未摹入。若是如此，便可解釋爲何字體有差別，未如之前那樣精確，但也存其彷彿。

通過三件作品相較，可以說蔡帖從書手到刻工具有較高的技藝，尤其是蔡氏所藏真迹的刻帖，可謂"下真迹一等"。而從其他臨本摹勒上石者

---

[1] 水賚佑，《米芾書法史料集》，上海：上海書畫出版社，2009，337頁。

則較真迹略遜一籌。另外，相較於正文部分的嚴謹，藏印摹勒比較隨意，有些印章略有變形，甚至還有爲突出自己收藏而臨時改變印章位置的情況。

通覽《墨緣堂藏真》，此帖有固定的刊刻格式。如每卷首行刻有"墨緣堂藏真"篆書，下部鈐有"世松印信"（朱文）、"蔡氏友石"（白文）、"墨緣堂蔡氏平生真賞"（白文）三印，此三印現實當中確實存在，只是並非像拓本所示蓋在藏品卷首，這樣技術性的處理當是統一的結果。另外，第二行則刻所收諸帖名，相當於標題，以八分書寫。如卷一《陸柬之五言蘭亭詩》，第二行刻"唐陸司議書"，其他諸卷又有"唐釋高閑書""唐人書"等題，應該都出自蔡氏手筆。

（二）印鑑對比

《墨緣堂藏真》中收有蔡世松的部分印鑑，通過與真迹上的鈐印對比，也可以看出摹勒的水準，茲據蔡氏收藏名迹中截取部分印章列表如下（表8）。

表8　蔡世松摹勒印鑑對比

楷書	原印	摹刻印	特徵
聽濤			極似。
伯喬			極似。
伯喬書畫			極似。
墨緣堂印			極似。
蔡印世松			極似。

（續表）

楷書	原印	摹刻印	特徵
蔡印世松			極似。
蔡友石父秘笈之印			極似。
金陵蔡氏文房之印			極似。
世松之印			極似。

表8中所列的九印相較，極其相似，甚至可以說如出一轍。主要原因是自己的印鑑容易摹刻，甚至也可能存有印稿，側面證明此帖的摹勒水準之高。

李國鈞主編的《中華書法篆刻大辭典》有評價云："此帖亦殊草草，且流傳未廣，不爲世重。"[①] 流傳未廣，後人未見，自然不可能被人所重視。但謂刻帖"殊草草"，這却是輕薄之論，未爲公允，想是編者亦未深考而妄下論斷。馬明達在對任詢的研究中指出：

> 蔡氏《墨緣堂藏真》在清代大量的私家刻帖中雖較爲晚出，但他所收歷代法書，不拘於晉唐名家，某些作品，如唐釋高閑的千字文半卷、元鮮于樞補，元趙仲穆的福神觀記之類，的確別具一格，不可多見。

---

① 李國鈞主編，《中華書法篆刻大辭典》，長沙：湖南教育出版社，1990，716頁。

加之初拓本往往拓工極精，裝襯亦佳，所以一向爲臨池者愛重。①

馬明達先生通過刻帖的對比所得出的評論，與本文的分析相合。這種評論亦見後代收藏家中。民國時期著名的書畫家及收藏家徐宗浩先生曾就趙孟頫《高峰禪師行狀卷》蔡氏拓本發言，有"蔡友石刻入《墨緣堂叢帖》中，鈎勒絕精"之語②，可爲這部帖的精湛下一注脚。

四、刻帖流傳

《墨緣堂藏真》刻帖很明顯是勒石而成，而非木版。蔡宗茂丁憂結束，大約道光廿五年底回京，刻石不可能攜帶入京，這些刻石應當存於江寧老家。對蔡宗茂而言，最便捷的方式是將這套編纂好的刻帖刷印分贈親友。容庚先生所藏此部殘帙，爲樊恩照舊藏，很可能就是蔡宗茂贈予的。樊家與蔡家爲故交，故樊氏帖後跋云：

> 石刻十二卷，爲金陵蔡友石先生所刻。先生精於鑑別，由唐代以迄有明，薈萃諸家，既爲美備。憶先生向與先君共事鶴廳，論及法書，輒謂石刻未足見古人神致，必得古人墨迹，細玩其波折動宕，而古人精神畢露矣。先君深歎爲知言。今先生謝世已久，今似（嗣）③小石太史克紹淵源，書法精妙，他日訪諸其家，當盡覽所藏諸墨迹，以結翰墨緣云。道光庚戌十二月望後一日，古徒河樊恩照子容氏呵凍題。④

此跋作於道光三十年（1850），距蔡世松下世已七年。樊恩照所得之帖，當爲最早的拓本，因其撰跋距刻成僅六年時間。道光三十年蔡宗茂仍在翰林院任職，稱其"太史"亦合理。

至於留存在江寧的原石是否有蔡世松其他後人椎拓，已不可知。這一

---

① 馬明達，《金代書法家任詢》，《內蒙古文史研究通覽·藝術卷》，呼和浩特：內蒙古大學出版社，2013，491頁。

② 北京故宮博物院藏《趙孟頫行書高峰禪師行狀卷》真迹，後有徐宗浩跋文，文物號：新00061370。

③ 原文墨迹即是"似"字，疑誤。

④ 《墨緣堂藏真》第8冊，60頁。

切都因咸豐三年（1853）太平軍攻克江寧而告終。彼時南京城士大夫府宅盡毀。李宗羲（？—1884）①在《江寧布政使署重建記》中提到：

> 咸豐三年，粵匪既陷金陵，城中官、寺無一存者。後十年爲今上同治三年（1864），官軍既克金陵，於是兩江總督大學士毅勇侯曾公由安慶移節而來，宗羲實從。兵火之餘，瓦礫遍地，官斯土者，率寓民居。②

李氏此記作於同治八年（1869）仲春，他正好在江寧布政使任上。作爲親身經歷者，所言"城中官、寺無一存者"，當非虛語。1864年清軍重新奪回江寧，又一次的交戰使得滿城"瓦礫遍地"，連官員都無住處，只能暫住在民衆家中。此等慘狀，處於中心的蔡氏莊園不可能不受到影響，何況當時還有趁亂搶劫的土匪，石刻也許在這戰亂中遭劫難。太平軍攻陷江寧城後，官紳接連死事者不少，《金陵兵事彙略》中記載頗詳：

> 上元縣知縣劉同纓公服坐大堂罵賊，賊棄去，步至龍王廟側投池死。江寧縣知縣張行澍自上元縣署乘馬回，至四象橋躍河死。前浙江副將湯貽汾僑寓城內，賦絕命詩，從容就義（謚貞愍）。紳民死於水、死於火，或自經服毒，多有闔門以殉者。③

太平軍領袖打着"拜上帝教"的名義，對非其刊布的書籍皆查禁。凡其佔據的地方都將孔孟百家之書視爲妖書進行焚毀，不允許買賣藏讀，如有違反必得問罪。在其勢力範圍內，當時的情況是"搜得藏書論擔挑，行過廁溷隨手拋，拋之不及以火燒，燒之不及以水澆。讀者斬，收者斬，買者賣者一同斬"④，可謂江南文化的一大劫難。

熟悉古籍版本學的人都知曉道咸時期江南的刻本稀少，黄永年先生在

---

① 李宗羲，字雨亭，四川開縣人。1853年太平軍攻陷安慶時，奉調隨軍協理糧餉，後兼管軍裝製作。1865年任兩淮鹽運使，旋升安徽按察使、江寧布政使。1869年任陝西巡撫，1873年任兩江總督。
② 葉菊華，《劉敦楨·瞻園》，南京：東南大學出版社，2013，140頁。
③ 李圭，《金陵兵事彙略》卷一，清光緒刻本，17b頁。
④ 邵雍，《歷史記憶與書寫》，合肥：合肥工業大學出版社，2013，81頁。

他的《古籍版本學》中談道："刻書事業由於戰亂的破壞，加之太平天國也缺乏正確可行的文化政策，把所有傳統書籍不論良莠幾乎都斥爲'妖書'，只刊行洪秀全等欽定的若干政治宣傳品，使清刻本的中期至此不得不結束。"①正因如此，"經過太平天國的排斥'妖書'，經過連續若干年的戰亂，道光咸豐時的新刻本往往刷印無幾就版告毀失，戰亂結束後僅存的印本就'物以稀爲貴'地成了文物性善本，而乾隆嘉慶及以前康熙雍正時的刻本因爲承平日久印得多，即使版毀印本流傳尚不乏，反而善不起來"②。《墨緣堂藏真》這部刻帖流傳稀少而不被後人熟知的原因，可用同時期的古籍版本作一參照。那些贈送出去的刻帖，很可能也在這場劫火中損失幾盡。

太平天國以後，社會開始恢復秩序。張子高在《墨苑雜說》中提到："嘗見《墨緣堂帖》殘本，多爲名賢手劄，所藏黃忠端硯，有湯貞愍題識者，今歸合肥龔氏（見《浦口湯泉小志》）；至閻立本《歷代帝王圖》卷，今在美國波士頓美術館（見《波士登美術館支那畫帖》），此其收藏略可考見者。"③張子高爲清末民國時人，所見殘本當爲刻帖最後數卷，推測民國時期該帖全帙已經難覓。今人施安昌云該帖僅存一部④，很可能指的就是《容庚藏帖》中的這部殘帙。另外核國內外主要公立圖書館目錄，皆無此帖原本的收藏，民間偶有零星數册可見，足證該帖流傳之罕。

五、《墨緣堂藏真》的價值與意義

蔡世松刊刻並由其子蔡宗茂編纂而成的這部《墨緣堂藏真》，從某種程度而言，是蔡氏父子書畫鑑藏的結晶。雖然蔡世松書畫收藏的原始目錄或已消失在歷史之中，但通過這部刻帖，仍能窺見其書畫鑑藏的一鱗半爪。

一部刻帖主要涉及四類人：帖主、輯選者、摹勒者、刻工。在《墨緣堂藏真》中，帖主、輯選者、摹勒者這三個身份基本上集中於蔡世松一人。

---

① 黃永年，《古籍版本學》，南京：江蘇教育出版社，2005，159頁。
② 黃永年，《古籍版本學》，166頁。
③ 張子高，《墨苑雜說》，轉引自周紹良，《蓄墨小言（下）》，北京：北京燕山出版社，1998，479頁。
④ 施安昌，《名帖善本》，上海：上海科學技術出版社，2009，252頁。

这部刻帖所选的内容整体不错,多数作品從自藏的真迹中選出,減少了轉相臨摹所造成的誤差。本文即以存世的作品爲參照,考察了刻帖中的摹勒,得出的結論也是該帖較爲忠實地反映了原迹的面貌,稱得上"下真迹一等"之美譽。蔡氏臨摹自家藏品更是精準,可以説完全忠實於原迹。其主要原因自然有自家收藏可以琢磨臨摹,側面也可見蔡世松翰墨技藝之高。錢泳在其《昭代名人刻帖》中收録蔡世松的作品,將他與耳熟能詳的大家們並舉,應該不是友人間的客套,而是真正服膺於蔡世松的書學功底,此與《墨緣堂藏真》刻帖的摹勒可相印證。

清代刻帖流傳於世者甚衆,大多數則是轉相摹勒,醍醐遂失。《墨緣堂藏真》由於時代原因,幾無留存,故湮没於衆本之中,後人難得一見。其中如所録諸名迹,並不亞於其他刻帖,像其中的唐人楷書《法華經》,自蔡世松始彰之,此寫民國時曾由張伯駒經眼,並定爲隋時寫經[①]。設想如果時局平穩,刷印較多,這部刻帖當會受到更多人關注,特别對於臨池者而言更爲重要。

雖然《墨緣堂藏真》流傳未廣,所見又是殘帙,但並不妨礙對其進行分析,同時給予客觀評價。正如上面所言,此帖最大的價值在於忠實地記録了蔡世松收藏的名迹。有些名迹今日仍能見到,對比之下未見失真。另外還有一部分作品已經失傳,因此該帖爲我們保留了這些失傳作品的影像,值得藝術史研究者的重視。帖中所刻的明代尺牘,亦爲我們研究明史的學者提供了寶貴的材料。

此外值得注意的是,刻帖中收録的蔡世松跋文,真迹上都未出現,目前所見蔡氏舊藏書畫中,僅存其鑑藏印,而無題跋[②]。刻帖中有題跋的作品,真迹上亦無,趙孟頫《高峰禪師行狀卷》便是一例,今存蔡跋爲徐宗浩謄録置於墨迹之後,才爲後人保留了一段蔡氏舊藏的故實。

---

① 張伯駒,《春遊紀夢》,瀋陽:遼寧教育出版社,1998,135 頁。
② 今日所見數件藏品後的蔡世松題跋其實是後人從《墨緣堂藏真》謄録的,並非蔡氏自書。

晚清幕僚收藏家研究
——以沈梧爲中心

吕商依

由於近年中國藝術史研究的進一步發展，收藏史領域之下的各類話題已然逐漸進入學術視野並受到相當的關注，過去被正史或學界所忽視或遺漏的收藏家也被漸次挖掘出姓名，如晚清收藏甚富的蔡世松、享有收藏盛名的景其濬與相較之下身爲"小人物"的魯燮光①。儘管這些收藏家同屬"紳士"這一籠統的身份概念，但"下層紳士"靈活的社會身份也往往能夠催生出不甚清晰的社會職能，他們所呈現出的收藏動機與策略較之顯赫的主流藏家而言無疑更爲微妙與複雜，其攜物周游的習性也賦予了藝術品與收藏區域更自由的流動空間，尤其是市鎮雲集的江南一帶。不論是在地理、文化概念，抑或出於社會群體與思潮的角度，"江南"時常被視爲統一的整體或某種概括性的集體符號加以考量，然而實際上並非是收藏活動在地理上的最小單位。在更細緻的劃分之下，不同區域也會在特殊的時間節點呈現出相應的收藏特徵，如本文將提到的揚州與泰州。

清代中後期藏品的廣泛流動與收藏的風靡似乎也與當時事於藝術品收

作者學習單位：浙江大學藝術與考古學院

① 雷軍，《聽濤無痕：清代嘉道間大收藏家蔡世松考述》，《國際漢學研究通訊》19/20期，北京：北京大學出版社，2020，309—372頁；陳霄，《一個被遺忘的晚清大收藏家——關於景其濬的初步研究》，《國際漢學研究通訊》11期，2016，北京：北京大學出版社，235—279頁；陸蓓蓉，《收藏世界裏的小人物——魯燮光與〈家藏書畫立軸雜録〉》，《歷史脈絡中的收藏與鑑定》，北京：北京大學出版社，2022，437—450頁。

藏的幕僚們普遍具有的流動性緊密相關。對彼時的學人而言，在科考舉仕之外，選擇入幕似乎也不失爲一條理想的出路。由於幕府自由的人才延攬制度與鬆散的行政組織架構，合作中的賓主雙方往往處于相對平等且鬆弛的關係中①。在頻繁的游幕中，幕僚便可憑借他們的學術修養或其他才藝於各處結識鄉賢俊彦以謀求生計或參與文化活動。圍繞"學術幕僚""政治幕僚"的討論日趨完備，然而對於那些"藝術幕僚"，目前雖有若干研究行世，但就體量而言尚存繼續發掘的空間②。流寓的文人既能憑借學術資本入幕接受教育並同幕主於治學方面加以交流，也能依靠書畫才藝與鑑賞經驗而被幕主接納。

過去舉足輕重但面目模糊的收藏家有幸在今天被不斷書寫，但更多活動頻繁、經眼頗豐的小藏家仍難免被學界忽略。本文所要講述的，正是在太平天國前後長期作爲小規模幕府中一員，孜孜於收藏但幾未見諸今人筆端的晚清收藏家沈梧，而下文提出的問題也將基於上述考慮：經沈梧之手的藝術品反映了他怎樣的收藏趣味？他書寫的字句何以埋藏更深層的意圖，並揭示他複合的社會身份？在整個收藏視野下，當晚清中下層幕僚群體介入收藏，收藏者身份出現了怎樣的轉型？他在藏品上留下的題跋、出自其手的書畫作品、同代人文集與隨筆日記及沈氏族譜或將爲我們拼湊出收藏史遼闊疆域下的一隅風貌。

一、生平概述

在北京故宮博物院所藏的一件明代錢穀《遷史神交故事圖册》中③，其上僅有的一長段由晚清收藏家沈梧所撰的收藏題跋引起了筆者注意，此跋（見圖1）關於錢穀生平的內容多提取自馮時可撰寫的《錢叔寶先生傳》④：

---

① 尚小明，《學人游幕與清代學術》，北京：東方出版社，2018。
② 白謙慎，《吳大澂和他的藝術家幕僚》，《藝術工作》2020年1期，58—78頁；張俊嶺，《朱筠、畢沅、阮元三家幕府與乾嘉碑學》，杭州：浙江大學出版社，2014。
③ 故宮博物院編，《故宮博物院藏品大系·繪畫編》13，北京：紫禁城出版社，2015。
④ 原文見《四庫禁毀書叢刊》編纂委員會編，《四庫禁毀書叢刊補編》第63册，北京：北京出版社，2005，208頁。

馮元成嘗云，叔寶先生少孤貧，家無典籍，迨壯始師文太史。授書授詩文，皆習，至於畫，更心通，曰：夫丹青者，鎔以神，模以天，吹噓吐抹纖穠空有之間，惟吾指筆所向，而曾是拘拘意設方置哉！於是翩翩不名其師學，而自騰踔于梅花、九峰、石田間，其妙處駸駸更且度越，而車轍履跡，與文太史中分吳矣。

此段文字似乎是收藏者對於作畫人仔細考證後所作，然而從作品本身的圖像層面出發，冊首另一段題跋又與之存在明顯的出入與抵牾，這一矛盾之處將在下文分析。在收藏巨眼輩出不迭、收藏活動風起雲湧的晚清，似乎埋藏在上層浪潮所激起的浩淼千堆雪之下的沈梧，又在其中意味着怎樣的水流，從哪裏來又將被裹挾至何方？

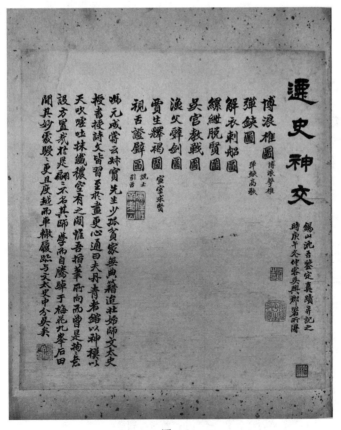

圖 1

圖 2

沈梧（1823—1889？）[①]，一作沈吾，字旭庭，號古華山農，又號九龍山樵、耐翁、友竹軒居士，室名寶智齋，江蘇無錫人，其書或學惲南田，咸豐年間遊幕京城，同治年間則客居在海陵、吳興一帶[②]。收藏活動大多活躍於咸同時期，撰有《石鼓文定本》十卷、《漢武梁祠畫象考證》二卷，另存稿本《篆籀奇字表》一卷、《成周石鼓考》一卷、《岐陽石鼓地名考》一卷與《古華山館雜著》三卷[③]等，在此《雜著》中，沈梧對散氏銅盤銘、武氏石闕記與武梁祠等進行了細緻的考釋。《沈氏宗譜》中亦有傳世《古華山館劫餘詩稿》，錄其詩110首，由其弟沈鶴松（字藝庭）校，內容多涉題畫、贈別、羈旅或詠物誌感，後另附《古華山館同人贈言》達58篇[④]。沈氏所作其餘詩詞也見於記錄，如葉恭綽《全清詞鈔》載其著有《蓉湖漁笛詞》，並零星收錄《點絳脣》及爲宗湘文題《江天曉角圖》而作的《百字令》兩首[⑤]。現存資料並無關於沈梧的個案研究，其更詳盡的生平幾乎未見於正史，沈氏也不曾謀得體面的官職，關於其任官的內容目前也唯見《湖州府志》所記的"候選州同"[⑥]，僅僅是作爲聽候選用的預備官員。除此以外，他的人生似乎主要

[①] 關於沈梧的具體生卒年仍有待筆者進一步考證。目前可見若干工具書與期刊論文等零星記載或爲"1823—1887"或對此語焉不詳，但現从高翔先生收藏的沈梧存世最晚作品落款爲"己丑夏日旭庭沈吾，時年六十又七"，應爲其於1889年之臨作，見圖2。沈氏生年另可從宗源瀚辛未年（1871）致沈梧詩中"來春五十矣"一句確定，下文將提到。

[②] 據《無錫成塘沈氏宗譜》記載："沈梧（1823—1887），清文人，一作沈吾，字旭庭，無錫天授鄉成塘人。祖沈綱，里中善士。父沈銑，耕讀傳家。旭庭從邑中名師顧簡堂、華伯淵及澄江邵佩聲學。工詩詞，善書法，精丹青，得力於顧、邵、華三師所指授。旭庭精思好學，名噪江浙，一時文人學士，爭相景慕。咸豐間遊幕京師，太平軍戰役抵錫，避居蘇北海陵。同治七年（1868）秋，衢州知府宗湘文延聘旭庭擔任文案筆札……"參見趙永良、張海保主編，《無錫名人辭典（三編）》，上海：上海科學技術文獻出版社，1994，7頁。這是目前記載較爲完善的內容。

[③] 陳紅彥、謝冬榮、薩仁高娃主編，《清代詩文集珍本叢刊》卷五一一，北京：國家圖書館出版社，2017。

[④] 沈有清主修，復初堂《沈氏宗譜二十二卷》，2006年排印本。

[⑤] 葉恭綽，《全清詞鈔》卷二五，北京：中華書局，1982，1272頁。

[⑥] 周學濬，《湖州府志》卷首，同治十三年（1874）刊本，2a頁。

都在遊幕中度過。沈梧至少在1859年仍在京師一帶有所活動①，隨後南下，數易其主，在于昌遂②、張澤仁與宗源瀚等人處先後客居入幕③，多年輾轉於揚州、泰州、蘇州、松江、湖州與杭州等地。對於沈梧及其幕主而言，在他們的交往過程中，告別與離散從不鮮見——在宗源瀚於同治七年（1868）秋署任衢州時④，跟隨赴衢的沈梧便同先前的主人張澤仁作詩話別：

> 三年兩邑德斯民，我亦從遊感使君。宦篋無錢清似水，玉堂有子壯凌雲。論交却負相留久，別袂真成不忍分。此去三衢千里隔，相思應許鴈傳聞。⑤

沈氏客宗源瀚門下多年，並一直與之維繫着長久的交情。而於此期間，沈梧的行踪依然飄忽不定，宗源瀚長達五個月的"三衢之行"僅僅只對沈梧原擬的富春出遊計劃造成了一點延誤。沈梧在松江逗留了相當長的時間，其間仍事蒐羅書畫尺牘，直到次年（1869）春才與當地眾多好友作別，跋涉千里趕赴浙西，並在途中彌補了之前未能達成富春之行的遺憾，與宗源瀚"徵五六日相聚"且"同舟返航"⑥。據宗氏所述，兩年後，適逢族中添丁，

---

① 沈梧在其所撰《重修譜序》中提到"前於咸豐己未重修，予以幕遊京師，先嚴以衰邁疏事，一惟族兄步瀛獨承其役"，此序記於1873年，沈梧時"欽加提舉銜候選州同知"。見《沈氏宗譜》卷一，59頁。

② 于昌遂，字漢卿，山東文登人，晚年寓居揚州，富藏書。參見沈梧爲其臨作《寒林瀲潤》所作題跋："石谷臨各家巨册十二幀，尺幅不一，中有六幀經南田題識，婺源齊梅麓太守所藏。丙寅客享帚齋太守。""享帚齋"即爲于昌遂室名。

③ 張澤仁（1825—1873），號古虞，又號潤農，貢生，歷任江蘇泰興、婁縣、華亭縣知縣，其子爲兩廣總督張人駿。宗源瀚（1834—1897），字湘文，江蘇上元人，監生，光緒初年官浙江各地知府，歷署衢、嚴、湖、嘉等地，後受賞二品銜。

④ 《衢縣志》卷十，民國二十六年（1937）鉛印本，61b頁。

⑤ 《留別張華亭古虞聊以志謝，主人當兼攝婁邑事》，《沈氏宗譜》卷五，90頁。據《豐潤縣志》，張澤仁於同治四年（1865）"授松江府華亭縣知縣署婁縣，逾年就移華亭，華婁共治……先後任八年"，直到1873年九月"遽卒於官"（清光緒十七年刻本，卷六，22a—23b），故此詩當寫於1868年。

⑥ 沈梧《與湘文同舟返杭作此奉贈（有引）》提到"君自攝衢篆，始終五閱月。……余自雲間千餘里來徵五六日相聚……此時丁巳（日干支，爲己巳年二月十五）花朝後一日也"。見《沈氏宗譜》卷五，103頁。

沈梧才時隔數年重又返鄉，順道完成了《沈氏宗譜》的修纂①：

> 旭庭老兄書畫名一時，遊屐所至，恒數歲不歸，來春五十矣。前一年令子愛室，今且抱孫，聞將歸里稱慶。予爲助裝並壽之，以持攜之芙蓉湖上，興發時一和之。時辛未十二月，上元宗源瀚湘文。②

沈氏及其同人詩詞唱和中恒常出現"同是宦遊人""半肩行李一身愁""夜雨瀟瀟客夢孤"等字句，因此，類似"沈旭庭自少幕遊四方，爲諸侯賓客"這樣的生活，很可能就是沈梧的常態③，並且直到1887年，晚年的沈氏還寓居於另一沈姓鹽商的鹽棧中④。

除了隨處可見的題跋（動輒可達數百字之規模，並往往有諸如相關釋文、作品的背景分析，對作者與前輩看畫人的考證以及個人見解與批評等）以外，沈氏未曾對其親歷的收藏行爲或品鑑活動留有任何相關的過眼著錄。即便如此，沈梧的個人形象、生計狀況與書畫活動能夠從旁人詩文集或其題跋中得以零散拼湊，不致完全湮沒。沈梧遊歷幾十載，早年在客旅途中結識了衆多同道。其友人朱堉（字子馨，元和人）在1855年暫別留在袁浦的沈氏，題沈氏所繪《淮南訪友圖》，作詩狀寫其"結交豪傑尋酒徒"與"鼓琴説劍相歡愉"的日常雅趣，而這樣的生活意趣或可對其生計有所助益——至少，精於琴技詩詞的沈梧自然更容易被他人悦納⑤，從而在無定的羈旅途中獲得更多機會：

> 辛酉春日，旭庭先生下榻蝸廬，接談之際，雅論叠出，不勝欣羨。近復見先生所著倚聲，造懷夐遠，蓄韻幽微，如林花盡放，曉鶯流聲；

---

① 蔣衡國《刻旭庭先生詩集序》的落款時間爲"壬申（1872）二月"，文中稱"（旭庭）與同族諸君纂修宗譜……工將竣"，見《沈氏宗譜》卷五，71頁。

② 《古華山館同人贈言》收宗源瀚一詩，見《沈氏宗譜》卷五，128頁。

③ 齊學裘，《見聞隨筆》卷八"沈旭庭前身介休縣令"篇，清同治十年（1871）刻本，9b頁。

④ "十八日壬申，……下午移舟沈旭庭居停鹽公堂岸下，鹽商沈姓外出，其友高花農、李雅深（均湖州人）。"樊昕整理，《趙烈文日記》卷六，北京：中華書局，2020，2931頁。

⑤ 山陽人魯一同（通甫）《乙卯（1855）深秋，旭庭大兄以〈淮南訪友圖〉囑題，久未報命。歸期迫矣，豀雨無憀，泚筆書此請正》，其一："同是宦遊人，貧交見性真。才華推沈約，意氣愧汪倫。古調冰古弦（君精於琴），春風班管春。相逢休恨晚，難得日情親。"見《沈氏宗譜》卷五，112頁。

如積雨初晴，清泉送響，靈氣獨辟，逸趣橫生，斯真樊榭之後勁，竹垞之嗣音矣。余生長湖濱，每習漁唱，聊以自娛，今幸教我有人，迷方可指。良辰不負，幽懷藉伸，不揣弇陋，書此請正，非敢炫鼓雷門，跨璞鄭氏，亦以苔岑雅契，不敢匿響云爾。①

然而根據其同人"依人豈長策，不如農工商"的勸告與擔憂②，他額外從事的營生或許較爲單純。沈梧在後來參與過一些比較具體的工作，譬如地方志與本族家譜的撰修③，但在此之外，他通常還是會通過書畫等相關途徑謀取物質上的回報。向沈梧索書求畫、待其題詞的人在當時應不在少數④，甚至這些同人贈詩中直接出現了"飄零同抱傭書感，慷慨會分賣畫錢"的直白表達⑤。不過，與他一樣浪迹在外的老鄉榮俊業（履吉）在述及沈梧在書畫上所受的熱烈追捧之餘，也暗示了他或許並未選擇將自己的這一項技能完全職業化：

富春山色落船頭，取次煩君筆底收。到處總多書畫債，而今偏拙稻粱謀。青衫黯黯難爲別，碧草萋萋更遠遊。此去嚴陵臺下過，灘聲

---

① 此段出自高郵人楊福臻（聽梧），《沈氏宗譜》卷五，131頁。
② 此爲其友人因沈梧將赴衢所撰的贈別之作，詩人佚名。《沈氏宗譜》卷五，124—125頁。
③ 但這類臨時的活計所得不多，參見張仲禮《中國紳士的收入》（上海：上海社會科學出版社，2001，58頁）："也應當指出的是，爲宗族服務的紳士獲得的收入似乎是比較少的……宗譜的編纂和管理較之編纂方志，得到的也是低收入"，如文中提到的"無錫楊氏"的例子，即便是作爲主要經理人的族中上層紳士，若從事於此，年薪也不過在40—60兩銀子，何況沈梧只堪算是下層紳士。另據"申浦繆氏"修譜的帳目，在一個總開銷500兩銀子的項目中，"修纂者的收入不足此數的三分之一"。
④ 《題〈松泉圖〉呈假芳山星使》（商依案：標題疑有誤，應作"段芳山［承實］星使"，段爲江西南昌人，道光己亥［1839］舉人，咸豐三年［1853］四月由內閣中書入直，官至刑部員外郎，參見梁章鉅、朱智續撰，《樞垣記略》卷一九，清光緒元年（1875）刊本，6a頁。另外，在徐奏鈞《重刻寸草心齋古詩鈔跋》頁1a有"星使段芳山先生"），又《爲梁寶生方伯畫山小幀》《交川爲陶齊寫〈蘆鴈圖〉囑予題句》，《沈氏宗譜》卷五，77—78頁；又《爲竹仙題〈惠山秋曉圖〉帳眉》（84頁），《爲襲幹卿刺史畫〈月夜渡江圖〉，繫以小詩》《黃子湘太守屬題令子石貞遺稿》（87頁），《畫竹題贈吳梅君老友二首》（95—96頁），蕭鳴鑾（叔美）《奉題旭庭提舉〈聽松圖〉》（129—130頁）有"時以便面乞繪，君寫杜老詩意見贈"等。以上均收錄於《古華山館劫餘稿》。
⑤ 《沈氏宗譜》卷五，94—95頁。

終憶古羊裘。①

沈梧亦對此安貧樂道,發出"俗物但求錢致命,書生能使筆通神。一肩行李原非累,四壁圖書不算貧"之嘆②。既然沈氏從事於此,他也必具備一定的藝術水準。早在咸豐乙未年(1859),他日後交往最密切的幕主兼好友宗源瀚便已經與之相識,當時宗氏便有《贈沈旭庭》兩首,其一如此稱道沈氏的繪畫水平:

> 觸手煙雲學大癡,自濡縑素自題詩。怪君筆底秋如許,寫到疏桐欲雨時。③

後來,當沈梧客居海陵,與之同寓此地的齊學裘④也贈詩四首,盛讚沈梧人品與喜好:

> 瘦沈今高士,山林適性情。人如秋菊澹,詩比惠泉清。拒賊斷長板,著書挑短檠。劫餘何所恃,老筆法關荊。
>
> 嗜古真成癖,求書不惜貲。居家常起早,愛月夜眠遲。近慕嵇康懶,還兼顧虎痴。可憐蝴蝶夢,栩栩繞花枝。
>
> 久客成流落,浮生豈有涯。與君連夜話,起我故巢嗟。金石龕徒在,湖山夢尚遐。何時同鼓枻,偕隱入桃花。
>
> 歲月似流水,窮通如轉環。靈光寄墨妙,及早藏名山。世事憑誰問,金丹莫我還。不談風與月,那得破愁顏。⑤

齊學裘在其《見聞隨筆》中云:"吾友沈旭庭,梁溪高士也,善畫工書,

---

① 《旭庭尊兄有三衢之行,漫書送別》,《沈氏宗譜》卷五,128頁。

② 沈梧,《假館茸城,歲云暮矣,孤燈雨夜獨坐有感。久欲赴浙,以事因循。春來,擬將就道,賦此留別知己。其末章蓋有所觸而云然,不足爲詩也,一笑》,《沈氏宗譜》卷五,93頁。

③ 宗源瀚,《頤情館詩抄》卷一,民國八年(1919)刻本,5a頁。

④ 齊學裘(1803—?),字子貞,一字子治,號玉谿,能詩詞,工書畫,同光年間與劉熙載多有交往。

⑤ 齊學裘,《丙寅(1866)四月與旭庭仁兄同客海陵,率成四律奉贈。婺源齊學裘玉谿》,《沈氏宗譜》卷五《古華山館同人贈言》,122—123頁。另見齊學裘《劫餘詩選》卷七,清同治八年(1869)天空海闊之居刻增修本,5b頁。

能詩詞，精鑑賞，收藏名書舊畫，真而且富。"①這也與同時代其他人的記述一致②。和上述評價印證的是，沈梧本人寫於薛尚功《歷代鐘鼎彝器款識法帖二十卷（顧苓手抄本）》書後的題跋，説明沈氏先前的收藏已然小有可觀：

> 余曾舊藏商周彝器拓本數十種，並阮氏鐘鼎款識刻本，於庚申年遭紅巾之亂，盡付劫灰。蓋素聞朱隱之所刊薛尚功手摹三代鐘鼎彝器款識廿卷，向未及見。今芙川先生攜示此部，悉爲黄氏士禮居收藏顧雲美手抄本，其字體有秦篆漢隸遺意。前人博古精詣如此，不獨爲學者臨池之助，使閲者夏鐘商鼎一覽瞭然，誠奇書也。芙翁亦在兵火中攜出，宜其寶之，幸勿輕視焉。錫山沈梧識，時癸亥新秋在吳陵客舍。③

除了紀録自身藏品的集散情況，沈梧也會在題跋中對作者與遞藏人進行大量考證，繆荃孫對此評價云："沈旭庭考題跋名人事迹，殊有先輩典型。"④

雖然上述内容不可避免地包含一定程度的應酬、修辭與有意識的挑選輯録，所記載的也僅是沈梧人生中的某些片段，而並非他長期生活的全貌，但這些題跋與清人文集中的記載無疑能從側面反映出沈梧其人收藏之豐、考據之精，除了對他人格魅力與生活趣味的刻寫，也述及沈氏的書畫創作風格。在博物館等收藏機構中，沈梧的書畫作品現存體量較小，目前可見

---

① 齊學裘，《見聞隨筆》卷八，9b頁。

② 蔣衡國《刻旭庭詩集序》："沈子旭庭，工書精畫，一旦起於閭巷，名噪江浙，一時文人學士争相景慕，咸樂與遊。又善於詩，觀其贈別誌感之作，吐口成韻，清奇絶響，闐闐如玉山上行，美不勝書。顧於題畫詠梅諸篇，高蹈遠引超然有出塵之想，神自盎然。"《沈氏宗譜》卷五，71頁。又崔望賢（竹山）《奉題贈旭庭先生古華山館詩稿》："詩思静涵三峽水，畫圖並入九秋聲。風流儒雅是吾師，不比尋常説友生。"（120頁）以及緊隨其後的曹俊（章民）所言："旭庭仁兄博雅好古，工書畫，富收藏。甲子（1864）六月相遇於吳陵旅次，承示秦漢石刻及勝朝名賢手迹，無不精妙"，並讚其"四壁圖書引興長，丹青輕拂出吳裝。刻瓻印鼎功名薄，讀畫吟香歲月忙。隸法偶參王次仲，碑文得辨蔡中郎。亂離同是飄零客，也許詩人到墨莊。"凡此種種，不一而足。

③ 收録於張鈞衡《適園藏書志》卷二，《清末民國古籍書目題跋七種》第一册，北京：國家圖書館出版社，2009，590—591頁。

④ 繆荃孫，《雲自在龕隨筆》卷五，稿本，21頁。

無錫博物館藏清微道人《空山聽雨圖》冊後有沈梧補作的兩開《空山聽雨圖》①以及上款人爲"楨甫大兄大人"的沈梧《隸書七言聯》一對②,"全國珍貴文物數據庫"只錄有兩件沈梧的山水扇面,分別藏於廣州藝術博物館與杭州市蕭山區博物館③。近年拍賣也偶有見得,但多爲沈氏的小件作品,品質參差,出處未詳。除了2013年蘇富比拍賣的沈梧《山水册》十二開——其上相應留有十一首題畫詩,北京保利第52期書畫精品拍賣會王翬《文徵仲仿李成寒林激澗》的沈梧臨本,以及其他出現在近年拍賣市場中的作品之外,其書畫散見於沈梧與其友人的詩詞著録。據《古華山館同人贈言》與《古華山館劫餘稿》,沈梧在應人之邀作畫之餘,也曾繪《溪山新霽圖》作贈別之用,或攜其畫作《淮南訪友圖》等四處搜求他人題跋④。比如蔣春霖在其《水雲樓詩詞稿合本》中便記載了其爲沈梧《溪山亭子》作的題畫詩,對畫面内容亦略有體現:

  亂松亭子倚山椒,極目煙波十四橋。夢到江南好風景,也應愁減沈郎腰。⑤

杜文瀾《憩園詞話》中收有時人丁至和爲沈氏作的題畫詩《一斛珠·寄題沈旭庭〈秋山採藥圖〉》:

  荒鐘乍歇,亂鴉踏碎疏林月。一襟秋思垂楊結,滿徑西風,乾落瘦黄蝶。 翠尊芳醖傷離别,艷歌金縷情凄切。窗前定有香紅雪,帶眼牽愁,遥夜夢魂接。⑥

---

 ① 蔡衛東,《空山獨對數峰青——女冠韻香及其〈空山聽雨圖〉册》,《中國書畫》2011年9期,4—12+1+3頁。
 ② 無錫市博物館編,《無錫歷代鄉賢書畫名迹集》,無錫:無錫市博物館,1991,108頁。
 ③ "全國珍貴文物數據庫",http://gl.ncha.gov.cn/Industry/Collection-Collection。
 ④ 《沈氏宗譜》卷五,81頁、112頁等。
 ⑤ 蔣春霖,《水雲樓爐餘藁》,收於沈雲龍主編,《近代中國史料叢刊》第43輯,第429册,《水雲樓詩詞稿合本》,臺北:文海出版社,1969,75頁。
 ⑥ 唐圭璋編,《詞話叢編》,北京:中華書局,2928頁。

此外，於咸同時期避兵江北一帶的吴縣人劉廷枚①亦爲沈梧題《聽松圖》，格調似乎頗爲高古：

> 海天莽紅塵，静者心如水。長揖公卿間，高懷赤松子。空山寂無人，萬壑濤聲壯。幽鳥時一鳴，月照青苔上。四壁圖書古，百年楮墨香。前賢不可作，喬木對蒼茫。左無元亮琴，右無伯倫酒。泉石締神交，笑指歲寒友。②

沈梧自敘其有長期的書畫創作與鑑藏習慣③，且收藏範圍相當廣闊，葉衍蘭在《聽雨圖》册留下的跋文"梁溪沈旭庭藏書畫甚豐"也能代表同輩對其收藏的普遍印象，除了目前能在多處見到的名賢尺牘外，也包括書畫古籍以及商周彝器拓本等，這也爲沈梧後續的交遊活動奠定了良好的物質與非物質基礎。但在太平天國運動期間，沈梧的生活顯然苦不堪言——"咸豐四年（1854），客蘇臺，旅況艱難，思歸不得。與友約會，借貸回家，看囊只剩百錢"④，其筆端亦屢屢可見"滿目山河長太息，諸君何日戰功收"之哀嘆。亂世之下，其收藏無疑受到了毀滅性的衝擊，沈梧在所作《空山聽雨圖》其中一開中題云："余昔年藏其顧夢蕸（改琦門生）所畫《聽雨圖》，扇頭裝成屏幅，有錢梅溪、姚子貞輩廿餘家題跋。咸豐庚申（1860）春，粤匪擾江南，其扇失去。"他於咸豐年間所集的藏品大概難逃類似命運，或許這正是目前發現的沈梧藏品多是在同治年間所收的原因。欲知沈梧更詳細的收藏情況，其留在過目或所藏作品之上篇幅令人矚目的題跋無疑成

---

① 劉廷枚（1819—1885），字叔濤，同治七年（1868）進士，授庶吉士，後任國子監編修、浙江學政等，曾爲張澤仁之子張壽曾與張人駿的老師，參見劉廷枚《慊齋詩鈔》卷上，張佩綸序"余家居吴久矣，余師元和陸先生，兄子壽曾、人駿師吴縣劉先生"，清光緒十八年（1892）京師刻本，1a 頁。

② 《慊齋詩鈔》卷上，15b 頁。

③ 見北京保利 2019 春季拍賣會，"仰之彌高——古代書畫夜場"專場，LOT 號：4036，"吴越本"倪瓚《水竹居圖》有同治十二年十二月（1874）沈梧題跋："吾自幼從事書畫，留心鄉先輩遺迹。三十餘年來，獲有明季數家。"

④ 齊學裘，《見聞隨筆》卷八"沈旭庭善舉"，9a—9b 頁。雖然此篇内容的後半部分以虚構筆墨居多，但無論其中是否含有因敘述所需而誇大的話術，這也可以作爲沈氏當時境況的一種反映與參考。

爲了最直接且最重要的信息窗口。

二、收藏活動與交遊

自道光年間，沈梧就開始了他的收藏活動，與其交遊活動水乳互融。民國時方若《校碑隨筆》中就講述了一段收藏史上的往事：

> 至清道光間，錫山安國後人分産，拆售天香堂，於梁上所得安氏所藏石鼓十册，中三册分別以《先鋒》、《中權》、《後勁》本命名，皆北宋時所拓，時爲邑人沈梧所得，秘不外傳，故世鮮知者。民國初爲錫山秦文錦所得，始於其自設藝苑真賞社影印行世。後秦氏將此三本及安氏藏另一宋拓本皆售於日本東京河井荃廬氏。①

當時的安國後人在分家産時，將天香堂的藏品賣與他人，其中宋拓《石鼓文》就流傳到沈梧之手，其上有沈梧"旭庭"與"沈梧之印"。除此之外，安氏家藏的北宋拓《秦封泰山碑》上也有沈梧"旭庭眼福"收藏印。另據齊學裘所言：

> 人言西嶽華山碑宋代已亡，流傳人間者只有三本劉文清家藏本，今歸宗湘文觀察，吾友沈旭庭手摹一本，吾兒功成亦摹一本，藏於家，阮文達公家藏本已摹勒上石，置揚州學舍。②

可見沈梧對於金石鑑賞與收藏上的參與態度並非淺嘗輒止，在大量的釋讀考證之餘，還伴隨着藏品的複製與臨寫，如現藏東京書道博物館的長垣本《華山廟碑》上便存沈梧長跋：

> 漢西嶽華山廟碑，迭經諸名人考證題詠，不敢再贅一詞。此册世稱爲長垣本，阮文達作碑考定此爲天下第一本，由成邸歸東武劉氏已歷年所。余於客冬與載卿知己同寓海陵，借臨數過，並雙鉤一本。今夏又蒙惠借臨摹，再將册内諸公題語鈔録附鉤本後。世間神物置於案

---

① 方若原著，王壯弘增補，《增補校碑隨筆》，上海：上海書店出版社，2010，9頁。
② 齊學裘，《見聞續筆》卷八，清光緒二年（1876）刻本，6頁。

頭者幾及半載，得以晨夕展玩，不異余所藏也，豈僅飽眼福已哉！因記數語以誌欣幸。時同治甲子孟冬下浣七日，燈下沈梧識。歸安王思儼同觀。

長垣本《華山廟碑》原歸東武劉氏藏，上有"載卿"印，即跋中出現的"載卿"，劉喜海長子劉虞采，與沈梧一同寓居海陵，並兩度將其藏拓借與沈梧，供其臨書摹寫達半年之久，不亞於轉交給沈梧收藏。在該拓本暫存沈梧處時，自咸豐三年（1853）始避亂海陵的吳熙載也因此慕名而來，幾次拜訪觀摩並留下題跋：

> 咸豐元年曾見此碑於袁浦，同治三年在海陵於沈君旭庭寓三次見之，幸甚。儀徵吳讓之。

該册有"宗湘文"之印，說明在此之後又歸宗源瀚收藏，這一點可以在其上的吳雲題跋中得到印證：

> 而原本知在吾友湘文觀察處，珍秘甚至，深以未得一見爲憾。今年春二月，觀察來守我郡，蘇湖相距近，遂寓書索觀。觀察念二十年文字舊交，不忍終拒，慨然相假，得以飽玩數日，坐卧與俱，古人三宿碑下，低徊不能去，正同此意也。承命題後，附書數語，用誌墨緣。丁丑修禊日吳雲識於蘇城兩罍軒。

據吳雲所述，他與宗源瀚乃"二十年文字舊交"，而宗氏對藏品的外借又極爲慎重，雖然他並未對吳雲的要求提出拒絶，但吳雲也僅僅得以過目"數日"，相比之下，沈梧與劉載卿之間的關係實在非同小可。

除却《華山廟碑》，另一鈐有"載卿"的明拓本《天發神讖碑》也曾經沈梧過目並收藏，此件於2018中國嘉德拍賣公司安思遠善本碑帖專拍中出現，首開有沈梧題籤，並臨書三段全碑圖，落款"同治三年（1864）七月晦日雨窗縮臨劉氏藏本於泰州之醉墨山房。錫山沈梧旭庭甫記"，鈐"家住江南第一山""旭庭"與"沈梧之印"，並有沈梧收藏章"旭庭所藏"。上有"宗湘文珍藏印"，説明後亦遞傳至宗源瀚處，亦可於趙烈文觀款"光緒乙酉（1885）秋日湘文太守三兄出示暢觀"得知。

同治己巳（1869）前後，藏有趙孟頫《鮮于子初墓誌銘》原石拓本的嘉興人唐翰題也"屬古華山農（沈梧）對臨以補其缺"①。

手摹之餘，沈梧還藏有明拓《漢禮器碑》並留數段考釋，中國國家圖書館所藏宋拓蜀本《干祿字書》與中國國家博物館藏明拓本《史晨碑》上也蓋有"旭庭""旭庭眼福"等印②，羅振玉《雪堂所藏金石文字簿錄》亦載孫伯淵舊藏明拓本《孔廟置白石卒史碑》，稱"此本有季仇印及旭庭鑑賞、見山諸印"③，從拍賣會來看，另或有《宋思古齋本明拓黃庭蘭亭二帖》。而大抵正是由於諸如"舊藏商周彝器拓本數十種，並阮氏鐘鼎款識刻本"的收藏基礎，甚至有幸過目二十卷《歷代鐘鼎彝器款識法帖》④，沈梧也自然具備了金石考證的實物條件，其《古華山館雜著》《石鼓文定本》《篆籀奇字表》與《成周石鼓考》等著作才得以應運而生。

瀏覽現存沈梧經手的藏品，其來源也大致與其在同治年間的遊幕經歷相吻合，有的則是沈梧本人明確記錄的收購或交換行爲，比如明代畫家卞文瑜《仿董源山水》中有"卞潤甫山水真迹。同治甲子（1864）孟冬舟過大梁得於古肆，錫山沈梧記"；王翬《仿趙大年水竹幽居》亦題"迨同治丁卯（1867）春三月，舟過廣陵，遂購得於市肆"⑤；錢穀《遷史神交圖册》中沈氏於1870年跋"予特以重值購之，以爲秘本耳"；上文提及的宋拓《石鼓文》也是沈梧從正在分產拆售的安國後人處購得。相較於購買，沈梧與其他藏家間的交換活動似乎被記錄得更多：陸心源（1834—1894，號存齋，歸安人）在《儀顧堂題跋》中記錄倪瓚《水竹居圖》手卷之遞傳狀況："後歸於陳良齋司馬德大，旋爲沈旭庭布衣易得，余則得之旭庭者也"，與卷中沈梧題跋"遂舉以禾郡先賢手迹數種相易之"吻合；由於他人的收藏意

---

① 王連起，《中國書畫鑑定與研究·王連起卷》（上），北京：故宮出版社，2018，285—286頁。
② 呂章申主編，楊揚編著，《中華寶典——中國國家博物館館藏法帖書系》第一輯《史晨碑（明拓本）》，安徽：安徽美術出版社，2018。
③ 羅振玉，《雪堂所藏金石文字簿錄》，民國十六年（1927）東方學會石印本，15頁。
④ 程仁桃選編，《清末民國古籍書目題跋七種》卷一，北京：國家圖書館出版社，2009，587—591頁。
⑤ 邵松年，《澄蘭室古緣萃錄》卷九，光緒三十年（1904）上海鴻文書局石印本，6—7頁。

願，沈氏也以其《黃易致錢大昕札》換得文從龍（夢殊）與豐坊（南禺）尺牘①；同樣的，出於自身對王守仁與高攀龍的強烈喜好，他也耗費了數件藏品與他人交換二者作品②，而現藏於北京故宮的《王翬札》上也有沈梧所題"今冬初會稽魏稼孫自閩至，出示二札，余以鄒忠介南皋尺牘易得其一"——他隨後又欲以所藏改琦之畫換取王翬與惲壽平的另兩封信札，可惜未果；更晚些時，沈梧又以其藏安國所製溫硯爐換得《溫硯爐圖冊》與《溫硯爐詩冊》。

沈梧在題跋中多次提到的換取信札行為，或許能夠作爲沈氏當時經濟狀況尚不足以自如地支撐其收藏活動的旁證。畢竟與大多鐘鼎彝器金石書畫相比，時代較晚近的信札在文物市場中往往售價更低，在太平天國運動之後，一度行情低迷的江南古書畫市場自然也無法與京師地區相較③。

大概得益於此，當沈氏在戰亂程度相對緩和的一些地區活動，他便趁機入手各藏家流散於市的大量明清名賢尺牘與書畫卷冊④，而其中部分作品很可能索值不高。即便這樣，沈梧似乎也時常無力購買，只能不斷以所藏之物易得，更何況自1870年代後，江南地區的古書畫價格也不斷上漲⑤，考慮到其收藏中也涉及由明至清諸多名臣與高級文人的信札和四王、吳門等書畫，長期身爲知府與知縣等群體幕僚的"下層紳士"沈梧的生活大抵

---

① 薛龍春，《黃易友朋往來書札考》，北京：生活·讀書·新知三聯書店，2021，378頁。此札爲私人所藏，其上題跋云："此幀在沈旭庭兄處，因有先師遺墨，遂以文夢殊、豐南禺尺牘易歸。"

② 《明王守仁高攀龍兩大儒手帖》，清光緒三十二年（1906）上海國學保存會影印本。書末有沈梧題跋。

③ 黃小峰，《隔世繁華：清初"四王"繪畫與晚清北京古書畫市場》，載中山大學藝術史研究中心編，《藝術史研究》2007年9輯。

④ 邵松年《澄蘭室古緣萃錄》卷九（5b—7a頁）收錄有王翬《仿趙大年水竹幽居圖卷》沈梧題跋，沈氏在其中提到此卷的購入過程，並述及他在戰後稍早時獲得的其他王翬作品，或可視作沈氏收藏活動的一個縮影："道光二十五年，崔舟以贈山左于湘山觀察，咸豐甲寅，予客袁浦，常借閱之，頗覺垂涎。及清江之變，聞是卷失去，爲之嘆息。已而避亂海陵，追同治丁卯春三月，舟過廣陵，遂購得於市肆，復爲之欣喜。昔人有翰墨因緣之説，自是益信，爰疏其流傳之概如此。……吾乃何幸於兵燹以後獲得大小掛軸、長卷、小卷及冊頁扇面，諸品咸備，無不精妙，已足以豪矣。雖然，余之素愛石谷之畫，亦豈徒玩好已乎？謹再識之，以誌景仰。錫山後學沈梧旭庭珍藏。"

⑤ 白謙慎，《晚清官員收藏活動研究》，廣西：廣西師範大學出版社，2019，76—77頁。

不十分寬綽，要繼續維持此種級別的收藏活動想必並非易事①。正因如此，他頻繁的交換行爲或許也在某種程度上投射了他個人與交易對象的主觀收藏偏好，以及他們對所涉藏品市場定價的考量。如上文所述，在筆者目前所發現的沈梧於1882年經手之最晚藏品《溫硯爐圖册・溫硯爐詩册二種》中②，其本人表示此合裝册爲"海嶠尊兄偕同榴儕許君訪予所藏文莊公溫硯爐，因攜示鄒小山宗伯所繪圖詠册，展讀之，不勝欣喜……海嶠吾兄屬題，爰書此以質之"。由此可見，交換活動或許一直貫穿沈梧自同治之後所重拾的漫長收藏生涯，且限於對方所好，這樣的交易往往需要以更出奇的"翰墨之緣"爲前提——在《溫硯爐圖册》一例中，沈梧所藏的溫硯爐乃"桂坡安國"所製，曾歸屬"邵二泉"先生③，而題跋中多次出現的"海嶠尊兄"正是攜其所收詩圖二册前來質回其先祖舊藏的邵文燾。可是當藏家改換，原先的交易條件很有可能便無法成立，這一點，將在下文講到。

有時沈梧的藏品也有固定的由來，比如來自東武劉氏之舊藏。現藏山東省圖書館的稿本《諸城劉氏三世奏稿》，其卷末就有沈梧於同治五年（1866）寫下的題識。劉氏家族所藏之物的其中一部分又曾經宗源瀚之手，或是從沈梧處獲得，如上文討論的《華山廟碑》與《天發神讖碑》；在宗源瀚所藏的劉墉《悲歌三首並序》楷書册頁中，亦可見沈梧題籤"劉文清楷書精品。古華山館珍賞"，個中緣由大抵與沈梧和劉虞采之間的深厚交情密不可分。咸豐十年（1860）六月，太平軍攻破蘇州城，張蓉鏡④藏書因兵燹與避亂途中遭遇的水災而幾乎損失殆盡，張家此後亦舉步維艱，景況堪憂，所剩劫後餘燼有諸多流入宗源瀚處，並爲沈梧所見，如在楊維楨《楊鐵崖樂府》四册中便鈐有"宗湘文珍藏印"與"旭庭眼福"。此外，沈梧也在張氏所

---

① 張仲禮《中國紳士的收入》"對幕僚收入的估計"中提到，州縣官幕僚這一主要群體的平均收入約爲每年250兩銀子，負責如"刑名""錢穀"的幕僚收入，一般至多不過每年300至400兩銀子（80頁）。

② 西泠印社2020年春季拍賣會，中國書畫古代作品專場，LOT號：1005。

③ 册中諸家詩詞題跋均有述及，如鄒方鍔"溫硯爐，範銅爲之，明膠山安氏製，邵二泉先生舊物也"，邵文燾"其銘陽陽文篆書，款曰二泉邵諱著，桂坡安國製"，方扶南"前明無錫邵二泉先生故物"，陳章"西山安國妙鑄造，四言銘語傳文莊"等。

④ 張蓉鏡（1802—1866），字伯元，號芙川，常熟人，家傳藏書處"小嫏嬛福地"。

藏明末錢謙益手抄校訂本《李商隱詩集》留題"同治二年六月在泰州旅邸拜讀一遍";同年立秋甫過,與蔣春霖等人同觀古籍,沈氏在經由張蓉鏡抄補的明洪武十一年(1378)黃鈞刻本《秋聲集》卷末留下題記;不久後,沈梧又在吳陵客舍閱得前文所述張蓉鏡舊藏薛尚功《歷代鐘鼎彝器款識法帖》的顧苓手抄本①。

　　自18世紀始,揚州鹽業極度發達,其巨頭甚至可以在一定程度上取代文人群體而引領地方社會,也因此進一步促成了當地的文化繁榮②。而在咸同年間,太平軍一度攻陷揚州,兩淮鹽政機構攜同大批鹽官與鹽商被迫從揚州遷往泰州,又由於戰亂影響所帶來的特殊社會環境,在彼時的揚州、泰州等地,活動的不僅有如張蓉鏡之類前來避亂的藏書家,還有一群不可忽視、規模達百餘人的淮海詞人群體。這些詞人因之麇集,並且其職業活動往往與鹽業多少相關,如出任鹽官,或依附鹽商充作幕僚,"兩淮鹺政,聚於揚州,需次鹽官,多至數百"——如國子監生出身的金安清③在同治元年(1862)晉兩淮鹽運使,組織"軍中九秋詞社",後爲林則徐所知,又入曾國藩幕;杜文瀾④在咸豐年間曾權泰州分司,任淮北臨掣,調海州分司運判,改通州分司運判,後任兩淮鹽運署淮南總局幫辦,十年間任職於揚州、泰州兩地;蔣春霖⑤自道光末爲淮南鹽官,轉爲富安場大使,後因丁母憂而去官,同樣在東臺、泰州與揚州等地持續流寓,依附鹽官金安清、喬松年與杜文瀾等;丁至和初遊幕大江南北,六十歲後,同爲淮海詞人的兩淮鹽運使方濬頤續修《揚州府志》,丁被聘爲分纂,事畢後歸住邗江,其家本素封,但也在

---

① 程仁桃選編,《清末民國古籍書目題跋七種》卷一,北京:國家圖書館出版社,2009,587—591頁。

② "揚州文化精英在組成上也同樣發生轉變——地方社會開始受晚明文學價值觀所支配的文人群體主導,後來變成了鹽業巨頭引領,而束縛他們的則已變成了帝權和時尚。"見[美]梅爾清(Tobie Meyer-Fong)著,朱修春譯,《清初揚州文化》,上海:復旦大學出版社,2004,194頁。

③ 金安清(約1817—1880),字眉生,號儻齋,晚號六幸翁,浙江嘉善人。

④ 杜文瀾(1815—1881),字小舫,號採香舟主人,浙江秀水人。

⑤ 蔣春霖(1818—1868),字鹿潭,江蘇江陰人,屢試不第,終棄舉業。

連綿的兵燹中蕩盡夙業①。

　　此外，前文數次出現的宗源瀚也屬這一人群中爲數不多的仕宦者。在這一集體中，除了宗源瀚、杜文瀾、方濬頤與金安清等少部分在官場居於上游的詞人外，其餘成員大多爲中下層知識分子——在經年累月的發展後，鹽務機構衍生出了龐雜的組織，能夠爲受太平天國影響的流寓詞人提供在科舉選拔之外的謀生之途——出於此種目的，他們便被吸引至向來便有詞學聲律研討風尚與學術淵源的揚州、泰州等地，在多以舉薦作爲官員選拔機制的社會氣候下遊幕各處，以客居或漂泊仕宦的方式生活下去，也跟隨鹽業機構的遷移、東主的任職調動或避難去向而輾轉各地之間，通過相似的審美、生活趣味、遊幕經歷與文化背景而互爲聯結，最終被歷史概括爲"身處衰世、没有顯赫社會地位的寒士群體"②。而自年輕時便開始遊幕四方，終其一生未謀得高位的沈梧，其身份與這些詞人有着諸多相似之處。當這些爲數衆多、組織鬆散、活動軌跡自由變化且團體本身向各個階層開放而非存在森嚴限制的詞人群落開始在其居所附近舉行交遊活動時，通曉書畫、嗜好金石古籍、善作詩賦文並在此時或已積累相當藏品的他自然有理由選擇參與其中，結識同道，受邀加入雅集活動或修禊之事，並或可爲自己謀求一席容身之地。在泰州一帶，流寓詞人姚正鏞便曾於同治甲子（1864）請沈氏與另外幾位淮海詞人吴熙載、黄錫禧、汪鋆等前來修禊③；沈梧亦與吴熙載受汪琴川之

---

①　茆萌，《咸同詞壇淮海詞人群體研究》，蘇州大學博士學位論文，2016。https://kns.cnki.net/KCMS/detail/detail.aspx?dbname=CDFDLAST2016&filename=1016223209.nh。

②　陳水雲，《咸豐、同治時期淮海詞人群體綜論》，《武漢大學學報（人文科學版）》2007年6期，824—830頁。

③　《甲子上巳，姚仲海招同吴讓之、談巽夫、高芸生、沈旭庭、周還之、胡厚堂、黃子鴻、汪研山、李冰叔、郭堯卿、張鐵岩、徐東園、陳蕉生、錢辛白羅浮精舍修禊，晚飲遲雲山館》，見趙瑜，《晉甎室詩存》卷二，清同治五年（1866）刻本，16a頁，收於《泰州文獻》第四輯，南京：鳳凰出版社，2015。姚正鏞，字仲聲，又字仲海，遼寧蓋平人，官户部郎中，常居泰州。

邀,同去城西草堂處雅集①;徐曉峰②咸同之際僑居此地時,曾於寓所作畫會,除沈梧外,獲邀者還包括同爲淮海詞人的黃錫禧、汪鋆以及擅畫人物的姚正鏞③三人:

> 徐曉峰,名旭,以字行,號雲溪,東臺人。以戰功累保擢福建汀漳龍道,時未赴任,僑居泰州。於喬勤恪公④席次,始識其人。逾日折柬,招東園仲海、旭庭、子鴻暨鋆在渠寓作畫會,衣冠肅穆,執禮恭甚,不獨酒饌豐盛也。遂出其所作山水花卉示觀,工力甚深,惜微有習氣。後赴任,遂不通消息矣。同治三年,漳州陷,闔家殉難。贈內閣學士銜,賜諡剛毅。⑤

可見,能够被"工力甚深"的徐曉峰邀請參加畫會,沈梧其人必也工於繪事。清人張爾田在其《近代詞人逸事》中有《大鶴山人逸事》一則,就記錄了沈梧當時擔任書畫老師教授他人,我們可借以管窺當時周遊入幕文人的景況,從而蠡測具備一定才學的沈梧必然也能受到其他賢主的青睞:

> 文小坡(焯)⑥爲瑛蘭坡中丞子。一門鼎盛,兄弟十八,裘馬麗都。惟小坡被服儒雅,少登乙科,官內閣中書,不樂仕進。旅食江蘇,爲巡撫幕客四十餘年。善詼諧,工尺牘,故所歷賢主人,無不善遇之。然其中落落,恒有不自得者。先君子諱上龢,字沚蓀,曾從蔣鹿潭學詞,

---

① 趙瑜,《琴川從古以五月十五日爲大端陽,是日,招同馬石樵、陳六舟、吳讓之、康伯山、沈旭庭、李冰叔城西草堂雅集二首》,參見程嵩齡,《城西草堂詩史》,民國三十六年(1947)石印本,103頁。

② 徐曉峰(1820—1864),名旭,號雲溪,揚州人,於咸豐十年(1860)至同治元年(1862)"留督淮南鹽鹾鹽課事",引自臺北歷史語言研究所"人名權威－人物傳記資料查詢",https://newarchive.ihp.sinica.edu.tw/sncaccgi/sncacFtp?@@831578685。

③ "咸豐己未冬仲,姚君仲海延至泰寓,所寫數十照,不畢肖,又爲家冰臣司馬補少壯三好圖,行筆秀整,雖專攻人物仕女者亦所不逮",見汪鋆,《揚州畫苑錄》卷四,清光緒十一年(1885)刻本,10b頁。

④ 喬松年(1815—1875),字健侯,號鶴儕,山西徐溝人,咸豐四年(1854)任蘇州府知府。

⑤ 汪鋆,《揚州畫苑錄》卷二,32b頁。

⑥ 鄭文焯(1856—1918),字俊臣,號小坡,後旅居蘇州,於詞學頗有建樹。

從沈旭庭（梧）學畫，與小坡爲詞畫至交。①

其中提到的"沚蓴"即錢塘人張上龢（1839—1916），蔭襲知縣，先後任職於昌黎、博野、撫寧、萬全、内邱、靜海、元城等地，師從沈梧、鄭文焯以及蔣春霖等流寓文人學習詞畫，並因此與鄭氏結爲蘭交。

當然，師從沈梧學畫者不止於此，劉嶽雲②曾對孔廣牧（字力堂，寶應人）《雨中花慢》詞作了如下補充：

> 《雨中花慢》所云"蓮龕"爲城東門外蓮池庵，修禊諸人爲合肥黃韞之、六和孫艾衫、盧州蔡篆卿大夫、長崇桐林及邑人朱佩齋、王恩光、陳海長、高雲生，家伯佩卿、姪子固，主社則直隸胡厚堂與先生，繪圖則畫師沈旭庭也。③

劉氏指出沈梧擔任了蓮池庵修禊的作畫人。因此，在淮海詞人群體外，沈氏也憑其出衆的繪畫技能結識了更多其他文人，畢竟他自咸豐年間就以書畫揚名，也從很早開始就有應邀繪圖的經歷。

道光二十八年（1848）春，蔣春霖至揚州，始任兩淮鹽官，淮海詞人群體自此開啓了在揚州的匯聚。咸豐元年（1851），時權泰州分司的杜文瀾與富安場大使蔣春霖訂交，意味着淮海詞人群體正式形成，此後二者互有往來。八年後（1859），蔣春霖移居泰州尋求任職，一直未得起復，於是又困居揚州八年。在這期間，杜文瀾於咸豐十一年刻印蔣春霖《水雲樓詞稿》，次年（1862）春，杜文瀾與宗源瀚建立往來，兩人與丁至和同題《江天曉角圖》，杜氏將自己所作《題宗湘文太守江天曉角圖》收錄在個人文集《採香詞》中，這是淮海詞人群體活動的頂峰，也是唱和活動由盛轉衰之伊始。在此期間，這些文人互相作詩題贈，沈梧也因此涉足其中，既爲他人題詩，如爲宗源瀚撰《江天曉角圖》之《百字令》，也爲他自己的創作索要這些

---

① 張爾田，《近代詞人逸事·大鶴山人逸事》，收於唐圭璋編，《詞話叢編》，上海：中華書局，2005，4367頁。
② 劉嶽雲（1849—1917），字佛卿，行一，江蘇寶應人，清光緒朝任四品主事，會典館纂修。
③ 孔力堂，《飲冰子詞存》，民國吳興劉承幹刻《求恕齋叢書》本，卷末跋。

詞人的題畫詩，如丁保庵爲其作《一斛珠·寄題沈旭庭〈秋山採藥圖〉》，蔣春霖也曾爲沈氏所畫《溪山亭子》賦詩，而宗源瀚《贈沈旭庭》中"魚吞宿墨鶴假煙，花底雙鬟絶可憐。喚起芙蓉湖上月，簫聲吹徹晚涼天"一首①，似乎也屬題畫之用。在核心人物蔣春霖卒於同治七年（1868）之後，雖然淮海詞人在文學上的群體活動日漸銷聲匿迹，但其中數名成員仍以各種形式長相往來②。

　　在與上述詞人群體的交往中，沈梧與他們之間也存在着某種形式的藏品遞傳關係，除前文所述，在八大山人《宋之問詩》③、汪恭與王文治《書畫合璧册頁》④、《童軒致張封君函》⑤等作品中，也同時出現了沈梧與宗源瀚的鑑藏印；而由吳熙載等人題引首的《古玉佛龕圖》中鈐有的"旭庭平生珍賞"⑥，以及現存的沈荃、宋旭等尺牘上的收藏印，也顯示了吳熙載與沈梧二人的藏弆交叠⑦。雖然僅憑以上證據，我們還不能推斷出這些藏品在其中的流動方向與傳遞動機，但這些事實却無疑表明，由上述人員組成的"收藏共同體"至少在某些領域分享着相似的收藏品味與興趣。不過幸運的是，其中一些遞藏始末與交遊往來仍可見諸卷端。沈梧存世之收藏，有的正是在與這一詞人群體的往來中所獲，並且從藏品質量來看，沈氏與其中的主要成員並非泛泛之交，尤其是宗源瀚，如吳熙載（讓之）在《空山聽雨圖》册中的題跋就表明，宗氏會將自己購得的書畫送給沈梧：

---

①　宗源瀚，《頤情館詩抄》卷一，5a頁。
②　如吳讓之時至晚年也常爲汪鋆等人刻印，參見上海書畫出版社編《晚清四大家印譜·吳讓之師慎軒印稿》所收"汪鋆"一方，爲"讓之六十二歲得心之作"（上海：上海書畫出版社，2019，20b頁）；"畫梅乞米"一方爲"先生（吳讓之）六十後得心之作也"（28b頁），汪鋆在其上亦刻"光緒九年試燈日，硯山自識，時年六十有八"。其餘諸多事例，不一一贅述。
③　香港佳士得2019春季拍賣會，LOT號：927。
④　中國嘉德1998秋季拍賣會，"中國古代書畫"專場，LOT號：855。
⑤　錢鏡塘輯，《錢鏡塘藏明代名人尺牘》第一册，上海：上海古籍出版社，2002，8—11頁。
⑥　北京保利2021秋季拍賣會，"仰之彌高——中國古代書畫夜場"，LOT號：2073。
⑦　沈荃、宋旭信札分别來自：西泠印社2017年春季拍賣會"從梅蘭芳到張充和：中國戲曲藝術專場"，LOT號：910；中國嘉德2020年春季拍賣會"尺素光風——明人書札詩"專場，LOT號：797。

……同治甲子上元宗君湘文得於市中，以旭庭富藏古今尺牘，遂舉以贈。旭翁愛重甚至，自補其圖。旭翁不輕爲人作畫，而於清微道人之軼事，則裝藏而護惜之，以永其傳，不可謂非道人之厚幸，亦册中諸公之厚幸。佛重前因，翰墨垂遠，得無因乎？屬讓之補書畫册首，因不敢辭。乙丑二月廿四日讓之記。

而沈梧在得到此册後亦感慨，並將其失扇後所得《空山聽雨圖》的這一經歷與《空山聽雨圖》在世間之浮沈隱現作比：

空山聽雨者，吾邑清微道人物也。道人工書能詩，善畫蘭草，所著有《清芬精舍稿》，名重海内。是圖得一時名流題詠，自孫文靖以次，凡六十八人。聞道光初年，爲人攫去，而道人生平寄意此圖，一旦失之，乃其生平恨事也。余昔年藏其顧夢薌所畫《聽雨圖》，扇頭裝成屏幅，有錢梅溪、姚子貞輩廿餘家題跋。咸豐庚申春，粵匪擾江南，其扇失去。同治甲子夏，避亂海陵，偶得此册，展玩摩挲，不勝慨嘆。物之顯晦，殆非偶然歟？因補其圖，裝池二帙，並以案頭秦敦夫①《享帚詞》中題此一調，補錄於左，它日攜歸，示之賞音，亦一段家山韻事也。翰墨之緣，得無佛重前因乎？乙丑閏月下旬再加點染並識歲月云，古華山館主人梧。（選冠子，昆陵韻香女史，名嶽蓮，於雙修庵自度爲女道士，號清微道人，家鳳梁孝廉以《空山聽雨圖》索題，以賦此調。……錄江都秦《享帚詞》爲題畫，亦借花獻佛意也。旭庭。）

自沈梧之後，圖册又歸葉衍蘭收藏，其後便爲王秉恩所得，從無錫博物院所藏王氏《致徐乃昌手札》中，我們可以得知《空山聽雨圖》以450兩的價格轉手給徐乃昌②。如此高價，對於沈氏而言，或許相當於一筆不菲的幕僚津貼③，可見宗源瀚對沈梧之珍視——他也曾囑託沈在其藏品如《一

---

① 秦恩復（1760—1843），字近光，號敦夫，江都人。
② 蔡衛東，《空山獨對數峰青——女冠韻香及其〈空山聽雨圖〉册》，《中國書畫》2011年09期，4—12頁。
③ "對於有些紳士來説，充當幕僚是一種重要的收入來源。除了聘用他們的官員同意付給他們的酬勞外，他們還可能因其公務而收受禮品。" 張仲禮，《中國紳士的收入》，72頁。

枝春梅圖軸》題字①，或持沈的畫作向其他文人索詩②。然而，能够讓沈梧"裝藏而護惜之，以永其傳"並"因補其圖，示之賞音"的《聽雨圖》又是如何轉至葉衍蘭處的呢？册中有葉氏"敘其顛末"一開，其上詳述了《聽雨圖》的入藏過程：

> 梁溪沈旭廷藏書畫甚富，先後收得此圖殘帖成三巨册，珍惜不輕示人。光緒二年秋，秦臨士同年覓得續圖一册③，郵寄來京，題作僅存十餘頁，因於旭廷所藏，無不望蜀之想，姑函屬臨士謀之，不意旭廷竟能割愛。次年春，三册一並歸余，又得刻本殘葉，序一篇，賦一篇，詩詞數首，録出附寄，余補書册後，重付裝池……

在得到來之不易且價值高昂的案頭珍賞十三年後，無論是因爲何種意圖——出於經濟上的需求與考量，或是急於爲其藏品物色下一任藏家等，沈梧最終並没有選擇將寶物繼續留在身邊，但《聽雨圖》却因此得以愈趨完整。

再如上海博物館所藏《夏言致顧璘札卷》，其收藏者金安清便分别請宗源瀚與郭嵩燾④作詩題跋，宗氏於此題絶句三首，並記"同治戊辰夏，儻道人（即金安清）得此卷於吴門，攜杭見示"，以及郭嵩燾所載"眉生仁兄命題貴溪夏文愍公手迹"，隨後金氏也在其上作跋："用湘文韻題句……同治八年歲在庚午，眉生金安清書於焦山舟次。"兩年後，該卷便被金安清贈與沈梧，沈氏題跋内容如下：

> 吾内藏有顧曾二公尺牘，金眉生廉訪復寄惠。是札當合裝一卷，以爲三哲遺翰，因牽連識之。時同治十年歲在辛未，夏五月客吴興鑑定。古華山農沈梧珍藏。

---

① 浙江省博物館編，《金石書畫》第五卷，杭州：浙江人民出版社，2021，255 頁。
② 許傳霈，《一誠齋詩存》丁丑（1877）所記，引自"中國哲學書電子化計劃"：https://ctext.org/wiki.pl?if=gb&chapter=539192&remap=gb#p550，第 443、445 條，"宗太守招飲愛山臺，出圖卷索題，久未報也……圖系沈旭庭所繪，今夏沈由蘇來湖同飲"。
③ 秦廣彤，秦緗武三子，原名勳，又名麗昌，咸豐丙辰（1856）登翁同龢榜進士。
④ 郭嵩燾（1818—1891），字伯琛，號筠仙、玉池老人、雲仙，道光年間進士，同治年間任蘇松糧儲道、兩淮鹽運使、廣東巡撫等。

對於富藏尺牘的沈梧而言，他的收藏行爲也包括將其他名賢信札進行分類與合裝，在北京故宮博物院藏胡宗憲《呂港帖》上的沈氏題跋，也記錄了他類似的做法：

> 余故以荆川手札與恭簡、文恪諸公合裝一册，爲儒林翰墨。胡公幕府可謂才藪矣，因略表諸公之梗概云。同治四年歲次乙丑，立春後一日客海陵。無錫沈梧旭庭考藏並識。

不過，當沈梧用其所藏"吳文定寬法書扇面、倪文貞元璐書畫二面、侯忠節峒曾、徐忠節汧文、文肅震孟、陳忠節函輝書各一，又顧原之懿德墨梅一"，從張澤仁處換得"王文成公、高忠憲公手牘各二通"①，並興致勃勃地將二者信札合卷裝一册後，于昌遂對此表示"旭庭沈君所蓄名賢尺牘千數百家大觀也，余尤愛王文成、高忠憲兩大儒墨蹟合卷"的同時，也在詩末含蓄地指出高王二人師承與思想相悖，二人信札合裝一册似乎不甚和諧：

> 文成定逆藩，鄰師不出援。忠憲爲人慮，不自私其身。保身將有待，遺屍江之濆。辱身即辱國，拜疏從屈原。沈君好古癖，二公遺墨存。裝池爲一卷，以示無區分。奈何宗朱陸，水火如黨人。②

現藏於北京故宮博物院的《王翬札》沈氏題跋亦如是，爲尋求惲壽平手札以與他收藏三載有餘的王翬札合璧，促成"惲王"一說，沈梧不惜以其鄒元標尺牘相易：

> 石谷此札爲嘉興唐作梅所藏，後爲秀水文後山所藏，唐文二公精

---

① 《明王守仁高攀龍兩大儒手帖》書末沈梧題跋。另據此卷沈廷鏞跋"是卷爲余外家彭氏舊物，先爲二林公所ң，後歸我從子約守公，爲先妣高祖，其後不知何時歸張氏。咸豐庚辛同郡陷於賊，古虞先生及余外祖佑之公均避地來鄉同館余家。古虞先生好古甚篤，而佑之公轉徙流離懼不保其先澤，是卷之割贈或在此時亦未可知。同治初，歸於錫山沈旭庭先生，旭庭考藏明人尺牘甚富，暮年知吾府君颭生公搜輯忠賢遺翰，悉以來歸，是卷亦其一也。蓋不百年，而藏者已四易其人"，可知其遞傳過程。

② 《古華山館同人贈言》，《沈氏宗譜》卷五，121頁。

於鑑賞，爲時所稱者。今冬初，會稽魏稼孫自閩至，出示二札，余以鄒忠介南皋尺牘易得其一，以合南田。而石谷與奉常、廉州、司農爲四王，又與南田齊名，人稱惲王。余所得南田手札已三載餘矣，每思石谷數行，竟不能得。適稼孫千里攜來易之，翰墨因緣，殆非偶然歟？因重加裝池，以爲惲王合璧。敬書數言，以誌欣賞。同治四年歲次乙丑臘八燈下識。無錫沈梧，時客海陵。

對另一封沒能從魏稼孫處換得的《王翬致友人廷受札》，沈梧其實也曾過目，並於一旁抄錄其內容。因藏家遠別、藏處更替而錯過了以自己所藏的改琦之畫向改再薌交換這兩件由後者從市肆購得的信札的機會，沈梧心生喟嘆——他或許知道，能夠打動改再薌的宗族先祖之作未必能投他人之所好。當然，他與各藏家間的親疏關係可能也是影響交換順利與否的因素之一：

按：石谷長南田一歲，南田卒於康熙二十九年庚午，年五十八。其歿後，石谷毗陵友人廷受者手札有云：弟與惲先生真性命交，一旦長逝，遂令風雅頓墜。人琴傷感，理所應爾。前者靈前慟哭，聊盡瓣香一拜，然弟觸目慘心，一種關切隱痛，真有寸腸欲裂者。正老身後乏人主持，弟又帶水暌違，未能時時相照，視古人寄託之意相去遠甚，自問徒覺抱慚。殯葬事昨雖面商，而經營窀穸，躅累先生與鄒又老籌盡，兩君子真可對知已而無愧者矣。又云：正老家中全望兩先生照管，使存歿相安，不致孤寡無依，南田雖死猶生之日矣。弟所禱祀而求者，先生當不罪我妄耳。一有葬期，定過毗陵相送，以了夙誼，必不爽也云云。古人交篤，於此可見。昨年余與松江改再薌兄同客海陵，其於市肆得此札及正老札，亦與廷受者，向許其祖公七薌先生畫相易，嗣因遠別不果，今客雲間重晤再薌，云此二札已歸秦澹如①都轉矣。何墨緣之不偶耶？因節書數語以誌欽慕。時丁卯春宵燈下記。

總之，於揚州、泰州四處客居期間，沈梧密集地蒐羅了諸多名賢尺牘，

---

① 秦緗業（1813—1883），字應華，號澹如，江蘇無錫人，副貢生。

他也曾在短短數日之内連續爲多件明人信札作跋，文嘉《致項元汴札》①有"同治四年太歲在乙丑，五月十七日清晨展玩書之。古華山館主人沈梧識於海陵城北寓齋"，文徵明《與子吁（周復俊）書》上有沈氏跋文"同治四年五月十八日，無錫沈梧藏並記"②，並附此信札書寫時間的大段考證——在此兩天之前，沈梧在現藏於北京故宫博物院的王寵行書書札《起居帖》上寫下"同治四年乙丑五月望日燈下識，無錫沈梧旭庭"，並且在前段題跋中有以下内容：

　　……梧曰：世人相交，先不投而後莫逆，古人所常有之，或先莫逆而後不愜，亦往往有之。如李中丞充嗣輩，愛衡山才，以貢生薦於朝奏，授翰林。姚、楊輩以畫匠目之，而文先生實未嘗介意，蓋人學問相去爲何如哉！

不知出於何種原因，沈梧在王寵與陳石亭二人之間往來信札上着重強調了文徵明"十次不第"後以貢士出身而被引薦至翰林，隨後爲姚明山、楊方城刁難非議這一事件，在必要之考證已經完成的情況下，反倒以對文衡山這一並非此信札直接關聯人物的評論作爲結束。不過，他自身的長期處境也確與文徵明有着相似的意味，且當時幕僚的生存狀況正如汪輝祖所言，乃"一經入幕，便無他途可謀。而幕脩之外，又分毫無可取益。公事之稱手與否，主賓之同道與否，皆不可知。不合則去，失館亦常有之事"③。那麼，沈梧是否會從前人文氏的經歷尋求寬慰，或許結尾那一句"蓋人學問相去爲何如哉"既是沈氏於此事件的評論，也是其處於無定生活之下的一聲嘆息。他在多年的遊幕經歷中，是否也曾遭受過旁人猜忌排擠，當時類似沈梧這般更普遍的文人群體，他們因仕途受挫、戰亂紛擾而身居漂泊處境的心態縮影可否在他身上找到？我們可以看到，沈梧與其友人確實曾悒憤於"難

---

① 香港近墨堂書法研究基金會藏。此札展出於浙江大學藝術與考古博物館2021年"三吴墨妙：近墨堂藏明代江南書法"展。
② 石守謙、楊儒賓主編，《明代名賢尺牘集・貳》，臺北：何創時基金會，2012，144頁。
③ 汪輝祖，《佐治藥言》，《叢書集成初編》本，北京：中華書局，1985，14頁。

把妖氛一掃清"①，朱百禧（銘之）亦有詩相勸：

  傾擠場中貌友多，誰憑天日指山河。關心還是文章好，千里來流（商依案：應作疏）問薜蘿。

  飽餐墨水未療飢，到處盲人只相皮。囊有弦琴莫輕鼓，不知音反笑沈迷。②

  也許是受地理因素決定的審美環境與市場特徵所影響，又或者出於自身偏好，除了清初"四王"作品，沈梧對明代吳門字畫尺牘表現出的興趣無疑相當濃厚，其中不乏長篇題跋。如沈氏曾過目今被稱爲"京都本"的沈周《九段錦》③，也經手其《秋林策杖》扇面以及唐寅行書"一年歌"扇面，包括本文伊始便提到的錢穀《遷史神交故事圖册》——後兩者最終都進入了北京故宮博物院。在吳門信札方面，文元肇《致上池書札》沈梧題跋稱"余所藏文氏五世尺牘，獨無端靖數行，僅得其自書詩扇一幅"，並在後文提到了他所知的另一封信札——"其父彭亦有一札與上池者，稱賢弟"，上述內容均可從文徵明、文彭、文震孟與文震亨等人信札上鈐有的沈梧收藏印④，以及前文所述那件文嘉《致項元汴札》得到佐證。此外，沈梧對吳門其他成員如宋旭、王鏊、周天球、陳元素、徐有貞、朱朗等人的尺牘亦頗有收集⑤，並對其人其事有所考訂。

  沈梧收藏的其他明代書迹尺牘也多出自江南地區文人，如王守仁、高攀龍、宋曹、侯峒曾、陸澄原、顧聞和臧懋循等。他收藏的兩開鄒之麟書

---

① 葉瑛（香岑）《昨在貴同宗榮卿處，捧誦佳章，不勝羨艷，茲以畫册見示，佩服益甚，謹占俚語四章呈正。時辛酉春二月既望》，見《沈氏宗譜》卷五，117—118頁。

② 朱百禧（銘之）《旭庭先生錫山名士也，一見如舊相識，談次見視〈淮南訪友圖〉，率此請正。時乙卯（1855）小春》其中二首，《沈氏宗譜》卷五，113—114頁。

③ 方濬頤《夢園書畫錄》以及端方《壬寅銷夏錄》中均有記載，"同治丁卯五月漢卿（于昌遂）攜來西泠讀數過，啓南公九段錦畫册……無錫沈梧爲錄江村評記於左以誌眼福"。

④ 石守謙、楊儒賓主編，《明代名賢尺牘集·貳》，84頁、144頁、146頁、155頁。

⑤ 《宋旭等二人手札》來自中國嘉德2020春季拍賣會，"尺素光風——明人書札詩翰"專場，LOT號：797；王鏊、周天球、陳元素札均來自北京永樂2020全球首拍，LOT號：220、230、237；徐有貞、朱朗札參見宋志英輯《明代名人尺牘選萃》第11册，北京：國家圖書館出版社，2008，331頁，403—404頁。

札後來分別歸過雲樓與潘承厚所藏，而蓋有"沈梧審定"的另一開鄒氏書札則現身於浙江大學藝術與考古博物館去歲"三吴墨妙：近墨堂藏明代江南書法"大展。

除上文所言，潘承厚處也集中地流入了沈氏舊藏的許多明清尺牘[1]，所涉名家信札蔚爲大觀。而當時那些去向各異的其餘信札，在今天多散見於各類拍賣會與收藏機構等。如王鐸《致紫闓札》[2]，沈梧於其上留考釋，末云"同治六年正月廿日燈下展讀敬識"，以及後來同樣歸過雲樓收藏的《厲鶚致陳皋書札》[3]。另如本文附錄所列，他的藏品中還有陸澄原、汪懋麟、沈荃、錢謙益、王鏊、姚元之、沈德潛和鄒元標等數位貴官顯爵之尺牘，不過其中有相當一批都只留沈梧的收藏印，並無更多信息。

而後，隨着宗源瀚於同治九年（1870）權守湖州，作爲幕賓的沈梧也一同前往湖州重修縣志，不僅遇見了前來校閲的蔣衡國，爲《古華山館劫餘稿》求到了蔣氏所撰之序[4]，更有機會接觸到由於鹽務加耗而被褫職回家的藏書巨擘陸心源[5]：

> 同治九年，源瀚權守湖州時，方有廷旨重浚溇港。……予乃慨然有修志之意願。兵鋒甫息，書籍焚如，文獻將湮没，搜求匪易。時陸存齋觀察方里居，毅然願任其事……咨之周縵雲侍御，以爲然。又得潯溪蔣海珊力籌經費，而存齋與縵雲諸君創定凡例，陳義甚高，遂開志局於愛山書院。明年，予以受代去。又明年，存齋亦出山，而謝城官會稽教諭，亦不時至，中間徐小豁、沈旭庭以事牽率，去來無定。其始終編纂，孳孳矻矻，忘寢食、疲寒暑而不辭者，則有丁君葆書。……

---

[1] 參見宋志英輯，《明代名人尺牘選萃》第11册。

[2] 見2020蘇富比（紐約）古代書畫七月拍賣，LOT號：2521。

[3] 李經國、馬克編著，《過雲樓舊藏名賢書翰》，北京：北京聯合出版公司，2020，153頁、451頁。

[4] 《刻旭庭先生詩集序》："……讀君之詩，而知君之胸中别有丘壑也。予心嚮往之，而未得一見，固常自爲扼腕。去年（1871）秋，吴興郡守宗公湘文延吾重修郡志，校閲之下有感……同治歲次壬申（1872）二月。晉陵蔣衡國拜撰。"見《沈氏宗譜》卷五，71頁。

[5] 陸心源（1834—1894），字剛父，號存齋，晚稱潛園老人。浙江歸安人，咸豐九年（1859）舉人，官至福建鹽運使，藏書極富，有《十萬卷樓叢書》。

同治十三年冬十月，浙江補用道、賞戴花翎、嚴州府知府、前署湖州府知府，上元宗源瀚序。①

同治十一年（1872），宗源瀚、陸心源與沈梧三人都參與了愛山臺碑的重建活動②。居湖州期間，沈梧的收藏活動仍然在繼續，北京故宮博物院藏改琦《元機詩意圖》上就有沈梧跋："同治十年，歲在重光協洽，冬十一月之朔有六日呵凍識於愛山臺寓邸。古華山人沈梧珍賞。"而沈梧與在湖州結識的陸心源之間也存在着書畫收藏往來——如陸氏在《儀顧堂題跋》中記錄了被張子寧先生定名爲"吳越本"倪瓚《水竹居圖》卷的流傳經過：

> ……是卷，明天順初尚爲仲和孫顒若所藏；至嘉靖中，乃爲雲間何元朗所得，有"青森閣書畫記"朱文長印；乾隆中歸于太倉陸潤之，有"陸潤之藏"朱文方印；後歸于陳良齋司馬德大③，旋爲沈旭庭布衣易得，余則得之旭庭者也。《佩文齋書畫譜》、《六研齋三筆》、《吳越所見詩畫録》、王文恪《姑蘇志》、《蘇州府雅志》《石志》皆著於録，惟《雅》《石》二志所載，雖祇詩七家，而王雨、曹説（商依案：應作"詵"）、陳述三詩爲此卷所無，殆屢經兵燹而有所缺佚歟？④

然而，據張子寧考訂，結合此圖題跋內容與各家著録之別，以及這些著録如《吳越所見詩畫録》與《珊瑚木難》《六研齋三筆》《蘇州府志》之間存在的出入，其真僞仍存爭議。陸心源的考證雖尚存疏漏，誤將《六研齋三筆》與《吳越所見書畫録》混同，然而也發出了"殆屢經兵燹而有所缺佚歟"之疑⑤。可是"吳越本"《水竹居圖》卷的上一任藏家沈梧雖然

---

① 宗源瀚等修，陸心源等纂，《湖州府志》卷首"重修湖州府志序"，清光緒九年（1883）刻本，1頁。
② 《湖州府志》卷四七，清同治十三年（1874）刊本，57a頁。
③ 陳驥德，生卒年不詳，活動於清咸豐至同治間。字千里，號德大、菊磵後人、良齋，浙江海鹽人，著有《吉雲居書畫録》。
④ 陸心源，《儀顧堂題跋》卷一五，清刻潛園總集本，15a—15b頁。
⑤ 張子寧，《漫談倪瓚〈水竹居圖〉》，收入《倪瓚研究（朵雲62集）》，上海：上海書畫出版社，2005，245—258頁。

也注意到了此卷與《蘇州府雅志》《石志》等著錄的題詠内容存在出入——即缺失曹誗、王雨與陳述三家題跋,但仍對他自己藏品的真實度頗爲自信,想當然地認爲"殆五百年餘之物,歷經兵燹,難免脱佚",在半年之内三次題跋千字有餘①,並鈐"沈梧審定""旭庭""旭庭所藏""旭庭秘笈"與"旭庭平生珍賞"等印:

> ……是卷,至明初爲仲和六世孫顒若所藏,後爲雲間何元朗青森閣物,入本朝歸太倉陸潤之氏,迨癸甲之後,轉歸海昌陳氏吉雲居。吉雲主人與余同嗜也,遂舉以禾郡先賢手迹數種相易之。爲考《佩文齋書畫譜》,著是圖並高士詩,乃據《六研齋三筆》採入者,陸氏《書畫録》則悉載卷中題詠凡一十八篇,而王文恪《姑蘇志》僅載俞記及倪詩二篇,又核諸《雅》《石》二蘇志所載,亦止七篇,惟尚有曹、王、陳三家題詩,則卷中所無。殆五百年餘之物,歷經兵燹,難免脱佚,爲補録之,以成完璧。夫高士書畫之妙,有目共賞,諸賢題詠,皆清麗可喜,字畫亦皆精謹不苟,視近時大書特書、動輒滿卷者有間矣。蓋先後題者共二十有一人,都知名之士,今就尤知者一十五人附書小傳,謹疏其略而寶藏之。同治十二年歲次癸酉冬十二月下旬,鑑定真迹。

與陸心源未解的疑慮不同,上文沈梧給出如此確鑿的判斷並非毫無依據。數月之後,沈氏便在吳門目睹了恰有曹誗、王雨等人題詞的《六逸圖》,且其詩内容與《雅》《石》所著相符,因此沈氏將這一發現於此《水竹居圖》卷後繼續書寫:

> 甲戌之夏,客吳門,偶過古香室裝池,見元趙天裕、柯丹邱輩畫竹六幀,爲《六逸圖》,卷後有元人題詠一幀,爲盛懋、曹誗、陸廣、倪瓚、陶宗文、王雨及僧行現、如海,凡八家,讀其詞,悉非題六逸者,乃是卷之題也,因詢其原卷,爲李眉生廉訪所得。廉訪公以其題語不類,故不欲合裱卷中矣。余聞而心竊喜之,廉訪其有意留待《水竹居》

---

① 三次落款時間分别爲"同治十二年歲次癸酉冬十二月下旬"、"甲戌仲春"與"時五月廿又二日"。

合璧乎？遂記其題詞而歸，欣然檢卷，勘閱曹誴、王雨二詩，恰合前錄，惟尚缺陳述一題，蓋復得五人焉。雲林高士詩則與圖中所題同，殆當時水竹居主人乞俞公作記，以徵題詠，乃仿浣花草堂，有詩無畫也。而高士既爲圖繫以詩，復就題於卷，則以一詩兩用之耳。後人或恐散，合爲一卷，亦珍惜之理也，是必爲無識之徒以高士兩題之，復遽分出一紙，强合諸竹卷，而於此則未免失晉之憾焉。噫！五百年前之物，但不識何時分散，其兵革遷移不知凡幾，今幸一旦恍然得睹，不亦快事乎？爰詳錄諸家題句於左，方且爲它日劍合張本。

不過，由於沈梧先入爲主地認爲《水竹居圖》卷僅此一件，亦無法見到《水竹居圖》卷的全部傳世實物，此時的他並未意識到附於《六逸圖》後再度出現且次序居中而非列於首位的倪瓚題詩有何異常，以及陳述題跋的缺失現象有何不妥。況且"悉非題六逸者，乃是卷之題"的"八家題詠"也無法與前述任何一種書畫著錄完全擬合，題詩用紙或許也與此吳越本《水竹居圖》卷有所不同——不過，根據上文記錄，沈氏彼時所見之作，倒是能與今上海博物館所藏張大千僞作趙孟頫畫卷後的倪瓚等《行書題跋水竹居》詩題①對應。對此，沈梧僅僅牽强地解釋爲這是水竹居主人曹仲和"乞俞公作記"而導致的"有詩無畫"，而倪瓚"多餘"的題詩也被沈氏簡單地推測成"一詩兩用"，甚至懷疑上述題詩原與"吳越本"合爲一卷，只是由於"無識之徒"將兩次出現的倪瓚題跋拆作兩紙。沈氏隨後未經思慮，欣然全盤照抄——可是，既然兩者是被後人合卷裝裱，而吳越本《水竹居圖》卷至少到明代初年仍爲曹仲和之六世孫曹孚所藏，如此特殊的變動何故未見於任何一家的書畫著錄？各本著錄之間的文字出入，又當如何解讀？

就在經眼《水竹居圖》卷的幾年之前，對於現今藏於京都博物館且同樣存疑的"京都本"沈周《九段錦》，沈梧除敘述畫面風格與内容之外，也並未對其真僞提出質疑。雖然沈氏對畫面内容大加褒揚，如"精謹秀潤"，"紅葩綠葉點綴，畫家見之，必嗤爲脫格，然用意蕭遠，正非凡流所及"，"飄飄然有遺世登仙意"，"略從毫末點染，便有無限風情"等用語，但

---

① 《倪瓚研究（朵雲62集）》，254—255頁。

黃朋近年的研究則將"京都本"與"近墨堂本"之兩册《九段錦》加以比較，認爲無論是從繪畫技法、印章款識解讀，還是與高士奇等人的書畫著錄對比，"京都本"《九段錦》僅僅是原作之摹本[①]——雖然在當時也騙過了諸多藏家之眼，暫時逃離了身爲僞作的嫌疑。沈梧在書畫鑑賞上所出現的"失誤"並不僅見於以上兩則，他在所藏《石濤僧與金亦陶手牘》中留下的考識内容亦有紕漏，如"石濤嘗遊廬山，與蕭伯玉爲詩友"實爲誤考，此處沈梧認爲的"石濤"乃廬山僧人，名弘鎧，與當時年僅十一歲，尚未開始雲遊訪道的朱姓石濤並非一人，年紀也不相符[②]；另有北京故宮所藏胡宗憲《吕港帖》，雖然作品爲真，但也有書吏代寫之疑[③]。上述沈梧藏品雖然一定程度上存在真僞以及作者歸屬問題，然而其鑑定結果也始終不致過分偏離客觀事實或暴露常識性的謬誤，只能説明沈梧之眼力與考證推理也許並不比幾位同樣未確切注意到其中端倪的收藏名家更敏鋭高明。不過，本文開頭的那一件錢穀之作却似乎是個例外。

三、沈梧的意圖

北京故宮所藏《遷史神交圖册》（見圖3）的前兩開均爲沈梧的題識與跋文，除了對錢穀生平的摘録以外，還有沈氏本人在參考了陸時化《吴越所見書畫録》後對此册頁近三百字的評論，將《遷史神交圖册》與陸時化所藏錢穀的另一件作品《聘龐圖》視作同類，並認爲兩者乃屬"同一古法"，且論及"近代鑑賞家"，自信地作出批判的論調：

> 錢高士馨室，文待詔衡山弟子也。是册用意深得唐宋古法，益以己意。張孝廉伯起以端楷各書事實，王吏部禄之篆題曰"遷史神交"，皆爲傑作，可稱三絶。高士嘗畫《聘龐圖》，載《所見書畫録》，陸

---

① 黃朋，《沈周〈九段錦〉真僞辨（上）》，《中國書畫》2020年04期，20—25頁；黃朋，《沈周〈九段錦〉真僞辨（下）》，《中國書畫》2020年05期，14—17頁。
② 陳國平，《石濤廣西境内行踪考》，《藝術探索》2013年01期，4頁、6—13頁。
③ 楊帆，《胡宗憲〈吕港帖〉與乍浦之捷考》，《故宫博物院院刊》2012年05期，141—145頁、163頁。

聽松所收高士畫不下數十種，而獨謂此圖設色高古，宛如宋元，是爲第一，云其位置"古柏靈椿，參天蔽日，兩山夾一路，有一人執斧鉞自路而出，駿馬儀仗隱于路中，劉表與龐公在隴上立談，一人伏於田而耘"。待詔隸書聘龐故實及贊，正與是冊同一古法也，近代鑑賞家往往取精致柔媚或輕描澹寫之作，而於古拙之筆則忽略矣。蓋書畫文章，其理固同，其氣則隨時升降，是風尚使然也。要之，此種高古筆墨不但于文門諸弟子僅見，高士生平亦未必多作。予特以重值購之，以爲秘本耳。錫山沈吾鑑定真蹟并記之，時庚午冬仲，客吳興郡署所得。

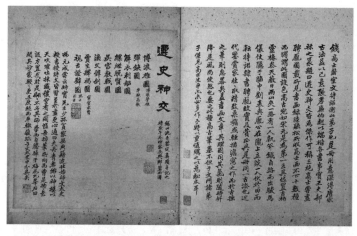

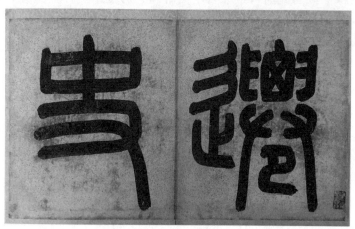

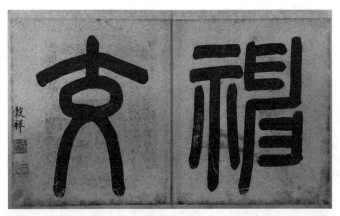

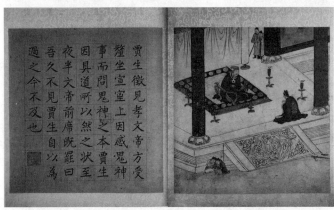

賈生徵見孝文帝方受
釐坐宣室上因感鬼神
事而問鬼神之本賈生
因具道所以然之狀至
夜半文帝前席既罷曰
吾久不見賈生自以為
過之今不及也

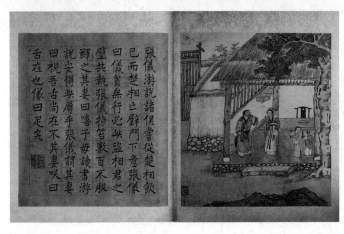

張儀游說諸侯嘗從楚相飲
已而楚相亡璧門下意張儀
曰儀貧無行必以盜相君之
璧共執張儀掠笞數百不服
醳之其妻曰嘻子毋讀書游
說安得此辱乎張儀謂其妻
曰視吾舌尚在不其妻咲曰
舌在也儀曰足矣

藝術史苑

285

張良者其先韓人也大父開地相韓昭侯宣惠王襄哀王父平相釐王悼惠王平卒二十歲秦滅韓良家僮三百人弟死不葬以家財求客刺秦王為韓報仇以大父五世相韓故良嘗學禮淮陽東見倉海君得力士為鐵椎重百二十斤秦皇帝東游良與客狙擊秦皇帝博浪沙中誤中副車秦皇帝大怒大索天下求賊甚急良乃更名姓亡匿下邳

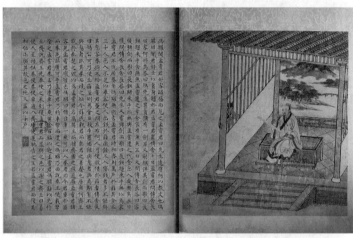

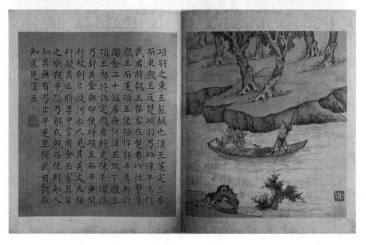

項羽之東王彭城也漢王還定三秦而東殷王反楚項羽乃以陳平為信武君將魏王客在楚者以往擊殷殷王降漢王使項悍拜平為都尉賜金二十鎰居無何漢王攻下殷王項王怒將誅定殷者將吏陳平懼誅乃封其金與印使使歸項王而挺身行杖劍亡渡河船人見其美丈夫獨行疑其亡將要中當有金玉寶器目之欲殺平平恐乃解衣躶而佐刺船人知其無有乃止平遂至脩武因魏無知求見漢王

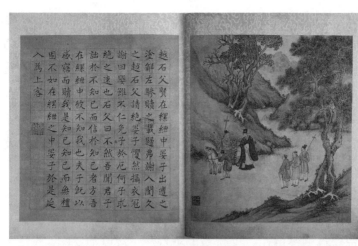

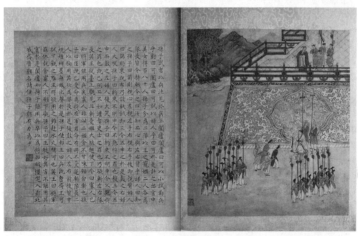

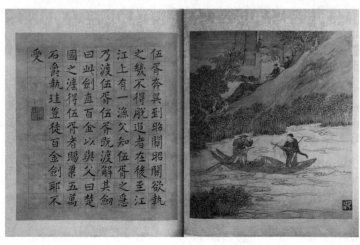

圖3 （明）錢穀，《遷史神交圖冊》，北京故宮博物院，29.2cm×25.4cm×22cm

此《遷史神交圖册》共計 22 開，其中有畫八幅，内容分別爲博浪椎圖、彈鋏圖、解衣刺船圖、縲絏脱賢圖、吴官交戰圖、漁夫辭劍圖、賈生釋褐圖以及視舌證璧圖，呈現的是典型的歷史故事畫風格。值得注意的是，當時的鑑賞行家給出的結論却迥異於沈梧呈現於卷端的樂觀。十七年後（1887），時居常熟虞山的趙烈文①行舟至無錫，通過其友宗源瀚與沈梧相識，並目睹沈氏數件藏品②。除旭庭所藏"石谷仿米小幅"被趙氏審定爲"頗佳"之外，餘下八件似乎或贗或劣，這其中就包括此時仍爲沈梧所有的《遷史神交圖册》，且收藏甚夥的趙烈文對此批評得尤爲不客氣："張伯起對題本傳，王禄之書額'遷史神交'四篆字，書畫筆墨皆凡下，殆劣手所摹"③，將其直接定性爲下等僞作。從畫面上來看，《遷史神交圖册》本身的繪畫風格並無半分陸氏所述《聘龐圖》中的"唐宋古法"，且質量並非上乘，設色、布局均未見別出心裁之考究，甚至只能算一件技法平平的庸常之作，遑論可及諸如"設色高古，宛如宋元，是爲第一"之水準。筆者雖暫未見到陸時化筆下所記錢穀《聘龐圖》狀貌幾何，但根據陸時化之於畫面内容的詳述，既然規模可觀的"駿馬儀仗"能够"隱於路中"，"古柏靈椿"能充盈構圖，那麽此圖應大抵是以山水爲主，間或出現人物以完成故事情節，其類型或許可以參考明代畫家倪端所繪、現藏於北京故宫的《聘龐圖》（見圖 4）——顯然《遷史神交圖册》與之大相徑庭，如此尺幅的册頁（每開爲 29.2cm × 25.4cm）也難以呈現立軸在"唐宋山水"中所能傳達的憾人氣勢。沈梧此舉，或有張冠李戴、偷換概念之嫌。

---

① 趙烈文（1832—1894），字惠甫，號能静居士，江蘇陽湖人（今常州），爲曾國藩幕府，先後任磁、易二州知州。

② 朱尚文編，《清趙惠甫先生烈文年譜》，臺北：臺灣商務印書館，1978，113—114 頁。

③ 趙烈文光緒十三年（1887）九月十八日壬申日記"夜同湘文至旭庭處，見所藏石谷仿米小幅頗佳"，十九日癸酉："旭庭攜四卷，一爲宋李忠定、陳簡齋書札及元寺人張疇（齋名仲壽）臨右軍帖，又唐子華蘭詩。四人不同時而紙色若一，李札尾'以荷寵渥'，誤作'以前'，不可通，蓋贗物也。一爲明□□□合作蘭石芝草致佳，二人皆文門弟子也。一爲明王仲山問狂草，未諳使轉之理，不足觀。一爲劉文清臨寫古帖若干種，意思頹散，亦非合作。又二册，一爲錢叔寶繪《史記名賢事迹》，如'孫武子吴宫教戰'、'馮驩彈鋏'、'張留侯博浪椎'、'陳曲逆解衣刺船'等類。張伯起對題本傳，王禄之書額'遷史神交'四篆字，書畫筆墨皆凡下，殆劣手所摹。一爲明崇禎間人集元明人書迹，係真物，第不出色，有成親王名印。"樊昕整理，《趙烈文日記》卷六，北京：中華書局，2020，2931—2932 頁。

圖4　（明）倪端，《聘龐圖》，北京故宫博物院，163.8cm×92.4cm

與《遷史神交圖册》的失實跋文相似的是，同治己巳年（1869），自雲間歸來的沈梧攜一卷《出遊圖》於當年二月送給宗氏，但在今天看來，此卷筆墨氣象似乎與所謂"唐畫"相去甚遠，亦不類宋元時作。可是，宗、沈二人長達兩千餘字的題跋中却一口咬定該圖爲"大李將軍之畫"無疑，並篤定此前的王文治題跋中"今觀此卷，靈物瑰奇，金碧璀璨，自是宋賢名迹"僅代表一種"未之深考"的粗糙論斷，認爲"今圖中策馬侍臣長不逾寸，栩栩欲語，宋畫人物似尚無此入神"，且對畫面難掩溢美之詞："水墨鬱潤，儼開南宋一派，所謂精工而有士氣，洵不虛矣"。宗源瀚更是持有此圖至少二十年之久，於1869、1877與1888年間反復數次作跋，力抬畫價——"而張彦遠論山水之變始於吴道元，成於二李，吴畫一片值金二萬，則李之名價可知"。沈梧在最初只是持"此卷筆墨意爲北宋之祖，尚未决爲何人手筆也"之推測，後因宗源瀚的誇耀語調而於贈畫當年五月跟風評論："是卷精警之中特饒士氣，人物顧盼生動，屋宇橋梁，不拘界畫，青綠中時以濃墨點抹，一點一拂，使人目驚"，並在題跋中也順帶默許了一同帶回的董源《平湖垂釣圖》以及宗源瀚所藏仇英《會盟圖》、錢選《桃源圖》與趙伯駒《煉丹圖》的真實性，將畫派之間的師承關係注入作品以加強互證。隨後的 1874 年，李文田南歸行經嚴州，順路拜訪時任知府的宗源瀚，並過目宗氏所藏《出遊圖》，亦於卷後附會"此尤人間難得之物"。從題跋內容來看，宗、沈二人作如此推測，其依據無外乎《畫鑑》《宣和畫譜》《清河書畫表》與《清秘藏》中存李思訓《明皇御苑出遊圖》之記載，言卷中"宣和小璽""宗澤""皇姊圖書"等"宋元人藏印累累"，間以朱景元、董其昌以及上述著錄涉及的南北宗畫派源流對李思訓的風格評價，將對畫卷本身的斷代與真偽之辨轉移到繪畫批評文本的討論，不乏混淆視聽之意。而宗氏對於畫作材質的判斷也僅以牽強的理由一筆帶過："今按此卷絹紋，乍觀似粗，諦審乃極細。"綜上，此卷便被直接冠以"明皇御苑出遊圖"之名，更將宗源瀚同參與了定武石在宋朝之遞傳的宗澤相較——於世間顯晦無常的定武石也曾處宋朝兵亂之中，而適逢清末衰世的此卷亦恰好鈐有宗氏遠祖宋朝名將"宗澤"名印①，因此"是固宗氏寶物，宜其必待湘文"這一皆大歡喜的結局自然能爲宗、沈二人快然接受，並借題擬一段收藏佳話，覬覦一個不可及的偉大歷史角色。

然而，從前文梳理的沈梧本人對諸如倪雲林《水竹居圖》卷、卞文瑜《仿董源山水圖軸》等作品之過目、收藏與考證來看，他對所謂的宋元"高古筆墨"絕不致一無所知，甚至其本人無疑早已精於此道——如以沈梧《十二開山水册頁》（圖5）爲例②，我們從作者自作的題畫詩中便可一窺，並且沈梧也明文指出這一組創作乃受人之託而成的"仿古十二幀"：

（一）知是雲門是若耶，隔溪山影柳煙遮。望中一點青簾出，便有花陰賣酒家。古華山農。（二）疏疏秋樹弄峰陰，誰識倪家寂寞心。六法須參筆墨外，莫從畦徑問雲林。旭庭沈梧寫。（三）并刀一半剪吳淞，

---

① 譚廷獻撰《清故通奉大夫賞戴花翎二品銜浙江候補道署溫處兵備道宗公墓誌銘》："通奉公姓宗氏，諱源瀚，字湘文。宋代遠祖忠簡公澤後人，自南陽遷四川儀賓。"見"中華石刻數據庫－歷代石刻拓本彙編"，http://inscription.ancientbooks.cn/docShike/。

② 見紐約蘇富比 2013 年 9 月拍賣會，LOT 號：684。

水色山光媚阿儂。彷彿煙鬟出明鏡，掀蓬正過莫釐峰。（四）故山遙隔楚江深，落日鷓鴣啼竹林。却恨幽人不可見，淡煙疏雨作秋陰。旭庭寫並題。（五）山雨山雲斷又遮，溪前溪後幾人家。江鄉湖曲多相似，樹靄林煙認米家。古華山館主人。（六）南北東西四面風，行人勞逸自然公。莫嫌流水無情甚，一例滔滔只向東。古華山農沈梧。（七）滿耳秋聲空外聞，林皋落葉已紛紛。高樓正倚茫茫裏，一片吟情寄白雲。梧。（八）閒將遠意寫空濛，漁浦鷗沙點染中。千頃春漪孤艇去，釣絲牽惹落花風。沈梧。（九）雨急初來暑氣收，芰荷香裏渚亭幽。棹歌聲斷澄江靜，飛破涼煙數點鷗。梧。（十）秋潮纔退晚煙暝，待渡沙頭望釣舲。樹影乍疏山影出，却添詩思在孤亭。旭庭。（十一）一層松磴一層雲，上界鐘聲下界聞。其與僧樓經歲住，愛山心似鹿麏群。古華山農沈梧。（十二）柯丹邱《古木竹石圖》，梧仿之。心齋仁兄大人屬旭庭仿古十二幀，時甲子端陽前一日雨窗記。

圖5　沈梧《十二開山水冊頁》（其中四開），
2013年蘇富比拍賣，19.7cm×27.9cm×12cm

字裏行間"倪家""雲林""米家"與"柯丹邱《古木竹石圖》,梧仿之"等純正的"宋元要素"一目了然,且沈梧所畫確實與之十分吻合,技法亦頗到位,不似其於《遷史神交圖册》中的品鑑姿態。另外,沈氏分別於1864年與1865年在《空山聽雨圖》中補畫的兩開《聽雨圖》之筆法設色亦清淡考究,王翬《文徵仲仿李成寒林激澗》的沈梧臨本也極遵循原作筆意構圖,在其他拍賣中也偶可見質量尚可的沈梧擬古之作。作爲輾轉各幕府的幕僚,沈梧自然有機會經眼幕主的收藏,而這些藏品又幫助沈梧不斷提升鑑賞水平。退一萬步,若沈梧的真實眼力確如其在《遷史神交圖册》上所呈現的水準,他又如何在與海陵一帶文人的交遊中嶄露頭角,教授書畫,並得"老筆法關荆"之譽[①]?那麼,沈梧作此評語,究竟出於何種目的?作爲時常將其藏品出售或與他人交換、身份略有古董商意味而不單純是收藏家的沈梧,他在此段題跋末尾特爲着墨,強調此册之稀見性與價值,寫下"此種高古筆墨不但于文門諸弟子僅見,高士生平亦未必多作。予特以重值購之,以爲秘本耳"一句,是否意味着這樣一段題跋的書寫並非完全是沈梧鑑賞意見之代表——甚至與事實相左,是出於爲其隨後可能售予他人的作品鋪好銷路乃至借機升值之目的?倘若此種假設成立,沈梧對其部分藏品進行題跋的意圖是否能從《遷史神交圖》與《出遊圖》推而廣之,解釋爲古董商的一種"廣告手段"或標榜?可是,因爲這樣的情況也僅顯著出現在個别作品中,限於該事件發生的偶然性,這種假設尚無法作爲更普遍、更準確的解釋,但至少不排除這種可能。

在與淮海詞人交往間隙,沈梧也同當地其他文人士子有所往來。比如在人員構成複雜、往來熙攘的海陵,上文提到的齊學裘(玉谿)以貴公子的身份,攜兵火中的幸存書畫僑寓於此,而他的岳父于昌遂恰爲沈氏此時的幕主。因此,沈梧便見到了齊氏家藏的王翬巨册,並借觀整月,閉門臨摹,終成《寒林激澗》一軸,事畢作題:

> 石谷臨各家巨册十二幀,尺幅不一,中有六幀經南田題識,婺源

---

① 齊學裘,《劫餘詩選》卷七《贈梁溪沈旭庭》,5b頁。

齊梅麓太守所藏①。丙寅客享帚齋太守，長君玉谿翁主人之婦翁也。余遂獲觀是册，詫爲希有，玉翁許借臨一過。時方酷暑，閉戶謝人事，寢食俱廢，匝月始就，自喜略得形似。玉翁在吳門陷賊中，冒死護持先世所藏名蹟十閱月，始偕其篋室陳夫人負之出，是册最巨，出險尤難得。余得臨副本，並錄原題，真幸事也。歲暮，裝成屏幅，欣然識之。古華山農沈梧。②

在此期間，齊沈二人過從甚密，他們也不斷因書畫産生聯繫，沈梧所珍藏的《空山聽雨圖》也爲齊學裘所觀：

無錫縣女冠子清微道人，名嶽蓮，號韻香，自幼出家，住持雙脩庵，工詩詞，擅畫蘭，尤精楷書，初學靈飛經，中歲習劉石庵相國，楷法古雅異常，才貌雙絶，海内聞名。倩名手畫《空山聽雨圖》，題詠數百人，皆海内知名人士也，其圖爲無錫沈旭庭所得。同治丙寅夏，余與旭庭同客海陵，曾見其圖，惜幾經兵燹，失落居多矣。③

和當時江南地區的大多數人相似，齊學裘也曾在太平天國的波及中顛沛流離，並在其文集《見聞隨筆》自序之中交代了這一段經歷：

同治五年歲在丙寅，重來吳陵，寄住甥館。子規聲裹，客思頻興；蝴蝶夢中，墨緣未了。春蠶縱老，寧無未盡之絲；秋樹雖枯，尚有能鳴之葉。年逾六十，堪憐慕齒流離；劫歷萬千，總是傷心淒愴。古人憂患因識字，賢者窮愁始著書。僕本恨人，命途多舛；家難未息，兵燹連遭。三十年刊書鐫帖，先志克成；千萬里奔西走東，微軀甚憊。寸心未昧，長懷示疾維摩；萬念俱灰，願皈慈悲大士……④

---

① 齊彦槐（1774—1841），字夢樹，號梅麓，齊學裘之父。
② 2021年北京保利第52期書畫精品拍賣會"中國古代書畫"專場，沈梧《寒林瀲灔》，LOT號：3197。
③ 齊學裘，《見聞隨筆》卷一五"清微道人"，8頁。
④ 齊學裘，《見聞隨筆》卷首自序，1a頁。

而對於沈梧，齊學裘顯然抱有非常積極的評價，如他在個人文集《劫餘詩選》中《贈梁溪沈旭庭》一詩，幾乎是對沈梧提出了全方位的褒揚，並補充了沈梧爲其補《還山圖》之事。二人的交往在前文所引《見聞隨筆》中也有體現，此書内容尤爲特立獨行，行文離奇戲謔，有許多篇目的標題怪誕不經，如"夜光觀世音""蚌精""扶乩"與"衣鬼現形"等怪談傳説性質的字眼，大多與沈梧直接有關，或是由沈梧轉述於齊學裘，致使此書幾近成爲沈氏個人軼事與見聞專書，現摘録部分以供讀者體會，如其中"活財神"篇：

> 沈旭庭與余言，無錫楊浩生，活財神也。足迹所至，銀即隨之。一日到大磁鋪買磁器，盡鋪所有而購之。鋪主索金，楊曰："從我足底掘之。"一掘，果得金無算。鋪主曰："此是我鋪中金也，與君無涉。"楊即跳出鋪外，立在街心，令人掘之，復得銀如數而止。鋪内所掘，只見土塊，並無一金……①

甚至沈梧於咸豐年間的某些奇幻經歷也被記録下來，它們很可能也是出自沈氏口述，除了上文事於收藏的楊浩生之外，也涉及其他言行有怪癖或親歷奇遇的書畫家與鑑賞家軼事。而這些由沈梧訴説的奇聞逸事也將沈氏刻畫爲一位身具"異相"且富善舉的"高士"，以正面形象示人，每則故事的結尾往往頗具説教意味：

> 咸豐四年……［沈梧］與友約會，借貲回家，看囊只剩百錢，徐行覓友，見一老媽提籃向隅而泣。問之，知其爲人傭工，百錢置籃内，爲狡丐搶去，無錢買菜，難以復命主人，飯碗不保，故此悲哀。旭庭憫之，與錢八十文，留二十文爲待友茶貲，再向酒店主人代募二十文錢，以給老婦。老婦欣然道謝而去。旭庭日中覓友不值，小憩錢莊，忽見對面墙根瓦礫上有字紙飛動，即去拾之。待紙拾出，中有番銀半餅，時洋價每元值錢一千六百文，因换得八百文，趁船以歸。友雖不遇，而歸計裕矣。天賜善人，良有益也。②

---

① 齊學裘，《見聞隨筆》卷七，3b 頁。
② 齊學裘，《見聞隨筆》卷八，9 頁。

而這種布道般的"説教",也正是齊學裘之撰書目的,沈梧便是其接觸到的一位突出奇人,能够化身爲傳播"懲惡揚善"之道的良好媒介:

> 偶聞友人暢談因果,可以感發人之善心,可以懲創人之逸志,事有關於名教,理無間乎?陰陽事異而理常言盡⋯⋯遂舉有生以來聞見交遊奇人怪事,隨筆直書,不假雕琢,兩月之中著成十有餘卷,名之見聞隨筆,借此消磨歲月,未免貽笑方家。然而善惡報應如影隨形,積善之家必有餘慶,不善之家必有餘殃,善不積不足以成名,惡不積不足以滅身⋯⋯放下屠刀,立地成佛,持來慧劍,斬慾驅邪,心存忠孝,無慚白日青天。①

這部志怪筆記的標題"見聞隨筆"最終由沈梧於丙寅(1866)中秋書於卷首,並鈐"旭庭"之印,齊學裘也爲其書徵得了劉熙載跋,這一做法或能推動其著作在市場與讀者中的傳播。此書於同治十年(1871)在"天空海闊之居"刊刻完成——此後,"沈梧"的姓名與事迹就與此書一同流傳至今,他本人似乎也通過《見聞隨筆》的出版而實現了值得被銘記、被後世遞傳景仰的"積善之家"形象塑造,大抵與方濬頤在《夢園書畫錄》自序中所希冀的"固宜其未散之時編纂成帙,使千百載後,知若者爲夢園所藏之書,若者爲夢園所藏之畫,斯書畫傳爾,夢園附以俱傳也"有相似之處②。雖然在本書中,"沈梧"得以永存的條件是"非書畫"的他本人,這或許是對其未曾留有收藏著錄之缺憾的一些彌補。

四、結論

沈梧其人僅零星見於正史,然而自稱古華山農、埋首躬耕於撰寫收藏題跋之域的沈氏,却以此種方式爲自己開闢出了其不以書籍爲著錄載體而存的"野生"收藏實錄。隨着材料的不斷發掘,我們也驚奇地在丁雲鵬《溪山煙靄圖》卷後看到沈梧本人似乎正有意於此:"翰墨有緣,誠爲幸事,

---

① 齊學裘,《見聞隨筆》卷首自序,1b—2a 頁。
② 方濬頤,《夢園書畫錄》卷首自序,清光緒三年(1877)刻本,2a 頁。

且喜古華山館中更添一良友，以資師承矣。爰述其結構大概，聊當讀畫錄，以志欣賞。"題跋既有詳實的考釋，也有沈氏等人抒寫的對於藝術與爲人的見解，甚至成爲用於古物售賣的商業話術也未可知——這與沈梧雜糅的多重身份相關，當他扮演收藏家沈梧，或作爲能書會畫的文人沈梧，又如出售其所藏的古董商沈梧時，這些題跋便因之被賦予不同的含義。

在充滿動蕩與變數的咸同時期，不僅揚州、海陵等地成爲各色官員、文人隱士之淵藪，社會身份的界限也因亂世而更爲模糊，各人的身份與場域似乎永居變動之中，不同個體間逐漸有了較以往而言更大的相互接近交織之可能，過去本應有着不同命運軌迹的人或許因爲共同面臨的境況而產生關聯，這也爲收藏活動提供了必要的社會通道，以遊幕爲生的中下層文人沈梧便因此接觸到了影響甚巨、交友頗廣的衆多官員與紳士，憑藉出衆的才能實現了他人眼中"知君到處有逢迎"的生活，並有幸獲得更多經眼好物的機會。

限於種種因素，考慮到尚有大量的沈梧收藏還未被筆者發現，或僅在沈梧與他人的隻言片語中一閃而過，而今天仍有共計百餘件作品於各處現身，在本文研究過程中，新材料的湧現亦可謂源源不竭，殆知衆多沈氏同人"古帙收千卷"之交讚洵非虛語。在沈梧的收藏中，繪畫作品佔比不多，以尺牘信札爲主，亦有一定數目的金石碑拓與古籍，收藏期間，沈氏或爲之作跋，或手摹複製，或重付裝池。沈氏經年累月的收藏曾一度遭兵燹洗劫殆盡，但他隨後又開始了持續二十餘年的收藏活動——雖然他的經濟狀況或許並不甚理想，有許多藏品也在經手不久便重又流回收藏圈，其中有相當一部分成爲顧文彬與潘承厚的尺牘收藏，而沈氏舊藏之所以爲顧氏所有，其原因或與顧沈社交網絡的重疊有關[1]。當然，他多數藏品的下一站去處，或許正如沈廷鏞所述，被盡數轉交至需要它們的愛好者手中——"旭庭考藏明

---

[1] 在顧文彬1870—1883年間所撰寫的日記中，我們可以看到顧氏與吳雲、杜文瀾、金安清、陸心源和宗源瀚等人都存在着頻繁的會晤與信件、物品和書畫之往來，不下170條。顧文彬著，蘇州市檔案館、蘇州市過雲樓文化研究會編，《顧文彬日記》，上海：文匯出版社，2019。

人尺牘甚富，暮年知先府君毖生公搜輯忠賢遺翰，悉以來歸"①，在此之後，人與藏品的無數因緣際會又將層叠上演。從這一結果來看，沈氏也盡其一生，完成了竭力收復戰後江南書畫尺牘之殘垣餘燼的使命，即便燈火如豆。

沈梧的藏品有真有僞，有優有劣，但有時沈氏本人似乎並不能對此準確判定，也不總會在題跋中反映出理應與其創作水平和觀看經驗相符的鑑賞水平，而個中也許另藏玄機，或爲沈梧的刻意營造。此外，至少在某些場合，因收藏與眼力所限，他能做的，就是始終尾隨並附和着一衆同觀人，遊走在各路文人群體之間，適時等待與心儀藏品的相遇，成爲波濤之下聞風而動的一股不甚壯闊却不應被忽視的暗流。然而，在爲自己與友人所藏書畫筆耕不輟、極盡稱道之際，沈梧也不遺餘力地打聽來自周邊群體的認可與回應，甚至試圖爲自己的臆造與杜撰搜羅合理的標準化解釋，輯選成文——儘管其耳畔並不缺乏主流話語的質疑之聲。當筆者重新踏入少有人涉足的沈氏題跋之域，也意圖重新拼湊出沈梧所歷的幾段"翰墨之緣"，令此曠原上空也偶有微光浮動。沈梧不僅僅於《見聞隨筆》中以"沈梧"之名留存下來，"古華山農"也在他的"題跋之野"中永遠漫步。

鳴謝：在本文的資料整理與寫作過程中，得到了白謙慎老師細緻入微的建議與指導，另在此一並感謝在資料搜集方面提供極大幫助的薛龍春、梁穎、高翔諸位先生。

---

① 《明王守仁高攀龍兩大儒手帖》，書末沈廷鏞跋。

附錄一　沈梧鑒藏表[1]

一、尺牘信札（75件）

時代	作者	作品	資料出處/現藏地	記錄年份	獲藏/過眼地	沈梧鑒藏印	遞藏者	備注
明	曹學佺	《曹學佺札》	宋志英輯，《明代名人尺牘選萃》第11冊（北京：國家圖書館出版社，2008）	/	/	"旭庭所藏"	沈梧、潘承厚等	
明	陳道復	《陳道復札》	宋志英輯，《明代名人尺牘選萃》第11冊	/	/	"沈梧之印（1）""旭庭（5）""旭庭所藏"	沈梧、潘承厚等	
明	陳元素	《試筆帖》	北京永樂國際拍賣有限公司2020全球首拍（220）	1867	松江	"梧""沈梧之印（1）""旭庭（4）""旭庭（5）""錫山沈梧書畫圖章"	沈梧等	LOT：220
明	杜大綬	《僅言帖》	北京永樂國際拍賣有限公司2020全球首拍（238）	1867	/	"沈梧（1）""旭庭所藏"	沈梧等	LOT：238

[1] 本附錄列舉的是近年拍賣會與各大博物館等收藏機構中沈梧收藏與過目作品，並收錄部分資料出處與現藏地信息，未包含僅在沈梧題跋或其同代人著錄中所提及但現已不得見的那些更爲簡略、零散存在的收藏信息，且目前部分網站的沈梧收藏信息不完整或來源不明，也未做收錄。因此，沈梧的真實收藏規模應遠大於表中呈現。限於部分材料只以文字形式或圖像不清晰甚至缺失等情況，部分作品中（如尺牘冊）的沈梧收藏與鈐印情況並不明瞭，在表格中暫以"不詳"或"略"表示，而現存作品未出現沈梧鈐印或没有提到相關信息的則表示爲"/"。此外，本附錄只對與沈梧有直接關係或有清晰遞藏順序的遞藏者進行列舉，表格內容並未涵蓋作品的所有遞藏者信息與流傳順序。不爲沈梧所藏的過目作品，拍賣中的LOT號以及較爲重要的題跋者信息均在"備注"一欄中説明。另需説明的是，表中的某些作品並非全部由沈梧經手，他可能只參與了其中一部分的收藏。

（續表）

時代	作者	作品	資料出處/現藏地	記錄年份	獲藏/過眼地	沈梧鑒藏印	遞藏者	備注
明	高攀龍、王守仁	《明王守仁高攀龍兩大儒手帖》（清光緒三十二年上海國學保存會影印本）	上海圖書館	1866	泰州、蘇州	"沈梧（1）""梧""沈梧審定（2）""旭庭（5）""旭庭平生珍賞""旭庭所藏""旭庭鑒賞"	彭紹升、彭守約、張澤仁、沈梧、沈陛生、沈廷鏞等	
明	葛徵奇	《葛徵奇札》	宋志英輯，《明代名人尺牘選萃》第11冊	/	/	"旭庭鑒賞"	沈梧、潘承厚等	
明	顧閎	《行書七言詩》	北京匡時國際拍賣有限公司2008春季藝術品拍賣會	/	/	"沈梧之印（1）""旭庭所藏""旭庭（5）"	沈梧等	LOT：1429
明	胡宗憲	《呂港帖》	故宮博物院	1865	泰州	"沈梧之印（1）""梧""旭庭所藏""旭庭詩畫""旭庭（5）"	沈梧等	
明	黃道周	《黃道周札》	宋志英輯，《明代名人尺牘選萃》第11冊	/	/	"旭庭所藏""旭庭"	沈梧、潘承厚等	
明	陸澄原	《陸澄原書札》	北京泰和嘉成拍賣有限公司2013年秋季藝術品拍賣會"古籍善本——儒風"專場	1864	泰州	"沈梧之印（1）""旭庭（1）"	沈梧等	LOT：750
明	陸洽	《陸洽札》	宋志英輯，《明代名人尺牘選萃》第11冊	/	/	"旭庭所藏""沈梧審定（1）""旭庭（2）"	沈梧、潘承厚等	
明	米萬鍾	《米萬鍾札》	宋志英輯，《明代名人尺牘選萃》第11冊	1865	泰州	/	沈梧、潘承厚等	

（續表）

時代	作者	作品	資料出處/現藏地	記錄年份	獲藏/過眼地	沈梧鑑藏印	遞藏者	備注
明	倪元璐	《倪元璐札》	宋志英輯，《明代名人尺牘選萃》第11冊	/	/	"沈梧（1）""旭庭平生珍賞"	沈梧、潘承厚等	
明	沈周、徐枋、邢侗等	《明人手札册》	中貿聖佳國際拍賣有限公司2018春季藝術品拍賣會中國書畫專場	不詳	不詳	"沈梧審定"（具體不詳）	沈梧等	LOT：383
明	宋旭等	《宋旭等二人手札》二通一開	中國嘉德國際拍賣有限公司2020春季拍賣會"尺素光風——明人書札詩翰"專場	/	/	"旭庭所藏"	沈梧、吳熙載等	
明	唐順之	《唐順之札》	宋志英輯，《明代名人尺牘選萃》第11冊	/	/	"沈梧之印（2）""旭庭平生珍賞"	沈梧、潘承厚等	
明	童軒	《童軒致張封君函》	《錢鏡塘藏明代名人尺牘》第一冊（上海：上海古籍出版社，2002）	/	/	"旭庭所藏"	沈梧、吳熙載、錢鏡塘等	
明	王鏊	《同請帖》	北京永樂國際拍賣有限公司2020全球首拍	/	/	"梧""旭庭所藏""旭庭（3）"	沈梧等	LOT：230
明	王寵	《起居帖》	故宮博物院	1865	/	"沈""沈梧（1）""旭庭（2）""旭庭（3）""旭庭（5）""旭庭所藏"	沈梧等	
明	王鐸	《致紫閬札》	香港蘇富比2020春拍，"中國古代書畫"專場	1867	/	"沈梧（1）""旭庭所藏""旭庭（1）""梧""梧之印"	沈梧等	LOT：2521

（續表）

時代	作者	作品	資料出處/現藏地	記錄年份	獲藏/過眼地	沈梧鑒藏印	遞藏者	備注
明	王穀祥	《俯就帖》	宋志英輯，《明代名人尺牘選萃》第11冊。現藏故宮博物院	/	/	"沈梧審定（2）""旭庭平生珍賞"	沈梧、潘承厚等	
明	文嘉	《致頂元汴札》	香港近墨堂書法研究基金會	1865	泰州	"旭庭（1）""沈梧之印""旭庭（5）"	沈梧等	
明	文彭	《與上池書》	石守謙、楊儒賓主編，《明代名賢尺牘集·貳》（臺北市：何創時基金會，2012）	/	/	"旭庭所藏"	沈梧等	
明	文元發	《行書致上池書札》	北京匡時國際拍賣有限公司2015春季拍賣會	1865	/	"旭庭所藏"	沈梧等	
明	文震亨	《與灌弢（李模）書》	石守謙、楊儒賓主編，《明代名賢尺牘集·貳》	/	/	"旭庭所藏"	沈梧等	
明	文震孟	《與德升（朱陛宣）書》	石守謙、楊儒賓主編，《明代名賢尺牘集·貳》	/	/	"旭庭所藏""沈梧審定（2）""旭庭（5）"	沈梧等	
明	文徵明	《與子吁書》	何創時書藝術基金會	/	/	"家住江南第一山""沈梧審定（2）""旭庭所藏""旭庭（5）"	沈梧等	
明	夏言	《行書致顧璘札卷》	上海博物館	1871	湖州	"旭庭珍賞"	王文治、金安清、沈梧等	宗源瀚題跋
明	那侗	《那侗札》	宋志英輯，《明代名人尺牘選萃》第11冊	/	/	"沈梧審定（2）""旭庭平生珍賞"	沈梧、潘承厚等	

（續表）

時代	作者	作品	資料出處/現藏地	記錄年份	獲藏/過眼地	沈梧鑒藏印	遞藏者	備注
明	徐文敏	《徐文敏帖》	宋志英輯,《明代名人尺牘選萃》第 11 册	/	/	"沈梧之印（2）""旭庭平生珍賞"	沈梧、潘承厚等	
明	徐有貞	《徐有貞札》	宋志英輯,《明代名人尺牘選萃》第 11 册	/	/	"旭庭所藏""梧""旭庭（5）"	沈梧、潘承厚等	
明	臧懋偱	《萬全帖》	北京永樂國際拍賣有限公司 2020 全球首拍	/	/	"旭庭（3）""旭庭所藏"	沈梧等	LOT: 239
明	張萱	《張萱札》	宋志英輯,《明代名人尺牘選萃》第 11 册	/	/	"沈梧（2）""旭庭（5）""沈梧之印"	沈梧、潘承厚等	
明	周天球	《春遊帖》	北京永樂國際拍賣有限公司 2020 全球首拍	/	/	"旭庭所藏"	沈梧等	LOT: 237
明	朱朗	《朱朗札》	宋志英輯,《明代名人尺牘選萃》第 11 册	/	/	"沈梧審定（1）""旭庭平生珍賞"	沈梧、潘承厚等	
明	朱宗吉	《秋氣帖》	北京永樂國際拍賣有限公司 2020 全球首拍	/	/	"旭庭（3）"	沈梧等	LOT: 236
明	鄒之麟	《明人書札》中鄒之麟一葉	香港近墨堂書法研究基金會	/	/	"沈梧審定（1）"	沈梧等	
明	鄒之麟	《鄒之麟書翰》	李經國、馬克賢編著,《過雲樓舊藏名賢書翰》（北京：北京聯合出版公司,2020）	/	/	"旭庭所藏"	沈梧、顧文彬等	
明	鄒之麟	《鄒之麟札》	宋志英輯,《明代名人尺牘選萃》第 11 册	/	/	"旭庭所藏"	沈梧、潘承厚等	

(續表)

時代	作者	作品	資料出處/現藏地	記錄年份	獲藏/過眼地	沈梧鑒藏印	遞藏者	備注
明清	莫是龍等撰書	《名家簡牘》	中國嘉德國際拍賣有限公司2008春季拍賣會	/	/	"沈梧審定"（具體不詳）	沈梧等	LOT: 2622
清	巴慰祖	《巴慰祖札》	宋志英輯，《明代名人尺牘選萃》第11冊	/	/	"旭庭（1）""旭庭所藏""沈梧審定（2）"	沈梧、潘承厚等	
清	邊善民	《邊善民札》	宋志英輯，《明代名人尺牘選萃》第11冊	/	/	"旭庭（1）""旭庭所藏""旭庭（3）"	沈梧、潘承厚等	
清	曹寅	《曹寅札》	宋志英輯，《明代名人尺牘選萃》第11冊	/	/	"旭庭所藏"	沈梧、潘承厚等	
清	查繼佐	《查繼佐札》	宋志英輯，《明代名人尺牘選萃》第11冊	/	/	"旭庭所藏""沈梧審定（2）"	沈梧、潘承厚等	
清	查慎行	《查慎行札》	宋志英輯，《明代名人尺牘選萃》第11冊	/	/	"梧""旭庭鑒賞"	沈梧、潘承厚等	
清	戴明說	《戴明說札》	宋志英輯，《明代名人尺牘選萃》第11冊	/	/	"旭庭所藏"	沈梧、潘承厚等	
清	丁敬	《丁敬札》	宋志英輯，《明代名人尺牘選萃》第11冊	/	/	"沈梧（1）""旭庭所藏""沈梧審定（1）"	沈梧、潘承厚等	
清	法式善	《法式善札》	宋志英輯，《明代名人尺牘選萃》第11冊	/	/	"旭庭所藏""沈梧審定（1）""沈梧之印（1）"	沈梧、潘承厚等	
清	高駿升	《高駿升札》	宋志英輯，《明代名人尺牘選萃》第11冊	/	/	"旭庭（5）"	沈梧、潘承厚等	

（續表）

時代	作者	作品	資料出處/現藏地	記錄年份	獲藏/過眼地	沈梧鑒藏印	遞藏者	備注
清	顧鶴慶	《顧鶴慶札》	宋志英輯，《明代名人尺牘選萃》第 11 冊	/	/	"旭庭所藏""旭庭（1）""沈梧之印（1）"	沈梧、潘承厚等	
清	弘仁	《弘仁札》	宋志英輯，《明代名人尺牘選萃》第 11 冊	1865	/	/	沈梧、潘承厚等	
清	侯雲松	《侯雲松札》	宋志英輯，《明代名人尺牘選萃》第 11 冊	/	/	"旭庭平生珍賞"	沈梧、潘承厚等	
清	黃丕烈	《黃丕烈札》	宋志英輯，《明代名人尺牘選萃》第 11 冊	/	/	"旭庭（1）"	沈梧、潘承厚等	
清	黃易	《黃易札》	宋志英輯，《明代名人尺牘選萃》第 11 冊	/	/	"沈梧審定（1）""旭庭秘笈"	沈梧、潘承厚等	
清	黃易	《黃易致錢大昕札》	私人藏	不詳	/	不詳	不詳	
清	厲鶚	《厲鶚致陳革翁書札》	李經國、馬克編著，《過雲樓舊藏名賢書翰》	/	/	"旭庭所藏"	沈梧等	
清	勵守謙	《勵守謙札》	宋志英輯，《明代名人尺牘選萃》第 11 冊	/	/	"沈梧審定（2）"	沈梧、潘承厚等	
清	馬頎	《馬頎札》	宋志英輯，《明代名人尺牘選萃》第 11 冊	/	/	"沈梧（1）""旭庭所藏"	沈梧、潘承厚等	
清	年汝麟	《年汝麟札》	宋志英輯，《明代名人尺牘選萃》第 11 冊	/	/	"沈梧（2）""旭庭（5）""旭庭所藏"	沈梧、潘承厚等	
清	錢杜	《錢杜札》	宋志英輯，《明代名人尺牘選萃》第 11 冊	/	/	"旭庭（5）""沈梧審定（2）""梧""旭庭平生珍賞"	沈梧、潘承厚等	LOT：592

（續表）

時代	作者	作品	資料出處／現藏地	記錄年份	獲藏／過眼地	沈梧鑑藏印	遞藏者	備注
清	錢謙益、紀昀等	《清代藏書家書札》	中國嘉德國際拍賣有限公司1998秋季拍賣會"古籍善本"專場	/	/	"旭庭所藏"	沈梧、趙之謙等	
清	沈德潛	《沈德潛尺牘》	敬華（上海）拍賣股份有限公司2001秋季藝術品拍賣會"古籍尺牘明人墨迹"專場	/	/	"沈梧之印（1）""旭庭所藏""旭庭詩畫"	沈梧等	LOT：523
清	沈荃、汪懋麟等	《沈荃信札》、《汪懋麟信札》（彭年、王穉登、王思任、祁彪佳、翁方綱、姚鼐、阮元、陳奕禧、劉墉、梁同書、張廷濟等五十餘家名人詩札合璧册）	西泠印社拍賣有限公司2017春季拍賣會"從梅蘭芳到張充和：中國戲曲藝術"專場	不詳	/	不詳	沈梧、吳熙載等	LOT：910
清	石濤	《石濤僧與金亦陶手牘》	宋志英輯，《明代名人尺牘選萃》第11册	/	/	"旭庭所藏""沈梧審定（2）""旭庭平生珍賞"	沈梧、潘承厚等	
清	佟毓秀	《佟毓秀札》	宋志英輯，《明代名人尺牘選萃》第11册	/	/	"沈梧之印（1）""梧""旭庭（5）"	沈梧、潘承厚等	

（續表）

時代	作者	作品	資料出處/現藏地	記錄年份	獲藏/過眼地	沈梧鑒藏印	遞藏者	備注
清	汪懋麟	《汪懋麟手札》	中國嘉德國際拍賣有限公司2020春季拍賣會"尺素光風——明人書札詩翰"專場	/	/	"梧""旭庭鑒賞"	沈梧、吳熙載等	LOT：835
清	王翬	《王翬札》	故宮博物院，《故宮藏四王尺牘》；朱志英輯，《明代名人尺牘選萃》第11冊	1866	/	"沈梧（1）""沈梧之印（1）""旭庭所藏""旭庭詩畫"	沈梧、潘承厚、趙之謙等	
清	王節	《王節札》	朱志英輯，《明代名人尺牘選萃》第11冊	1865	/	"沈梧（1）""旭庭""旭庭平生珍賞"	沈梧、潘承厚等	
清	王敬銘	《王敬銘札》	朱志英輯，《明代名人尺牘選萃》第11冊	1867	/	"旭庭（5）""古華山館珍藏"	沈梧、潘承厚等	
清	王士禛	《王士禛札》	朱志英輯，《明代名人尺牘選萃》第11冊	/	/	"沈梧之印（1）""旭庭平生珍賞""旭庭（5）"	沈梧、潘承厚等	
清	吳山濤	《吳山濤手札二通一開》	中國嘉德國際拍賣有限公司2020春季拍賣會"尺素光風——明人書札詩翰"專場	/	/	"旭庭所藏""旭庭鑒賞"	沈梧等	LOT：836
清	姚元之	《行書信札册》	西泠網拍2018十月大拍"金石家信札"專場	/	/	"旭庭所藏""旭庭鑒賞"	沈梧等	LOT：22040
清	尤蔭	《尤蔭札》	朱志英輯，《明代名人尺牘選萃》第11冊	/	/	"沈梧審定（2）""沈梧之印""旭庭平生珍賞"	沈梧、潘承厚等	
清	張孝思	《張孝思札》	朱志英輯，《明代名人尺牘選萃》第11冊	/	/	"梧""沈梧審定（2）""沈梧之印（1）""沈梧（2）""旭庭（3）""旭庭（5）""旭庭詩畫"	沈梧、潘承厚等	

（續表）

時代	作者	作品	資料出處／現藏地	記錄年份	獲藏／過眼地	沈梧鑒藏印	遞藏者	備注
清	自扃	《自扃札》	宋志英輯，《明代名人尺牘選萃》第11册	1865	泰州	/	沈梧、潘承厚等	

二、書法繪畫（27件）

時代	作者	作品	現藏地／出處	記錄年份	獲藏／過眼地	沈梧鑒藏印	遞藏者	備注
元	倪瓚	《水竹居手卷》	北京保利國際拍賣有限公司2019春季拍賣會"仰之彌高——古代畫夜場"	1873	/	"沈梧審定（1）""旭庭（1）""旭庭所藏""旭庭秘笈""旭庭平生珍賞""沈梧（1）"	陳驤德、沈梧等	LOT: 4036
明	卞文瑜	《仿董源山水立軸》	南京經典拍賣有限公司2018秋季拍賣會"大美——中國古代書畫"專場	1864	大梁	"沈梧審定（1）""旭庭平生珍賞"	沈梧等	LOT: 120
明	丁雲鵬	《溪山煙靄圖》	南京博物院	1875	湖州	"沈吾印""旭庭（2）"	安岐、卞永譽、陳驤德、沈梧等	
明	改琦	《元機詩意圖》	故宫博物院	1871	湖州	"沈梧審定（1）""旭庭秘笈"	沈梧等	
明	林郊	《竹雀圖》	中國嘉德國際拍賣有限公司2007嘉德四季第九期拍賣會	/	/	"沈梧審定（2）"	沈梧等	LOT: 1832

（續表）

時代	作者	作品	現藏地／出處	記錄年份	獲藏／過眼地	沈梧鑒藏印	遞藏者	備注
明	錢穀	《遷史神交故事圖冊》	故宮博物院	1871	湖州	"家住江南第一山""沈吾之印""旭庭所藏""旭庭秘笈""沈梧審定（2）""旭庭平生珍賞"	沈梧等	沈梧過目
明	沈周	《九段錦》（京都本）	東京國立博物館	1866	/	"沈梧（1）""旭庭（1）"	丁目遂等	
明	沈周	《秋林策杖》	中貿聖佳國際拍賣有限公司 2005 春季藝術品拍賣會 "中國扇畫" 專場	/	/	"沈梧審定（1）"	沈梧等	LOT: 38
明	宋玨	《吳中吊古詩》三頁	中國嘉德國際拍賣有限公司 2009 秋季拍賣會 "古籍善本" 專場	1865	吳陵	"沈梧之印（1）""旭庭（1）""旭庭詩畫""旭庭眼福"	沈梧等	LOT: 3072
明	唐寅	行書 "一年歌" 扇面	故宮博物院	/	/	"沈梧審定（1）"	沈梧等	
明	王寵	《草書五言詩》	西泠印社拍賣有限公司 2020 春季拍賣會	/	/	"沈梧（1）""沈梧（2）""旭庭所藏""旭庭（3）""旭庭（5）"	沈梧等	LOT: 238
明清	周之冕、惲壽平、王原祁等	《明清扇畫集錦冊》	榮寶齋（上海）2019 秋季拍賣會；保利國際拍賣公司 2020 秋季拍賣會 "仰之彌高——中國古代書畫夜場"	/	/	其中一開王原祁扇面有 "沈梧審定（1）"，其餘不詳	沈梧等	LOT: 1065

（續表）

時代	作者	作品	現藏地/出處	記錄年份	獲藏/過眼地	沈梧鑒藏印	遞藏者	備注
清	八大山人	《宋之問詩》冊頁	香港佳士得2019春季拍賣會	/	/	"旭庭（6）""沈梧清玩""江南客""旭庭眼福"	沈梧、宗源瀚等	LOT：927
清	黃鼎	《山水立軸》	日本株式會社橫濱國際拍賣2019迎春拍賣會	/	/	"沈梧審定（2）"	沈梧等	LOT：4168
清	劉墉	《悲歌三首》並序楷書冊頁	山東佰昌拍賣有限公司2015秋季藝術品拍賣會中國書畫專場	/	/	"旭庭（1）"	沈梧等	LOT：98
清	錢大昕	《一枝春梅圖軸》	浙江省博物館編《金石書畫》第五卷	/	/	"旭庭（1）"	宗源瀚等	沈梧過目並題
清	汪恭、王文治	《書畫合璧冊頁》	中國嘉德國際拍賣有限公司1998秋季拍賣會"中國古代書畫"	不詳	不詳	"旭庭眼福"	沈梧、宗源瀚等	LOT：855
清	王翬	《王石谷仿趙大年水竹幽居圖卷》	邵松年《澄蘭室古緣萃錄》卷九（光緒三十年上海鴻文書局石印本）	1854過眼，1867購入	袁浦（過眼）	"沈梧"、"沈梧審定"、"旭庭秘笈"（具體不詳）	沈梧等	
清	王鑑	《仿黃子久山水》	北京保利國際拍賣有限公司2012春季拍賣會	/	/	"沈梧審定（2）"	沈梧等	LOT：5151
清	王鑑	《溪諸密林圖》	中國嘉德國際拍賣有限公司2005春季拍賣會	/	/	"旭庭所藏"	沈梧等	LOT：851
清	吳靜莊	《花卉卷》	香港佳士得2005春季藝術品拍賣會	/	/	"旭庭眼福""旭庭平生珍賞"	沈梧等	LOT：991

（續表）

時代	作者	作品	現藏地／出處	記錄年份	獲藏／過眼地	沈梧鑒藏印	遞藏者	備注
清	吳讓之、陸恢、顧麟士等	《古玉佛龕圖卷》	北京保利國際拍賣有限公司2021秋季拍賣會"仰之彌高——中國古代書畫夜場"	1863	/	"旭庭平生珍賞"	沈梧等	吳熙載題跋，趙之謙印，LOT：2073
清	嚴繩孫	《深山讀書圖》	西泠印社拍賣有限公司2007秋季藝術品拍賣會中國書畫古代作品專場（清代）	/	/	"沈梧審定（2）"	沈梧等	LOT：124
清	韻香	《空山聽雨圖》	無錫博物院	1864	吳陵	"梧""沈梧之印（1）""旭庭（1）""旭庭（5）"	沈梧、葉衍蘭等	吳熙載題跋，宗源瀚贈
清	張照	《梅花冊》	香港佳士得2014春季拍賣會	不詳	不詳	不詳	沈梧等	LOT：973
清	鄒一桂、馬曰璐等	《溫硯爐圖冊·溫硯爐圖詩冊》二種	西泠印社拍賣有限公司2020春季拍賣會中國書畫古代作品專場	1882	來青書屋	"旭庭（2）"	邵文燾、沈梧等	沈梧以1878年所購邵二泉溫硯爐換得，LOT：1005
/	佚名	《出遊圖》	北京保利國際拍賣有限公司2019秋季拍賣會"藝林藻鑒——中國古代書畫日場"	/	松江	"家住江南第一山""旭庭平生珍賞""沈梧審定""沈梧、宗源瀚等之印"（具體不詳）	趙之謙款，LOT：3850

三、古籍碑帖（16件）

時代	作者	作品	現藏地／出處	記錄年份	獲藏／過眼地	沈梧鑒藏印	遞藏者	備注
南宋	陸游	《陸放翁全集》，明海虞毛氏汲古閣刊本	中研院歷史語言研究所傅斯年圖書館	/	/	"沈梧之印"	略	可能爲沈梧過目或收藏
（具體不詳）	略	可能爲沈梧過目或收藏	張鈞衡、繆荃孫編，《適園藏書志》卷二（收入中國國家圖書館《清末民國古籍書目題跋七種》卷一）	1863	吳陵	不詳	張蓉鏡等	沈梧過目
元	黃鎮成	《秋聲集》，明洪武十一年（1378）黃鈞刻本（張蓉鏡抄補）	中國國家圖書館	1863	泰州	"沈梧之印（2）""旭庭鑒賞"	張蓉鏡等	沈梧過目
明	錢謙益	《李商隱詩集》，手抄校訂本	遼寧省圖書館	1863	泰州	"旭庭鑒賞"	張蓉鏡等	沈梧過目
明	楊維楨著，吳復類編	《鐵崖先生古樂府[四冊]》	中國嘉德國際拍賣有限公司1996秋季拍賣會"古籍善本"專場	/	/	"旭庭眼福"	張蓉鏡、宗源瀚等	沈梧過目，LOT：600
清	劉墉	《諸城劉氏三世奏稿》	山東省圖書館	1866	泰州	"旭庭所藏""沈梧審定（2）"	沈梧等	

（續表）

時代	作者	作品	現藏地／出處	記錄年份	獲藏／過眼地	沈梧鑒藏印	遞藏者	備注
清	錢謙益選	《明五七言律詩選》稿本	上海圖書館	1863	泰州	"旭庭印"	陸樹聲等	唐翰題觀款
東漢		《明拓漢禮器碑》	北京海王村 2021 春季書刊資料文物拍賣會（一）	1872	/	"旭庭所藏（1）""旭庭鑒藏（2）""旭庭（4）""旭庭（5）""沈梧審定（1）"	沈梧等	
東漢		《長拓本華山廟碑》	東京書道博物館	1864	/	"旭庭（1）""沈梧之印（2）""旭庭眼福"	劉虞采、宗源瀚等	沈梧過目，王思儼、吳熙載、趙烈文觀款
東漢		《史晨碑》	《中華寶典——中國國家博物館藏法帖書系》第一輯《史晨碑（明拓本）》（合肥：安徽美術出版社，2018）；中國國家博物館	/	/	"旭庭（1）""旭庭眼福"	沈梧等	
東漢		《明拓孔廟置白石卒史碑》	羅振玉，《雪堂所藏金石文字簿錄》（民國十六年東方學會石印本）	不詳	不詳	"旭庭鑒賞"	沈梧等	

（續表）

時代	作者	作品	現藏地／出處	記錄年份	獲藏／過眼地	沈梧鑑藏印	遞藏者	備注
三國吳		《明拓吳天發神讖碑》	馬成名，《海外所見善本碑帖錄》（上海：上海書畫出版社，2014）；《安思遠藏善本碑帖選》（北京：文物出版社，1996）	1864	泰州	"旭庭所藏""旭庭（1）""沈梧之印（2）""家住江南第一山""旭庭眼福""旭庭平生珍賞"	劉喜海、沈梧、宗源瀚等	趙烈文觀款
唐	顏元孫	《干祿字書》	中國國家圖書館	/	/	"沈梧"（具體不詳）	沈梧、唐翰題等	
宋		《明拓思古齋本黃庭蘭亭二帖》	北京泰和嘉成拍賣有限公司2018春季藝術品拍賣"古籍文獻 金石碑版"專場；北京保利國際拍賣有限公司2021秋季拍賣會"古籍文獻 金石碑帖 翰墨菁萃 西文經典"專場	/	/	"沈梧之印（具體不詳）""旭庭所藏"	沈梧、王思嚴等	吳熙載題跋，LOT：2630（泰和），0454（保利）
南宋		《清拓文天祥書雷琴》	浙江省博物館	1867	揚州	"沈梧之印（1）""古華山館考藏"	六舟和尚、汪士驤、沈梧、錢鏡塘、褚德彝等	吳熙載、成沂等人題跋
元	趙孟頫	《鮮于樞子初墓誌銘原石拓本》	北京大學圖書館	1870	不詳	不詳	唐翰題等	沈梧過目並抄補

附錄二　沈梧鑑藏印選[①]

1　"沈梧(1)"
"京都本"沈周九
段錦

2　"沈梧(2)"
張孝思札

3　"沈吾之印"
錢穀遷使神交故事圖冊

4　"沈吾印"
丁雲鵬溪山煙靄圖

5　"沈梧審定(1)"
唐寅行書一年歌扇面

6　"沈梧審定(2)"
劉墉諸城劉氏三世奏稿

7　"沈梧之印(1)"
文嘉致項元汴札

8　"沈梧之印(2)"
長垣本華山廟碑

9　"旭庭(1)"
王鐸致紫閬札

---

①　本附錄所收的是沈梧在收藏或過目作品上的部分鑑藏印，其中一些也曾出現在他的書畫創作中。但限於部分圖像材料的清晰程度，沈梧在其書畫中的印章使用情況暫時無法盡數列舉。

10 "旭庭(2)"
鄒一桂、馬曰璐等
溫硯爐圖冊

11 "旭庭(3)"
王寵起居帖

12 "旭庭(4)"
陳元素札

13 "旭庭(5)"
錢杜札

14 "旭庭印"
錢謙益明五七言律詩選稿本

15 "梧"
韻香空山聽雨圖

16 "旭庭所藏"
胡宗憲呂港帖

17 "旭庭鑑賞"
查慎行札

18 "旭庭秘笈"
改琦元機詩意圖

19 "旭庭平生珍賞"
吳讓之、陸恢、顧麟
士等古玉佛龕圖

20 "旭庭詩畫"
王肇札

21 "旭庭眼福"
史晨碑拓本

22 "家住江南第一山" 文徵明與子籲書　　23 "古華山館考藏" 文天祥春雷琴清拓本　　24 "錫山沈梧書畫圖章" 陳元素試筆帖

25 "沈梧清玩" 八大山人宋之問詩冊頁　　26 "江南客" 八大山人宋之問詩冊頁　　27 "旭庭(6)" 八大山人宋之問詩冊頁

中日合璧文人畫論
——陳師曾《中國文人畫之研究》出版始末

張明傑

　　陳師曾（1876—1923），原名陳衡恪，號朽道人、槐堂，江西義寧（今修水）人。他雖英年早逝，但僅從梁啓超譽之爲中國現代美術界"可稱第一人"者①，即可領略其于美術史上地位之高。陳師曾生前出版的唯一研究專著是《中國文人畫之研究》，嚴格意義上講，這是一部著述和譯作的合集，即由其專論《文人畫之價值》與譯作《文人畫之復興》兩部分構成，故當時署名"陳衡恪譯述"，上海中華書局 1922 年 5 月出版，其後多次再版，至 1934 年 4 月已出到第七版。該書是文人畫領域中日合璧之作，也是現代最早的中國文人畫論著，不僅于當時頗具反響，而且對後世影響甚大。對于這樣一部重要著作，學界迄今已不乏研究②，通常也知曉其與日本美術史學者大村西崖（1868—1927）有關，但具體到陳師曾與大村西崖何時交往、何時談及各自文人畫論結集出版等涉及該書編撰及出版的經緯，却不甚了

作者單位：浙江工商大學東方語言與哲學學院

①　參見梁啓超 1923 年于陳師曾追悼會上的致辭——《都人士追悼名畫家》（《晨報》1923 年 10 月 18 日）："前次日本的地震，大家深爲惋惜，以爲文化損失甚大，如今陳師曾之死，可說是中國文化界的地震。……陳師曾在現代美術界，可稱第一人。"

②　關於陳師曾《中國文人畫之研究》，迄今已有部分論文涉及，可參考陸璐《陳師曾〈文人畫之價值〉的研究綜述》（《中國藝術》2014 年第 3 期）一文。

然,甚至出現"陳師曾是受大村西崖影響才撰寫文人畫論"等臆説①,從而影響到對陳氏的公正評價。因此,有必要結合相關文獻,尤其是大村西崖的訪華日記等新出資料,對《中國文人畫之研究》及其編撰、出版始末等做系統的梳理和考察。

一

大村西崖的《文人畫之復興》原是一本日文活字版小册子(縱18.1cm×橫10.7cm),竪排綫裝,封面雙邊題籤"文人畫の復興",扉頁印"大村西崖著 文人畫の復興 又玄畫社印行",接着是目次和五十四頁的正文,全書兩萬一千餘字。版權頁顯示爲"大正十年一月二十五日"(1921年1月25日)印刷,同月"三十一日"發行,發行所爲巧藝社。關于該書文稿的撰寫時間,大村西崖于文末明確記述:"辛酉一月五日晨起稿,七日燈下擱筆。"② 辛酉年即1921年,可知從動筆起草到完成僅用了三天時間,可以想象在當時的條件下,兩萬餘字的文稿幾乎是一氣呵成,而且完稿後,又立即付諸刊印。

該書由十四部分構成,具體爲:盛衰之回顧、藝術與寫真、寫實之虛幻、退却自然、陰影骨法之取捨、擺脱色彩、氣韻之真價、技巧之弃置與(己意之)發揮、詩書畫之關聯、題贊之功用、壁龕之挂幅、文人士大夫與專家之本末、作爲流派之南宗、吾人之標榜③,藉此可大體領略作者的構想或論點。不過,遺憾的是,這些類似章節標題的部分,後來陳師曾在翻譯時悉數省略了。

大村西崖從回顧近代日本的文人畫(亦稱南畫)由盛至衰的歷史寫起,圍繞藝術與寫真、寫實上的虛幻無常等問題,着重從美學角度加以考察,重點論述藝術與自然、藝術與寫實等諸多關係。大村西崖在肯定寫生于繪畫的重要性之基礎上,認爲寫生并非藝術之極致,"若以寫生爲藝術之極致,

---

① 有關陳師曾是否受大村西崖影響而撰寫《文人畫之價值》問題,學界一直有受其影響的所謂"影響説"和未受其影響的"非影響説",以及難以説清誰影響誰的所謂"同期説",其中又以"影響説"占上風,但均缺乏必要的證據。

② 大村西崖,《文人畫の復興》,東京:巧藝社,大正十年(1921),54頁。

③ 大村西崖,《文人畫の復興》,目次頁。

则對應自然之藝術,自照相法發明以來,繪畫即可滅亡,否則亦喪失其勢力之領土。然而事實不然,繪畫益形重要,何也?蓋寫生之外,尚有其固有勢力之領土故耳"①。其實,這與陳師曾所言"文人畫不求形似,正是畫之進步"可謂一脉相通②。然後大村西崖以"氣韻生動"等畫論爲切入點,極力闡明文人畫于藝術上的真正價值,即"蔑視自然、宗氣韻生動之文人畫,于畫道中最合藝術之真意"③;同時,對只重寫實而無文人意趣的西洋畫及其模仿者,給予嘲諷。對于在日本點燃圍剿文人畫之火的費諾羅薩,大村西崖更是斥之爲"全不能領會文人畫之雅致"④。

在大村西崖看來,"藝術之本質,畫道之真意,既知在于己意之發揮,氣韻之生動,則如上所述,蔑視寫實,離却自然,脱彩色濃縟之束縛,游于水墨疏淡之境,置技巧于度外,可謂得魚忘筌,得言忘象"⑤。因此,他將不重寫實、離却自然而回歸美術之本意的文人水墨畫看作是"最純净高潔之美術"。

不過,大村西崖理解的文人畫是所謂"有文學人所作之畫也",即近于中國古代文人士大夫之畫,"非流派樣式之名,蓋由作者之身分區分之者"⑥。因此,他不認同日本江户時代起呈現出的作爲流派樣式的所謂南宗畫。這與瀧精一在《文人畫概論》(1922)中所區分的廣義文人畫概念一致。由于這只是基于畫家是否文人身份而做出的認定,也未區分是職業畫家還是業餘畫家,所以,大村西崖理解的只是字面上的廣義文人畫,與中國傳統的文人畫概念,即所謂"文人之餘技"又不盡一致。但不管怎樣,作爲日本學者,在近代西化大潮汹涌的背景下,大村西崖能够客觀地看待中國傳統美術,不遺餘力地頌揚文人畫之精神,倡導文人畫之振興,實在難能可貴,也不愧爲中國文人畫的海外知音。

---

① 大村西崖,《文人畫之復興》,陳師曾譯述《中國文人畫之研究》,上海:中華書局,1922年聚珍仿宋版,5頁。
② 陳師曾,《文人畫之價值》,《中國文人畫之研究》,8頁。
③ 《文人畫之復興》,《中國文人畫之研究》,18頁。
④ 《文人畫之復興》,《中國文人畫之研究》,3頁。
⑤ 《文人畫之復興》,《中國文人畫之研究》,18—19頁。
⑥ 《文人畫之復興》,《中國文人畫之研究》,26頁。

余紹宋在《書畫書錄解題》中指出："大村之文大旨謂繪畫必離于自然，始極其妙，而甚詆洋畫之寫實逼真，持論至爲透澈，足爲俗學鍼砭。吾國近者藝術之衰落，其病正與日本十餘年前相同，國人乃無起而拯救，以發揮斯義者，展讀此篇，曷勝感愧。"① 不僅肯定大村西崖此著的意旨，而且對其之于中國的現實意義亦大爲讚賞。

二

陳師曾《文人畫之價值》是據此前發表的白話文改寫而成的文言文版本，白話文《文人畫的價值》原載于《繪學雜志》第二期（1921年1月），撰寫時間不詳，不過，從該雜志出版日期及半年一期的編刊周期推測，文稿的完成應不遲于1920年末，時間上應早于大村西崖撰寫《文人畫之復興》。《繪學雜志》爲蔡元培主持的北京大學畫法研究會會刊。該研究會成立于1918年2月，旨在"提倡美育，發揚畫法"，可謂蔡元培美育思想的具體實踐。陳師曾不僅參與了該研究會的成立及其活動，而且還擔任過研究會的指導導師，當時頗具影響。《繪學雜志》第一期（1920年6月）就刊有陳師曾的文章《繪畫源于實用說》和《對于普通教授圖畫科意見》，以及繪畫論文《清代山水之派別》和《清代花卉之派別》。

陳師曾在《文人畫之價值》中開宗明義指出，文人畫"即畫中帶有文人之性質，含有文人之趣味，不在畫中考究藝術上之工夫，必須于畫外看出許多文人之感想，此之所謂文人畫。……殊不知畫之爲物，是性靈者也，思想者也，活動者也。非機械者也，非單純者也。否則，有如照相器，千篇一律，人云亦云，何貴乎人邪？何重乎于藝術邪？所貴乎藝術者，即在陶寫性靈，發表個性與其感想"②。並且他強調"文人畫首重精神，不貴形式，故形式有所欠缺而精神優美者，仍不失爲文人畫"③，即文人畫相對于技巧，更重視文人的修養、學識及思想。接着陳師曾從文人畫之鑑賞、文人畫之

---

① 余紹宋，《書畫書錄解題》卷之三，臺北：中華書局，1968，16頁。
② 《文人畫之價值》，《中國文人畫之研究》，1頁。
③ 《文人畫之價值》，《中國文人畫之研究》，2頁。

發展歷程、文人畫與書法的關係、文人畫的"形似"與"精神"等方面加以論述，既闡明了文人畫"首重精神"、貴在"陶寫性靈"的實質，又揭示了相對於寫實，寫意則是繪畫的更高階段這一文人畫的內在屬性和價值。文章最後他建言："欲求文人畫之普及，先須于其思想品格之陶冶；世人之觀念，引之使高，以求接近文人之趣味，則文人之畫自能領會，自能享樂。"①同時陳師曾總結出文人畫抑或文人畫家應具備之四大要素，即"第一人品，第二學問，第三才情，第四思想。具此四者，乃能完善"②。

由此觀之，陳師曾不僅明確了文人畫的定義和性質，而且通過梳理文人畫的發展歷程，以及與書法的關係等，重新闡釋了傳統文人畫首重精神的內在本質，並提煉總結了文人畫得以完善的四大要素，從而爲維護并復興中國傳統繪畫提供了堅實的理論基礎。因此，陳師曾也被看作20世紀初擁護和捍衛文人畫的代表人物。《文人畫之價值》一文，可以說是陳師曾文人畫觀的最集中體現和高度概括，堪稱文人畫復興運動中的奠基之作。余紹宋在稱讚大村西崖《文人畫之復興》一文後，亦接著指出："師曾之文則發揮其未盡之義，于文人畫之研究益無遺蘊，其于謝赫六法別具見解，亦可備一説也。"③

三

陳師曾與大村西崖幾乎同時期推出倡導文人畫價值的畫論，可以說既是巧合，也是兩國藝術發展進程中的必然。因中日兩國歷史背景，尤其是文人思想不同，故兩國文人畫各有不同的盛衰境遇，但面對近代的西化風潮，尤其是西洋畫的衝擊，無論是中國的傳統畫"衰退論"也好，"美術革命"也罷，還是日本自費諾羅薩以來的"文人畫不是繪畫"的觀點，近代以來兩國文人畫備受貶斥的境遇却是共通的。因此，兩人的文人畫論均是對各自國家文人畫遭遇的有力回應和反擊，包含着爲文人畫正名的動機。至于

---

① 《文人畫之價值》，《中國文人畫之研究》，9頁。
② 《文人畫之價值》，《中國文人畫之研究》，10頁。
③ 余紹宋，《書畫書録解題》卷之三，16—17頁。

兩者的關係，有兩點應該明確。

一是《文人畫之價值》與《文人畫之復興》的發表時間雖然比較接近，但撰寫時間有先後，即陳師曾之文在先，大村西崖之文在後。也許正因爲陳師曾幾乎與大村西崖在同時期推出文人畫論，致使學界出現陳師曾受大村西崖影響而撰此文的臆斷或誤解。殊不知，陳師曾對文人畫的肯定和擁護，也並非始于《文人畫之價值》。在發表此文之前，爲回應當時甚囂塵上的中國畫"衰退論"，陳師曾于北京八校聯合舉辦的學術講演會上演說時，即表達了其文人畫進步觀，後以《中國人物畫之變遷》爲題，發表在《東方雜志》第十八卷十七號（1920年9月）。爲了進一步闡述當時因講演所限而未能展開的文人畫觀，陳師曾後來又特意撰寫《文人畫是進步的》，刊載于《繪學雜志》第三期（1921年11月）。該文立足于美術史和自然進化論立場，詳細論證了中國畫非但不落後，而且符合進步原則，旗幟鮮明地對文人畫加以肯定和擁護。

二是《文人畫之價值》與《文人畫之復興》的旨趣及闡述雖相似，但應承認各有特色。兩人的文人畫論內容與宗旨雖不乏一致之處，但基于兩國不同的歷史脈絡，尤其是各自的立場和觀點，故所論多有異同。僅從對文人畫的定義和理解來看，二者就迥然不同。大村西崖僅依據作者身份定義文人畫，只把文人所作的才看成是文人畫，即使風格近似，只要"非文人所作之畫，縱如何似四王吳惲之迹，不得謂之真文人畫"①。對此，陳師曾則明確提出："畫中帶有文人之性質，含有文人之趣味，不在畫中考究藝術上之工夫，必須于畫外看出許多文人之感想，此之所謂文人畫。"②顯而易見，這是基于中國傳統思想與藝術風格，從更廣意義上理解的文人畫觀，較之大村西崖的觀點，其更具包容性，內涵更加豐富。

四

作爲東亞美術史研究領域的知名教授，大村西崖"懷抱欲游禹域之志

---

① 《文人畫之復興》，《中國文人畫之研究》，42頁。
② 《文人畫之價值》，《中國文人畫之研究》，1頁。

久矣"①，但直到1921年秋，54歲時才得以實現（一生五次訪華）。爲解決游華資金問題，大村西崖曾以學術調查名義申請援助，結果未獲批准。無奈之下，他只好自籌資金，即通過繪製二十扇金屏風，在大阪等地售出，加上出手其他自作書畫，得萬餘元，權作游資。同時，東京美術學校校長正木直彥也給予其幕後支持，即以在華期間考察東方美術爲名，保證其旅行帶有半公務性質，並希望日本駐華使領館提供方便。

關于第一次訪華，大村西崖曾記述："十月乞于官，得休職之命。廿一日發京，遂有乘槎之行。經朝鮮而入燕京，金北樓、陳衡恪諸人有所斡旋焉。洽得窺收藏家之秘笈，又請前清朝大傅陳寶琛，而覽内府所藏寶繪，皆得影寫以賫還，大凡七百餘枚也。又所購于燕京之古書珍籍，及二百餘種。其間探討明朝十三陵、居庸關、八達嶺等古勝迹，又赴山西大同府，觀雲崗石佛。既去燕京航上海，一游杭州，賞西湖之景，是禹域第一次之游概略也。"②

具體地講，大村西崖此行自1921年10月21日由東京出發，至1922年1月16日返回，前後近三個月，其中在華時間爲1921年10月25日至1922年1月12日。

大村西崖10月22日自馬關（今下關）乘船渡海，途經朝鮮半島，25日抵奉天，27日晚到達北京，投宿于日本人經營的扶桑館。翌日下午即"遣栗原訪金拱北、陳師曾、賀賜湖，報著京，問訪問日時"③。"栗原"爲栗原誠，畢業于大村西崖執教的東京美術學校西洋畫科，當時于北京加藤洋行工作，臨時返回日本，並充任大村西崖之翻譯。"金拱北"即金紹城（又名金城，字拱北），當晚來會，並受大村西崖之請介紹收藏家及畫家。大村西崖來華的目的，用其本人的話講，即"請介紹收藏家及畫家，將廣觀

---

① 大村西崖，《西崖自敘傳》，收入大村西崖著，大村文夫編，《無記庵韻存》，私家版，1933，《續補》9頁。

② 《西崖自敘傳》，《無記庵韻存》，《續補》9頁。

③ 吉田千鶴子編，《西崖中國旅行日記》（文中以下簡稱《西崖日記》，文中標點爲筆者所加），東京：ゆまに書房，2016，11頁。

古名畫，而影寫之，以及御府之物，且就畫家交換所作（聞）小傳也"①。金紹城給他介紹了京滬地區著名的收藏家和畫家，而第一位畫家即陳師曾。

陳師曾雖于1902年赴日留學達七年之久，但就目前所知，因其所入學校爲弘文學院和東京高等師範學校，所學專業爲博物學，與大村西崖及其所在的東京美術學校並無直接關係，在日期間兩人似無交往。不過，陳師曾回國後，尤其是在北京從事書畫美術教育期間，恐對大村西崖的名字不會陌生，對其參與出版的美術圖集，特別是《支那繪畫小史》《支那美術史——雕塑篇》等美術著作應有所瞭解。另外，通過渡邊晨畝訪華以及中日繪畫聯合展覽會等活動，大村西崖對當時活躍于北京畫壇的陳師曾也早有所聞，故抵達北京後，即差人通報陳師曾並商約拜訪時日。《西崖中國旅行日記》也可證實這一點。日記正文前有部分中日人士的個人信息，應是大村西崖來華之前就已寫上去的，是其事前瞭解或通過朋友介紹的欲拜訪之人士。其中，中方有金紹城、錢稻孫、陳師曾、沈子培、王國維、汪亞塵等，在陳師曾條目中記有"陳衡恪，號朽道人，字師曾。江西義寧人。西城報子街西庫資胡同"②，説明陳師曾是大村西崖來華之前就計劃要拜訪的人物。

10月28日和29日，陳師曾因故未能跟西崖接洽；30日親自造訪其下榻的扶桑館時，又恰逢大村西崖外出參觀，二人未能謀面。大村西崖次日日記中記曰："陳師曾者，三立子，教育部教科書審查官，通金石碑帖，能詩文篆刻，畫兼山水花鳥。"③

11月1日，陳師曾再次登門造訪，"陳衡恪來訪，雅談至夜，乃饗晚餐，且贈《密教志》及《雕塑篇》，見諾爲又玄社同人"④。初次見面，他們似乎十分投機，以至于"雅談至夜"。大村西崖不僅將自己的著述《密教發達志》和《支那美術史——雕塑篇》贈給陳師曾，而且邀請陳師曾加入其主持的文人畫組織"又玄畫社"。當天陳師曾給大村西崖推薦的畫家有：文畫兼長者湯定之、林琴南、吳昌碩、何詩孫；文長畫存者宋伯魯、陳仁先、

---

① 吉田千鶴子編，《西崖中國旅行日記》，14頁。
② 吉田千鶴子編，《西崖中國旅行日記》，7頁。
③ 吉田千鶴子編，《西崖中國旅行日記》，17頁。
④ 吉田千鶴子編，《西崖中國旅行日記》，17頁。

姚崇光、王晉卿、陳寶琛；畫家陳半丁、俞瘦石、王夢白、蕭謙中、蕭屋泉、沈雪廬、王一亭、程瑤笙、汪鷗客、顧鶴一、吳岱秋、吳觀岱等（以上人名均按大村西崖日記記述）。

其後，陳師曾爲了讓大村西崖觀賞並拍攝到更多的古代名畫，利用各種機會爲其引薦京城的收藏家，而且主動介紹畫家與大村西崖見面。同時，兩人通過頻繁交往和懇談，形成將各自文人畫論合作出版的設想。以下《西崖日記》之摘録便是明證。

[11月7日] 觀展覽會于中央公園。陳衡恪招請，乃赴其家。湯定之、陳半丁亦來會，共餐。令湯及二陳書其小傳，約得其畫各二幀又師曾印譜。①

[11月16日夜，顏韻伯與金城招宴上，陳師曾贈西崖畫作一幅] 且謂陳漢第少善畫，又有收藏，當介紹先生。觀齊白石（年六十餘），善禽蟲。此夜陳携其畫册，似予草略粗畫不足深賞。②

[11月25日夜] 陳師曾來訪，予托以紹介收藏家及現代畫家。③

[11月27日] 北京畫家陳師曾及其當介紹六家（齊白石、蕭屋泉、姚重光、王夢白、湯定之、陳半丁）之外，略如左：陶鑑泉、賀履之、蕭謙中、俞滌凡、宋芝田、楊葆益……。夜陳師曾書到，報曰：廿九日零時半當訪賀履之，卅日午前訪徐養吾。④

[11月28日夜] 陳師曾伴陳半丁而來訪，贈予其畫四幀及齊白石印存，談畫家日本介紹之件，明日約訪問。⑤

[11月29日] 午前訪陳師曾兄，伴到賀履之（良樸）之家，觀藏畫。所寫如左。……此[日]陳師曾與予訪景氏于景氏宅，談《文人畫復興論》翻譯及支那繪畫史同著之事。⑥

---

① 吉田千鶴子編，《西崖中國旅行日記》，21頁。
② 吉田千鶴子編，《西崖中國旅行日記》，28頁。
③ 吉田千鶴子編，《西崖中國旅行日記》，56頁。
④ 吉田千鶴子編，《西崖中國旅行日記》，60—61頁。
⑤ 吉田千鶴子編，《西崖中國旅行日記》，62頁。
⑥ 吉田千鶴子編，《西崖中國旅行日記》，64頁。

［12月8日，西崖自天津返回北京後］朝訪陳師曾，得賀履之、齊白石、即佛及師曾之畫作并其潤例。陳半丁托師曾贈予以石印三顆并其印譜，即佛亦贈以印譜。師曾譯予著《文人畫復興論》，師曾所著有《文人畫價值論》一篇，乃約合爲一册，于上海刊行之。師曾曰：其序文當令姚華作之。因共訪姚華于其蓮花寺內之居，閑話數刻而辭歸。①

［12月9日］陳師曾介紹當影寫左記二家藏品：何芝齡（宣武門外椿樹上三條胡同）、梅斐漪（西城內豐盛胡同）。②

［12月12日］轉訪陳師曾。師曾譯《文人畫復興論》了，乃曰：當净寫之，送上海豐陽館，王夢白、陳半丁等之畫亦當送。與師曾訪梅斐漪，觀其藏畫。③

［12月13日］午後陳師曾來訪，携蕭屋泉之畫來贈予。④

其後的12月16日，即大村西崖離京前往上海的前一日，陳師曾來訪，並告知明日因事不能相送，故提前來送行。

在北京期間，因陳師曾鼎力相助，大村西崖才得以實現觀賞並拍攝大量古代書畫、徵集畫家作品及其小傳等心願，同時因爲有陳師曾的四處斡旋和代勞，才得以去十三陵、長城以及雲岡石窟一游。大村西崖在回國後于母校所做的演講中，也曾提到爲實現訪華目的，在北京除金紹城之外，還請陳師曾予以協助，與陳氏"兩人乘汽車或馬車尋訪第一流的收藏家或畫家，從而得以觀賞名畫并獲得畫家畫作與小傳等"⑤。

五

以上可知，陳師曾與大村西崖首次談及翻譯《文人畫之復興》一事，

---

① 吉田千鶴子編，《西崖中國旅行日記》，84頁。
② 吉田千鶴子編，《西崖中國旅行日記》，85頁。
③ 吉田千鶴子編，《西崖中國旅行日記》，88頁。
④ 吉田千鶴子編，《西崖中國旅行日記》，88頁。
⑤ 大村西崖，《支那游歷談》，《東京美術學校校友會月報》第20卷7號，1922年3月。該期雜志卷首還刊有陳師曾的畫作《臘梅圖》。

是兩人交往近一個月後的 11 月 29 日，地點在"景氏宅"，即當時以收藏大量古代書畫精品而著稱的完顏景賢之宅邸，而且當時還談起共同編著《中國繪畫史》之事。若對照大村西崖回國後接受記者采訪時的報道，此事確切無疑①。遺憾的是，由于陳師曾早逝，此宏大計劃未能實現。若天假其年，想必會有一部近代中國繪畫史上劃時代的巨著問世。

當時大村西崖忙于拜會京城收藏家，觀賞並拍攝中國古代書畫，接著又南下天津，回京後的 12 月 8 日旋即訪陳師曾，再次談及文人畫論之事，約定由陳師曾翻譯自己所著的《文人畫之復興》，並與陳著《文人畫之價值》合爲一册，于上海出版。而且根據陳師曾提議，書之序言當請姚華（茫父）撰寫。因此，兩人當即造訪位于蓮花寺內的姚華居所。這可從姚華爲該書所作的序言中的詞句得到佐證："歸堂自東京來游，與師曾聯翩見訪，意既相同，言必有合。"②也正是因爲有此記述，在西崖日記尚未公開之前，學界多是據此推測陳師曾與大村西崖意氣相投之關係。

在兩人請姚華作序後的第四天，即 12 月 12 日，大村西崖去訪陳師曾，得知自己兩萬餘字的日文著述《文人畫之復興》已被翻譯完畢，並被告知謄寫後將送至自己于上海下榻的豐陽館。從翻譯之速可以想見，陳師曾不僅語言功底好，更重要的是對文人畫的精通與理解之深。

大村西崖于 12 月 17 日離京，18 日夜抵達上海，直至翌年 1 月 12 日乘船歸國。他在滬滯留二十餘日，其間還曾赴蘇州、杭州游覽或會客。在滬期間，大村西崖得到廉泉、王一亭、唐吉生、汪亞塵等人的協助，仍是以觀賞和拍攝古代書畫，面會或徵集當代畫家作品及小傳爲主，同時交涉刊刻中國圖譜珍籍，以及計劃設立"日本翰墨俱樂部"等事宜③，還于龐萊臣府邸、蔣汝藻密韻樓等處觀賞並拍攝到衆多名畫，另外見到了沈子培、王國維等人。

---

① 大村西崖回國後曾發表談話，其中有"已與陳衡恪氏約定共同編著支那大美術史"之言。見日文報刊報道《與陳衡恪氏共同編寫支那大美術史的大村西崖氏》，《大阪時事新報》1922 年 3 月 21 日。

② 姚華《序》，《中國文人畫之研究》，3 頁。"歸堂"爲大村西崖雅號。

③ 這裏所謂刊刻中國圖譜珍籍，即後來刊印的《圖本叢刊》；計劃設立的"日本翰墨俱樂部"，即後來在杭州西湖畔誕生的中日畫家俱樂部或稱西湖有美書畫社。

廉泉爲大村西崖故交，早在 1914 年廉泉初次訪日時，兩人即相識。當年廉泉及夫人吴芝瑛携所藏中國名畫參加日本大正博覽會後，又將藏品于東京美術學校展覽。大村西崖曾給予大力協助，事後還將其中的部分畫作編爲《小萬柳堂劇迹》刊行①。廉泉在《南湖東游草》甲寅（1914）篇中，有《贈正木直彦、大村西崖》詩：

> 發篋爛虹光，清芬散瑶席。四座有雲山，行歌恣一適。花氣疏煩襟，苔痕粘野屐。遠矚迷幻真，披圖悟陳迹。刻意竟誰傳，奇觀快新獲。悠悠懷古心，鑑賞防多僻。珍重劫火餘，即此款佳客。②

對此，大村西崖也有次韻之作，並附小序：

> 無錫處士南湖廉泉，携所藏書畫東游，在麴町客館。一日與正木直彦共往觀之，歸後南湖作詩見寄，因次其韻。甲寅夏。
>
> 展觀肆眼福，品評自前席。攬古溯宋元，卷舒覺神適。硯田莊裏珍，秘篋伴游屐。黄鶴與雲林，日東始傳迹。幸此逢君子，妙繪真難獲。翰墨結因緣，雲烟醫性癖。賞心何以比，談笑忘主客。③

由此可知，兩人均有書畫之癖，遂由翰墨而締結因緣。相識後不久，廉泉甚至把欲出手所藏一千零五十三件扇面畫的重任託付給大村西崖，希望其尋得能一次全部買下的適當買主，以防散佚。

其後，廉泉每次東游日本，均與大村西崖保持聯繫，或展觀書畫，或書信往來，無形中更加深了彼此間的情誼。大村西崖出版所著《支那美術史——雕塑篇》（1915）時，還特請廉泉夫人吴芝瑛題寫書名。

大村西崖抵滬後，即向廉泉通報來滬之事。儘管當時廉泉體弱多病，但仍力疾于梵王渡小萬柳堂別墅款待，並出示其所藏書畫請大村西崖拍攝，後又爲其聯絡滬上收藏家及畫家，甚至專赴無錫爲其徵求吴觀岱畫作。

---

① 東京美術學校編纂《小萬柳堂劇迹》（東京：審美書院，1914），名義上雖爲東京美術學校編纂，但其實主要是大村西崖主編，其中的繪畫解説也注明是"大村西崖編述"。
② 廉泉，《南湖東游草》，日本藤田緑子寫本，無頁碼。
③ 大村西崖著，大村文夫編，《無記庵韻存》，私家版，1993，1頁。

在滬迎來1922年元旦之後的1月2日，大村西崖接到陳師曾自北京寄來的《文人畫之復興》中文譯稿和其所著《文人畫之價值》，以及姚華所撰序言，另外還有王夢白、陳半丁等人的畫作①。1月3日，大村西崖遠道往訪廉泉所居之小萬柳堂，"託南湖以文人畫復興論譯文印行之事"②。

至此方令人察知，大村西崖與陳師曾在京時所商議的合著"于上海刊行"之考量用意。若再結合廉泉爲兩人合著《中國文人畫之研究》所作的序言，意圖則更加明確：原來是想通過廉泉在上海中華書局刊印。

> 東京美術學校教授大村西崖居士爲余八年前舊交，此次來游，先過京師，識陳君師曾，相與論文人畫，師曾爲譯其所著《文人畫之復興》一卷，而附己作于後。陸費君伯鴻以仿宋字體合刻之，名曰《中國文人畫之研究》，率題二首，即送西崖居士東歸。廉南湖。③

"陸費君伯鴻"即中華書局創始人陸費逵（字伯鴻，1886—1941），"仿宋字體"則指由丁輔之、丁善之兄弟創製的聚珍仿宋版活字，兩人曾于上海設立聚珍仿宋印書局，廉泉的《南湖東游草》以及大村西崖的《支那繪畫小史》漢譯本均是由該聚珍仿宋印書局刊印的④。不過，在大村西崖第一次訪華的1921年，該印書局已被中華書局併購，故廉泉稱二人的《中國文人畫之研究》由"陸費君伯鴻以仿宋字體合刻之"。廉泉因與人集資創辦文明書局之故，與當時上海的印刷出版界人士，尤其是中華書局的陸費逵等人關係極爲密切，只是其文明書局因經營不善，已于1920年前併入中華書局。

想必大村西崖對清秀挺拔、古雅別致的仿宋字體十分鍾情，故與陳師曾商定，合著交由廉泉，請其斡旋在中華書局刊印。因爲在此之前，大村西崖《支那繪畫小史》曾由上海聚珍仿宋印書局刊印。後來他還請廉泉對

---

① 《西崖中國旅行日記》1922年1月2日記載："陳師曾送其所譯《文人畫之復興》與其所著《文人畫之價值》及姚崇光序文并姚重光、王夢白、陳半丁之畫來。"（107頁）

② 吉田千鶴子編，《西崖中國旅行日記》，108頁。

③ 廉泉，《題辭》，《中國文人畫之研究》，1頁。

④ 大村西崖《支那繪畫小史》，由張一鈞翻譯，出版時封面書名改爲《繪畫小史》，内頁有長井江墨書"支那繪畫小史"，底頁有"上海聚珍仿宋印書局印"，雖無明確的出版時間，但基本可以判定爲1918年刊印。

其漢譯本加以校改，以備再版。據廉泉致大村西崖書簡（1919年7月3日）可知，當時大村西崖的漢譯本《支那繪畫小史》出版後頗受歡迎，八百部很快銷售一空，而求購者仍接連不斷。"譯本八百部已一散而盡，北京知友來函索取者尚不絕，大著之聲價可知矣。"① 廉泉抱病對漢譯本做了仔細閱讀和查驗，並做了七處校勘修正意見，名曰"漢譯支那繪畫小史校勘記"，附在信中，並説明："大著譯本，今在病床校讀一遍，將誤字記出，以便再版改正。再改版時擬加圈點，于讀者尤便也。"② 遺憾的是，目前所知，改訂再版似乎没有實現。

1922年1月3日，大村西崖將自己與陳師曾兩人的文人畫論稿託付廉泉斡旋印行，其後不久的1月12日，即乘船離開上海回國。數月後的1922年5月，綫裝本《中國文人畫之研究》由上海中華書局出版發行。

這是一本印製精美的小册子，封面單邊印有"中國文人畫之研究"書名，扉頁有出自廉泉夫人吳芝瑛之手的墨書題籤，卷前有姚華撰寫的序言以及廉泉題辭。接著是陳衡恪《文人畫之價值》與大村西崖述、陳衡恪譯《文人畫之復興》。正文半頁十行，每行十八字，無標點。從篇幅來看，陳師曾之文計九頁半，約三千三百餘字，大村西崖譯文三十一頁半，約一萬一千餘字。版權頁顯示爲"民國十一年五月印刷發行"，譯述者是陳衡恪，發行和印刷者均爲中華書局。當時版權頁署名"陳衡恪譯述"，説明陳師曾不僅胸懷磊落，實事求是，也頗爲謙遜，毫無掠人之美的用心。平心而論，署名"陳師曾著譯"更爲準確。該書出版後，大村西崖所在的東京美術學校也在其校友會月報上以"新刊介紹"的形式做了報道，其中稱"陳（師曾）氏爲現代中華文人畫家之耆宿，兩氏的合著堪稱東洋文人畫復興運動之急先鋒"③。

作爲當時在中日兩國美術界頗具影響的學者，陳師曾與大村西崖面對來勢洶洶的西化大潮，以及各自國家的文人畫處境，可謂"逆風而起"。他們以自身豐富的學識和文人畫實踐，幾乎在同時期（當然時間上有先後）

---

① 戰曉梅，《致大村西崖廉泉書簡翻刻》，《美術研究》第425號，2018年7月，62頁。
② 《致大村西崖廉泉書簡翻刻》，《美術研究》第425號，63頁。
③ 《東京美術學校校友會月報》第21卷第4號，1922年9月10日發行，23頁。

撰寫了擲地有聲的文人畫論，在各自國家發表或出版。後大村西崖訪華，成爲促成兩者文人畫論聯合出版的契機。對于合著的出版，陳師曾迅速而又傳神的翻譯位居首功，同時廉泉也功不可没，另外姚華欣然作序也爲該書增添了光彩。

這部《中國文人畫之研究》堪稱現代意義上中國文人畫論開山之作，不僅有理有據地肯定文人畫之價值，倡導文人畫之精神，而且促進了學界對中國傳統繪畫的再認識和新探索，故出版後很受歡迎，一版再版，甚至在今天講述或梳理近現代繪畫史時也不得不提到它。事實證明，這部合著的出版爲兩位學者文人畫論的傳播起到了如虎添翼的效果，其短期内多次再版即明證。試想，雙方的文人畫論若無合作出版，仍停留在各自的原有狀態，恐不會有如此大的影響。

通過以上考察不妨說，陳師曾與大村西崖以微弱的時間差先後發表了基于各自境遇與立場的倡導文人畫價值的文人畫論。這既是巧合，也是兩國藝術發展進程中的必然。《中國文人畫之研究》的出版問世是在兩人相遇並密切交往過程中，看似偶然而又近于必然的結果，大而言之，則是中日文化交流的産物。從該書的結集出版始末來看，並不存在陳師曾受大村西崖文人畫論影響而撰寫《文人畫之價值》這一現象，學界一直以來的所謂"影響說"也只不過是缺乏必要證據的臆說而已。

研究綜覽

《絲綢之路上的中華文明》後記

榮新江

本書是北京大學國際漢學家研修基地主持的"中華文明傳播史"項目的組成部分，是該項目系列工作坊首批結集出版的成果。

中國文化在歐亞大陸的東端發生、發展起來，雖然相對來講地理環境較爲封閉，地理位置比較邊緣，但中國從來沒有完全閉關自守，而是從很早的時候，就與中亞、南亞、東南亞，乃至西亞、歐洲、北非有着往來與交流。然而，近代以來中國落後挨打，現代學術研究大多數都是從西歐發生、發展，有關中西文化交往的歷史最早都出自西方學者或來東方的傳教士之手，他們依據自身的學術認知體系，自然而然地從自身文化的角度來觀察中國文化，把其中與西方相似的物品與思想，用傳播論來加以解說，主張一切都來自西方，即所謂"中國文化西來說"。第二次世界大戰以後，包括中國在内的亞非國家獨立自主地得到發展，一些西方開明人士開始認識到中國文化的特性與價值，中國學者也努力發掘中國文化各方面的成就，僅僅考古學的成果，就爲今天重新認識中國文化提供了豐富的材料。

我們今天就是在這樣一個新的學術環境下來討論中國文化，特別是中國文化也同樣向外傳播的問題。因爲中國考古學的成績極爲突出，尤其在最近四十年中出土了大量的文物資料，展現了中國物質文化的種種面貌。與此同時，絲綢之路沿綫的中亞地區，也向世界考古學者開放，中國學者

作者單位：北京大學歷史學系、中國古代史研究中心

開始進入中亞地區進行考古發掘，也瞭解了此前數十年來各地出土的豐富資料，這對於我們認識國外出土的中國文物或帶有中國文化因素的文物提供了寶貴的機會。

作爲一次專題工作坊，我們首先的目標是陸上絲綢之路的考古學成果，當然也不排除與之相關的海上絲綢之路的材料。同時，我們把這次工作坊的研究時代，主要放在從漢到唐這一時段，因爲宋代以後則更多的材料出自海上的沉船，應當做專題的討論。我們這裏所講的考古資料，包括出土的文物材料和文獻材料，因爲出土的漢語文獻的研究，不論竹木簡牘還是紙本文書，都有相當豐厚的研究積累和可喜的成果，來支持我們對中國文化傳播史的探討。

基於這樣的考慮，我們在2019年11月邀請相關領域的中外專家學者聚會在北京大學國際漢學家研修基地所在的大雅堂，就"絲綢之路上的中華文明"這一廣泛範圍内的論題進行專題發表與研討。我們事先沒有給與會專家規定什麽題目，而是就自己的研究領域，選取最新的研究成果，暢所欲言。這裏既有關於新疆、中亞出土中國漆器、銅鏡等文物的討論，也有中國漢地佛教雕塑、繪畫在西域傳播的綜合研究；既涉及簡牘、文書所記有關漢唐制度、書籍、漢語詞彙的西傳問題，也關涉到文書、寫經所見紙張製作、奴隸販賣等問題；還有從學術史對絲綢之路上石刻、錢幣研究的綜述，以及中亞探險和考古新發現的概説。會後經過與會者的修訂，形成本書的基本内容。本文集雖然篇幅不長，但材料豐富，有些還是第一次發表，爲我們深入認識中國文化的向外傳播，提供了豐富多彩的材料與認知。

本書的編輯受到北大國際漢學家研修基地與商務印書館的大力支持，雖然受到新冠肺炎疫情的影響，本書的編印時間有所拖延，但我真誠感謝各位作者的理解和信任，把他們的未刊成果交給我們首次出版。我們還應當特別感謝商務印書館顧青、鄭勇兩位領導，文津分社王希主任，責任編輯程景楠女士，由於他們的努力幫助，本書得以順利出版，並且開啓了北大漢學家研修基地與商務印書館合作的新天地。

2022年2月19日于大雅堂

法文版《天之子李世民》序 *

Michel Jan　撰
李　點　譯
童　嶺　校

在經歷了數個世紀的北方遊牧民族入侵、分裂與混亂後，中原王朝在 7 世紀初至 8 世紀中葉，迎來了一段統一、強大、繁榮的無與倫比的時代。在中原王朝看來，7 世紀的"人居世界"（Oikoumené①）延伸至其周邊諸

作者簡介：Michel Jan，法國漢學家，生於 1938 年。曾服役於法國空軍，在法國國防部秘書處"中國／亞洲"部門就職，1970—1973 年任法國駐北京大使館隨員。改革開放後在中國任法國公司代表協會（法國工商會前身）主席，後在巴黎第七大學教授當代遠東史。其研究領域主要集中於遠東國際關係與中國歷史，著有《面向世界的中國》《東亞地圖集》《中國的長城》等，曾爲《孫子兵法》《吾國與吾民》《超限戰》等著作的法譯本作序，並於 2001 年獲得法蘭西學院"阿爾弗雷德 - 貝達格爾"獎（Prix Alfred-Verdaguer）。

譯者學習單位：南京大學文學院

校者單位：南京大學文學院

* C.P.Fitzgerald（1902—1992，中譯名費子智）原作 *Son of Heaven: A Biography of Li Shih-Min, Founder of the T'ang Dynasty*（以下簡稱《天之子李世民》）於 1933 年由英國劍橋出版社出版，其法譯本 *Li Che-Min: Unificateur de la Chine, 600 à 649*（《李世民：中國的統一者，600 年—649 年》）則在 1935 年由巴黎 Payot 出版社出版。2008 年，此書由 Payot & Rivages 出版社以 *Tang Taizong*（《唐太宗》）之名再版，收入 Payot 人物傳記叢書中。本文即法國漢學家 Michel Jan 爲 2008 年版撰寫的序言。

① "oikoumené"一詞的字面意思是"有人居住（的土地）"，不過事實上，創造和使用這個詞的希臘人將它的應用範圍縮小爲那些被"文明"社會佔據的土地。Arnold Toynbee, *La Grande Aventure de l'humanité*（湯因比《人類的偉大歷險》），Paris: Payot, 1977.

國：朝鮮半島、日本、西南亞的臨近國家、喜馬拉雅山另一側遥遠的印度、中亞、波斯灣沿岸區域①和西伯利亞的南部邊緣。得益於幾次斷斷續續的接觸②，它也隱約意識到地中海世界的存在。在這個世界範圍内，中原王朝伸張着它的權威與光輝。若嘗試比較並進行最簡單的估計，我們將確信中國掌控着這個範圍内 80% 的商業交換。在藝術、文學和繪畫領域，它在許多方面與我們的文藝復興旗鼓相當。幾乎没有別的時代曾表現出與其同等的宗教寬容。因而，這樣的黄金時代，在 21 世紀的中國人看來，成爲了一個值得恢復的典範。

從公元 618 年延續到 907 年的唐朝，受益於許多此前王朝採取的舉措，比較突出的是北魏與隋。但唐朝的脱胎换骨主要是李世民的傑作，他後來成爲唐太宗，於 627 年至 649 年在位。他作爲一名傑出的戰將、敏鋭的外交家和理智謹慎的政治人物出現在中國歷史的英雄之林（la galerie des héros de la Chine）中——至少這是官方史家爲我們留下的描繪與概述。

中國的史書編纂在西方歷史學家中引起了從困惑到仰慕的種種不同反應。所有人都同意，在其最漫長的文化史中，中國有着體量最大的書面記録。對於一些人來説，中國史學缺乏現代的歷史學精神；然而在另一些人看來，其中包含着令人震驚的現代科學方法。可以肯定的是，中國人從中獲得了一種特殊的歷史意識，一種主要在哲學與道德的意圖下，被儒家學派發展並延續的對過往的崇拜。在國家官方修史的基礎上，歷史在中國處於完全的政治性地位。

歷史書寫的方法由漢代大歷史學家司馬遷（公元前 145—前 87）開創。他的寫作風格是古典的，但他的信徒只延續了其形式，而並未效法其精神。緊接着，他的後繼者班固（逝於公元 92 年）以一種儒家的模式固定了由其著名前輩所呈現的典範。唐代的編年史纂修工作重啓於 7 世紀，在之後的

---

① 約五百年前，幾位來自漢朝的勇敢使者曾到達此處。譯者注：或指東漢和帝時期出使西方的甘英，參見《後漢書》卷八八，北京：中華書局，1965，2910 頁。

② F. Hirth, *China and the Roman Orient*（直譯爲《中國與東方傳奇》），Shanghai&Hong Kong: Kelly& Wah, 1885. 譯者注：此書有朱傑勤中譯本《大秦國全録》，1964 年由商務印書館出版，2009 年由大象出版社再版。

幾個世紀中，這些材料作爲政府工作的重要組成部分，被工作人員週期性地送交朝廷。直到西方的影響到來，中國才出現試圖打破千年來歷史傳統的批判性方法與非同尋常的嘗試。這種來自外國的影響長久以來都有待證實，因爲歷史比以往任何時候更是一個屬於中央權力的敏感領域。對於通往歷史禁區的道路，對異於官方教條的未來設想，禁令一直都是嚴厲的。

這種關於歷史所扮演角色的傳統認知，很大程度上説明了現代歷史學家在重構一篇傳記時所面臨的困難，尤其是當涉及唐太宗這種體量的人物之時。費子智（1902—1992）意識到要避免官方歷史編纂中暗藏的危險，故他將這些因素從必不可少的中國史源——首先是11世紀宋人司馬光（1019—1086）所作的《資治通鑑》，譯爲《服務於領袖的普遍的歷史之鏡》（Miroir universel de l'histoire pour servir aux dirigeants）①中——抽離出來。毋庸置疑，這樣一部同時代最偉大而著名的歷史作品的影響是十分深遠的。司馬光不僅是歷史學家，同樣也是保守派的領袖。在他的改革派對手王安石一次失敗的政治社會現代化嘗試後，司馬光代替其成爲宰相。作爲效忠於國家的保守派與儒家知識分子的典範，司馬光一直是受人仰慕的歷史學家，在此後的多個世紀中爲人所仰慕和效仿。

《資治通鑑》曾是毛澤東最喜愛的古典作品之一，這個事實頗爲有趣②。毛澤東似乎曾在共產主義革命時期從中提取出了歷史啓示的精髓，仿佛他從這部帝國官僚的古老政治指南中找到了中國歷史連貫性的秘密。

在20世紀60年代利用歷史先例的另一個例子也同樣值得一提。這件事可以追溯到1962年，涉及當時宣傳部長陸定一組織編寫的一部著作③，該書主要圍繞唐太宗的大臣，在本傳記④中被提及頗多的魏徵。魏徵曾經多次大膽地批評唐朝皇帝的施政，但這位皇帝氣度寬宏，不以爲忤，還擁有着鼓勵他糾正自己某些錯誤的智慧。正如現在仍然經常發生的那樣，回顧這樣的歷史先例，有助於處理當時高層面臨的棘手問題。

---

① 譯者注：此爲作者翻譯的《資治通鑑》法文名稱。
② Simon Leys, *Les Habit neufs du président Mao*, Paris: Champ Libre, 1971.
③ 譯者注：即趙武譯注，《魏徵傳》，北京：中華書局，1962。
④ 譯者注：即費子智《天之子李世民》一書。

這部由費子智創作的傳記，主要依據中文資料詳盡地描繪了李世民奪取與鞏固權力的人生階段，在此期間，他展現出了作爲名將的卓越素質。在傳記文本的背後，來自孫子的古典戰略傳統出現在這位未來皇帝領導的戰役中，以至於 7 世紀初李世民贏得的那些戰鬥，依舊作爲例子出現在中國當代專著中。這種模範作用還延伸到了從經濟學到外交學的更多領域。一些當代作者①同樣闡明了李世民的説法："以奇爲正者，敵意其奇，則吾正擊之；以正爲奇者，敵意其正，則吾奇擊之。"②"奇正"的原則，作爲古典謀略中使用的重要的戰爭概念，指的是由孫子構建的"奇"與"正"這一對詞語，其要求使用間接（非同尋常、出人意料的）或直接的戰術與方法③。帶有傳奇色彩的在渭水橋樑上的對峙，正是一個絕佳的例證④。值得懷疑的是，西方的統帥在戰場上，是否會對這部專著中描述的"奇"感興趣。不過，超越那些習以爲常的軍事限制，在今日被我們稱作"非對稱作戰"（asymétriques）⑤的環境之下，情況就不一樣了，因爲我們在這些古老的實踐中，看到了現代戰術的影子。

　　在整個 7 世紀和 8 世紀初年，這個新王朝的第一批君主們恢復了帝國古老的榮耀，甚至爲帝國帶來了前所未有的光輝。長安（今天的西安）的朝廷派出軍隊，在收復傳統漢地省份的基礎上，還重新征服了西域及中亞、朝鮮半島，以及稍晚一些，中南半島的一部分，重新掌控了漢朝末年（3 世紀）以來失去的疆土。翻越喜馬拉雅山與天山，爲了對抗擴張中的阿拉伯

---

① 喬良、王湘穗著，《超限戰》，北京：解放軍文藝出版社，2000。由 Hervé Denès 翻譯爲法文，Michel Jan 作序，Paris: Rivages，2000。

② Hervé Denès 譯《超限戰》。譯者注：此段出自《李衛公問對》，爲李世民對李靖所言。參見吳如嵩、王顯臣校注，《李衛公問對校注》，北京：中華書局，2016，43 頁。

③ *L'art de la guerre* de Sunzi et *L'art de la guerre* de Sun Bin（《孫子兵法與孫臏兵法》），Paris: Rivages Poche, 2004.

④ 譯者注：指 626 年李世民在渭水上與突厥頡利可汗的談判，參見費子智著，童嶺譯，《天之子李世民：唐王朝的奠基者》，北京：社會科學文獻出版社，2022，147 頁。

⑤ 譯者注：此概念於 1997 年由美國國防部提出，指的是軍力弱者對上强者的戰爭中，取勝或達成戰鬥目標的方式。《解放軍報》2019 年 1 月 8 日《非對稱作戰要會打》一文也指出，2500 多年前《孫子兵法》提出的"以正合，以奇勝"等觀點中蘊含着豐富的非對稱思想。作於 2008 年的此文是較早將"奇正"觀念與"非對稱作戰"相聯繫的嘗試。

帝國而一直延伸到撒馬爾罕的遠征，增添了中國權勢的光芒。

被儒家歷史學家如此強調的唐太宗的典範性，也同樣延伸到了文化領域。在許多方面，唐太宗都是藝術與文學的保護人。值得一提的是，有兩件事勾勒出了他的一生。在他奪取並鞏固權力的最初歲月中，在621年攻下洛陽後，李世民獲得了隋代舊都府庫的藏書，並將超過八萬卷[①]書籍通過水路運送到長安。這些書籍主要包括經典文本與佛道兩教典籍，它們構成了新皇家圖書館的第一批藏書。另一件事發生在唐太宗去世的649年，即文學館的開設[②]。皇帝自己也是一位詩人，他的69篇作品被收入清代18世紀出版的《全唐詩》[③]。很明顯，這一代文人的精神狀態深受國家統一、秩序革新和社會繁榮的影響。唐朝初年的經典作家尚未擁有下一個世紀作家們的天賦，但在唐太宗的統治下，那種銳氣、衝勁和社會環境，都爲唐玄宗統治下的中國古詩黃金時代鋪平了道路，後者是唐代另一位偉大的君主，於713—755年在位[④]。

唐太宗統治期間還出現了另一個值得注意的現象，即雕版印刷術的使用與初期推廣，其在數個世紀間在中亞直到地中海諸國的方向上輸出了重要影響。最古老的拓印實物發現於敦煌，它是一篇唐太宗創作的銘文，可

---

① 譯者注：《隋書·經籍志》載："大唐武德五年，克平僞鄭，盡收其圖書及古跡焉。命司農少卿宋遵貴載之以船，泝河西上，將致京師。行經底柱，多被漂没，其所存者，十不一二。其目録亦爲所漸濡，時有殘缺。今考見存，分爲四部，合條爲一萬四千四百六十六部，有八萬九千六百六十六卷。"則李世民克洛陽時所獲藏書當遠不止八萬餘卷。參見《隋書》卷三二，北京：中華書局，1973，908頁。

② 譯者注：李世民開文學館應在武德四年（621），作者此處有誤。參見《舊唐書》卷二，北京：中華書局，1975，28頁。

③ 唐太宗的《首春》詩："寒隨窮律變，春逐鳥聲開。初風飄帶柳，晚雪間花梅。碧林青舊竹，緑沼翠新苔。芝田初鴈去，綺樹巧鶯來。" G.Margouliès, *Anthologie raisonnée de la littérature chinoise*（《中國文學精選》），Paris: Payot, 1948。譯者注：G.Margouliès在書中將《首春》譯爲法文，這是筆者所見李世民詩歌最早的法語譯介。其譯文大致準確，第四句在"早雪"與"晚雪"的異文中選擇了後者，只是"逐""間"等動詞没有明確譯出。原詩參見周勛初等主編，《全唐五代詩》第一册，西安：陝西人民出版社，2014，320頁。

④ 譯者注：事實上在756年唐肅宗即位後，唐玄宗才被尊爲太上皇。

以追溯到 654 年（唐太宗去世後五年）①。不過，學者們一致認爲，首批大規模的印刷在幾年前就已經開始了②，遠早於印刷術在 10 世紀真正的突飛猛進。

在李世民的掌控下，新興的唐朝很快將領土擴展至中亞。這是一個真正開放的、與其他文明密切接觸的時代，但這種開放處於帝國權威的掌控之下。同時，在沒有許可的情況下離開帝國是被嚴厲禁止的。最生動的例子便是佛教高僧玄奘在危險之中的秘密出境，他於 629 年離開中國前往印度。在 645 年回到中國後，他在敦煌向唐太宗上書請求原諒，因爲他十六年前正是在此地違反了邊界規定③。都城長安沉浸於歡樂之中，沸騰的人群爲玄奘接風洗塵，皇帝熱情地迎接並原諒了他。皇帝請他爲自己講述這段旅程並授予他高官厚祿④，但這位朝聖者選擇了投入自己十九年的時光，在僧人和秘書工（secrétaires）的幫助下專心翻譯他帶回的佛經（75 部最重要的佛教專著）。這件事還不足以説明當時對宗教的極大寬容，而這種寬容正是唐太宗和緊接着他的後繼者們統治中的另一個重大特點。李世民將自己視爲老子的後人，因而喜好道教，同時他也接受了儒教，對儒家經典，尤其對那些支撐着帝國的孔子之教誨與原則喜愛有加。他還善意地接受了許多全新的信仰，長安的宮廷接納了第一批基督教傳教士和聶斯托利派教徒⑤，爲波斯王子和他的祆教祭司們提供庇護，還迎來了許多穆斯林。然而也正是在這個時期，通過與印度的交流，佛教在中國迎來了它的頂點。中國佛教徒作爲翻譯與

---

① 譯者注：此件應指唐太宗《溫泉銘》拓片，原藏敦煌藏經洞，1908 年爲伯希和取走，後歸巴黎國立圖書館。其紙尾有墨題一行，曰："永徽四年八月三十日圍谷府果毅見（下缺）"，則此片應拓于永徽四年（653）前。錄文參見羅振玉，《羅雪堂先生全集・三編》六册，台北：大通書局，1970，2125—2127 頁。

② 譯者注：關於初唐印刷術的發展，可參見 T.H. Barrett, *The Woman Who Discovered Printing*, New Haven&London: Yale University Press, 2008。

③ 譯者注：玄奘去程並未經過敦煌，而是在瓜州出境。參見慧立、彥悰著，孫毓棠、謝方點校，《大慈恩寺三藏法師傳》卷一，北京：中華書局，2000，12—13 頁。

④ 譯者注：唐太宗接見玄奘並詢問西域情況之事，實發生於洛陽。參見《大慈恩寺三藏法師傳》卷六，126—130 頁。

⑤ 譯者注：基督教聶斯托利派即所謂"景教"，於貞觀間傳入中國，西安碑林博物館藏有《大秦景教流行中國碑》。

教義領域的創新者全面地介入社會、藝術和政治諸領域，很大程度上參與了中國對其邊界地帶的影響輻射。

一些中國學者曾用北方征服者新鮮血液的注入，來説明中華民族歷史上生命活力的周期性更新現象①。唐朝幾乎正處於其中一個循環的發端，這個循環由短暫的隋朝開啓。李世民的家族發源於帝國邊界，帶有突厥系遊牧民族的血統，而某些家族成員則有着不同的起源。許多來自中亞之人在宫廷中身居高位。面向西方的通道使得唐朝與遥遠的地區取得聯繫，其中經濟與宗教關係最爲活躍。在已失去存在意義的長城之外的遠方，那些一直延伸到天山脚下的烽燧控制着沙漠商隊的通行，商隊中不僅有聖物與聖書，還運送着中亞甚至地中海世界的珍奇與奢侈品。馬球、舞伎、音樂和新的樂器深深吸引着唐朝的宫廷。在西域及中亞的那些部落小國中，來自世界各地的人們使用着多種多樣的語言。這個時代留給了我們許多精美的隨葬雕像，包括易碎的樂俑、舞俑和胡商俑。那些被李世民指揮或派遣的空前絶後的大軍穿越甘肅，爲詩人的世代開闢了道路，而詩人的筆下則傾訴着遠戍邊疆的艱難困苦。

人們一致認同唐太宗是"模範的儒家君主"（prince confucéen modèle），他的事業遺澤千古，特別是由於他明智而富於遠見的管理，中國在接下來的幾個世紀中長期維持着統一。費子智用對唐太宗性格的一段微妙評判收束這部傳記。那些對朝廷中、家族内和皇帝近臣圈子中的陰謀詭計見怪不怪的讀者，會覺得最後的評論更有趣味。此章②篇幅不長，包含了對一個民族及其領導者們品質的讚揚，尤其是對他們政治上的靈活變通、錯綜複雜的陰謀藝術和對他人的合理利用。這些品質，正是這位唐朝的創始人所缺乏的。根據費子智的説法，李世民在政治方面似乎很淡漠，他直到很晚才認識到，偽善不僅不可避免，而且彌足珍貴，值得稱讚。唐太宗

---

① 譯者注：此處應指陳寅恪在《李唐氏族之推測後記》中的著名論斷："則李唐一族之所以崛興，蓋取塞外野蠻精悍之血，注入中原文化頹廢之軀，舊染既除，新機重啓，擴大恢張，遂能別創空前之世局。"參見陳寅恪，《金明館叢稿二編》，上海：生活・讀書・新知三聯書店，2015，344頁。

② 譯者注：英文原版與中譯本中，《李世民的性格》一章爲全書中間的"插曲"，而法譯本中此章被置於末尾。

的心中缺少一個馬基雅維利，後者是文藝復興時期的思想家。

　　唐太宗的這部傳記值得再版。唐太宗的統治作爲中國漫長歷史中的一個短暫樂章，深刻地影響了中國的制度，使得中國在接下來的幾個世紀中保持了國家統一。然而，這樣的烙印也使得中華文明長期維持在古老的狀態。古代的模範人物强化了對過去的敬意，延續的保守主義顯得與進步的概念格格不入。

古代詩歌研究中的問題本位意識
—— 葛曉音先生《唐詩流變論要》中的方法與啓示

蔡丹君

古代詩歌研究有它的特殊性，它不僅要求研究者受到良好的學術訓練，也要求研究者對詩歌本身有良好的感悟力，能從中創造性地發現可以探討的問題。在古代詩歌四言、五言、七言或者其他短小的句式裏，安放着詩人深邃的思想和複雜的情感；能否超越古今之間漫長的時空距離，在有依據的前提下，將它的價值儘可能地闡讀出來，十分有賴研究者的思考。於是，詩歌研究對研究主體的藝術領悟力和思想創造力提出了極高的要求。閱讀詩歌原典，是詩歌研究的起點。但是在這個共同起點之上，研究者總會遇到各自的難題。更何況，這其中還潛藏了一組矛盾：如果説所有的研究能力都能在後天獲得，那麼詩歌研究者則反而需要逃離學術訓練的僵硬規訓，去挖掘自己被遮蔽起來的悟性與天賦，也即達到"詩性"與"理性"的完美結合[①]。在詩歌研究中，能夠焕發永恒生命力的，絕非炫目的理論，也非缺少依據的推測，而是關於詩歌審美、情感與思想的深度認知，而這種認知往往是在一個個問題的解決過程中點滴凝聚，來之不易。

那麼，詩歌研究的獨創性究竟如何才能獲得？品讀葛曉音先生的著作

作者單位：中國人民大學文學院

① 葛曉音，《詩性與理性的完美結合——林庚先生的古代文學研究》，《文學遺産》2000年1期，120—131頁。

《唐詩流變論要》[1]，或許可以回答這個問題。這部著作，是由她從40年的學術生涯中發表的100多篇文章中精選出的14篇論文匯結而成，是葛曉音先生對過去研究的回顧與總結，其中所蘊含的研究方法與理論啓示，十分值得回味和思考。

一、詩之原始：問題從何而來？

《唐詩流變論要》將14篇文章按照它們所探討的問題屬性分成了兩類。上編7篇，有關詩歌形式的流變軌迹和詩學觀念的産生及發展，主要探討的是詩歌發展的内部動因；而下編7篇，則是討論影響詩歌發展的社會、歷史因素，涵蓋了更爲豐富的方面，分別從思想史、科舉研究、士人研究等多個層面來分析社會與歷史對詩歌發展進程的影響，是非常有價值的研究成果。"那麽什麽是有學術價值的成果？簡單地説，凡是提出和解決了某一方面的問題，使同時和後來的研究者在研究同類問題時必須參考你的觀點，這就有學術價值。"[2] 價值的實現，建立在問題的找尋與求索之上。葛曉音先生奉"追問"和"思考"爲學術自由獨立之精神的根本。她是這樣理解學術工作的："學術研究的目的在於發現問題，解決問題。以最大的耐心和細心閲讀原始文獻，發掘材料之間的内在聯繫，從切切實實的感悟中提煉出創見，使每一個結論經得起時間的考驗，是治學的根本。"[3]《唐詩流變論要》最珍貴之處在於，它最爲直接地呈現了"問題從何而來"，該如何"追尋那一切的開始之開始"[4]。

讀詩，是葛曉音先生詩歌研究的起點。她曾說："學術研究和文學創作一樣，有第一義的，它應該是一空依傍，有高度的獨創性。不依傍他人不是説不看前人研究成果，而是指研究者在提出新問題或是解決歷史懸案時，有自己獨到的思路、角度和方法，他的觀點不是從别人那裏借來的，

---

[1] 葛曉音，《唐詩流變論要》，北京：商務印書館，2017。
[2] 葛曉音，《學術自信和價值判斷》，《文學遺産》2013年6期，140頁。
[3][4] 李鵬飛，《追尋那一切的開始之開始——葛曉音教授古典文學研究的成就及其方法》，《文學評論》2016年4期，179頁、171頁。

或者是受什麽流行思潮的啓發。而完全是通過自己鑽研原始材料發現的"①,"發現不了新問題,研究就没有辦法推進。這些都要靠尋找文本内部的聯繫來解决"②。

　　詩歌的理性分析,有别於詩歌鑑賞。二者有一定聯繫,但區别也很明顯。前者是基於理性的詩歌思想、語言考察,始終堅持以問題爲導向,需要研究者超越個人喜好。而後者是對共鳴式審美印象的推求,是以讀詩者個人的情感爲中心的。詩歌研究不限於對詩歌藝術的體驗和理解,而是要發現詩歌中所藴藏的相關問題。對於詩歌藝術的把握,前者則要超越一般規律,後者只是基於感性認識。從事詩歌研究,需要開拓思路,去尋找並解决問題。葛先生嚴格區分了詩歌研究的個性化與個人化兩種不同的路徑。她説:"我理解詩歌,也希望能够探索到原理這個層面,因爲感受和體驗是朦朧的、個人化的,一定要加以提煉、總結。"③這種提煉和總結,其實就是將詩歌研究從個人主觀層面提升到理性層面。

　　《唐詩流變論要》既善於發現詩歌之美④,也非常擅長理性分析這些詩歌。例如,她分析謝朓的《懷故人》時説:"除了'清風動簾夜,孤月照窗時',全爲平易流暢的散句,句意頗似漢魏,却别有一種清綺流逸之氣,不如漢魏樸厚,陳祚明認爲就壞在這一對偶句,因其思致頗巧,句法也像近體。"這樣的分析是爲了説明"齊梁古詩中多見巧思,不像元嘉體之前的古詩那麽平直。"⑤爲了讓問題的展開没有偏漏,她會"全景式"分析所有涉及的詩歌,而非僅做抽樣式的調查。她分析詩歌的語句總是十分凝練、乾脆,絶無大量粘貼材料之舉。一些短小的概括之語,應是來自很長時間的揣摩。

　　葛曉音先生總是通過不斷追問,讓一個問題引發出另一個問題。1985年,在寫《初盛唐詩歌革新的基本特徵》之前,她本來是對文學史所説盛

---

　　① 葛曉音,《學術自信和價值判斷》,《文學遺産》2013年6期,140頁。
　　②③ 劉寧,《探索古典文學的内在之理——葛曉音教授訪談録》,《文藝研究》2016年1期,80頁、79頁。
　　④ 李鵬飛,《發現古詩美的奥秘——讀葛曉音的〈唐詩流變論要〉》,《光明日報》2017年12月19日,16版。
　　⑤ 葛曉音,《南朝五言詩體調的"古""近"之變》,《唐詩流變論要》,17頁。

唐的詩歌革新就是陳子昂、李白宣導的這一觀點，產生了追問。她一直在想，陳子昂和李白之間，究竟有什麽關係呢？陳子昂究竟有多少影響力，人們就都跟着他提倡漢魏了呢？爲此，她先是上溯到張説和張九齡的作用，寫成了這篇關於初唐詩歌革新的文章。之後，她仍然没有放棄深入鑽研陳、李關係，後來從《全唐文》裏發現了盛唐强調"禮樂革新"，經研究得到結論：李白提出"大雅正聲"可能更多是從時代的潮流裏吸收來的。這篇論文在唐詩研究上是範式之作，被認爲"將唐詩研究和唐代文學思想的研究推向一個新高度"①。經過這番窮寇之追，又讓她獲得了《盛唐文儒的形成和復古思潮的濫觴》的構思。她説："那時没有電子搜索，只能一篇篇看，發現'文儒'是盛唐推崇的新的人才標準，於是下決心考察文儒爲什麽重視禮樂雅頌的問題。我想李白提倡'大雅正聲'應該和這有關，而不是從陳子昂來的。這樣，就把這個難點基本上解决了。"②如今電子文獻取用方便，但是也帶來一些負面影響，人們對材料本身的咂摸已經是大不如前。葛先生提出的"一篇篇看"，正可以針對如今快速瀏覽文章而發現不了問題的症候。因爲，只有對文本細讀到極致，才能發現前人研究所遺漏的那些深刻、細緻的層面。

葛曉音先生認爲，詩歌史上的主流現象是研究者需要下大力氣去關注的，不能因爲學術史上那些主流的問題已經被討論得相對頻繁，就望而生畏、止步不前。葛先生曾憂慮地指出目前主流文學現象的研究突破不大，"特別是大作家，八九十年代我們還是有過一些比較深入研究的，但本世紀以來，關注的人少了。如李白、杜甫，很多人覺得前人研究已很充分，似乎没什麽好研究的，就不敢去碰"③。《唐詩流變論要》討論的都是詩歌研究的主流問題。南朝五言詩、陳子昂、初盛唐絶句、七言歌行、類書、杜甫、劉長卿、山水詩、晉宋詩風、齊梁詩、干謁、文儒等，都是文學史上十分重要的命題和概念。這些相關篇章，往往時間跨越大、問題涉及多，有時

---

① 宋緒連，《探求古代詩歌革新的歷史軌迹——葛曉音古典文學研究舉隅》，《遼寧大學學報》1987 年 6 期，6 頁。

② 劉寧，《探索古典文學的内在之理——葛曉音教授訪談録》，《文藝研究》2016 年 1 期，83 頁。

③ 葛曉音，《關於未來十年的三點想法》，《古代文學前沿與評論》2018 年 1 輯，15 頁。

候一篇文章中幾乎囊括了對一個時代全部重要作家和作品的討論。這樣的論述，達到了宏觀與微觀的和諧統一。這種統一是來之不易的，所有論據材料的積累需要很長的時日，才能獲得對一種文學現象的深透認識。

書中的多篇文章涉及了詩歌發展的演變。當人們習慣於用大的歷史區塊來分割文學史時，文學史內部的微妙變化，則陷於受到忽略的狀態。所以，從研究詩歌本身出發，來探求詩歌發展內部的變化，是葛曉音先生研究的基本觀念之一。她對於文學史上的新變，常從三個方面來分析：突變節點、轉變背景、創作演變。這種聯繫前後時代的能力，必然建立在通讀一個時代的詩歌作品基礎上，並不存在捷徑。《唐詩流變論要》中的《陳子昂與初唐五言詩古、律體調的界分——兼論明清詩論中的"唐無五古"說》就是將這個時代所有的詩歌作品都放在同一個視野之中仔細揣摩所得出的宏大篇章。

以上提到的研究態度和立場，葛曉音先生早年在陳貽焮先生門下求學時就已經形成。那時候每兩周交給陳先生一次的讀書報告，是一種學術創造力培養和實踐①。在從事教育工作的幾十年中，葛先生也非常注重挖掘和保護學生的學術創造力，鼓勵學生讀原典，積聚點滴發現。筆者曾在碩士期間、博士期間選修葛曉音先生的三門詩歌課程，所上交的多份日常作業，也曾經獲得過密密麻麻的批語。那些批語，端正嚴肅，直切問題所在，鼓勵、溫暖着學子之心。

二、詩之內外：學理追求與方法探索

學理的探索是《唐詩流變論要》着重展現的內容之一。葛曉音先生曾這樣自陳："我是希望對古代詩學做學理性的把握。"②她發現，雖然歷代詩論都十分關注先秦至漢魏六朝時中國古典詩歌體式的發生和形成，但是，

---

① 葛曉音，《難忘恩師，永記師訓》，《陳貽焮先生紀念文集》，北京：北京大學出版社，2002，209頁。

② 劉寧，《探索古典文學的內在之理——葛曉音教授訪談錄》，《文藝研究》2016年1期，79頁。

古人的評論大都是印象式的，今人的研究又大都停留在形式規則方面的闡述，少見原理的探討。因此，近十多年來，她"開始從各體詩歌的源頭做起，主要目標是從語言變化、節奏提煉、詩行安排、篇體結構、表現方式等多種角度說明各種體式的生成途徑、發展過程和創作原理"①。

因此，葛曉音先生特別關注詩格、詩話和各種形式的詩學理論，並且將這些理論置放在具體的詩歌創作實踐中加以核驗。她所使用的詩學概念，多從唐宋元明清至民國以來的詩學論著中提煉而來。她說："古代詩論中的體式研究傳統，爲當代研究提供了豐富的理論資源，我是在詩體研究逐漸深入的過程中對《文心雕龍》的文體論有了比較切實的體會。許學夷的《詩源辯體》、胡應麟的《詩藪》我也非常重視，經常思考比較其中的論點。只不過我的角度是希望結合詩歌創作實踐的具體分析，對這些著作的論點有所判斷，並以現代的學術思維給予解釋。"②她曾舉例說："對詩歌，要追求到原理是什麼，例如我曾思考杜甫五律的'獨造'和'勝場'，因爲看到明清詩話裏都強調杜的'獨造'，那麼杜甫的獨造在哪裏呢？許多詩家喜歡說杜甫的五律最能體現'集大成'，但是'集大成'不是'獨造'。葉燮舉杜甫五律的例子，主張詩歌要表現不可施見之事、不可名言之理，這給我很大啓發。"③《南朝五言詩體調的"古""近"之變》的開篇，她這樣提出問題："歷代詩論評述南朝五言詩，往往強調這是一個'由古入律'的過渡階段，並以'古意漸漓'概括齊梁詩，'古調絶矣'概括陳隋詩。這種感覺大體是不錯的。但是南朝五言詩的古意和近調之間的交替經歷了怎樣的漸變過程？有什麼具體的創作特徵？"④爲了解決這個問題，全文從五言詩的結構特徵、表現方式去考察"體"的變化，由此說明從唐人到明清人所說的古調和近調在風貌、聲情、標格等方面形成差異的原理。在談及晉宋古調特徵時，文章主要落實在討論"體語俱俳"一語上，通過分析不同時期詩歌的語詞和句式，來探討這一時期詩歌保留古調的特徵⑤。

---

①②③ 劉寧，《探索古典文學的内在之理——葛曉音教授訪談録》，《文藝研究》2016年1期，76頁、77頁、83頁。

④ 葛曉音，《唐詩流變論要》，3頁。

⑤ 葛曉音，《唐詩流變論要》，8頁。

在討論陳子昂與初唐五古、五律之區分時，葛曉音先生引用了明代李攀龍的觀點："唐無五言古詩，而有其古詩。陳子昂以其古詩爲古詩，弗取也。"①而且，對於前人觀點，並不執著於對其進行批判，而是去看到爲何會生成這樣的觀點。她說："批判（李攀龍）這一爭訟的性質和是非，僅僅停留於復古和反復古的層面是不夠的，而是應當深入到爭論本身所包含的中國詩歌創作的傳統和原理中去，對陳子昂效仿漢魏古詩在界分初唐五言古、律體調方面的作法細加辨析，研究唐代五古風貌的形成與陳子昂及其同時代詩人的復古徑路究竟有何關係。"②這樣的問題探尋方式，深入到了理論與創作的肌理之中，是值得深刻借鑑的。

葛曉音先生面向中國古典詩學傳統時，條分縷析，博觀約取，將那些紛繁意見的層次全部剖析開來，以此來推出一個個的新問題。她探討南朝究竟有無古近之分時，將前人意見作了深刻分析和歸類，認爲前人有兩種意見，一種認爲沈謝之後，由古入律，全爲齊梁格，至陳子昂才分出古近，此說以馮班爲代表（見馮班《鈍吟雜錄》卷五載）；還有一種認爲南朝古詩尚有一脈相承。"如吳喬、王夫之、施補華、沈德潛等，都認爲江淹、梁武帝詩是太康元嘉舊體，謝朓、何遜等能略存古體，其他詩人的作品中也有一些能得古意者"③，並在此處引用了陳祚明的意見。基於這樣全面滲透的前人研究考察，葛先生推出一連串的問題："那麼，南朝五言古詩究竟有何體調特徵？與太康元嘉舊體有何關係？新體詩除了四聲八病以外還有哪些創作原理使之形成人們所批評的近調？辨明這些問題，或許就能初步把握古、近體風神變換中的'至理'。"④從這裏可以看到，古、近變換，是一個有着極其漫長討論史的問題，它曾經深受中國傳統詩學研究者的注目，是一個十分關鍵的問題。而由這個問題出發，又可以觸及它內部的多個層次，包括南朝五古的特徵爲何，和太康元嘉舊體的關係，乃至還有其他新體在創作上的問題等。葛先生常從歷代詩論尤其是明清詩學中梳理問題，獲得

---

①②　葛曉音，《陳子昂與初唐五言詩古、律體調的界分——兼論明清詩論中的"唐無五古"說》，《唐詩流變論要》，31頁。
③　葛曉音，《南朝五言詩體調的"古""近"之變》，《唐詩流變論要》，5頁。
④　葛曉音，《南朝五言詩體調的"古""近"之變》，《唐詩流變論要》，4—5頁。

啓發，這是值得後學學習的。明清詩學的確爲後人留下了豐富的概念遺產，但是也有太多語焉不詳之處。今後如果能够對歷代詩論進行更爲細緻的咀嚼，應該能從中找到更多可以突破之處。

詩歌研究中的很多概念，在宋代詩話就已經形成，至今仍被沿用。對於這些概念，不應不假思索地加以接受，還需要進一步的"較真"，多問幾個"爲什麽"。葛曉音先生的詩歌研究多基於對詩學概念進行語境還原，然後結合詩歌本身的體式特性，來重新認識這些歷史上的詩學概念。例如《論杜甫七律"變格"的原理和意義——從明詩論的七言詩律取向說起》一文，是回到明代詩學的歷史場景中來重新討論杜甫七律何以被視爲"變格"。她認爲，前人稱杜甫的七律爲"變格"，是一種印象式的籠統表述，不能概括杜甫的全部詩作，變格所指的變化，也只是反映在他後期的作品中。杜甫傳世的151首七律，大多仍然是遵循着盛唐已經成型的七律創作傳統的。但是，他也在七律傳統作法的基礎上探索了多種構思和表現方式。明代詩論中關於七言律的取向之爭，反映了盛唐派對七律發展中正與變的不同認識。杜甫七律之所以被明清人視爲"變格"，其深層原因在於杜甫探索七律體式原理和發掘其表現潛力的自覺意識[1]。

關於如何把握詩歌研究之"學理"，葛曉音先生建議採用多元的方法和包容的態度。在她所師法的前輩中，林庚先生在《問路集》《唐詩綜論》中對詩歌語言、節奏、格律、表現特點進行討論，涉及詩歌原理的很多思考，而林先生的學術研究深深受到西方詩學的影響；松浦友久先生既懂東方詩學，懂其中的難點和懸案，又能利用西方詩學，是希望解釋這些難點和懸案。葛先生說："他們兩位對我的體式研究影響最直接。有的學界朋友說，我的研究接近西方的詩學分析，覺得我對體式的分析，能把西方的學理和傳統研究結合起來。"[2]松浦友久先生寫過《中國詩歌原理》《節奏的美學》等，專力討論中國古典詩的各類詩型及其表現功能。其中對漢語語音特點的分析，十分精到，例如對"休音"現象的發現，是重新認識中國古代詩

---

[1] 葛曉音，《唐詩流變論要》，168頁。
[2] 劉寧，《探索古典文學的内在之理——葛曉音教授訪談錄》，《文藝研究》2016年1期，79頁。

歌的一個切入口①。西方文論的方法,融匯在她的研究中,化爲豐富的思考角度。她關注所謂的"常識",實則是認爲一切"常識"皆爲問題,這應該是受到她所引用的德國美學家漢斯·羅伯特·姚斯(Hans Robert Jauss)的影響,他曾提倡要關注那些"人們早已知曉,却從未重視過的舊領域"②。在方法的探索過程中,她也不忘强調,方法只是路徑,而問題才始終是研究的核心③。

　　葛曉音先生對待詩歌作品,是將語言學方法與詩學理論妥善結合起來,沿此路徑得出可靠的、高度總結性的結論。文學首先是語言產品,因此所有的內容,首先呈現的是一個語言成果。所以,葛先生經常從語言學的層面,來把握作品的内在結構和聯繫,去挖掘詩歌作品本身富含的詩學資源。劉寧先生對此曾概括説:"葛曉音的體式研究是以句式節奏和篇體結構爲核心所展開的對詩歌體裁藝術規範的探究,她充分關注到語言學對這一課題的積極影響,但並不簡單搬用語言學的方法,而是從影響語言詩化的關鍵因素出發,尋找恰切的觀察視角。"④

　　葛曉音先生也重視採用史學研究的方法。在對待史料時,葛曉音先生十分注重抓住細節,來推究歷史人物的關係,以及發現歷史環境中對詩學産生影響的那些要素。《論初唐文人的干謁方式》這篇文章,是針對初唐取士舉人的觀念變化、禮賢風氣在盛唐的形成,以及初、盛唐文人的干謁方式和精神狀態等方面所做的探索,進而再將這一關係引入到考察盛唐詩歌風貌。爲此,葛曉音先生在文章中對初唐科舉考試制度進行了深入的考察。她通過全面分析當時的科舉士人,得出結論:武則天雖然改變了唐初取士的一些避忌,開創了大規模的薦士,但是中宗的時候這種情況又發展到了反面。

---

　　① 葛曉音,《關於詩型與節奏的研究——松浦友久教授訪談録》,《文學遺産》2002年4期,131頁。
　　② 葛曉音,《創作範式的提倡和初盛唐詩的普及——從李嶠百詠談起》,《唐詩流變論要》,63頁。
　　③ 劉寧,《探索古典文學的內在之理——葛曉音教授訪談録》,《文藝研究》2016年1期,80頁。
　　④ 劉寧,《沉潛開拓 神超獨游——葛曉音先生的古典文學研究》,《天中學刊》2012年4期,10頁。

睿宗和玄宗在繼承武氏放手從寒庶中選拔人才的基本政策的同時，又對選舉加以治理，爲開元年間朝野上下帶來了崇尚賢能、奉公推舉的政治空氣。文章對於唐代文人在科舉考試的不同階段中的干謁，都作了十分詳細的分析。干謁詩雖然來自干謁行爲，却在開明的政治空氣之下，没有絲毫的阿諛之氣，反而有着貞剛之節操、寬廣之度量。干謁詩雖然在唐詩中只占很小比例，但是，平交王侯、傲視權貴的盛唐詩歌風骨即從此出，因此是值得重視的。從一個歷史現象推究到一種詩歌精神的誕生，葛先生的筆觸平暢自然，邏輯清晰，調動史料遊刃有餘，真正實現了對盛唐時代詩歌精神的理性透視①。再比如，《盛唐"文儒"的形成與復古思潮的濫觴》同樣是以史學思維爲路徑，進入到盛唐詩人所處的文化環境和文化教育機制中對之進行考察，繼而探究到當時文風變化的根源②。

　　文學的發展雖然具有相對獨立性，但是它也離不開社會土壤、歷史條件和思想環境；只有學科交叉才能够碰觸出更多精彩的問題。葛先生以實事求是的態度面對詩歌發展的進程，不曾忽略那些影響了詩歌的歷史因素。而在這類問題的探尋過程中，葛先生又没有失去自己的方向，那就是，無論採用什麽樣的方法和角度，最終都是爲了探索古代詩歌形成與發展的規律。

三、開拓詩歌研究的問題空間

　　《唐詩流變論要》具有學術研究的範式意義，在幾個較大的詩歌領域中有開拓之功，那就是詩歌的體式研究、事類研究，史事、思潮與詩境的關係等。這些領域也預示着將來詩歌研究可以嘗試努力的方向。

　　"所謂詩歌體式，是指與詩歌體裁相聯繫的藝術規範，包括形式規範與表現功能等。"③體式研究是詩歌研究的重要内容，在中國古代文論中就

---

① 葛曉音，《唐詩流變論要》，238—262頁。
② 葛曉音，《唐詩流變論要》，263—290頁。
③ 劉寧，《沉潛開拓 神超獨游——葛曉音先生的古典文學研究》，《天中學刊》2012年4期，9頁。

深受重視。在魏晉南北朝時代，人們已經開始注意到文體的區分，並且用詩歌題材來區分詩歌的體式。至唐代以後，人們融合聲律、風骨與體勢之論，希望找到詩歌創作方法的秘訣。宋元明清四代，人們品評前人之詩，對詩體的認識也更爲深入，同時考慮到了更多的審美要素。歷代的這些詩歌批評，積累成了後世對古代詩歌的基本認識。但是，這些認識都是分散的、感受性的，而並非系統性的、學理性的。爲了透視古代詩歌的内在肌理，從而掌握它的生成方式與演進規律。她説："古代詩學非常重視每種詩體的藝術表現規範，有很多精采的感悟，但缺乏原理的解釋，所以，探索這種規範的形成與詩體的生成途徑以及節奏結構的關係，也是我思考體式問題希望達到的目的之一。"[1]於是，10年來，她投入了大量精力在詩歌體式研究中，摸索出一條探索詩歌内部研究的道路。

例如，書中《初盛唐七言歌行的發展——兼論歌行的形成及其與七古的分野》一文追溯到了早期七言體式特徵和生成原理的分析。關於七言詩的探討，是古代詩歌研究中的經典話題。早在20世紀40年代，余冠英先生就討論七言詩的起源問題，當時引起了廣泛的關注。此後諸家各抒己見，議論紛紜。葛曉音先生擱置前賢爭議，回到詩文本本身，從七言的節奏提煉和體式形成過程來加以考察，從三言、騷體、四言的片語結構和節奏變化着眼，解釋其早期體式的成因。她回到詩文本本身，發現並且大膽提出了兩個學界至今没有圓滿回答的問題：一是七言從"句句韻"變成"隔句韻"的原因，二是七言古詩和雜言古詩之間的關係。五七言雜古成爲雜言古詩的主流，和七古的關係最爲接近，改造了七言的格調，提升了七古抒情功能，對新題歌行的"篇"體作出貢獻[2]。葛先生的研究方式主要是總結音節配合和詩行構成的規律，尋找並揭示出句子排列所構成的篇體節奏。比如對於《詩經》而言，過去大家僅僅知道"複遝"，但是，葛曉音先生却經過深入分析，

---

[1] 劉寧，《探索古典文學的内在之理——葛曉音教授訪談録》，《文藝研究》2016年1期，78頁。

[2] 葛曉音，《唐詩流變論要》，109—139頁。

發現尋找"句序"是序列規律，是四言詩化的一條重要途徑①。沿着葛曉音先生的研究路徑，將來的詩歌研究，應該進一步將上古、中古語言研究的成果運用於研究詩歌内在肌理。

葛曉音先生是詩歌研究者中較早注意到"事類"問題的。從鍾嶸到劉勰，南北朝時代詩歌争論的焦點之一，就在於"事類"。鍾嶸《詩品》提倡直尋，反對典墳之語入詩，劉勰在《文心雕龍》中專列"事類"等理論表達，都指向這個時代詩歌語言發展的劇變。從隋到初唐，人們對知識的重新匯合融通，導致了類書的空前繁盛，也導致了語言的碎片化。人們從語言角度來關注詩歌作法的種種成果，也反映在了唐代豐富的詩格著作中。書中《創作範式的提倡和初盛唐詩的普及——從李嶠百詠談起》一文，對詩歌事類進行了系統研究。她注意到，生活在院政、鐮倉時代的源光行（長寬元年至寬元二年，即1163—1244）曾著《蒙求和歌》十四卷（元久元年［1204］秋成）和《百詠和歌》十二卷（元久元年十月成），而《百詠》與《初學記》所用典故相合者甚多。她分析道："那麼李嶠爲什麼要用五律詠物組詩的形式來提供這種啓蒙的創作方式呢？我以爲這是受唐初以來專講對偶聲律的著作常用的示範方式的影響所致。這些著作見於《文鏡秘府論》的主要有褚亮的《古文章巧言語》、上官儀《筆劄華梁》、佚名《文筆式》、元兢《詩髓腦》、《古今詩人秀句》、崔融《唐朝新定詩體》等等。"②而關於《百詠》的詩在中國詩學傳統上受關注略少，是因爲"當代人的評論，往往只着眼於'寫得怎麼樣'，而古代作者却更看重'怎麼寫'或者'怎樣學習寫'"③。此外，《初盛唐絕句的發展——兼論絕句的起源和形成》也關注到了類書截句導致詩歌文本發生變化的問題。關於事類、用典的研究，在將來必定需要做更爲深入的開拓。古人究竟如何對待詩歌語言的運用，類書在當時是如何配合着詩格著作影響具體的詩歌創作，這些問題都有可以繼續深挖的空間。

---

① 劉寧，《沉潛開拓 神超獨游——葛曉音先生的古典文學研究》，《天中學刊》2012年4期，10頁。
② 葛曉音，《唐詩流變論要》，62頁。
③ 葛曉音，《唐詩流變論要》，63頁。

如何處理史學、哲學與詩歌研究之間的關係，影響到詩歌研究的維度。在這方面，葛曉音先生鮮明反對強行嫁接其他學科觀點的現象，認爲這些做法的問題在於它們並没有真正解決古代文學學科内部的問題。她說：“目前許多博士生因爲找不到題目，習慣到史學界找一些人們已經討論過的歷史現象，再把它們和文學聯繫起來，但有些外部現象與文學有多少聯繫呢？有的人還硬把遠因說成近因。我主張由内到外，從解決文學本身問題的需要來尋找外因，干謁就是這樣的例子。我們從文學研究的基點出發，解釋歷史現象，不僅可以幫助理解文學，也可以爲其他學科的研究提供參考。可是，如果我們把别人的觀點拿來解釋文學，講了半天還是别人的東西，這樣就没有多少原創性。”①所以，在她看來，文學研究者也應該從史料清理中獲得一手問題②。這些見解，是非常清醒的。

近40年來，葛曉音先生在古代詩歌研究的一方天地中筆耕不輟，用孜孜不倦的投入與付出，說明了古代詩歌研究的要義，是要切實地去尋找並解決古代詩歌現象發展中的具體問題，尊重傳統，包容平和，實事求是，永不停止開拓與創新。她對發掘和堅持學術創造力的反復提倡，對以問題爲研究本位的堅守，其根本是爲了守護學術的真正價值和意義。因爲，只有追求第一義的研究，才能用對高標準的辨識能力和自覺追求擺脱外界干擾，“以一種獨立自由的精神去尋找學術研究的真正價值和意義，也才能在面對各種壓力時保持學術的自信”③。從種種角度來看，《唐詩流變論要》不僅僅是一部論文集，它更像是一部方法之書。它總結了詩歌研究中顛撲不破的基本方法，也預告了未來詩歌研究的基本框架。面對紛繁世事，學人倘若希望保持獨立自由的學術精神，那麽就需要始終堅持對研究問題的追尋與探討。因爲，只有解決了問題的研究，才是有意義的研究。

附記：拙文初稿完成於2018年1月，時維隆冬，客寓西安。

---

① 劉寧，《探索古典文學的内在之理——葛曉音教授訪談録》，《文藝研究》2016年1期，81頁。
② 葛曉音，《關於未來十年的三點想法》，《古代文學前沿與評論》2018年1輯，16頁。
③ 葛曉音，《學術自信和價值判斷》，《文學遺產》2013年6期，141頁。

杜甫接受史的重審與再構

——評郝稷《杜甫與杜詩在中國古代的接受史》

方世勇

周　睿

　　《杜甫與杜詩在中國古代的接受史》（*The Reception of Du Fu [712–770] and His Poetry in Imperial China*，下文簡稱《接受史》）受益於西方文學文化史觀和接受美學理論的雙重影響，是由郝稷（Ji Hao）於 2017 年在荷蘭博睿學術出版社（Brill）出版的英文專著。作者嫻熟地將西方文藝理論運用於杜甫接受史書寫中，得益於其中西雙重教育背景：他本科就讀於中國人民大學，然後在美國南加州大學（University of Southern California）和明尼蘇達大學（University of Minnesota）分獲中國文學專業的碩士和博士學位，自 2012 年以來，一直任教於美國聖十字學院（College of the Holy Cross）。郝稷在書寫漢學方法論視野下的杜甫接受史時，具有得天獨厚的優勢，從而使《接受史》呈現出一種與國內杜甫接受史著作迥然不同的研究視角。郝稷的研究興趣側重於中國傳統詩歌研究和明清小説研究，對中國傳統文學經典的形成過程以及中國傳統文學在跨文化語境中的翻譯與流通也加以關注。此書綜合運用讀者接受研究、社會學研究、文化學研究和歷史學研究等多種研究理論資源，在系統地揭示杜甫及杜詩在中國古代的接受情況方面有着諸多系統化再構和細節化重審的嘗試。

作者單位：西南大學文學院

接受史同屬於文學史和接受美學的範疇，中西方因研究理念的不同，在接受史的書寫上也存在着較大的差異。西方文學史家倡導的文學文化史觀和接受美學理論的滲透使此種差別逐漸加劇，如中西方的杜甫接受史書寫便是經典一例。關於杜甫接受史的研究，國內著作多集中於某個朝代或某一時期。値得一提的是，中文學界現有兩本專著系統地介紹了杜甫在中國古代各個時期的接受情況，即同爲2012年出版的劉文剛教授的《杜甫學史》與吳中勝教授的《杜甫批評史研究》，二書更偏於從宏觀視角去研究與杜甫相關的研究概貌和文學批評，其成書體例以傳統的按朝代和重要作家進行分章標節，延續國內書寫相關作家作品的接受史乃至文學史的傳統。不同於國內杜甫接受史的書寫傳統，郝著力圖以文學文化史觀和接受美學的雙重視角研究杜甫接受史，着重還原杜甫接受史中的社會文化、政治、物質以及讀者背景，從而剖析出杜甫經典形象的成因。《接受史》無論是在成書體例上還是在研究理念上，都以其相對新穎的書寫方式和嚴謹的撰寫理念突破了國內既有的接受史書寫傳統，試圖讓中國傳統接受史乃至文學史書寫置於全球語境中，在全球文化的碰撞交流中凸顯中國傳統文化研究的異域性與世界性。

　　《接受史》一書由導論、正文和結語三大部分組成。除導論和結語之外全書分爲六章：第一章爲《詩化杜甫的誕生》，分五節討論杜甫地位的提升與宋代文學復興之間的關係、宋人在恢復杜詩過程中如何促進杜詩地位的提升、杜詩中蘊涵的豐富知識如何被宋代主流美學所推崇、宋人集杜詩的興起和杜詩如何保持書籍知識與外部世界之間的平衡等。第二章爲《體驗杜甫：在宋代的生命閱讀模式》，分三節討論自唐代到宋代杜甫形象的變化、宋人如何注重杜詩"詩史"的特點和宋人如何通過"生命閱讀模式"（The Mode of Life Reading）來體驗與接受杜甫其人其詩。第三章爲《形式的重要性》，分兩節討論元人如何注重杜詩的格律性，在解讀杜詩時如何從整體上把握杜詩的含義。第四章爲《回歸詩人》，分兩節討論明人如何刪除前人對杜詩的注釋以尋求杜詩原意，如何用以意逆志的闡釋方法來閱讀杜詩。第五章爲《如何用詩做事：杜甫與明清之際的生命閱讀模式》，分三節討論明遺民如何閱讀接受杜甫，重點分析了錢謙益在晚明和清初時期接受杜甫的心路歷程。第六章爲《清代官方對杜甫接受的干預》，分兩節討論仇兆鰲的《杜詩詳註》和乾隆如何以官方權力來影響杜甫的詮釋。在文學文化史觀和接受美學的影響下，此書爲杜甫接受史研究書寫提供了值得關注的差異視角。

一、文學文化史觀下的杜甫接受史書寫

自20世紀80年代以來，西方文學史家在文學史的書寫上有了許多新的嘗試。丹尼斯·霍利爾（Denis Hollier）於1989年出版的《新法國文學史》（*A New History of French Literature*）展現出一種微觀文學史而非傳統意義上完整的綫性文學史，標誌着文學史書寫的新突破。隨着後現代主義、後結構主義以及美國耶魯結構主義對文學史書寫的重新定義，西方文學史家將文學史逐漸視爲一種文學文化史，如《劍橋中國文學史》（*The Cambridge History of Chinese Literature*）的書寫便是文學文化史觀影響下的成果。郝稷身處北美漢學圈也深受此影響，《接受史》一書亦呈現出一種文學文化史觀。作爲文學史的重要組成部分，探究作家作品的接受史能夠釐清其在文學史上的流傳情況及其產生的影響，而《接受史》展現的便是宋、元、明、清各時期關於杜甫的接受史。受西方文學文化史觀的影響，郝著嘗試打破國內撰寫杜甫接受史的傳統模式，而以一種多元動態的撰寫理念，呈現出一部多維度的杜甫接受史，其書主要呈現出文學文化史觀方面的三個理念：

其一，以杜甫接受史的内部發展邏輯爲敘事主綫，打破國內杜甫接受史著作的成書體例。此書雖也按時間爲綫進行敘述，但不再以朝代發展進行分章標節，而是以具體的闡述主題作爲章節的名稱。比如，第一、二章名曰《詩化杜甫的誕生》和《體驗杜甫：在宋代的生命閱讀模式》，此兩章以宋代的杜甫接受爲對象進行敘述，但並未以宋代的發展時間來重構杜甫的接受史，而是以不同的接受主題來安排章節。第三章《形式的重要性》則以元代的杜甫接受爲討論的對象，同樣也沒有局限於以單一的時間敘事展開，而是按照元代接受杜甫的具體情況敘述。第四章《回歸詩人》、第五章《如何用詩做事：杜甫與明清之際的生命閱讀模式》和第六章《清代官方對杜甫接受的干預》則是以明清的杜甫接受爲研究對象，"明清之際"

凸顯出作者在成書體例上的獨特性，體現其追求書寫的連貫性和邏輯性，沒有局限在以傳統文學史的分期來做一種斷代研究。此外，此書打破傳統杜甫接受史著作單一的敘事模式，重在多維度地呈現歷朝歷代接受杜甫的發展變化及其內在的邏輯結構。全書六大章節之間雖看似互不關聯却存在着緊密的邏輯關係，章節之間環環相扣，並不完全割裂。例如，第一、二章分別表現杜甫作爲詩人和忠誠者的偉大，兩種形象相互促進、相輔相成；又如第四章中明遺民對杜詩的多元解讀及其伴隨而來的闡釋學謬論，爲第五章的敘述開闢了空間。作者在一章的具體小節之間也匠心獨具地安排一定的邏輯聯繫，如第一章的五個小節之間有着因果聯繫，在層層遞進中增強了杜甫作爲一位詩藝精湛的詩人形象；再如第四章的兩個小節之間，承前啓後，第一小節爲第二小節敘述的起因。此外，作者提出"生命閱讀模式"和"透明性"（Transparency）等概念貫穿於整個杜甫接受史中，使讀者能够清晰地看出每個時代接受杜甫的側重面向，顯得脈絡清晰且富有變化，故而此書在成書體例上相對國內撰寫的杜甫接受史著作有着革新之意。

其二，關注杜甫接受史上的一些"邊緣性"人物，不依以代表人物爲脈的書寫模式，凸顯出一種微觀史學觀。文學文化史觀不僅重在打破傳統文學史的書寫模式，其在後現代主義史學觀的影響下所產生的微觀史學觀在此書中也有體現。微觀史學重在"發掘"歷史上那些"邊緣性"的小人物，關注小人物的觀點和聲音在文學史上的建構作用，力圖呈現出一種多元動態的歷史。不同於國內杜甫接受史著作的書寫慣例，爲了更好地探究杜甫接受史的整體進程和接受演變，郝著並不只關注杜甫接受史上的重要代表角色，在凸顯單個重要作家作品的同時也關注到了杜甫接受史上的"邊緣性"人物，作者還原甚至"放大"這些"邊緣性"人物在杜甫接受史上所做出的貢獻，從而還原與呈現出一部相對完整的杜甫接受史。這些"邊緣性"人物形形色色，比如第一個收集杜詩的樊晃，其集杜詩爲《杜甫小集》，爲後世杜甫詩集的編撰開創了先例。樊晃在杜甫接受史上只能算"邊緣性"人物，其作品集也早已失傳，但《接受史》還是從手稿文化的研究視角關注到樊晃對杜甫詩集做出的開創性貢獻，反觀國內的杜甫接受史研究專著並未重點關注此人。再如，杜甫形象在宋代提升不只是有蘇軾、黃庭堅等大家的推崇，還有諸如在恢復重現（建）杜詩的過程中做出努力的"小人物"的合力推介，如孫奕、周煇、黃伯思等人，正是有了這些"邊緣性"人物的積極參與響應，才有了宋代"千家註杜"的盛況。在闡釋杜詩中積極助力的汪瑗、張綖和高棅等人也屬於杜甫接受史上的"邊緣性"人物，作者煞費苦心地揭示此類"邊緣性"人物的"貢獻"，其目的就在於使杜甫接受史更爲"完整"。在文學文化史觀的影響下，《接受史》不僅在體例上呈現出多元動態的敘述模式，而且也關注到了杜甫接受史上的"邊緣性"人物，以期重新構建具有多維度的杜甫接受史。

其三，關注物質載體在杜甫接受史上所產生的作用及影響，有別於國內杜甫接受史著作多強調文學與政治關係的研究視角。郝稷從社會文化史研究歷史的視角深受新歷史主義啓發，新歷史主義認爲歷史背景和文學作品之間是一種平衡的關係，文學與歷史之間沒有"前景"與"背景"之分。傳統的接受史書寫注重關注接受者對文本的解讀方式以及解讀的深度，而文學文化史觀下的《接受史》却注重敘述文本本身的話語領域和物質領域，也格外關注物質文化載體（譬如印刷文本等）對於文學發展的影響。在物質載體的研究視角下，不論是杜甫生平資料的記載還是杜甫詩集的刊印都影響着杜甫接受研究。《接受史》在重審與再構杜甫接受史時主要按照兩條脈絡進行書寫：一條爲杜詩文本的恢復史研究，一條爲杜詩寓意的闡釋史研究；前者注重物質載體領域，後者注重文學闡釋領域。郝稷在書寫杜甫接受史時格外注重杜詩文本的保存與傳播問題，並以此爲研究點剖析宋代各家恢復杜詩的歷程。譬如第一章着重闡述宋人在接受杜甫過程中恢復杜甫詩集的重要性與必要性，且杜甫詩人形象的提升也是宋人對其詩歌版本進行選擇性恢復的結果。郝著關注到王洙、王琪、蘇舜欽和王安石等人各自所編的杜甫詩集的流傳與興亡情況，揭示出杜詩因手抄本的脆弱性而散佚的深層原因；而曾季貍、吳曾、陳從易和蘇軾等人對杜甫具體詩句的辨析恢復則折射出杜詩在手抄本的流傳過程中已遭到人爲的破壞，其詩歌的本真面目在文本傳播的過程中已遭改頭換面。作者刻意將杜詩所依賴的物質載體作爲敘述的重點，在杜詩的手抄本與印刷本的討論中凸顯其注重物質文化載體的文學文化史觀。

二、接受美學視野下的杜甫接受史研究

　　接受美學這一文學理論由德國學者 H·R·姚斯（Hans Robert Jauss，1921—1997）首先提出，其主要關注讀者閱讀接受的相關問題，強調讀者在閱讀文本時處於中心位置，認爲作家作品是在讀者接受的過程中逐漸經典化，其意義和價值由讀者重新賦予。接受美學以其獨特的研究視角深受研究者推崇，成爲 20 世紀後期影響最大的文學流派之一。《接受史》一書深受接受美學理論的影響，全書以杜甫接受者爲中心進行研究，探討杜甫形象經典化的過程——杜甫的價值正是在距其身後數百年的宋代時期被不斷發掘而樹立的，後世讀者在不斷的詮釋中建構、樹立並深化了杜甫的經典化形象。此書亦呈現出三點接受美學理念：

　　其一，關注接受者的接受目的。《接受史》系統且全面地揭示了在杜甫接受史上各家各派接受杜甫的目的性，此種目的性不僅有個人的，還有集體的。從宏觀上看，宋人接受並推崇杜甫有一個共同目的，即宋人希望建構一個新的詩歌美學體系，以此來有別於唐詩的審美趣味甚至與唐詩競勝，從而確立並鞏固宋代詩學地位。對此種目的性的分析有利於讀者認識到爲何宋代會成爲杜甫接受史上的第一個黃金時期，也爲宋代出現"千家註杜"的盛況尋明緣由。從微觀具體來看，宋人在接受杜甫時有其各自的目的性，如王安石與蘇軾通過接受杜甫來爲各自的政治集團服務，黃庭堅通過接受杜甫來推廣自己"無一字無來處"的作詩主張等。明清時期的讀者接受杜甫也有其目的性，如錢謙益接受杜甫在于其意欲凸顯自己對明朝的忠誠以及利用杜詩宣導自己的詩學主張。仇兆鰲在接受杜甫時也有其功利性：一是他希望通過對杜詩的解讀與評論來展現其對清朝的忠誠，二是他試圖將自己的評論置於杜甫的闡釋傳統中，並利用其與清朝官方意識形態的密切聯繫來增強自己注疏的權威性，並以此來消除別人的質疑。利用杜甫形象來爲統治服務的乾隆皇帝，在杜甫接受上也表現出了強烈的目的性，其通過批判錢謙益的做法凸顯出自己的政治意圖，即提倡學習杜甫言行一致的忠誠性以鼓勵臣子對清朝忠誠，其提倡接受杜甫的目的性可見一斑。作者縱觀整個杜甫接受史，細緻地剖析各個朝代在接受杜甫時的目的性，揭示

出了目的性在杜甫接受史上的重要意義。

其二，關注接受者的接受方式。郝著系統地梳理了歷代讀者接受杜甫的途徑並進行理論分析，爲進一步研究杜甫接受史提供了闊深的研究思路。在杜甫接受史上，接受杜甫的方式多種多樣，如恢復杜詩、編撰杜甫年譜和對杜詩進行"註"與"解"等，作者提出的"生命閱讀模式"是對這些接受方式的補充與升華。"生命閱讀模式"包括兩個含義：一是關注個體讀者對杜詩創作背景的建構，一是個體讀者對自身的關注。前者凸出讀者建構杜甫生活經歷與杜詩之間聯繫的努力，讀者將杜詩置於其生產與傳播的歷史語境中去理解杜詩，例如宋人創建杜甫年譜便爲"生命閱讀模式"的興起鋪平道路。後者突出個體讀者在現實世界中的個人經歷與杜詩之間的共鳴，如王十朋、文天祥等人的個人經歷與杜詩所表達的內容的共通之處，令他們更加理解杜詩。此外，作者指出中國古典詩歌所具有的"透明性"加強了此種生命閱讀模式，"透明性"即許多傳統中國讀者傾向於將詩歌視爲一種可靠的媒介，認爲詩歌能夠反映詩人的真實生活，讀者能夠通過詩歌接觸到詩人的思想和過去的歷史，因而杜詩才會被稱作"詩史"。但作者也指出詩歌的"透明性"有時也具有一定厚度，在象喻性的詩歌文本中就需要讀者透過詩歌的"透明性"去洞悉詩人真實的內心世界。中國傳統讀者對杜詩"透明性"的廣泛認同，使杜詩得到後世讀者的不斷闡釋與評論，從而完成杜甫經典化形象的構建過程。綜上所述，作者嫻熟地將中國的文學闡釋現象以西方的理論進行論述，顯示出作者對中西方學術話語的融會貫通，故而提煉出"生命閱讀模式"和"透明性"這兩種重要的接受理論。

其三，關注接受者對被接受者的身份建構。此書還細緻地還原了歷代讀者經典化杜甫形象的過程，作者刻意將杜甫作爲忠誠者和詩人這兩個形象分開論述，就是爲了更好地展現二者之間的聯繫與區別，以此探討後世文人在塑造杜甫經典形象的過程中所做出的努力。例如，此書在引言中列舉文天祥和孔慶翔集杜詩的事例來説明杜甫作爲一位典型儒家忠誠者的形象已是一個傳統，説明杜甫忠誠者形象的構建及經典化是文人集體的力量。這樣的事例在歷朝歷代都有體現，作者列舉了大量事例説明宋代讀者在提升杜甫經典形象過程中所做出的努力，如黃庭堅、周紫芝、王安石和胡仔等人判斷杜詩的過程均強化了杜甫作爲一位偉大詩人的形象；葉夢得、孫奕和周煇等人選擇杜甫異文的事例也提高了杜詩的質量；黃伯思、晁説之、顧陶、曾季貍、吳曾和陳從易等人選擇性恢復杜詩的事例也進一步塑造了杜甫作爲一位詩藝精湛的詩人的形象。在元代，作者通過具體事例展現出元代讀者刻意塑造杜甫格律詩大家的現象，如方回通過分析杜詩中的格律性來強化杜甫作爲一位格律詩大家的形象。在明清時期也有許多事例來證明杜甫經典形象的塑造過程，如錢謙益在編撰《錢註杜詩》時對杜甫忠誠者形象的塑造；以乾隆評論王維、李白和杜甫的例子來說明皇帝在構建杜甫經典形象的過程中所起到的作用。上述這些具體事例均體現出歷代接受者對杜甫形象的塑造過程，讀者在閱讀接受杜甫的過程中構建並強化了杜甫作爲詩藝高超的詩人形象和政治忠誠的臣子形象。

結語

總而言之，《接受史》意在探討中國歷代文人是如何接受並塑造杜甫經典形象的過程。此書在理論上也有一定的建樹，作者通過詮釋"生命閱讀模式"和"透明性"等概念，使讀者能夠更加清晰地把握杜甫形象的接受過程。《接受史》通過異域視角來重審和再構杜甫接受史，有利於杜詩學中異域視野的具體個性化呈現，彌補現有研究之不足，也有利於杜詩學理論體系的完善，提升杜詩學中應有的世界性質素。此書是西方文學文化史觀和接受美學理論與中國傳統文學相碰撞的結晶，其多樣的研究視角也值得國內研究者參考借鑑。在當今全球化的語境下，如何利用西方文學理論更好地闡釋中國傳統文學越來越受到人們的關注，同時用西方的學術理念書寫中國的文學史也越來越受到西方漢學家的青睞，從宏觀上看有《劍橋中國文學史》等的編撰，從微觀具體上看有此類接受史的書寫。在此類接受史的書寫中，使用西方的學術理念會拓展出更多的研究視角，這種迥異於國內的研究視角會給國內研究者帶來一定的啓發，也會使得中國傳統文學得到更爲多元與新穎的闡釋，即所謂"他山之石，可以攻玉"。在客觀理性的審視之下，異域他者的研究視角不僅不會讓國內的文學研究陷入僵化地套用西方理論的窠臼，反而將促進中國傳統文學在當今全球語境下的研究熱潮，也有利於中國傳統文學在全球範圍內的廣泛傳播。

后妃肖像的歷史刻繪與文學描摹
——評馬克夢《天女臨凡》

朱鋭泉

早在二十年前,美國堪薩斯大學教授、知名漢學家馬克夢(Keith McMahon)所著《吝嗇鬼、潑婦、一夫多妻者:十八世紀中國小説中的性與男女關係》①就被引入國内,其書頗具開創性地探討中國文學作品中性現象和性文化,産生了石破天驚般的接受效果。到了2021年3月,他的新作《天女臨凡:從宋到清的後宫生活與帝國政事》②(*Celestial Women: Imperial Wives and Concubines in China from Song to Qing*),經辛兆坤先生翻譯,由九州出版社付梓推出,繼續引起學界矚目。

馬克夢開篇直言,本書之寫作緣起,是通過閑翻書,對"前四史"后妃傳産生了興趣。就其主題言之,則像内容簡介所説的那樣,"梳理了宋朝至清朝歷代后妃的典型經歷與事跡,圍繞一夫多妻制度下的後宫關係和女性統治兩個焦點……使讀者可以透徹瞭解古代后妃的真實生活情况"。

事實上,著者通過艱苦勞作與持續思索,進行了充足的積累。除了此

作者單位:天津師範大學文學院

① *Misers, Shrews and Polygamists: Sexuality and Male-Female Relations in Eighteenth Century Chinese Fiction*, Durham: Duke University Press,1995. 中譯本爲王維東、楊彩霞譯,人民文學出版社,2001。

② [美]馬克夢著,辛兆坤譯,《天女臨凡:從宋到清的後宫生活與帝國政事》,北京:九州出版社,2021。以下引用此書不注出頁碼。

項研究的上卷《牝雞無晨：漢代至遼代皇帝的后與妃》（*Women Shall Not Rule:Imperial Wives and Concubines in China from Han to Liao*）於 2016 年出版了法譯本，該書《序言》結尾還一一列舉了部分内容在學術期刊發表的情形。

"在寫作本書的過程中，有時有點像在研究八卦流言，甚至像讀野史一樣。后妃傳常常加進謠言般聳人聽聞的内容。因此，必須儘量做考證，多看材料，看看能否找好旁證。但即使找不到旁證與事實根據，虛構的内容還是很有趣的，可以告訴我們當時對皇室成員的行爲期望與標準。后妃傳的内容，無論是史實還是虛構，也可以給我們很多啓發。"《中譯本序》裏面的這一段文字，引領讀者不僅懷着古史考據的嚴謹態度，同時穿越想象力的迷霧籠罩，去努力步入古代中國后妃的時空世界，感受其喜怒悲歡，進而充滿共情地分享傳播她們身上的實相與傳奇。

一、閑坐説后妃：知識、傳説與文化記憶

説到古代皇后嬪妃的形象及生活，社會大衆可能會由清宫劇、宫鬥劇（從電視劇《戲説乾隆》到馬克夢此書引述過的、2004 年問世的關於嘉慶帝后妃的香港電視劇《金枝慾孽》，以及 2011 年關於雍正帝后妃的大陸電視劇《甄嬛傳》）獲得些許的第一手認知。文史愛好者則容易聯繫譬如明代重要史料筆記《萬曆野獲編》卷三《宫闈》的詳盡介紹。尤其是清代小説《紅樓夢》第 18 回濃墨渲染了元春省親的場面："半日，賈妃方忍悲强笑，安慰賈母、王夫人道：'當日既送我到那不得見人的去處，好容易今日回家娘兒們一會，不説説笑笑，反倒哭起來。一會子我去了，又不知多早晚才來！'説到這句，不禁又哽咽起來。"[①] 其中 "當日既送我到那不得見人的去處" 云云，明白道出了后妃們長年困居深宫的抑鬱情緒和苦楚心理。

至於專家學者們的聚焦與懷抱，則稍有不同。顯例如陳寅恪（1890—1969）《元白詩箋證稿》包含着考證楊貴妃是否以 "處子入宫" 一節。史

---

① 曹雪芹著，無名氏續，中國藝術研究院紅樓夢研究所校注，《紅樓夢》，北京：人民文學出版社，2008，239—240 頁。

學家試圖說明出於胡漢混血帶來的貞潔觀念的徹底轉變，李唐皇室具備婚姻觀、價值觀等思想開放的特點。

再看《三國志》卷五《魏書·后妃傳》裴松之注引孫盛曰："魏自武王（曹操），暨于烈祖（曹叡），三后之升，起自幽賤。"南京大學周勛初的文章《魏氏"三世立賤"的分析》①便由此生發論題，考察曹操與其妻妾、曹丕曹植兄弟與甄氏、曹叡與毛后的關係及成因，可謂別具隻眼與匠心。

海外漢學領域同樣存續着這方面的學術脈絡。黃仁宇（1918—2000）的名著《萬曆十五年》第一章《萬曆皇帝》中，就介紹貴妃鄭氏和王氏之爭，視之爲一場影響深遠的政治鬥爭的契機，導致了今後數十年皇帝與臣僚的對立。

其後西方學界的成果，也得以在進入 21 世紀後，特別是近些年被陸續紹介到大陸。舉其要者，則史景遷（Jonathan D.Spence）《中國皇帝：康熙自畫像》（Emperor of China: Self-portrait of K'ang—hsi，又譯作《康熙：重構一位中國皇帝的内心世界》）、賈志揚（John W. Chaffee）《天潢貴胄：宋代宗室史》（Branches of Heaven: A History of the Imperial Clan of Sung China）、羅友枝（Evelyn Rawski）《清代宫廷社會史》（The Last Emperors: A Social History of Qing Imperial Institutions，又以《最後的皇族：清代宫廷社會史》爲名出版）、歐立德（Mark C. Elliott）《乾隆帝》（Emeperor Qianlong: Son of Heaven, Man of the World）、伊沛霞（Patricia Ebrey）《宋徽宗》（Emperor Huizong）等，皆產生了較大反響。

至於國内，也出現了 2012 年北大中文系博士論文，即李政富《中國古代后妃外戚研究——以二十五史"后妃外戚傳"爲中心》這樣系統性的研究實績。

詩家有言"白頭宫女在，閑坐説玄宗"，所説林林總總的内容，則大約要屬跌宕曲折的李楊故事、纏綿香艷的帝妃戀情最令世人追捧。兼具學術著作的嚴謹態度與通俗讀物的暢達行文之特色，馬克夢此書進一步地從知識、傳説與文化記憶的不同維度，展示出古代后妃敘事的意義。

---

① 收入周勛初《文史探微》，上海：上海古籍出版社，1987。

在中國，大部分皇位繼承人都是由妃嬪所生，宋朝十八位皇帝中僅有四位的生母是皇后，明朝十六帝中只有兩位，而清朝的比例更低，十位皇帝中僅有一位——首先，通過閱讀《天女臨凡》，我們可以得到類似這樣知識性、學理性的裨益。它有助於廓清疑團，正本清源，獲致對於有關歷史問題較爲全面準確的認知。

其次，就環繞在帝后皇室四周的"傳說"而言，豐富與精彩的故事從來不會缺席。讀者可以瞭解到風流天子宋徽宗與李師師的花邊韻事，甚至還能發現，古之好事者偏偏要加上大詞人周邦彥來湊成"三角關係"。又有傳言稱，清代順治帝在董鄂妃去世後，選擇到五臺山剃度出家，而變本加厲的虛構故事中董妃其實是漢族名妓董小宛。乾隆生母是否漢人暫且不提，據說他還有一位維吾爾族妃子和卓氏，其人在晚清民國興起的傳言中得到"香妃"的新稱號，不僅擁有曠世美貌和天然奇香，更成爲反抗滿人統治的女英雄。再如，是慈禧太后鴆殺了光緒嗎？在 2008 年現代人對光緒的屍體作化學分析，發現他死於砒中毒後，傳聞異詞更是甚囂塵上……

最後，無論后妃本人的寫作，還是以之爲主題、素材的文學，都參與建構出色彩斑斕的文化記憶，成爲今人面對往古必然要接受的文化遺產。司馬相如爲陳皇后而作，希冀其丈夫漢武帝回心轉意的《長門賦》的賦苑佳話，何以說得有鼻子有眼？吳偉業（1609—1672）講述崇禎皇帝田貴妃入宮直至去世的敘事詩《永和宮詞》，包含幾多寵愛與惆悵？還有紀昀（1724—1805）爲天啓皇帝張皇后立傳的《明懿安皇后外傳》，又是如何表彰婦德、樹立楷模？

要對這些創作活動與文本內容展開考索，離不開胡文楷《歷代婦女著作考》等目錄書籍，類似伊維德 (Wilt L. Idema)、管佩達（Beata Grant）合編的《彤管：帝制中國的女性書寫》，以及新近湧現的整理古代女性創作的文學總集、別集。都說風起於青蘋之末，這實在昭示傳統文化中后妃角色的正當發聲，已然獲得可能是最好的歷史時機。

對此，《天女臨凡》的著者有着明確而自覺的意識。他認爲過去的歷史學家常常忽略女性的角色，因爲她們並未處於國家政治的核心。有的歷史學家則輕描淡寫地處理她們在社會、文化、宗教等領域的活動，然而這些活動對於朝代榮光與合理性的構建是至關重要的。爲此，他以《緒論：武則天之後》開端，以《定義女性統治者》作結，中間涵容從宋至清共計九章的篇幅，展開了"後宮生活與帝國政事"的宏大畫卷。

二、古代中國后妃的出身、德行與命運結局

本書《緒論》部分交代了研究者對后妃自身"角色"與周邊"關係"的重視。所謂關注后妃的生活，包括女性作爲禮儀與政治主體的角色，以及她們與君王、其他妃嬪、其他宮廷生活參與者（例如宦官、大臣等）之間的關係。

其中，后妃出身也即帝王妻妾的社會地位（包括族裔）、后妃的言動行止及其反映的德行品質與后妃人生大戲的收場，這三方面的情況爲作者着力拈出、再三致意。並且它們也是彼此交叉扭結而密切相關的。

首先是后妃的出身。大家知道唐代大詩人李白曾作《清平調》讚歎楊玉環傾國傾城的美貌。所謂"借問漢宮誰得似，可憐飛燕倚新妝"，乃引入漢成帝劉驁的第二任皇后趙飛燕進行對比。而《紅樓夢》第27回的回目，"埋香塚飛燕泣殘紅"，也突出林黛玉帶有"燕瘦"亦即體態輕盈瘦弱的特質。然而傳說中這位能做"掌上舞"的漢代美人，名聲實在不佳：工於心計，品行不端，簡直成了歷史上因美貌而淫惑皇帝的一個代表性人物。

趙飛燕本是平民歌妓，而這樣的文藝才華對於選在君王側的后妃來說，有時也顯得必要。例如宋真宗劉皇后和寧宗楊皇后兩位都出身樂籍。前者在馬克夢看來，是宋代權力最大的女性之一，武則天之後三百年來首位大權在握的漢族女性。她出身行院人家，可是《宋史》對其低賤出身諱莫如深，反而説其乃宦家之女。後者曾在宮中作爲一名幼年女伶表演，吸引了時爲皇子的寧宗的注意。

本書當然不滿足於流水賬式的后妃信息排比，而是注意由個案提煉典型。例如提及宋高宗的吳皇后與劉貴妃都是文藝鑑賞家與收藏家，其行爲構成"皇帝和后妃通過相同的興趣以維持和睦關係的典例"。這便道出了帶有規律性的皇室組成。

除此，出身較爲高貴者，未必就能沐浴隆恩。譬如宋徽宗，第一位主妻王皇后乃刺史之女，可他卻對本是賣酒者之女的劉貴妃寵愛有加，令其

誕下三位皇子、一位公主。

如果說女伶變皇后的經歷有些另類少見，那麼兩位保姆——萬貴妃及客氏更能傳達"明朝那些事兒"的曲折離奇。

明憲宗成化皇帝寵幸了比自己大17歲的保姆，封她作萬貴妃，並任其在宮中驕橫跋扈，同時執掌大權，賣官鬻爵。至於客氏，作爲明熹宗的乳母，則在這位天啓皇帝繼位後被賜婚，與大太監魏忠賢成爲"對食"夫妻。其後二人狼狽爲奸，干政亂國不已。

總體上，《天女臨凡》多處總結了后妃的出身問題。受到門第觀念、帝家臉面等因素的影響，直至元朝，后妃最好出身於官宦世家。或者說，雖然妃嬪的出身階級跨度較大，但皇帝所娶的皇后通常都地位崇高。突厥化的蒙古政權之下，帖木兒有意迎娶成吉思汗家族的女性，從而增强自己的皇家氣質。

但這一情形在明朝發生了重大變化，不論是皇后還是妃嬪，其出身社會地位都較低，因爲出身寒微的女性不太容易奪取或覬覦權力。考慮到后妃來自較低社會階層，這將有助於減少特權階級女性及她們強勢的家族干政的可能性。由於反對從貴族或世宦家庭納娶，明代皇帝與太子傾向于迎娶中下層世襲武官家庭中的女子。例如崇禎主妻周皇后，生於蘇州南部貧家，她從未忘記自己出身低微，于是在管理宮中事務時非常勤儉。

與明朝不同，嫁入清朝皇室的女性社會出身較高，尤其是蒙古貴族。當然，清皇室通過切斷女子入宮後與娘家的聯繫來限制外戚的勢力。不過也有例外，乾隆皇帝至少有四位妃子出身包衣，即來自奴僕家庭，她們均與皇帝同葬皇陵，最著名者是後來嘉慶帝的生母魏佳氏。而嘉慶帝的皇后也與他的母親一樣，出身包衣。

同屬出身問題，與社會地位相關的，是后妃們的種族、族裔構成。一些明朝皇帝對帶有異域情調的妃子情有獨鍾，他們從朝鮮王朝徵召處子與宦官。宣德去世後，有53位朝鮮妃子被允許回國。而清朝皇帝的妃嬪中，便有滿族人、蒙古人、漢族人、朝鮮人及突厥人。此中康熙帝在大約1689年之前多寵幸滿族女子，之後則更青睞漢人女子，例如王密妃乃知縣之女。

其次來看后妃的德行問題。她們之中一些傑出代表是"儉以養德"的化身。元代忽必烈的兩位妻子之一察必除了對覆滅的宋朝富有同情，還以節儉著稱。她曾令宮女拿來陳舊的弓弦，並將其編織成衣，還把老羊皮織成地毯。有明一代唯一臨朝稱制的女性是洪熙帝朱高熾的張皇后，但她拒絕違反祖訓，因而臨朝是非正式的。宣德即位以後，張太后還把一次出巡途中當地父老進獻的酒食轉贈皇帝，並說道："此田家味也。"因爲出身農家，她比養在深宮的帝王更能體會民間疾苦。

當然，說起開啓朱明王朝后妃傳記的典範人物，那誠然非朱元璋的馬皇后莫屬。史稱她"仁慈有智鑑，好書史"，贏得太祖在群臣面前的誇獎。她不僅擁有謙虛、節儉的美德，還不時勸說性格暴躁的朱元璋去減輕刑罰。一次，開國功臣宋濂由於孫子犯罪，被判處死刑，得知此事的馬皇后在與皇帝用膳時拒食酒肉，以此請求赦免宋濂。

據明代劉辰《國初事跡》記載，皇后諫曰："田家請一先生，尚有始終不忘待師之禮。宋濂親教太子諸王，豈可無師生之義？況濂致仕在家，必不知情，可赦其死。"結果"太祖從后言，以濂發茂州安置"①。這裏，事情的轉機固然與師生的至高名義和脈脈溫情有關，它讓冷酷的政治鬥爭都有所顧忌，而起關鍵作用的推手，誰又能說不是深明大義的馬皇后呢？

在她的身後，隆慶皇后、萬曆朝的李太后亦以皇帝嚴母而非干政者的身份施加影響。李太后教子嚴厲，不時斥責罰跪，甚至有一次因爲年輕的萬曆的過錯，試圖將他廢黜而另立其弟。

事有兩層，人各千面，對於失德的后妃，種種惡行穢事於史書上也並非偶見。宋光宗的李皇后，初爲節度使之女，傳說她在軍營出生那天，一群鳳凰飛落下來，父親于是爲其取名"鳳娘"。可是這位李皇后卻被《宋史》以"妒悍"二字作評價，這是宋朝后妃傳記中絕無僅有的一例。這位皇后對待宮女暴虐，甚至曾派人謀殺光宗的寵妃，因此受到諸般非議。

明代后妃惡德的代表，除了臭名昭著的成化朝萬貴妃與天啓朝客氏，還有宣德孫皇后。其人從受孕宮女處竊奪嬰孩（即後來的英宗），還處心積慮讓皇帝廢除胡皇后，以求獨享恩寵。

---

① 劉辰，《國初事跡》，《叢書集成初編》本，北京：中華書局，1991，12頁。

最後來考察后妃的結局命運。顯然不能只看其人前風光，也要多多留心她們的人後災殃。古有七出之條，帝家也不例外。單單說明朝，因爲沒有生子而被廢黜的皇后有五位之多。到了非漢民族入主中原的清代，順治以前的后妃竟然要爲皇帝殉葬。努爾哈赤的第四位福晉阿巴亥曾拒絕遵命，但旗人中的資歷較高者最終將其處死。至於順治，《清史稿》記載他的皇后喜奢華，性嫉妒，而順治則崇尚勤儉樸素。最終順治毫不妥協，不爲大臣反對所動，成爲清代唯一一位廢后的皇帝。

還有本書第八章以工筆勾勒形象的慈禧太后。馬克夢着重剖析了人們長期以來對女性統治者的偏見。在他看來，慈禧的影響力其實有限，李鴻章等官僚大臣及地方督撫一度大權在握。可是持偏見者說她干預皇位繼承，篡奪皇帝大權，甚至污衊其殘忍狠毒，性格陰鬱，務必將敵人置於死地。作爲反對清朝統治情緒及不滿清朝危機局面的產物，在有關慈禧太后的小說與逸聞之中，她的形象進一步被醜化、污名化——淫蕩老嫗，吸食鴉片，諸種不堪，不一而足。

到了1928年，國民黨孫殿英部將竟然把慈禧的陵墓炸開，搜刮了她的屍身，偷走隨葬寶物，滿洲貴族親眼目睹了狼藉場面。

作爲叱吒一時的風雲人物，落得如此下場，實在令聞者唏噓感慨。值得一提的，還有1916年蔡東藩《慈禧太后演義》，女主人公的降生原來是爲本家葉赫那拉氏報仇。小說稱努爾哈赤在建國前曾屠戮過葉赫一族，而慈禧臨死終於意識到女子不應該嘗試統治中國。類似這樣的文人解讀及背後的民間想象，顯然與對歷史文化的曲解、對女性統治者的歧視息息相關。

俱往矣，這些引領一代風騷的后妃，已經隱身於歷史的煙塵雲霧，留待後來者的追索。

三、史書與小説材料的合奏齊鳴

早在《緒論》之中，著者就明確了自身處理龐雜史料的原則，包括嚴格區分不同文獻性質與可靠性。在他眼中，正史及相關史料爲本書的核心敘述持續提供資料，但是與往常一樣，它們並非主導，也不是故事的唯一版本。有必要參照與其相互矛盾及互爲補充的資料。

具體說來，一些片段由於知名度高、飽受爭議而有必要仔細考察。例如乾隆放逐第二任皇后、慈禧太后派人謀殺自己男寵這樣誇大其詞的虛假傳言。還需注意到部分文獻中充斥着猜測與矛盾，在走近幾乎為妃嬪刺殺的嘉靖，或是對鄭貴妃一往情深以致延遲立嗣的萬曆時，尤其應謹慎從事。

試舉一例，萬曆的主妻王皇后在《明史》中得到的評語是"端謹""慈孝"。然而，晚明宦官劉若愚（1584—約1642）撰寫的雜史筆記《酌中志》，卻記述了她對宮女與宦官的殘酷。據說她曾下令責打宮人，並導致超過百人死亡。

馬克夢指出，關於萬曆皇帝、其母后、皇后及妃嬪的文獻很多，其中一部獨一無二且記錄詳細，這便是《酌中志》。其中包含了對人物、事件及日常生活的描述，這些描述在其他地方是找不到的。因此這部筆記具備顯著的補史功能，足以贏得世人的推重。

在多數情形下，著者使用了主流史書搭建的人事框架，同時適當擇取筆記、小說之類來填充血肉。不過，部分正史出於體例、書法的限制，並不足以勾勒事實的真相與全貌。《宋史》史傳的記人敘事特點，就必須考慮在內。趙匡胤的嬪妃皆未修傳，其弟趙光義有十四位后妃，《宋史》卻只為其中四位立傳，且信息有限。編撰者似乎規定除了皇帝的母親，其他妃嬪不必有傳。

與之相類，《元史·后妃傳》篇幅較短，寫法正式，大部分缺乏故事性敘述。是故可能的情況下，《元史·后妃傳》必須以其他中文、蒙文材料和波斯、歐洲人的敘述作爲補充參照。

再看明清兩朝。官修《明史》關於后妃的兩章通常只提供生育皇子的女性的信息，確有必要引入晚明何喬遠《名山藏》、清代毛奇齡撰后妃傳記《勝朝彤史拾遺記》，以及前述晚明宦官留下的豐富記錄——這些文獻起到了填補正史空白的作用。除了運用張爾田爲趙爾巽編《清史稿》所作的后妃傳，即此後於1929年單獨刊行的《清列朝后妃傳稿》，其他諸如家譜、一部關於清宮軼事的筆記，還有傳記、小說及清代在華居住的外國人（傳教士、外交官、學者和旅行家）的記錄等，皆豐富了該書清代部分的史料來源與文獻種類。

至於金朝，本書出現了專述后妃的兩章。先要認識到第一章的結尾包含着史書的敘述陳規。有夫之婦烏林答氏（世宗先皇后）以自殺拒絕海陵王的傳詔，標誌着海陵王成爲皇家一夫多妻者敘述的終止。這種結束方式遵循了前代史書中以自我犧牲的女英雄結束荒淫統治者相關敘述的模式。

另外，第一章主要敘寫荒淫的海陵王之濫交濫婚，史官們記錄情事的細緻程度在正史中則可謂空前絕後。書中述及"海陵王喜歡做小伏低服侍莎里古真，此處《金史》對荒淫的一夫多妻制君主的描寫幾近諷刺小說，而這樣的形象在後來的明清小說中則成爲一個常見母題"。這恰能反映在歷代后妃書寫的領域，各類史乘哪怕是二十五史，與帶有虛構想象成分的稗官野史之間，區隔界限有時是相當模糊的，由此也就爲研究者眼中二者的匹配合作提供了契機。更不必說歷史題材的古典小說作者，本就擅長捕風捉影，往往抓住一些事相的端倪或毫末，就去添枝加葉敷衍文章了。

《緒論》就指出武則天與漢之趙飛燕成爲明清小說中性慾旺盛女性的原型，情顛主人《繡榻野史》甚至描述武則天的一對男寵兄弟與其同時交歡。值得一提的是，相關描寫雖然負面，不過作家們仍喜歡突出女性角色的極盡歡愉。

與之相反，晚明小說馮夢龍《警世通言·趙太祖千里送京娘》稱，宋朝皇家之所以優於漢唐的統治者，是因爲其男子更善於控制他們對女子的色慾。

如同那些詆毀武則天的故事一樣，有的作者把宋真宗的劉太后描繪得嫉妒狠毒，說她從李宸妃手中竊取皇子，據爲己出，甚至試圖謀害皇子。對此不妨找來元雜劇《抱椿盒》與清代小說《三俠五義》（"狸貓換太子"一節尤爲人熟知）的文本。

而晚明小說《西湖二集》中，宋寧宗的楊皇后與權臣史彌遠竟有姦情。論者加以分析道："儘管並無實據證明這段私情的存在。然而，明清小說中的常見套路之一便是，將孱弱君主當政時的傑出女性（諸如楊皇后）幻想成既有私寵又試圖控制朝政的形象。"可以說，部分文本那些虛構成分的內核之中，又真實深刻地留存着我們這個民族的集體無意識。

《天女臨凡》自然也對史書與小說兩種文體進行了深入的比較釐析。

例如金代海陵王的個案，小說作者對《金史》的某些部分逐字抄錄，但也添加了虛構成分，將金海陵變爲荒淫的一夫多妻者的誇張肖像。相較《海陵佚史》，《醒世恒言·金海陵縱慾亡身》更爲世人所知曉，其匿名作者運用了小說的常用技巧以區別於史家，例如延遲情節以製造懸念，增添想象出的補白。這部話本中充滿了風趣的内容與無禮的挑逗性語言，這些都是正史無法容納的。除此之外，《金史·后妃傳》假設讀者熟悉史書其他部分的内容，而話本作者則不得不補充這些信息，從而使自己的創作獨立成篇。

馬克夢還從小說學與中國小說史的豐厚積累出發，注重考察人物類型、發掘故事母題。他先是提及，通常情況下，蕩婦在中國文學中不會成爲主角，可是由於一些女性對海陵王的仇恨與蔑視，她們反倒成了金史及明代小說當中的女主角。此中，阿里虎從侍女那裏知曉性事或受其引導而做愛，這是晚明及之後小說戲曲中的常見母題。至於爲海陵王刺死的察八，明代的小說則運用紅葉題詩的寂寞宮女的傳統母題，將她描繪得温柔而引人哀憐。小說還出現了莎里古真和什古這兩名性慾超過海陵的女子。女性慾壑難填是明清小說的常見主題之一，但在正史類文獻中並不多見。在史實的基礎上，小說添油加醋，描寫海陵王"竭盡精力，博得古真一笑"。可見，史書與小說敘述内容的比較，更有助於讀者體會多樣敘事文體的各自特色。

第九章《定義女性統治者》的局部論述邏輯在於，由有時出現的皇帝迎娶出身低微的女子（例如明憲宗時宫女產下唯一能繼承皇位的皇子），擴展到發生在普通人身上的情形，將其視爲明清小說常見母題。也就是小說中常常將出身上層的主妻描繪得狡猾奸詐，並常常没有生育。只有出身低微的妾或侍女產下子嗣，成爲繼承人。

而在此前的第七章《從雍正到咸豐》，論者又指出，部分人很難理解爲什麼乾隆帝會被和珅吸引，他們質疑像乾隆帝這樣睿智的人怎麼會對和珅的弄權熟視無睹。一種廣爲流傳的解釋是如《清宫歷史演義》所說，和珅乃皇子弘曆無心害死的父王妃子轉世投生之人。這裏面的宫闈秘辛、王朝政治和帝妃君臣關係，又被打上了宗教與民間信仰的迷離色彩，對萬千讀者更富於吸引力。

還要明確一點，著者在探究課題時，注意從歷史"人物敘述的連貫性"

出發，勾連不同朝代妃后的共性互聯，同時突出文獻記載與文學繪寫中的細節之處，强化讀者的印象，進而觸發深沉的歷史思索。

據説，宋光宗欣賞過服侍他的宫女的雙手，結果李皇后幾天後就把宫女的手砍掉，裝在食盒裏呈給皇上。無獨有偶，明代嘉靖的第一位皇后陳氏也有這方面的事迹："一日，與后同坐，張、方二妃進茗，帝循視其手。后恚，投杯起。帝大怒，后驚悸，墮娠崩。"①

該書看似不經意地提到，海陵王傳詔莎里古真入宫後，因等待時間長久，而故意坐在一個負責傳信的宫女腿上。宫女問他爲什麽要如此折騰自己，海陵王答曰："我固以天子爲易得耳。此等期會難得，乃可貴也。"帝王的粗蠻驕横，可謂溢於言表。很快，後文又突出强調了妃坐君腿的兩例。金章宗讓鄭宸妃坐在自己腿上簽署朝廷檔，發號施令。這讓著者聯想張麗華坐陳後主大腿上的史實，繼而生發精到的議論，"這一巧合是否是金代歷史作家用來描繪荒淫君主的一種修辭手段？"

再者，講述明代妃后之際，著者先後梳理了成祖徐皇后撰寫培養女性道德的《内訓》（據説内容包含她從馬皇后那裏學到的東西），嘉靖時蔣太后編《女訓》（而世宗的第二位皇后張氏每日爲宫女進行講解），以及萬曆帝鄭貴妃爲效法前輩，于1595年資助士紳吕坤的道德訓誡著作《閨范》重新出版發行。由此闡述這三部書都是皇室女性在不合常規取得權勢之後爲自己正名的方式，這一結論頗能發人深省，啓人返思。

通過發掘歷代后妃的共性互聯，書中涉及的大量人物事件，就不再是斷爛朝報一般的餖飣堆砌，而彰顯出重要的歷史意義與文學魅力。

非但看重古典小説的文學性，而且遵循"文史互證"的路徑，將其部分地作爲史料來運用，這是本書一大顯豁的特徵。陳寅恪對小説在歷史研究中的價值亦有非常清晰自覺的認識，他提到《太平廣記》時説："小説亦可作參考，因其雖無個性的真實，但有通性的真實。"②故而，《天女臨凡》堪稱此一理念成功而生動的實踐。

---

① 《明史·后妃二》，北京：中華書局，1974，3530頁。
② 《陳寅恪集·講義及雜稿》，北京：三聯書店，2009，492頁。

四、世界範圍内后妃研究的攬鏡自鑑

身處21世紀,諸如域外漢籍的深受重視,海外漢學他山之石的廣泛引介,無一不説明了學術文化放眼宇内、本無畛域的特點。作爲脚跨中西文化的漢學教授,馬克夢之寫作本書不僅在學術規範上實現了對后妃研究竭澤而漁式的採藉準備,更兼有意識地進行已有學術成果的集成與拓進。

《中譯本序》就交代了該項研究在書寫中國歷代后妃之外,"參考其他帝國、王國關於皇后的研究,比如拜占庭、英國、法國、俄羅斯、印度、蒙古等"。馬克夢高度認識到,"這樣的比較研究工作是無窮無盡的,越來越豐富我們對古代王國的當政者的社會角色的瞭解與認識"。

由此,這種世界範圍内后妃研究的自覺,不僅體現在結構方面出現了《緒論》最後一節"十一世紀至十三世紀歐亞大陸其他地域的女性統治者",而且由論述框架、理論視角、術語概念等方面的新意所承載。

從研究歐洲女王的學者那裏獲得啓發,馬克夢借用"王朝資本"(dynastic capital)概念來指稱"女性統治者的角色與影響"這項關鍵因素。類似奥斯曼帝國統治者立下規矩,娶奴隸爲妻並生育子嗣,明朝統治者青睞非精英家族的女子,也是避免出身高貴的女性帶來的聯姻及忠誠度方面的負擔,由此體現"王朝資本"以相反形式發揮的作用。同樣,本書又以"宗族魅力"(genealogical charisma)一詞,解釋統治者通過聯姻來提高自己地位及合法性的一種手段。

正如此書强調的那樣,世界範圍内女王和王后的比較研究剛剛起步,新的角度將會介入,並需要大量信息。這將啓發引領後來者,採取跨地域/文化的視野,並凝結成一種論述思路與結構方式,以中國爲基點,參照其他地區加以比較。

除了這種比較視野與方法的習得,《天女臨凡》所富於的學術文化意義還在於打破古代史書編撰的偏見,既包涵重新定義、認知歷史上的女性統治者,也囊括了認真理解男性統治者對皇后或女王的依賴,以及他們之間的合作程度。諸如武則天與高宗的共同統治、朱元璋稱帝之前夫人馬氏、康熙年輕時祖母孝莊太后的實際作用,凡此種種的認知,皆能得到更新與深化。

本書第三點價值是，它呈現出豐饒的歷史面相與美富的文學天地，強有力地鼓勵促動着世人去一次次走進古代中國后妃的世界。舉凡她們的尊貴與卑賤，貞潔與放蕩，節儉與奢華，良善與殘酷，篤厚與爭鬥，皆能帶給今時今日以真情的感發與知性的思索。

若要對全書的論述內容與文字表達進行吹求，似乎也需要指出以下幾處訛誤：第 50 頁小節標題中的李貴妃，據下文應爲劉貴妃；第 188 頁第 2 段倒數第 6 行，"明"應改爲"清"；第 234 和 331 頁，張戎（Jung Chang）所撰書籍的譯名不一致，需要統一；第 273 頁第 3 段第 3 行掉一"者"字，當是"女性統治者"；最後，第 309 頁注釋 20 中《彤管：帝制中國的女性書寫》一書應爲伊維德與管佩達"合編"而非"合著"。

總的來看，《天女臨凡》是一次回歸傳統語境，貼合人事情境，由此探究古代中國后妃紛繁敘事的卓越嘗試。歷史哲學家海登·懷特（Hayden White）認爲，歷史學家的論説是對他認爲是真實故事的一種闡釋，而敘事則是對他認爲是真實故事的一種再現[1]。以下試以有關明熹宗張皇后的書寫，來結束對這部觸處成趣的敘事體學術著作的巡禮。

這位天啓皇帝喜歡看戲，並屢邀皇后一同觀賞。但是一旦表演涉及淫亂之事，張皇后便會憤然離席（對此，清代同治的孝哲皇后亦有類似舉止）。後來皇帝即將駕崩，張皇后在防止魏忠賢與乳母客氏篡位的過程中起了重要作用，從而保證皇位平穩過渡給皇帝的弟弟。

紀昀在其傳記中還補充敘説，張皇后之父實際是一名鰥居的窮諸生，當年是在雪地裏發現了被遺棄的年幼皇后。一名僧人告訴他，這名女嬰是仙女臨凡，被貶下界，她已歷經成百上千年的投胎，成爲明朝皇后則是最後一次轉世。關於皇后的結局，紀氏則寫到，李自成攻入北京後，她拒絕可能的凌辱，在獨處時成功自縊，享年 38 歲。彼時"異香滿室，紅光燭天，咸見有仙輿冉冉上升，良久始杳"。

---

[1] ［美］海登·懷特著，董立河譯，《形式的內容：敘事話語與歷史再現》，臺北：文津出版社，2005 年，36—37 頁。

基地紀事

"中華文明日本傳播史"工作坊會議紀要

謝文君

  2022年4月23日，北京大學國際漢學家研修基地主辦的"中華文明日本傳播史"工作坊會議於騰訊會議綫上舉行。本次會議共有來自中日高校的21位學者參加，並吸引了200餘名聽衆同時在綫關注與互動。劉玉才教授主持會議並做開幕致辭。

  《中華文明傳播史》是國際漢學家研修基地在已開展的《中華文明史》外譯本系列、馬可·波羅研究、東亞漢籍研究等課題的基礎上，於近年啓動的重大學術項目，由基地主任袁行霈先生擔任項目主持人。項目將中華文明的研究目標置於國際傳播視野之下，通過陸上絲綢之路、海上絲綢之路、東亞文化圈、東南亞華人文化圈等追踪中華文明傳播的軌跡，並梳理中華文明在不同地區物質、制度、精神等層面產生的影響。"中華文明日本傳播史"是《中華文明傳播史》項目的重要組成部分，目前已分別在歷史與制度、思想與文化、漢籍與文學等專題領域開展研究編纂工作，此次會議是各專題工作坊的匯集研究發表和編纂研討。

  工作坊會議分設五個學術單元，共有21位學者發表論文或編撰綱要，張明傑、嚴明、河野貴美子、童嶺、王青分別主持單元會議。會議每個單元根據發表議題進行綜合討論，討論氣氛熱烈，學者各抒己見、聽衆積極提問，深化了對該論題的認識。

作者學習單位：北京大學中文系

第一單元報告會，河野貴美子《從中華文明傳播史看日本平安時期的語言及學術體系》通過《周易抄》《弘決外典鈔》《世俗諺文》《十訓抄》等日本古籍，研究、探討了漢語、漢文的"vernacular"化（"國語化"）現象，並以辭書和類書的結構與分類方法等要素爲焦點，對平安時期的學術體系以及知識框架進行討論。童嶺《"日出處天子致書日没處天子"——隋唐王言視野下的日本國書事件》指出，"海西菩薩天子"是隋帝國佛教性的東亞體現。童嶺又以《魏書·西域傳·波斯國》的波斯《國書》爲例證，認爲第二次遣隋使（607）攜帶的國書中，分別稱倭國、隋朝爲"日出處""日没處"，更多強調的是地理方位之别，實際上引起隋煬帝不快的是三處"天子"中有一處是作爲"外臣"的倭國自稱。南京中國科舉博物館副館長尹磊《從阿倍仲麻吕到朱之瑜：中華科舉制日本傳播的再檢討》概述日本科舉制接受的歷史，指出"秀才"作爲隋唐科舉制影響下的考試科目，並非只是一種美稱，而是存在於日本的科考實踐之中，並討論了江户時代課試制度、昌平阪學問所的"學問吟味"的考試方式，伊藤東涯的八股文實踐及賴山陽的"二十三論"等對科舉的再發現，以及朱舜水的科舉觀與近代日本學者對科舉制的反思。嚴明《日本漢詩的去中心化趨勢及異質邊界》以日本漢詩史爲中心，從作爲混雜語言的漢文訓讀入手，反思東亞漢詩圈表述之預設，指出由於日中漢字文學的差異性，使得日本漢詩成爲一種跨文化活動邊界的標記顯示。嚴明還從非均質的文化交流空間出發，探討日本漢詩史演進邏輯，確認其最終導向對漢文學受容的去中心化趨勢。綜合討論期間，張曉明以新疆出土護肩上"五星出東方利中國"之文字，提出"日出處""日没處"無褒貶色彩之結論是否尚可商榷。童嶺表示用以論證的文獻主要是《爾雅注疏·釋地第九》《淮南子·時則訓》等，並輔以佛教典籍，且波斯國書是翻譯文本，波斯國自持的瑣羅亞斯德教異端派的平等觀念可能被北魏皇帝誤讀，而"日出處""日没處"的褒貶色彩只有相對程度強弱之區分，本質上還是地理差别。嚴明提供了另一例證：中國明清"日下"亦爲常用詞，如《日下尊聞録》，但僅作地理指代而無貶義色彩。

第二單元報告會，廣島大學大學院文學研究科副教授陳翀《試論日本古鈔漢籍文獻學之構築及偽本舉例》通過基礎框架、史料整理、要注意的問題三個部分闡述了建構日本古鈔漢籍文獻學的思路,其中,基礎框架包括現存日藏古鈔本之分類,史料整理包括現存日藏古鈔本之相關資料整理與編年(以中世公家日記及江戶藏書誌爲中心),要注意的問題則有近世鈔本所抄時間鑑定之變遷(學術研究與文物買賣之矛盾)、近世所作"僞作本"(以"《神歌抄》紙背毛詩並毛詩正義大雅殘卷"爲例)等。天津外國語大學翻譯與跨文化傳播研究院助理研究員仲玉花《南北朝時期東傳日本的漢籍踪影——以〈令集解〉爲中心》介紹了9世紀中葉明法博士惟宗直本針對《養老令》編寫的私撰注釋書《令集解》,並通過梳理《令集解》對南朝典籍的引用,尋覓了東傳日本的漢文典籍踪影。江西師範大學外國語學院副教授朴彥《太宰春臺對荻生徂徠所倡"李王"詩文的批判》從太宰春臺《詩論》《文論》《倭讀要領》等3部有關詩文的著作出發,考察春臺對其師荻生徂徠所推崇的明代復古派"李王"古文辭學的否定和批判,認爲這本質上可以看作是對其師荻生徂徠的認識變化。此種情況造成古文辭學派內部的意見不合,也招致後來外部的批評,導致山本北山等人對古文辭學派的質疑和排斥,最終加速了古文辭學派的衰落。張明傑《中日合璧文人畫論——陳師曾〈中國文人畫之研究〉出版始末》根據大村西崖的訪華日記等資料,通過文本追溯,以及對《中國文人畫之研究》的編輯、出版始末等做系統梳理和考察,可知陳師曾與大村西崖以微弱時間差先後發表基於各自立場的倡導文人畫價值的文人畫論,既是巧合,也是兩國藝術發展進程中的必然,其合著的出版問世亦是在兩人相遇並密切交往過程中看似偶然而又近於必然的產物。綜合討論環節,林曉光請問陳翀,其判定日本國寶《毛詩正義》的抄寫其實相當晚近的證據非常明顯、應無疑義,日本學者鑑定時究竟爲何沒有看出?陳翀表示,指定爲日本國寶的不是紙背的《毛詩正義》,而是《神歌抄》,用以鑑定的亦是正文部分的紙張而非紙背貼附的紙。其後,中共中央黨校聶菲璘請教陳翀,稱其在金澤文庫舊藏的舊鈔本中(例如《群書治要》)發現"古寫本""古鈔本""卷子本"等稱名,不知是否合乎規範?"抄"與"鈔"含義又有何不同?陳翀解釋道,"古寫本"範圍最大,凡以毛筆書寫者皆是;"稿本"是底本的概念;"鈔本"是對底本的摘抄;"寫本"是對底本的全抄;"卷子本"是卷軸本,並推薦閱讀提出"舊抄本"

概念的島田翰《古文舊書考》。童嶺補充解釋道，"鈔"是更古近的本字，可通過佛經印證，"抄"則是後起字。

第三單元報告會，中國社會科學院哲學研究所助理研究員魏偉《儒學與近世日本的秩序觀》以丸山真男對日本近世"近代性"的論述爲切入點，從秩序的觀點重審丸山的思索，以此爲契機考察儒學與近代性之間的關聯。他指出，在對近代性的探討中有必要嚴格對待近代意義上的人與人的自由結合的"社會"秩序和作爲體制的政治秩序間的區別，並關注"西方式近代所無法涵蓋的豐饒性"，而非強行在西方近代的框架下審視中國乃至東亞的思想傳統。北京第二外國語學院日語學院副教授張曉明《黃檗宗在江户時代的越境與共生——以隱元隆琦爲中心》認爲，隱元隆琦思想所呈現出的臨濟正宗、禪淨兼修、大本之孝的特質，使得黃檗宗順利地與日本臨濟宗、淨土宗、真言宗等其他宗派形成"共生"局面，並成爲黃檗宗"越境"融入江户時代的日本儒學、醫學、繪畫、書法、音樂等各個方面的重要内在動因。閩江學院外國語學院講師高薇《六諭在近世琉球、日本家訓中的表達與實踐》指出，《六諭衍義》在日本的異本闡發，反映了彼時日本有學識之士對六諭思想的認同與推崇，以及中日共通的儒學倫理道德價值觀。六諭作爲日本江户時期家庭教育的重要力量不斷地被複製與流轉，潛移默化地影響着彼時中國乃至東亞基層社會家庭道德倫理秩序。劉玉才《〈歷代君臣圖像〉東亞傳播的文獻考察》認爲，歷代聖賢、君臣圖像繼承中國圖繪聖君賢臣的傳統，在構畫聖賢譜系、層累地造成中國古史觀方面，發揮了重要作用。《歷代君臣圖像》在東亞地區的流布，則堪稱漢籍文獻傳播的極佳個案，不僅對於塑造中國史觀認知具有重要作用，其中包含的文本變易、印刷技術傳承，亦頗具文化交流意義。綜合討論環節，東京大學賈光佐提出自己年中將在《黃檗文華》發表的文章探討了隱元赴日之動機，希望得到張曉明的指教。張曉明表示，徐興慶亦認爲隱元隆琦與朱舜水之渡日相似，具有其政治動機，而自己則更看重"雙重證據"：本人的日記或文書、周圍人的佐證。若二者皆無，則有關動機的研究可能存在較多猜測成分。劉玉才建議，關於東南地區佛教傳播日本的問題，還應當關注臺北中研院文哲所廖肇亨團隊的研究。

下午兩個單元的報告會圍繞《中華文明傳播史》撰寫展開。第四單元報告會，大阪大學人文學研究科准教授林曉光《漢魏六朝時期中華文明傳播日本史的撰寫構想》分爲大陸渡來人與農耕、文字的傳入，漢魏六朝政治文化對日本的輻射，中國中古文學藝術對日本的影響三章，針對撰寫內容，林曉光提出三點疑問：是否應同時重視有形、無形兩方面的文明？如何看待“文明”的範圍及重點？第三章與奈良、平安朝文明傳播的關聯與側重點應如何區分？關於書稿的具體撰寫體例，林曉光也提出了自己的疑問及方案。浙江大學歷史學院教授孫英剛《兩個長安：唐代寺院的宗教信仰與日常飲食》將信仰和戒律的因素納入對中古社會史的研究中，指出佛教寺院的日常生活和戒律，使其成爲長安城中帶有神聖色彩的空間，而佛教寺院引領的時代潮流如素食和持齋，又不可避免地影響到整個長安城的生活場景。鄭州大學亞洲研究院副研究員王連旺《中國古典文藝與日本五山文學》從五山文學的興起與概況説起，介紹了宋元畫、唐宋詩、中國書寫、中國歷史典故與五山文學的關係，指出五山文學中在畫軸上競相題詩作贊而造就的“詩畫軸”形式的詩歌、序跋作品幾逾其半，提出要凸顯元代渡日禪僧、來華日僧在傳播宋元文藝過程中發揮的作用及元代文學風尚對五山文學的影響，並力圖構建超越時代、國別、學科藩籬的五山文學研究新模式。上海第二工業大學日語系講師葉晶晶《〈茶經〉在日傳播問題研究》梳理了《茶經》在中國的經典化過程、在日本的受容過程，介紹了日刊《茶經》的多種版本，指出江户時代《茶經》的大量翻刻、刊行以及譯注版出現的背後離不開印刷技術的提高，亦與煎茶文化的流行密切相關。綜合討論環節，童嶺向孫英剛發問，日本學者引領的“洛陽學”研究方興未艾，研究長安時如何看待其與洛陽的關係？孫英剛表示，南北朝後期到隋唐時代，長安、洛陽包括鄴城之間的佛教交往十分密切，可視爲擁有同一信仰的文化區域，雖然洛陽在東漢佛教傳入伊始佔優勢地位，但長安、洛陽之間沒有開封、洛陽之間那麼激烈的文化競爭。劉玉才感謝了林曉光對《中華文明傳播史》撰寫提出的各種疑問，表示將在第五單元的報告會結束之後統一作答。

第五單元報告會是中國社會科學院王青研究員團隊《中華文明傳播史》撰稿部分的討論。北京師範大學外文學院日文系講師程茜《唐三彩與奈良三彩》從中國唐三彩的發展、傳播及影響，在日本境内出土唐三彩的狀況，日本燒製的奈良三彩等三個方面介紹中日文化交流史上的三彩文化。其《瀟湘八景在日本中世的傳播及影響》指出，中國的"瀟湘八景"題材在日本中世將軍大力支持發展五山文化的背景下，通過禪林傳入日本，八景詩、八景畫流行於禪林，裝飾隆重場合的"瀟湘八景圖"成爲武家新文化的象徵。其後，八景題材成爲歌枕、成爲創作類型，反復出現在俳諧、落語、凈琉璃等文藝作品中，融入日本文化的血脈。中國社會科學院大學研究生院博士馮璐《江户時代中醫漢方在日本的傳播》介紹了醫者赴日、醫書東傳、醫學教育的確立等中醫漢方在日的傳播方式，以及後世派、古方派、折衷派與考證派、漢蘭折衷派等漢方醫學的主要流派，並及江户時代中醫對漢方的影響，最後指出，中醫典籍在江户時代中醫在日的傳播過程中具有不容忽視的作用。日本廣島大學大學院文學研究科博士李立業《魏晉南北朝時期中國物質與技術的東亞傳播》介紹了造紙術、養蠶絲織技術和其他物質生產技術及工藝在東亞的傳播，將魏晉南北朝時期看作中國文化向外傳播的一個承前啓後的階段。北京大學醫學人文學院副教授王鑫《陰陽道與中國神秘思想》從陰陽道、神秘思想的内涵出發，探討了陰陽五行思想的傳入與日本陰陽道的形成、災異祥瑞思想的傳入與日本陰陽寮的成立之間的關係，梳理了日本陰陽道一度没落與再度崛起的過程。

　　第五單元的綜合討論階段，陳翀指出，關於造紙術在日本的傳播問題，引用潘吉星的推論值得商榷，因爲造紙器具、造紙術、紙、書籍的傳入等並不同步，據《日本書紀》記載，造紙術最早傳入日本應該是隋煬帝大業十年，但兩僧人只攜帶了造紙器具，日本造紙術的普及應該是在公元七百多年、應時人大量抄寫佛經之需而發生的事，若要推翻此結論，也許需要藉助中日造紙原料的差異，通過考古、紙張鑑定等做進一步考證。劉玉才肯定了陳翀的提議，並建議學者在梳理學術史的同時吸收最新研究成果。

　　王連旺認爲，中華文明的傳播是多綫進行的，不可忽視朝鮮半島的中介性質。程茜附議，指出"瀟湘八景"在朝鮮半島的傳播也是很大的課題，且與日本有很大差異，考證中華文明傳播到不同地域的在地化表現亦很必要，但整體觀之則視域太廣。王連旺建議，不妨將中華文明傳播到朝鮮半島、再到日本的比較直接的一部分綫索詳細述之。劉玉才介紹了《中華文明傳播史》項目開展的背景，提出各學者宜以東亞爲考察範圍，對撰寫重點與傳播軌迹進行有意的勾連。

河野貴美子指出，相對"受容""消化""交流"等字，日本學界對比研究中日文明時較少使用"傳播"一詞，若能析清"傳播"之意，則《中華文明傳播史》項目有可能在現有成果上有進一步突破。此外，岩波書店正在出版最新一期有關日本研究的書目，可以之參考最新動向。劉玉才教授表示，"傳播"具有"流傳"與"播種"的字面之義，但並非只是單向度的影響，拉丁文中"傳播"一詞具有的"分享"義項，或許與項目宗旨更爲契合。王青建議，爲打消外國學者的疑慮，編者也許可以在序言中對"傳播"的內涵作一闡釋。

會議因爲時間和綫上形式所限，許多發表論題不及展開。劉玉才教授在總結階段表示，今後將開展更多專題講座與小範圍的討論，以供大家暢所欲言，同時對於《中華文明傳播史》平實嚴謹、簡明扼要的撰稿風格與體例做了説明，希望大家加快寫作進度。國際漢學家研修基地與商務印書館已就此項目簽署框架合作協議，因此，劉玉才教授鼓勵學者在完成各自承擔章節的同時，撰寫專題論文結集發表，或將撰稿內容改寫爲專題讀物獨立出版。

徵稿啓事

一、《國際漢學研究通訊》是北京大學國際漢學家研修基地主辦的綜合學術刊物，辦刊宗旨爲報導國際漢學界在中國傳統人文學科領域的研究動態，搭建中外學者溝通交流的學術平臺。本刊分設漢學論壇、文明傳播、文獻天地、漢學人物、藝術史苑、研究綜覽等欄目，歡迎海内外學人賜稿或提供信息。

二、本刊暫定爲半年刊，分別在六月、十二月底截稿。

三、本刊以中、英文爲主。來稿篇幅以中文一萬五千字内爲宜，特約稿件不在此限。除經本刊同意，不接受已刊發稿件。論著評介類稿件原則上不接受外稿，但可以推薦。

四、來稿請提供 Word 文檔和 PDF 文檔，同時寄送打印紙本。中文稿件請提供繁體字文本。如附有插圖，請提供原圖圖片格式（JPG 之類）的電子文件，且分辯率不低於 300dpi。具體撰稿格式請參照文稿技術規範。因編輯人員有限，恕不退稿，請自留底稿。咨詢稿件處理事宜，請儘量通過電子郵件。

五、來稿如涉及著作權、出版權方面事宜，請事先徵得原作者或出版者之書面同意，本刊不負相關責任。引用文獻請確保準確無誤。本刊有權對來稿進行删改加工，如不願删改，請事先注明。

六、來稿刊出之後，即致贈稿酬、樣刊。本刊享有已刊文稿的著作財產權和數據加工、網絡傳播權，如僅同意以紙本形式發表，請在來稿中特别注明。

七、來稿請注明中英文姓名、工作或學習單位、職稱，並附通信地址、郵政編碼、電話傳真、電子郵件等項聯絡信息。

八、來稿請寄：

北京市海淀區頤和園路 5 號　100871

北京大學國際漢學家研修基地

《國際漢學研究通訊》編輯委員會

E-mail:sinology@pku.edu.cn

附：

<h2 style="text-align:center">文稿技術規範</h2>

一、來稿請提供 Word 文檔（正文五號字，1.5 倍行距）和 PDF 文檔，同時打印紙本。

二、來稿正文請按"一、（一）、1.、（1）"的序號設置層次，其中"1."以下的章節段落的標題不單獨占一行；文稿層次較少時可略去"（一）"這一層次；段內分項的可用①②③等表示。

如：一、XXXX

（一）XXXX

1. XXXX

（1）XXXX。① XXX；② XXX；③ XXX。

三、來稿中的中文譯名，除衆所熟知的外國人名（如馬克思、愛因斯坦）、地名（如巴黎、紐約）、論著名（如《聖經》《資本論》）按照通用譯名外，其他人名、地名、論著名在文中首次出現時，請括注外文原名，如沃爾特·福克斯（Walter Fuchs），地名、論著名照此處理。

四、來稿中的注釋，請採用頁下注、每頁各自編號，注號置於句末的標點符號之前，如孔子已有"六藝"之說①，"……將邊界查明來奏"②。但引文前有冒號者，句號在引號內，則注號置於引號之外，如《釋名》云："經者，徑也，常典也。"③

五、頁下注釋文字的具體格式如下：

1. 著作類：著作者名，《書名》，出版地：出版者，出版年（不加"年"字），X—X 頁。又：著作者名，《書名》卷 X，X 年 X 本。

2. 雜誌類：著作者名，《論文名》，《期刊名》X 年 X 期，X—X 頁。又：著作者名，《論文名》，《期刊名》X 卷 X 號，X—X 頁。

3. 西文書名與雜誌名均用斜體，文章名加引號。日文、韓文參考中文樣式。

4. 重複出現的注釋不用"同上"簡略，但標注文獻出處只列著作、論文名和頁碼即可。

例：① 郭紹虞，《宋詩話考》，北京：中華書局，1979，75 頁。

② 張裕釗，《濂亭文集》卷四，清光緒八年查氏木漸齋刊本。

③ 袁行霈，《〈新編新注十三經〉芻議》，《北京大學學報》2009 年 2 期，7 頁。

④ 池田秀三著，金培懿譯，《韋昭之經學——尤以禮爲中心》，《中國文哲研究通訊》第 15 卷 3 期，141—155 頁。

⑤ Ad Dudink, "The Chinese Christian Books of the Former Beitang Library", *Sino-Western Cultural Relations Journal* XXVI (2004), pp. 46-59.

六、圖表按先後順序編號，在文中應有相應文字說明，如見圖 X，見表 X。

七、數字用法：

1. 公曆世紀、年代、年、月、日用阿拉伯數字，如 18 世紀 50 年代。

2. 中國清代和清代以前的歷史紀年、其他國家民族的非公曆紀年，用中文數字表示，且正文首次出現時需用阿拉伯數字括注公曆。如秦文公四十四年（前 722），清咸豐十年（1860），日本慶應三年（1867）。

3. 中文古籍卷數均用中文數字表示，如作卷三四一，不作三百四十一。